ナイル世界のヘレニズム

エジプトとギリシアの遭遇

周藤芳幸
Yoshiyuki Suto
……【著】

名古屋大学出版会

ナイル世界のヘレニズム——目　次

第III部　領域部の文化変容

第IV部　在地エリートの対応

第V部　東地中海とナイル世界

地図　ヘレニズム時代のナイル世界

序章

カイロからナイルの上流へと向かう旧街道は、騒々しい市街を抜けるとまもなく、殺風景な工場地帯を経て、のどかな田園地帯に入っていく。左右には夏でもなお瑞々しい緑の畑が広がり、たわわに実をつけた背の高いナツメヤシの木が、平坦な景観にアクセントを添えている。畑のあぜ道には水牛が寝そべり、よしず張りの小屋では、農夫たちが日陰で何事か語り合っている。運河では女性たちが泥水で洗濯物をすすぎ、そのかたわらでは裸の子どもたちが歓声をあげながら泳いでいる。やがて、窓ガラスのない日干煉瓦の家々が密集する村にさしかかると、ガラベイヤ姿で頭上に荷物を乗せてところかまわず道を横断する人々や、農作物を満載したロバ車で道はひとしきりごったがえすが、それを抜けてしまうと、あたりには再び緑の畑とナツメヤシの風景が広がる。照りつける太陽、土埃、モスクの尖塔から響くアザーン。カイロから、本書が中心的に扱うアコリス遺跡の近くにある中エジプトの都市メニアまで、この旧街道を車で進むと五時間近くかかるが、その間は、ひたすらこの景色が繰り返されるばかりで、平野部の東西を画する岩石沙漠の断崖が近づいたり遠ざかったりする他は、ほとんどまったく変化というものがない。

この単調な景色は、現代の私たちばかりではなく、先史時代にこの地を訪れたエーゲ海の人々にとっても、きわ

図1　中エジプトを流れるナイル

めて印象的なものだったらしい。サントリーニ島アクロティリ遺跡で発掘された紀元前一七世紀の建築物の壁の一つは、「ナイル川の風景」として知られるフレスコ画で飾られていたが、それは想像上の動物を別とすれば、今日のナイルの風景と驚くほどよく似ている。そして、どこまでも続くこのような単調な景観は、私たちをある種の非歴史的な感覚、すなわち王朝時代から変わることのない農村社会が、周辺世界の激動から隔絶された形でこの地に営まれ続けてきたのだという錯覚に陥らせる。

しかし、この景観の細部に目をこらすならば、そのような非歴史性もまた、オリエンタリズムに根ざした先入観に由来する部分が少なくないことに気がつく。今日、夏の畑を埋めている緑は、もちろん小麦ではなくトウモロコシであり、村人たちが主食として自宅で焼いているアエシ、つまりパンも、現在ではもっぱらトウモロコシの粉から作られている。また、ところどころ、むき出しの地表がうっすらと白くなっているのは、アスワン・ハイダムの完成後、増水によって耕作地が水没しなくなって以来やせ細るばかりの地味を補うために散布された、膨大な化学肥料のせいに他ならない。これらの現象は、古代以来ほとんど変わることのない環境条件のもとにあっても、人々が近代化の過程で生じたさまざまな変化に対して、独自の適応を模索してきたことを示している。

この旧街道沿いの単調な農村風景はまた、ナイルによって潤された肥沃な平野部における農耕だけが、古代から現代までエジプト領域部（詳しくは第7章を参照）における人々の生業であったかのような印象を与えるかもしれない。しかし、旧街道ではなくカイロ郊外のヘルワンから東部沙漠ロードに入って南下するならば、平野部では想像できない衝撃的な光景を目にすることができる。カイロから三時間ほどの間、沙漠ロードは岩石沙漠に起伏する荒涼とした丘陵地を抜けていく。時折、彼方にナイル平野の緑が見え隠れするものの、岩また岩が続くこの間の景色の単調さは、旧街道の比ではない。道の両側には、事故で横転して焼け焦げたトラックの残骸などが点在しているが、これでは運転手が居眠りをしてしまうのも宜なるかなである。ところが、メニアの近くで本道から分岐すると、次第に空が靄に包まれて太陽の光が弱くなり、ふと見ると、あたりは一面、雪原のように真っ白に輝いている。荷台が押し潰されんばかりにブロックを積まれて呻吟するトラック、岩盤を切り裂く旋盤の轟音、そして、もうもうと立ちのぼる白い粉塵。そう、ここは地元の男たちにとって危険で苛酷ではあるが貴重な現金収入の場となっている石灰岩の採石場である。それでは、このような採石場は、近代の工業化にともなって初めて登場したものなのだろうか。答は否である。石の文明であるナイル世界では、古くから岩石沙漠の石が切り出され、日干煉瓦とともに建築資材として用いられていた。第8章で論じるように工具と工法こそ異なっていたものの、今から二千年以上も前に、この地で人々が石灰岩の採掘に鑿を振るっていた事実が注目を集めるようになったのは、ごく最近のことに過ぎない。

図2　メニア近郊の現代の採石場

悠久の大河ナイルに育まれたエジプト。それは、決して周辺世界から孤立した空間で、農民たちが大地にすがりつきながら伝統的な生活様式を墨守しているだけの世界ではなかった。在地社会には多様な生業があり、そこに生きる人々の暮らしは、時代によって程度の差はあれ、周辺世界との文化交流によって生じる歴史的なダイナミズムにさらされていたのである。本書は、その周辺世界のなかでも、ナイルが注ぐ地中海の向こう岸に位置するギリシア世界との交流がもっとも密接であった初期プトレマイオス朝の時代に注目し、ヘレニズムという現象が当時の首都アレクサンドリアだけではなく、内陸のナイル流域に生きる人々（在地のエジプト人、新来のギリシア人、さらには両者の婚姻から生まれた者たちなど）の文化をどのように変えていったのか、またその変化の契機となったのは何だったのかを、中エジプト・アコリス遺跡の現地調査の成果に基づきながら明らかにしようとするものである。

本書は、五部一七章から構成されているが、その概要をまとめれば、以下の通りとなる。導入部にあたる第I部の第1章は、西洋最古のグローバル化の時代であったヘレニズム時代、なかでもエジプトとギリシアという二つの高文化が交錯したプトレマイオス朝を研究することの現代的意義を確認するとともに、近年の研究動向の再検討から、在地社会の考古学的研究こそがプトレマイオス朝研究の進展の鍵となることを主張する。これを受けて、第2章では、筆者がこれまで一五年間にわたって行ってきたヘレニズム時代のエジプト領域部の現地調査の概要を紹介する。エジプトとギリシアとの文化交流の起源は遠く青銅器時代にまで遡るが、第3章では、ヘレニズム時代の両文化の交流のあり方を相対化するために、それ以前の歴史を通時的に検討する。

プトレマイオス朝の形成過程を扱う第II部では、まず第4章において、アレクサンドロス大王の時代から後継者戦争の時期にアレクサンドリアがヘレニズム文明の中心都市へと発展していった経緯を、主としてその都市プランの特徴を手がかりに論じる。その主張の要点は、プトレマイオス朝によるエジプト支配の拠点であっただけではなく、むしろ前四世紀からエーゲ海南東部を中心として急速に活発化しつつあった東地中海の海上交易における拠点群（コス、クニドス、ロドスなど）の卓越したハブとなったことこそが、アレクサンドリアの発展の決定的な要因となったのではないかというものである。もちろん、このアレクサンドリアの発展は、他の後継者の王国と競いながら同時代の東地中海におけるプレゼンスを高めようとしていたプトレマイオス朝の王家によって積極的に進められたものであるが、第5章では、そこに築かれたアレクサンドロス大王の墓（セーマ）、クニドスのソストラトスによって奉納されたと伝えられる大灯台、そして学術の中心となった図書館（及びムセイオン）について検討する作業を通じて、プトレマイオス朝の表象戦略に光をあてた。続く第6章では、ギリシア文化圏で発展してきた支配者崇拝の系譜を追うことから出発して、宗教の領域においてプトレマイオス朝がどのように新たな国家のアイデンティティを構築しようとしたのかを論じている。

第II部がアレクサンドリアを舞台とする「中心」の世界における変化を考察の対象としていたのに対して、第III部が問題とするのは、プトレマイオス朝の確立にともなってエジプト領域部で生じた文化変容の実態である。第7章において初期プトレマイオス朝のもとで行われた領域部の開発プロセスについて考察した後、第8章では、ニュー・メニア古代採石場での現地調査の成果から、そこではプトレマイオス二世の治世末年から三世の治世にかけての時期に、ギリシア語のリテラシーが急速に在地社会に浸透しつつあったことを立証する。なお、この研究成果の一部については、既に第二六回国際パピルス学会（二〇一〇年、ジュネーヴ大学）などでも報告してきたところであるが、デモティックとギリシア語による二言語併用グラフィティについては、プトレマイオス朝の在地社会における文化変容を考える際の新たな史料範疇として、今後さらに研究を進める必要がある。続く第9章で扱うのは、やはりデモティックの史料とギリシア語の史料から構成される、ケファラスの子ディオニュシオスの家族文書集積である。この史料は、前二世紀末の在地社会の人々の暮らしに関する貴重な情報源であるばかりではなく、この時代のアコリスに生きたギリシア系エジプト人が母語とギリシア語とを状況に応じて巧みに使い分けていたことを示す点で、きわめて興味深い。

第Ⅳ部の各章は、ヘレニズムの波のなかで隠然たる力を保ち続けた在地エリートの姿を追っている。まず第10章でとりあげるのは、中エジプトの宗教的な中心地であったヘルモポリスの在地エリート、ペトシリスである。ペトシリスについては、彼の墓の至聖所に刻まれた自伝風のテクストがよく知られているが、ここでは前室の彩色レリーフに見られるヘレニズム的な図像表現に着目し、至聖所のそれとのコントラストの意義を検討した。第11章は、ヘルモポリスに存在したプトレマイオス朝時代の神殿のアーキトレイヴに刻まれたギリシア語碑文を素材として、在地エリートである神官団とそこに駐屯していた軍団が、いかに巧みに碑文というメディアを操作することで王権との両立をめざしたのかを議論する。アコリス遺跡でもっとも古くから注目されてきたのは、ナイル平野に面した断崖に刻まれたプトレマイオス五世への奉納磨崖碑文であるが、第12章では、関連するパピルス文書とこの碑文のコンテクストの検討から、南部大反乱の時代にプトレマイオス朝側に立った在地エリートのテクスト戦略を分析した。これらの研究を踏まえて、第13章ではエジプト人神官団とプトレマイオス朝王権との相互交渉の産物である神官団決議をとりあげ、テクストの構成の変化から両者の力関係の変遷を明らかにする。

第Ⅴ部は、エジプト在地社会の文化変容に関する諸現象が地中海世界の国際情勢と緊密に結びついていたことを論じる四つの章からなる。第14章は、「海上帝国」としてのプトレマイオス朝の対外政策の性格を、主としてギリシア諸都市との関係を通じて解明しようとするものであるが、そこでは、エジプト領域部の統治の場合と同様に、各地の都市エリートと王権との人的紐帯の意義が浮き彫りにされている。第15章では、しばしばプトレマイオス朝の弱体化の要因とされてきた南部エジプトの大反乱を、同時代の東地中海情勢の展開に再定位することにより、この反乱に新たな意味づけを行っている。第16章では、東地中海の諸都市との関係の経済的な基盤であった海上交易の様相を、この時期の地中海に広範に流通していたアンフォラのスタンプの分析から明らかにしている。第17章では、第V部のまとめとして、物質文化の均一化に裏付けられた東地中海コイネー文化の成立を論じた。

本書は、プトレマイオス朝エジプト史のトピックを網羅的に検討することを目的とはしていない。議論の対象は、あくまでアコリス遺跡における現地調査の過程で解明を迫られることになった個別の問題に限定されているが、一方で、それらはいずれもヘレニズムという複雑な歴史現象を考える上で看過することのできないものばかりである。プトレマイオス朝エジプト王国の広大な空間の中で、アコリスという領域部の一村落はあまりにも小さい存在に映るかもしれない。しかし、このような細部を通じてこそ見えてくる全体があることも確かであろう。まずは、今なぜプトレマイオス朝を問題とするのか、という根本的な点から考えていくことにしよう。

第Ⅰ部　ヘレニズム史の再構築に向けて

第1章　プトレマイオス朝エジプト史研究の新展開

――「オリエント的デスポティズム」を越えて――

はじめに

地中海とオリエントにおける紀元前の最後のおよそ三〇〇年間は、ヘレニズム時代と呼び慣わされている。周知のように、この時代区分が普及する画期となったのは、ドロイゼンによる『ヘレニズム史』第一巻の公刊（一八三六）であり、[1]これを出発点として、アレクサンドロス大王の東征からローマによる地中海支配の確立までをヘレニズムという概念で捉える歴史観が定着して久しい。しかし、この間のヘレニズム時代に対する歴史的な評価が、決して高いものではなかったことも事実である。

このことを象徴するエピソードとして、近年矢継ぎ早に公刊されているヘレニズム時代についての概説書の一つは、スエトニウスの『ローマ皇帝伝』の一節を紹介している。[2]前三一年にアクティウムの海戦でアントニウスとクレオパトラを破ったオクタウィアヌス（初代ローマ皇帝アウグストゥス）は、翌年エジプトの首都アレクサンドリアを征服すると、この都を建設したアレクサンドロス大王の霊廟を訪れ、黄金の冠を供えて花をまき散らすことで大王への敬意を表した。このとき、神官たちからプトレマイオス朝の王たちの墓にも参詣するかと尋ねられた彼は、

「私が見たかったのは王であって死骸などではない」と答えたという。[3]

オクタウィアヌスによるアレクサンドロス大王への敬意の表明と、大王の後継者としてエジプトを統治したプトレマイオス朝の諸王への冷淡な扱いは、ヘレニズム時代に対する伝統的な評価の根がローマ時代にまで遡ることをよく示している。高校の世界史の教科書でも、古典期のギリシアについての解説がアレクサンドロス大王の東征で一段落すると、ヘレニズム時代の文化や世界市民主義などが一瞥されただけで、歴史の舞台は唐突にイタリア半島へ移り、共和政ローマの発展が叙述されていく。アレクサンドロス大王がアウグストゥス帝に接続されるその過程においては、ヘレニズム諸王国は、あくまでローマに征服されることを運命づけられた受動的な存在として顧みられるだけである。おそらく、このようなヘレニズム時代観の根底にあるのは、それが政治的にも文化的にも「衰退」の時代だったという抜きがたい通念であろう。

そもそも、古代ギリシア文明に対する歴史的な関心は、教養としての「古典」の価値と密接に結びつけられてきた。「古典」とは、何よりもまず前五世紀から前四世紀のギリシアの都市国家、とりわけアテネで生み出された哲学、歴史叙述、劇作品、弁論などのことであり、そのためにこの時代は古典期と呼ばれている。この時代のアテネが政治的には自由と民主政を標榜していたことも、近現代における古典期への評価を高めるのに貢献したことは言うまでもない。ところが、そのアテネをはじめとするギリシア本土の都市国家は、前四世紀の後半になるとフィリポス二世のもとで興隆した古代マケドニア王国の覇権に服することで、かつての自律的な活力を喪失していく（と、される）。その一方で、アレクサンドロス大王の死後に古代マケドニア王国が瓦解する過程で成立したヘレニズム諸王国は、オリエント世界に大きくその版図を広げたことによって、ギリシア古典文化の「純粋性」を失っていったと考えられた。ギリシア世界がもはや「古典」を体現しなくなったヘレニズム時代が「衰退」の時代とみなされたのは、当然だったのである。

しかし、近年になって、古典期のアテネを理想型とする古代ギリシア文明観が、ルネサンス以来の古典研究によって社会的に構築されたものであることが認識されるようになると、[4] それと対応してヘレニズム時代に対する評価にも様々な変化が生じてきた。さらに、本質主義から関係論へという人文学の大きな潮流の変化も、「ギリシア文化の本質」という幻の桎梏にとらわれた古典期の研究から諸文化がダイナミックに交錯するヘレニズム時代の研究へと、学界の関心が移行する原因となっていることも指摘しておくべきであろう。

そこで、本章では、プトレマイオス朝エジプト在地社会の諸相を検討するに先立って、本書の全体を貫くことになる新たなヘレニズム世界観と、そこから必然的に導き出されるプトレマイオス朝研究をめぐる問題の所在を明らかにしておきたい。

1　グローバル化の時代としてのヘレニズム時代

ヘレニズム時代は、西洋における歴史上最古のグローバル化の時代だった。もちろん、ここでの「グローバル」という表現が、地球規模という本来の意味ではなく、当時のギリシア世界の人々にとっての人間世界《オイクメネ》、すなわち、東地中海からその周辺地域に及ぶ空間的広がりを指していることは言うまでもない。しかし、規模の違いはあっても、ヘレニズム時代の社会状況と現代のそれとの間に多くの共通点があることは、確かに注目に値する。たとえば、現代社会のグローバル化について論じた論文の中で、A・カックレインとC・ペインはグローバル化を理解するための鍵概念として、以下の四つの項目をあげている。[5] ⑴社会的諸関係の拡張、⑵フローの強化、⑶相互浸透の深化、⑷グローバルなインフラストラクチャ。これらの概念をヘレニズム時代に投射するならば、以下のような興味深い状況が浮かび上がるであろう。

(1) 社会的諸関係の拡張

カックレインとペインによれば、これは、社会における文化・経済・政治の過程が国民国家の境界を越えて拡張し続け、ある場所で起こったことや決定が他に重大な影響を及ぼしている状態とされる。ＥＵのような「地理的に隣接する国家」の相互連関性をリージョン化と定義するならば、グローバル化とは大陸を越えた諸関係やリージョン間の諸関係が形成され、地球全体に広がっていることを指すものである。このような指摘は、ヘレニズム時代を代表する歴史家であるポリュビオスの時代認識を想起させずにはおかないであろう。ポリュビオスは、自らの歴史叙述の起点を第一四〇オリュンピア期（前二二〇〜前二一六年）と定める理由について、こう述べている。[6]「それ以前の時代には、人間世界《オイクメネ》の出来事はその計画から実現にいたるまで場所が違えば何の繋がりも持たなかったから、いわば散り散りばらばらの状態だった。ところが、このとき以後、歴史はあたかも一つの身体のようなまとまりを持ち始め、イタリアとリビュアの出来事がアジアとギリシアで起きたこととからまりあい、すべての事件が合流してただ一つの結末へといたるようになった」。このように、それまでは基本的には地域ごとに固有のリズムで進んでいた東地中海の歴史は、この頃から著しくシンクロナイズされるようになったのであるが、そのような状況をもたらすことになった契機が、それよりもおよそ一世紀前のアレクサンドロス大王の東征とその「未完の帝国」の分裂だった。後継者たちの諸王国相互、及び周辺世界の政治的文化的一体化は、連邦の形成によるリージョン化と並んで、ヘレニズム時代のもっとも顕著な特色とみなすことができる。

(2) フローの強化

社会的諸関係の拡張は、国民国家を越えた相互作用と相互関連性のフロー及びネットワークの強化と結びついているとされる。第3章で見るように、東地中海を舞台とする文化交流の歴史は青銅器時代にまで遡るが、その密度はヘレニズム時代になると飛躍的に高まった。現代の場合とは異なって、コミュニケーション技術に大きな革新が見られたわけではないが、ヘレニズム時代になると、エジプトを筆頭として新たにギリシア世界に含まれるようになった地域に向けて数多くのギリシア人が進出し、ときには外交面で活躍し、あるいは在地社会に定住して統治の末端を担うようになった結果、コミュニケーション・ネットワークも密なものとなったのである。このフローの強化（制度ではなく、移動・越境する人を介した関係の緊密化）が、たとえばプトレマイオス朝の場合には対外政策の展開にあたって重要な役割を果たしたことについては、第14章でやや立ち入って検討してみたい。

(3) 相互浸透の深化

グローバルな相互作用の規模が広がり、フローが強化されていくことによって、空間的な距離を隔てたローカルな次元でも、経済的・社会的諸実践の相互浸透が深化する。これは、現代社会のいたるところで観察される現象であるが、それがヘレニズム時代のエジプト在地社会でも物質文化のヘレニズム現象として進行していたことは、第16章と第17章で論じる通りである。この文脈でよく引かれるコカコーラやマクドナルドの例が示すように、相互浸透は制度的もしくは物理的な強制のないところでも、グローバル化によって速やかに進展する。この概念は、東地中海コイネー文化の成立を説明する上で、きわめて有効であると考えられる。

(4) グローバルなインフラストラクチャ

現代においては、国民国家の境界を越えた相互連関化は、個別国民の規制と統制の外部で作動しており、作動様式だけでなく制度的なインフラストラクチャの点でもグローバルなものとなっている。この指摘は、国民国家をポリスに、国民をポリス構成員（市民）に置き換えるとき、ヘレニズム時代の東地中海における文化的諸現象を説明するための、有効な参照枠となるであろう。たとえば、第16章で分析する交易用アンフォラのスタンプは、萌芽的ながらも、このようなグローバルなインフラストラクチャがヘレニズム時代にも有効に機能していたことを示している。

なお、現代社会においてこのようなグローバル化を可能にしたのが電子メディアという技術の発達と英語という共通言語の普及であることは言うまでもないが、ヘレニズム時代の場合には、文字や語り、図像、彫刻、建築などから構成されるメディアと、そして何よりもギリシア語という共通言語がグローバル化の推進に寄与していたと考えられる。これらのメディアについては、それらがいかに単独で、あるいは複合された形で、豊穣なメッセージを伝えていたのかを、本書の随所で検討していくことになろう。また、ギリシア語については、この時期のエジプトで生産されたギリシア語パピルス文書の量の膨大さからだけでも、その活力の一端を窺い知ることができる。

2　歴史の中のプトレマイオス朝

プトレマイオス朝エジプトは、長らく二重の意味で古代史研究における継子の扱いを受けてきた。まず、伝統的なギリシア史の視点に立つならば、たとえその支配層が広義のギリシア系に属する人々であり、そこに多くのギリシア人が移住していたとしても、空間的にギリシア本土からは遠く隔たり、在地の住民とその文化が依然として圧倒的な存在感を示していたエジプトは、あくまで周縁的な存在に過ぎなかった。「地中海分断モデル」のメタナラティヴがこのような歴史観の形成に大きく関わっていたことは、別の場所で論じた通りである。[7] そもそも、古典期アテネの民主政の解明が古代ギリシア史研究の最重要課題とみなされる限り、それがラミア戦争によって終止符が打たれた後のギリシア史は長いエピローグに過ぎず、[8] その時代を対象に、あえてギリシアから隔たった世界（それも民主政とは対極に位置する王国）を研究する必然性は、「正統的」なギリシア史研究者には乏しかったといえる。

事情は、エジプト史（エジプト学）の視点に立った場合にも同様である。エジプト学では、プトレマイオス朝期は「グレコ・ローマン時代」としてローマ帝政期と一括され、それ以前の「王朝時代」とは截然と区別されてきた。古代エジプト文明のシンボルは、常に古王国時代のピラミッドのような巨大建築物や新王国時代の王墓の豪壮な副葬品であり、末期王朝時代のさらにまた後に続くヘレニズム時代の様相に積極的な関心を寄せるエジプト学者は、例外的な存在だった。エジプト学者に代わってプトレマイオス朝の研究を中心的に担ってきたのはパピルス学者だったが、このことは後述するようにまた別種の問題を提起することになる。

しかし、二重の継子としてのプトレマイオス朝に対する歴史的評価は、今や大きな転換期を迎えつつある。その根底にあるのは、近年の新たな研究動向を牽引しているJ・マニングが積極的に主張しているように、[9] 前近代の国家としては、プトレマイオス朝がきわめて成功した国家だったとする認識であろう。ヘレニズム諸王国の中でも、二七五年間（アレクサンドロス大王によるペルシアからの「解放」から起算すれば三〇〇年間）にわたって存続したプトレマイオス朝は、もっとも長命な国家だった。これは、エジプトの王朝時代を通じて見ても、中王国時代の繁栄をもたらした第一二王朝（二一二年間）や新王国時代の頂点を築いた第一八王朝（二五五年間）よりも長く、[10] さらには日本の江戸時代（約二六〇年間）をも凌いでいる。特に江戸時代との比較ということで言えば、当時の日本列島が内乱や外部からの直接的な攻撃にさらされることがなかったのに対して、プトレマイオス朝は前三世紀の末に独自のファラオを擁立したエジプト人による二〇年に及ぶ南部大反乱を経験し、またセレウコス朝と戦争を重ねる過程で、前一六八年にはアンティオコス四世のエジプト侵攻によって滅亡の瀬戸際にまで追い詰められている。それにもかかわらず、これだけの期間存続することができた事実は、そこに社会を安定状態に保つための、何らかの有効なシステムが機能し続けていたことを示唆している。

また、ギリシア古典文化の継承という点でも、プトレマイオス朝による文化政策は、きわめて大きな役割を果たした。よく知られているように、ギリシアの主要な文学作品の多くは、ホメロスの叙事詩を筆頭として、いずれもアレクサンドリアのムセイオンと図書館を舞台に展開されたテクストの蒐集とその文献学的研究という篩にかけられた形で、今日にまで伝わったものである。「純粋なギリシア文化」という幻想の少なくとも一部がヘレニズム時代のアレクサンドリアで構築されたものであることには、より注意が払われてしかるべきであろう。

さらに、前節で述べた現代社会のグローバル化は、ヘレニズム時代のエジプト史研究にこれまでとは異なる新たな歴史的意義を付与することになった。というのも、世界史を振り返るならば、前近代において二つの異なる文化を持つ集団が接触した場合、通例はどちらかが他方よりもはるかに高度な技術や文化を備えているために、影響関係は一方的であることが一般的である。大航海時代におけるヨーロッパ人の新大陸への進出は、その典型的な例であろう。ところが、ヘレニズム時代におけるギリシア文化とエジプト文化の遭遇の場合は、これとは大きく異なっている。

そもそも、M・バナールの『黒いアテナ』を俟つまでもなく、一般に古代ギリシア人は、自分たちの文化よりもエジプト文化の方が内容的に高度かつ合理的であって、学ぶべきところが多いと考えていた。たとえば、ギリシア哲学史の劈頭を飾るミレトスのタレスについて、「彼はエジプトに行ってその地の神官たちとともに生活したことを別として、誰からも教えを受けたことはなかった」という逸話が伝えられているのも、[11] この点で興味深い。アテネの詩人（立法家）ソロンやミレトスの地誌学者（歴史家）ヘカタイオスの場合も同様であるが、彼らの「エジプト体験」がその思想形成に具体的にどのような影響を及ぼしたのかは見定めがたいものの、エジプトの高度な文化との遭遇がなければ、彼らがギリシアの伝統的な世界観の殻を破ることは難しかったであろう。[12]

プトレマイオス朝エジプトとは、そのようなエジプト人をギリシア系の支配層が統治するという条件のもとに成立した国家だった。そこでは、前近代の一般的な異文化接触の事例とは異なって、それぞれが複雑かつ高度なシステムを確立させていた二つの文化が、否応なしに共存することを余儀なくされたのである。たしかに、プトレマイオス朝の確立とギリシア文化との接触によって、ただちにエジプト在地社会が劇的な変容を遂げたわけではなく、伝統的な要素が宗教面を中心に様々な形で継承されていたことは確かである。しかし、以下の諸章で論じるように、ギリシア語の使用は急速に領域部に浸透し、在地社会のエリートたちも積極的にギリシア文化を採り入れていた。

二つの高文化が接触する界面で生じる文化変容の諸相を明らかにすることは、グローバル化の時代に生きる上で、きわめて重要かつ切実な課題となっている。現代においてプトレマイオス朝エジプトを問題にする意義も、まさにこの点にあると言えよう。

3　プトレマイオス朝エジプト像の変遷

（ヘレニズム時代初期のエジプトでは）プトレマイオス王家のもとで、強力な中央集権体制が確立し、国家統制による経済の独占支配を通じて、古代に類を見ないような専制政治が展開されていた。[13]

（プトレマイオス朝の制度は）官僚主義的中央集権制の大規模な実験と描写されて良いものだが、それはまた商取引を統制し、経済を国家権力に従属させることによって、貴金属を蓄積することを狙いとしていた限り、重商主義のそれでもあった。[14]

これらの引用に見られるように、かつてプトレマイオス朝はオリエント的デスポティズムの典型と目され、その構造は「専制」、「官僚制」、「中央集権」、「統制経済」といった概念で説明されるのが常だった。しかし、近年、このようなプトレマイオス朝像に対しては、様々な視点から見直しが進められている。[15] そこで、ここではまず、伝統的なプトレマイオス朝のイメージがどのように構築されてきたのかを振り返った上で、それに対する近年の批判の要点を確認しておきたい。

プトレマイオス朝エジプト史の研究は、ギリシア語パピルス文書という史料への関心とともに発展してきた。[16] 一九世紀のエジプトでは、ムハンマド・アリー朝のもとで急速に近代化政策が進められた。農村部では、運河による灌漑網の整備、及びサトウキビと綿花という商品作物の導入に伴い、二毛作、ときには三毛作という集約的な土地利用が行われるようになる。このような状況下で、土壌の改善のために盛んに行われたのが、崩れた日干煉瓦などに由来する栄養分に富んだ遺跡の埋土を掘り崩し、それを肥料として畑に撒くセバハだった。そして、このセバハによって多くの遺跡が破壊される一方、とりわけファイユーム地方では、セバハの過程で膨大なヘレニズム時代からローマ時代のギリシア語パピルス文書が出土したのである。それを受けて、一九世紀の末から二〇世紀の初めには、エジプトでは農民によるセバハと並んで、「パピルス・ハンティング」と呼ばれるパピルス目当ての発掘（事実上の遺跡の破壊）さえ行われた。こうして、ミイラのカルトナージュに再利用される形で発見されたパピルスも含め、二〇世紀の前半にはパピルスという媒体に書かれた膨大な同時代史料が、研究者に供されるようになったのである。

このようにして蓄積された膨大な史料の分析に基づいて、互いに踵を接するように刊行されたのが、ヘレニズム社会経済史研究の二つの金字塔、C・プレオーによる『ラゴス朝の王室経済』（一九三九）とM・ロストフツェフの『ヘレニズム世界の社会経済史』（一九四一）である。[17] プレオーの大著は、プトレマイオス朝の繁栄を支えた経済の諸制度を、王朝の財政政策のもとに秩序づけられたものとして「王室経済」と呼び、その諸相を支出、収入、機能という大きな枠組みの中で詳らかに論じた。[18] これに対して、ロストフツェフの三巻本は、ヘレニズム世界の全体を視野に収めた総合的な研究ではあるが、やはり史料の豊かなエジプトの叙述に多くの紙幅を割いている。そして、今日の視点から見れば、これらの研究には、ギリシア語パピルスから得られる統治や財政に関する多様な情報をもとに、当時の社会を支えていた諸制度の織りなす複雑な構造体を整合的に解釈することができれば、それがすなわちプトレマイオス朝の社会の解明につながるのだというメタナラティヴが共有されていたように見える。

しかし、プレオーやロストフツェフが自明としていたこのような考え方に対しては、近年、前述のマニングを筆頭とする研究者によって、様々な批判や留保が寄せられるようになっている。[19] たとえば、ロストフツェフは、いわゆるゼノン文書（プトレマイオス二世時代の宰相アポロニオスの所領を管理していたカウノス出身のゼノンの許にあった、一七〇〇点ほどのパピルス文書）を主要な情報源としているが、ゼノン文書に限らず、現存するギリシア語パピルスの多くがファイユームという特殊な地域（第7章参照）とその周辺に由来していることは、そこから得られる知見が必ずしも他の地域（とりわけ上エジプト）にあてはまるものではないことを示唆している。また、王による統制経済の何よりの証とされてきたいわゆる「収税法パピルス」についても、近年ではそれが完備された制度のマスタープランとはほど遠い、アド・ホックな対応の寄せ集めであった可能性が指摘されるようになっている。[20]

厳しい批判が向けられているのは、これらの史料を解釈するために用いられてきた参照枠についても同様である。マニングの近著で詳細に論じられているように、[21]コロニアリズム、オリエント的デスポティズム、重商主義といった、かつてはプトレマイオス朝を論じるにあたって欠かすことのできない概念とされていたものが、現在では軒並みその有効性を疑われるようになってきているのである。

おわりに

それでは、どのようにすれば、プトレマイオス朝研究の新地平を切り拓くことが可能になるであろうか。それには、大きく分けて三つの方法が考えられる。一つは、マニングが試みているように、伝統的な解釈モデルに代わる新たな解釈モデル（たとえば国家形成に関する通文化的なモデル）によって、既知の史料を読み直すことである。第二に、これもマニングらによって従来から主張されてきているものであるが、ギリシア語パピルスからの知見とバランスをとるために、デモティックの史料を積極的に活用することである。これは、とりわけ上エジプトの状況を考察する際には、きわめて有効かつ不可欠な方法であろう。しかし、本書が採用するのは、これらの方法（これらは本質的にパピルスを史料とする文献史学者の仕事であろう）ではなく、これまでパピルス史料の豊かさの陰にあってほとんど注目されてこなかった考古学的史料（コンテクストをともなう碑文も含む）に基づいて議論を展開することである。

上述したように、一九世紀の末から二〇世紀の初めにかけて、ファイユーム地方を中心に行われた該期の遺跡の発掘に際しては、パピルスを蒐集することに重点が置かれた結果、それ以外の遺物やそれらが出土する遺構には、十分な注意が払われることが乏しかった。プトレマイオス朝期の遺構や遺物に言及する発掘報告書は少なくないが、それらはしばしば本来の目的である王朝時代の遺跡調査の過程で副次的に発見されたものに過ぎないことが多い。ヘレニズム時代からローマ時代にかけての考古学的な調査のサーベイも刊行されているが、その執筆者は考古学者ではなくパピルス学者である。[22] 何よりも、ヘレニズム時代のエジプトについては、あらゆる考古学的研究の基礎となる土器の編年すら確立されていないという事実が、いかに「プトレマイオス朝の考古学」が未熟な状態にあるかを歴然と示していよう。[23] いかにパピルスからの情報が豊富であろうと、そこから描き出された歴史像を異なる範疇の史料によって批判的に検証する作業は不可欠であろう。まさに本書が行おうとしているのは、そのささやかな試みに他ならないのである。

第2章　アコリス遺跡の考古学

――ヘレニズム時代を中心として――

はじめに

アコリス遺跡は、カイロから南へ二三〇キロメートルほど遡ったナイルの東岸に位置しており、肥沃なナイル谷の沖積平野と荒涼たる岩石沙漠との接点に立地する広大な都市域を中心に、その周辺の墓域や採石場跡などから構成されている。(1)

中エジプト最大の都市であるエル・メニア（二〇一〇年の推定人口は約四四七万人(2)）からナイルにかかる大橋を東岸に渡ると、ネフェルティティ王妃の胸像が立つロータリーからは岩石沙漠の縁に沿って南北に舗装道路が延びている。ここから南へ続く道のうち、上り坂の道は沙漠上の高台に開発された人工都市メニア・ギジーダ（ニュー・メニア）に、またナイルに沿って平野を行く平坦な道はザウィエト・エル・マエティン遺跡から遠くアマルナ遺跡の方面へと通じている。一方、北に向かう道は、シュラファ遺跡の麓で東の沙漠ロードに接続する街道と平野部に点在する集落を結ぶ道とに分岐するが、後者の道をさらに二〇分ほど北に進むと、右手の屏風のように続く沙漠の絶壁の先端に顕著な岩の隆起が見えてくる。その麓には、ワディと平野部との間に平坦な舌状台地が北に向かって

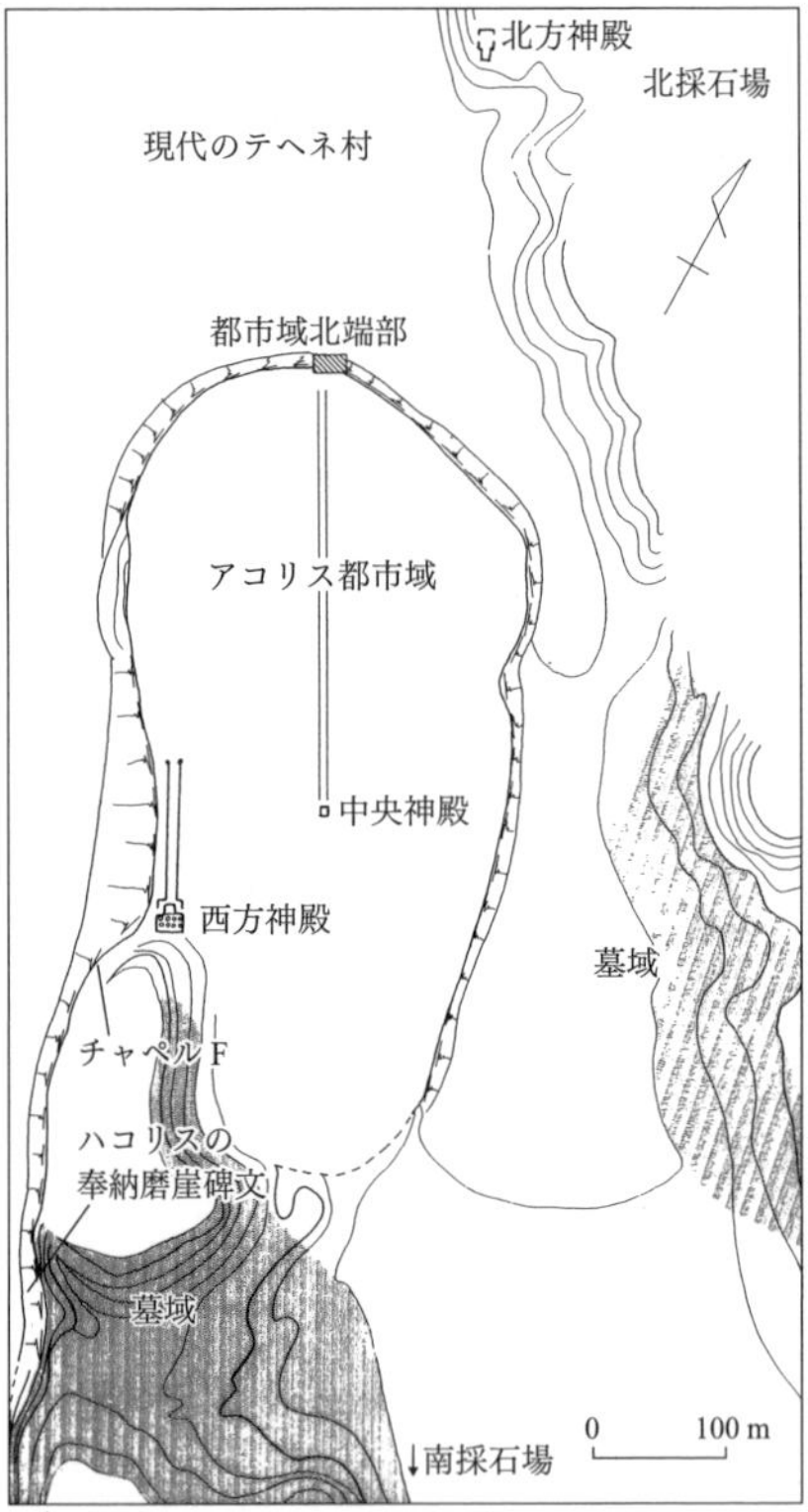

図3　アコリス遺跡のプラン

突出し、その部分だけ地表面が焦茶色を呈しているのが目にとまる。これが南北約六〇〇メートル、東西約三〇〇メートルの範囲を占めるアコリス遺跡の都市域である。遺跡の北側には、テヘネ・エル・ジェベルと呼ばれる現代の村落が広がっているが、このテヘネという集落名は、ヘレニズム時代のギリシア語パピルスに現れる「「ハコリス（アコリス）の（村）」とも呼ばれるテーニス」に由来するものと考えられている。(3)

現在、都市域は崩れた日干煉瓦と膨大な土器片によって厚く覆われ、その間からコプト時代の建築物の壁が随所に顔を覗かせているが、それでも、ヘレニズム時代からローマ時代にかけての都市プラン（図3）の要となっていたのが、中王国時代の岩窟墓を改装した西方神殿（いわゆるネロ神殿）と都市域の中央に位置する中央神殿（サラピス神殿）だったことは明白である。この時代にはまた、北方神殿やチャペルFも信仰の場として機能していたらしい。現在ではかなり破壊を受けているが、ハコリスの奉納磨崖碑文の上にあるイシス・モキアス神殿も、ヘレニズム時代には政治的に重要な神殿の一つだったであろう。なお、都市域の周囲には、崖面に沿って小規模な岩窟墓が並び、さらに集落域の南とワディを挟んだ北東部には、広大な採石場の跡が残されている。

1　アコリス遺跡の調査前史

アコリス遺跡に関するもっとも早い記録は、一八世紀の初めにエジプトを踏査したことで有名なイエズス会の神父C・シカールによるものである。彼は一七一六年三月一五日付の書簡でテヘネ村の遺跡に言及し、岩石沙漠の崖面に刻まれたハコリスによるギリシア語奉納磨崖碑文（本書第12章を参照）のテクストを転写した。[4] その後、ナポレオンのエジプト遠征に同行したE・F・ジョマールが、一八一七年に刊行された『エジプト誌』第四巻でこの遺跡に触れ、一八三五年と一八四二年にはG・ウィルキンソン卿が、また一八四三年にはR・レプシウスも、ハコリスの奉納碑文を調査した。考古学的な調査としては、一八九〇年代には、G・W・フレイザーが近隣の古王国時代の墓を発掘している。

しかし、この遺跡が広く学界の注目を集める契機となったのは、上述したヘレニズム時代のギリシア語パピルス、すなわちケファラスの子ディオニュシオスをめぐるパピルス文書群の発見だった。[5] 一九〇一年の冬にT・レナックによって蒐集されたこの家族文書集積《ファミリー・アーカイヴ》は、本書第9章で詳しく述べるように、前二世紀の末に「ハコリス（アコリス）の（村）」とも呼ばれるテーニス」に居住していたギリシア系エジプト人の経済活動を伝えているが、アコリス遺跡はまさにその史料の舞台として脚光を浴びるようになったのである。これを受けて、一九〇三年から翌年にかけて、P・ジュゲとG・ルフェーヴルを中心とするフランス人研究者による発掘が行われ、西方神殿やネクロポリスの様相が部分的に明らかにされた。その後もアコリス遺跡では断続的な調査が行われたものの、組織的かつ継続的な発掘が行われるようになったのは、角田文衛が館長を務めていた京都の平安博物館（後に古代学協会）がこの遺跡を発掘対象に定め、日本からのミッションによる調査体制が確立されてからのことである。

京都帝国大学で濱田耕作の指導を受け、戦前のイタリア留学などを通じて蓄積した幅広い考古学の知識を踏まえて独自の古代学を提唱したことで知られる角田文衛は、一九八〇年にエジプトにおけるギリシア・ローマ時代の遺跡を調査するべく、フランスでエジプト美術史を学んだ鈴木まどかを現地に派遣し、発掘地の選定にあたらせた。(6) その際に、フランス・オリエント考古学研究所からの助言のもと、発掘の候補地としてあげられたのが、アコリス

図4　北東から望むアコリス遺跡の都市域

図5　アコリス遺跡チャペルFのファサード

遺跡だった。角田はさっそく当時シリアで発掘を行っていた川西宏幸をエジプトに派遣し、鈴木と協力してアコリス遺跡の発掘の準備にあたらせた。翌一九八一年には、エジプト側からの発掘許可も得られ、ここに角田を名誉団長、鈴木を団長（一九八五年まで）、川西を主任調査員（一九八六年から団長）とする体制のもと、日本隊によるアコリス遺跡の発掘が開始されたのである。なお、筆者が初めて調査団に加わったのは、一九八四年の秋から冬にかけて行われた第四次調査のときのことだった。主として西方神殿域とその参道部分を対象として行われたその調査の成果は、毎年の概報によって報告され、一九九五年には英文による大部の最終報告書が刊行されている。

図6　北から望むアコリス遺跡西方神殿と参道

これに対して、アコリス遺跡の新たな調査体制（アコリス考古学プロジェクト）が発足したのは、一九九七年のことである。この年の夏、川西を団長として、辻村純代、バーナン・スペンサー、周藤芳幸の四名によって構成された調査団は、アコリス遺跡の調査を再開するためにエジプトに渡航したが、考古庁からの許可は事前に得られていたものの、治安当局からの許可が下りなかったため、ただちに日本へ帰国することを余儀なくされた。ルクソールのハトシェプスト女王葬祭殿で、日本人観光客一〇名を含む六〇人以上が武装集団によって射殺される悲惨なテロ事件が起こったのは、この年の一一月一七日のことである。しかし、この事件後に治安当局の判断が変わったこともあり、調査団は翌一二月に再びエジプトに渡航して現地入りし、都市域の北端部で発掘を開始することになった。その後、アコリス遺跡の調査は、エジプト考古庁の協力のもと、高橋徹（考古学）、堀賀貴（建築史学）、花坂哲（考古学）などをメンバーに加え、筑波大学、名古屋大学、九州大学などの大学院生、学部生の参加を得ながら、現在まで継続されてきている。

アコリス考古学プロジェクトは、考古学、歴史学、建築史学などの専門家によって構成される学際的な調査組織であり、あくまでアコリス遺跡の現地調査を出発点としながらも、その研究上の関心や方法は、きわめて多岐にわたっている。そこで、ここでは筆者が責任を負っているヘレニズム時代に関する調査に絞って、これまでの成果を概観しておく。

2　都市域北端部の発掘調査（一九九七〜二〇〇一年）

一九九七年の冬にアコリス遺跡の発掘を再開するにあたり、都市域北端部を調査区に選定したのには、主として二つの理由があった。一つは現実的な理由であり、冬の短い調査期間で一定の成果をあげるためには、攪乱層が厚く堆積している都市域の中央部ではなく、堆積の薄い周縁部で発掘を行う必要があったこと。もう一つは、もちろんこちらがより学術的な理由であるが、中央神殿と現在のコプト教会とを結ぶ線の上でワディの水路に顔を出している糸巻き状の巨石（ブロックD、通称「糸巻き石」。図7左）の周辺を発掘することにより、都市の城門の発見が期待されたことである。

しかし、この両端部と中央部を角柱状に残してその間を円柱状に削り出した「糸巻き石」が城門の建材の一部だったのではないかという仮説は、発掘によって見事に覆された。というのも、ブロックDの角柱状の部分の下からは、この状態で巨石の重さを支えるための台となる石組が見つかったからである。アコリス南採石場に、これと似た形状の石材が放置されていることからも、この石材は城門の一部などではなく、近郊の採石場から切り出され、整形と搬出のためにこの場に仮置きされていたものであることは疑いを容れなかった。

図7　アコリス都市域北端部の巨石群

長さ一五メートル、直径三・二メートルの規模のこの石灰岩のブロックは、北西側に入った亀裂のために整形の途中で放棄されたらしく、円柱状の部分の下部の加工は、まだ断面が完全に円形に整えられる前の段階で中断されている。さらに、このブロックDの北西側には、現代のダイナマイトによる爆破のために原型を失っているものの、やはり大型の角柱状の石材だったと考えられるブロックC（図7右）、さらにその北西には、ブロックDと同一の形状を持つブロックEが同一直線上に並んで置かれていた（図8）。その南からは、これらと同じ向きで置かれた大型の角柱状のブロックGが出土したが、その下層からは末期王朝時代の日干煉瓦の都市壁の上面が検出され、これらの石材の置かれた方位がこの都市壁の方位とほぼ一致していること、またこの石材加工場の操業時期が末期王朝時代よりも新しいことが確認された。

これらの石材の発掘の過程では、驚くべき発見が続いた。石

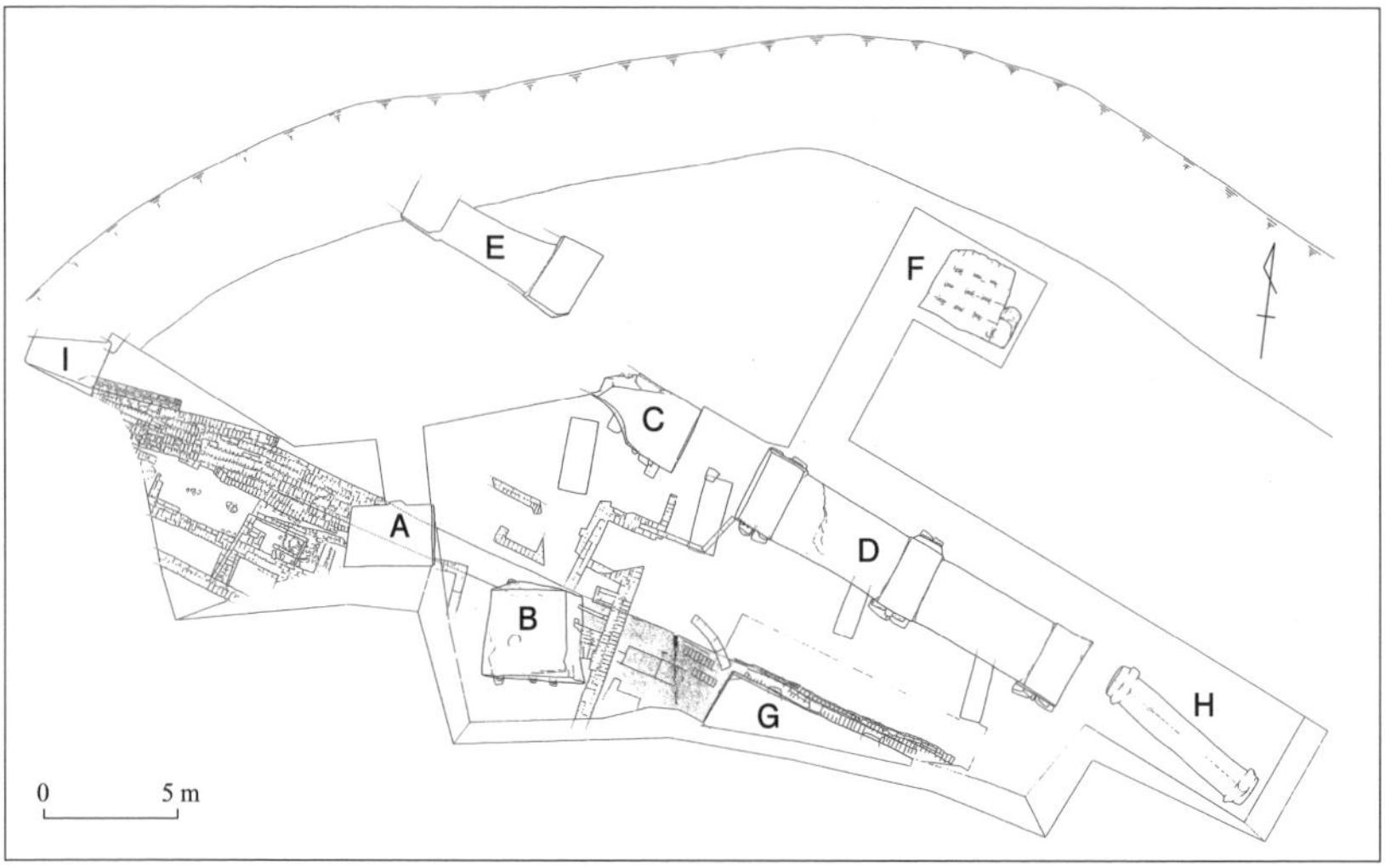

図8　アコリス都市域北端部の発掘区

材の埋土上層からは、中央神殿のものと同一の円柱の台座などが出土したが、埋土下層は赤褐色の焼土層となっており、そこからギリシア的なテラコッタ製の女神官像やアテナ女神像、ランプ、さらにはギリシア語のスタンプが押されたアンフォラの把手など、一見してヘレニズム時代に属することが明白な遺物が次々に出土したのである。第16章で詳しく検討するように、出土品に含まれるロドス産のアンフォラ把手のスタンプの年代分析結果からは、これらの遺物がヘレニズム時代中期にあたる前二世紀を中心とする時期のものであることが示された。おそらく、これらの遺物はこの時期の近隣の焼失家屋に由来するものであり、石材加工場が何らかの理由によって放棄された直後に、この場所に一括して投棄されたのであろう。そこに膨大なアンフォラの破片が含まれていることは、この家屋がパピルス史料に言及されているアコリスの「港《ホルモス》」（増水期におけるナイルの船着き場）に附属する施設だったことを示唆している。この石材加工場に伴うものと考えられる建築遺構のプランについては十分に明らかにすることができなかったが、そこで使われている日干煉瓦のサイズも、それがプトレマイオス朝時代のものであることを示していた。

このように、一九九七年から二〇〇一年にかけて行われた都市域北端部の調査からは、ヘレニズム時代のアコリスでは石灰岩の石材の加工と搬出が重要な生業の一つとなっていたこと、そしておそらくこれに伴って物質文化全般のヘレニズム化が著しく進んでいたことが明らかになった。アコリスでは、ヘレニズム時代の文化層は、古代学協会による中央神殿の調査に際しても、その北トレンチ、及び東トレンチ下層で確認されていたが、調査面積が限られていたこともあり、関連する遺構や文化内容については必ずしも詳細を明らかにすることができなかった。[7] そのため、都市域北端部の石材加工場とその埋土から出土した遺物は、それまで文献学的証拠によってしか知られていなかったヘレニズム時代のアコリスについて、貴重な考古学的知見を提供することになったのである。この調査の成果のうち、出土したアンフォラ把手のスタンプの分析結果については、二〇〇五年に英文のモノグラフとして刊行している。[8]

3　アコリス及びその周辺の碑文の調査（二〇〇二〜二〇〇四年）

二〇〇二年度から、アコリス考古学プロジェクトは発掘区を都市域の南に屹立する岩山の南斜面（南区）に移して、第三中間期から末期王朝時代の集落の発掘を開始することになった。都市域北端部の場合とは対照的に、この南区ではフェニキアやキプロスに由来すると推測される外来系の土器は出土するものの、ギリシア系の遺物は、キオス産のアンフォラの破片などを例外として、きわめて乏しいのが実情だった。そのため、この間を利用して行ったのが、アコリス及びその周辺におけるギリシア語碑文の調査である。

図9　アコリス北採石場で再発見されたドミティアヌス帝への祭壇

アコリス遺跡では、ナイルの平野に面した岩石沙漠の崖面に刻まれたプトレマイオス五世のための奉納碑文が早くから注目されてきたことは上述した通りであるが、二〇〇一年から堀賀貴の率いる建築史のチームによってアコリス周辺の採石場の調査が開始されると、採石に関係する碑文やグラフィティについても新たな発見が相次ぐようになった。二〇〇一年には、アコリス北採石場の中腹にある横穴の天井面で、長方形の枠内にサラピアスの名を刻んだ碑文が発見された[9]。また、二〇〇三年には、一九世紀にその存在が確認されながら長らく所在が分からなくなっていたドミティアヌス帝時代の奉納碑文（図9）が、アコリス北採石場の原位置で再発見された[10]。碑文テクストそのものは、人名の綴りの誤りなどを除き、フレイザーなどによる一九世紀の記録から復元されたそれとの間に大きな相違はなかったが、碑石そのものの実測図や拓本からは、そのテクストが複数回の刻み直しを経たものであり、奉納者の名前も前のテクストを削平した後に彫られたものであることが判明した。この碑文テクストそのものは、ローマ帝政期においてアレクサンドリアの舗装を目的とする採石作業がアコリスで行われていたことを証言する点で重要ではあるが、そのテクストが何度も刻み直されているという事実もまた、採石場という空間がそれをともにする人々の間でいかに大きな存在であったのかを如実に伝えている

（詳細については、第8章補論を参照）。

このような現地調査と並行して、この間には、プトレマイオス五世のための奉納碑文を光波で実測し、その歴史的文脈を再解釈するとともに、それを同時代の碑文慣行の中に位置づけ直す研究を進めた。この研究成果については、第12章で詳しく述べる通りであるが、そこからは、質量ともに圧倒的なギリシア語パピルス史料の存在の陰にあって、この時代の碑文史料が秘めている新たな史料的可能性が浮き彫りにされたと言える。

4　採石場のグラフィティ調査（二〇〇五〜二〇一二年）

建築史のチームは、アコリス周辺で八カ所の古代採石場の存在を確認しているが、二〇〇五年度からは、さらにアコリスから南に一二キロほど隔たったニュー・メニアにある古代採石場（図10）において、新たな調査を開始した。この採石場は、ドイツのクレム夫妻によって初めて紹介され[11]、後に遠藤孝治が本格的な調査を行った未完のファラオ像の南に広がる大規模な人工の谷であるが、そこでは、建築史のチームの測量に際して、採石後の壁面に膨大な数のデモティック及びギリシア語のグラフィティ（朱書きの文字）や朱線が残されている状況が観察されていた。そこで、二〇〇五年度からは、エジプト学を専門とする内田杉彦、及びローマ史（とりわけローマ時代エジプトのパピルス研究）を専門とする高橋亮介を研究協力者として、このグラフィティのデータ化と分析に取り組むことになった。

ヘレニズム時代の経済史を研究する上での史料的価値が広く認識され、個別の先行研究も相対的に豊富なアンフォラのスタンプの場合とは異なり、採石場のグラフィティ（図11）は、学界でもその存在がほとんどまったく知

図 10　北から望むニュー・メニア古代採石場とナイル

図 11　ニュー・メニア古代採石場のグラフィティ（T1）

られていない特殊な範疇の史料である。そのため、データの記録方法ひとつをとっても、試行錯誤の連続となることは避けられなかった。しかし、詳細については第8章に譲るが、その分析結果からは、この広大な採石場がプトレマイオス朝の最盛期にあたる前三世紀の中頃から後半、すなわちプトレマイオス二世の治世の末からプトレマイオス四世の治世の初めにかけて操業していたことが明らかになった。また、二〇〇八年度の調査に際して、ローマ時代以降の採石活動による破壊を免れたアコリス南採石場の横穴ギャラリーの天井部分から、ニュー・メニア採石場とまったく同一のシステムで書かれた二言語併用グラフィティが確認されたことは、この興味深い慣行がニュー・メニアだけではなくアコリス周辺部でも確立されていたことを示す画期的な発見となった[12]。

プトレマイオス朝エジプト史研究の近年の動向に照らすならば、採石場のグラフィティ調査の意義は、以下の二点に集約することができるであろう。第一に、同一の情報がしばしばデモティックとギリシア語との二言語によって併記されている事実は、それが具体的にどのような性格のものであったかは別として、採石場が在地エジプト人と新来のギリシア人との協働の空間となっていたことを示している。この時代の社会像の復元が、ほぼ同じ頃に隆盛を見るギリシア語パピルス文書に過度に依存していることは前章で見た通りであるが、採石場の二言語併用グラフィティは、デモティックとギリシア語という二つの言語による記載を合わせ見ながら領域部におけるヘレニズム現象を考えていくことを可能にする点で、かけがえのない史料的価値を有している。

第二に、カルトナージュ棺などにリサイクルされて本来のコンテクストを失っていることの多いパピルス史料とは対照的に、採石場のグラフィティは壁面や天井面という明確なコンテクストを伴っている。これは、テクストそのものからだけではなく、そのコンテクストからテクストを解釈することを可能にする点で、きわめて重要なグラフィティの特徴とみなすことができる。もちろん、このことは、必ずしもコンテクストがテクストの解釈を容易にすることを意味するものではない。実際、グラフィティのテクストとそれが言及していると考えられる採石活動の痕跡との関係については、整合的に説明することの困難なケースも少なくない。しかし、第7章で言及するピートリー・パピルスなどのパピルス史料からの知見と採石場からの考古学的・建築史学的知見を総合するならば、そこからは在地社会の重要な生業の実態を解明する新たな道が拓けることは確実である。

ニュー・メニア採石場のグラフィティ調査は現在なお進行中であり、グラフィティに現れる人名の分析、あるいは作業の季節性、記録の目的と周期性など、さらに精密な分析を俟たなければならない問題点も少なくない。さらに、このようなグラフィティの慣行が、どの程度の範囲にまで広がっていたのかも、明らかにする必要がある。そのため、今後は、アコリスからさらに距離を隔てた古代の採石場についても、順次踏査を進めていく予定である。

おわりに

一九九七年にアコリス考古学プロジェクトが新たな体制で調査を開始するまで、この地におけるヘレニズム時代の様相に関する史料は、ハコリスによる奉納磨崖碑文とケファラスの子ディオニュシオスの家族文書集積の言及に尽きていたと言っても過言ではない。これに対して、過去一五年あまりの間に行われてきた現地調査の成果は、プトレマイオス朝の支配下におけるアコリスの、さらにはエジプト在地社会全般の位置づけに、大きな見直しを迫ることになった。

アコリスの場合には、都市域北端部の調査によって、地中海から四〇〇キロあまり内陸に隔たったこの在地集落が、ナイルを介した石材をはじめとする物資の移動を通じて首都アレクサンドリアと、さらにはその彼方の地中海世界と密接に結びついていたことが明らかになった。終章でも改めて述べるように、エジプトのヘレニズムに関する二〇世紀前半までの有力説がコロニアルなモデルに基づくものであったとすれば、その二〇世紀後半以降の有力説は、プトレマイオス朝エジプトにおけるヘレニズムの影響は本質的にギリシア人の都市であるアレクサンドリアやギリシア人の入植地であるファイユームなどにとどまるものであって、内陸の在地社会では伝統的なエジプト文化が根強く続いていたとするものである（分離主義モデル）[13]。この説の背景には、かつてのコロニアルなモデルへの反発から、この時代のエジプトでは支配する者の文化と支配される者の文化とが水と油のように混じり合うことなく併存していただけであって、ヘレニズム化はきわめて限定的だったとみなそうとする思潮が影を落としていたことは言うまでもない。

しかし、以下の各章で論じていくように、アコリス遺跡における一連の考古学的調査の成果は、少なくとも中エジプトに関しては、ヘレニズム化の過程が、これまで考えられてきたよりもはるかに急進的かつ包括的なものであったことを示唆しているように見える。もちろん、アコリスからの知見をにわかにエジプト領域部一般にあてはめて考えることは慎まれなくてはならない。また、このようなヘレニズム化の過程が、果たしてアレクサンドロス大王のエジプト「解放」とプトレマイオス朝の確立の直接の結果であるかどうかも、検討の必要がある。そこで、次章では、まず手始めとして、ヘレニズム時代以前のギリシア文化とエジプト文化との交渉がいかなるものであったのかを、先史時代から順を追って吟味していくことにする。

第3章　ヘレニズムへの道

――アレクサンドロス以前のナイル世界とエーゲ海世界――

はじめに

東地中海をはさんで一衣帯水の関係にあるナイル世界とエーゲ海世界との間では、ヘレニズム時代の開始に先立って、様々な形での文化交流が展開されていた。この交流は、それぞれの世界のあり方に、いかなる影響を与えていたのであろうか。また、それはヘレニズム時代のエジプトに、どのような文化変容の舞台を準備することになったのであろうか。残念ながら、アコリス遺跡におけるこれまでの調査では、青銅器時代のエーゲ海に由来する遺物は出土しておらず、前一千年紀に入っても、暫くはギリシア系の遺物はごく散発的にしか確認されていない。しかし、ヘレニズム時代のエジプトにおける文化変容を探るにあたっては、その前段階の状況を明らかにしておくことが必要であろう。そこで本章では、第二中間期から末期王朝時代（エーゲ海では青銅器時代から古典期）までのナイル世界とエーゲ海世界との関係を、通時的に検討していきたい。

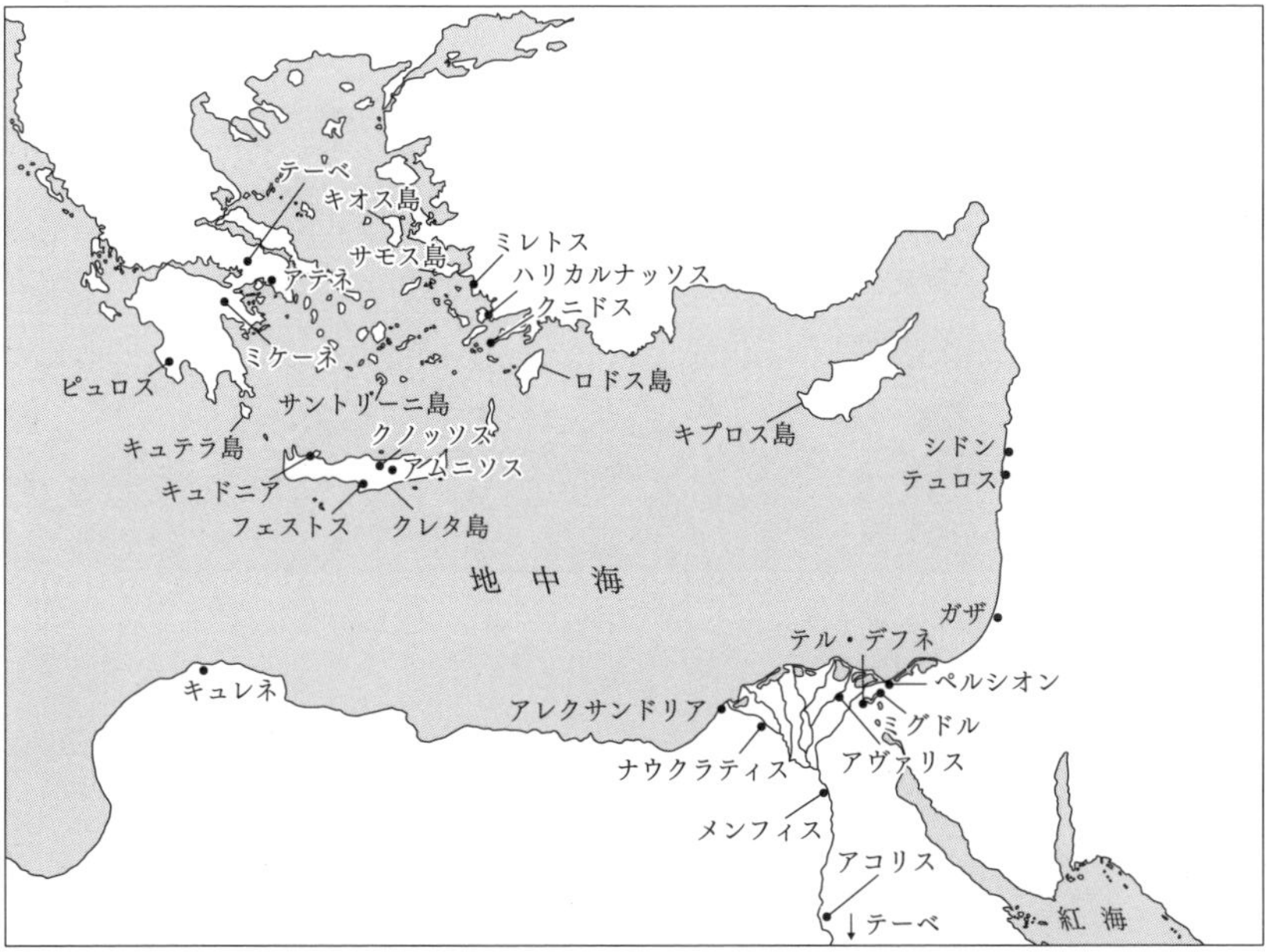

図 12　先史時代の東地中海

1　エジプトとクレタ島のミノア文明

青銅器時代におけるオリエントとギリシアとの間の文化交流の展開については、H・J・カンターによる先駆的な研究を嚆矢として、半世紀以上にわたって活発な議論が続けられてきた。[1]とりわけ、一九九二年に大英博物館で行われたコロキアム「エジプト、エーゲ海、レヴァント」、一九九七年にシンシナティ大学で行われた国際研究集会「前二千年紀のエーゲ海とオリエント」、そして一九九九年から翌年にかけてギリシア文化省がクレタ島のイラクリオン博物館で開催した特別展「クレタ・エジプト、三千年にわたる文明の紐帯」は、この議論の土台となるデータを集成し、学界共有のものとした点で重要である。[2]これらの機会には、ナイル世界とエーゲ海世界との交流に関する様々な考古学的証拠が吟味されているが、その動向にひときわ大きな刺激を与えたのが、M・ビータクによるテル・エル・ダバァ

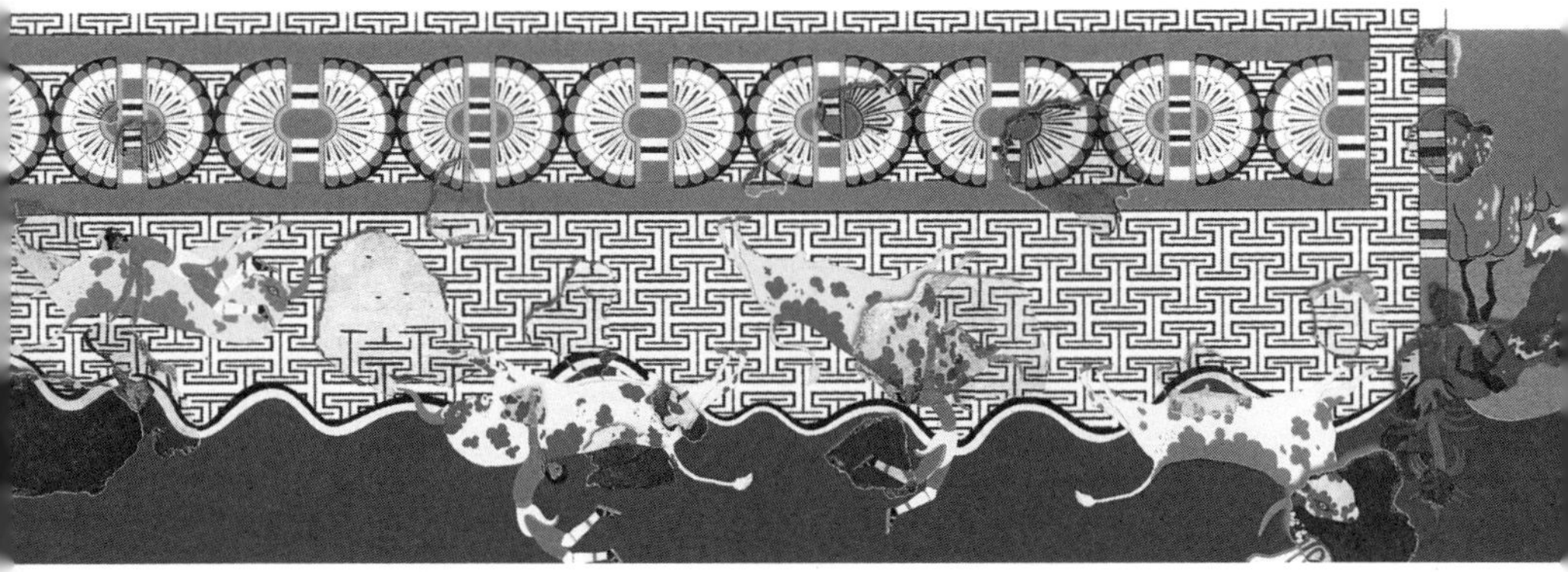

図 13　アヴァリス出土の「牛飛び」のフレスコの復元図

の調査である。

テル・エル・ダバァは、ヒュクソスの首都アヴァリスに同定されるデルタ東部の遺跡である。発掘の成果によれば、ここにはヒュクソス支配時代の末期から第一八王朝時代の初めにかけて日干煉瓦の基礎部を持つ大規模な宮殿が存在したが、その壁はクレタ島のクノッソス宮殿やサントリーニ島のアクロティリ遺跡のものとよく似た美しいフレスコ画によって飾られていた。[3] なかでも興味深いのは、クノッソスの有名な壁画を彷彿とさせる「牛飛び」のフレスコ（図13）であり、独特の人物表現や装飾モティーフは、フレスコという技法とともに、明らかにエーゲ海との文化交流を窺わせている。発掘者のビータクは、テル・エル・ダバァでこのような壁画が描かれたのは、ヒュクソスの王のもとにミノア文明の王女が輿入れしてきたためではないかとする大胆な作業仮説を提示しているが、[4] 理由はともあれ、テル・エル・ダバァのフレスコ画が、パレスティナのテル・カブリ遺跡出土の壁画同様、ミノア文明の文化圏から来た壁画工によって描かれた可能性はきわめて高いと考えられる。[5] そしてこの「国際様式」の成立の背景には、W・D・ニーマイアーらが指摘するように、西アジアの有力者間における、活発な外交と贈与関係があったことは間違いないであろう。

新王国時代に入ってからもこのような関係が継続されていたことを示

す代表的な史料が、エジプトのテーベにある貴族墓の壁面装飾である。[6] テーベでは、ハトシェプスト女王からトトメス三世を経てアメンヘテプ二世の治世に至る期間（前一四七九～前一三九二年）に活躍した五人の貴族の墓に、ファラオへの貢ぎ物を手にしたエーゲ海からの使節と考えられる人物像が描かれている。[7] このうち、トトメス三世の治世後半からアメンヘテプ二世の治世初期に活躍した宰相レクミラの墓では、彼らはケフティウと明記されており、他の墓の例もやはりケフティウを描いたものと考えて良いであろう（図14）。ケフティウについては、これをキプロス人に比定する説もあるとはいえ、[8] 彼らが手にしている器物や身につけている衣装の表現からも、この壁画はクレタ島からエジプトを訪れた人々を描こうとしたものと解するのが妥当である。

図 14　レクミラの墓に描かれた朝貢するケフティウ

これらのケフティウたちのうち、相対的に古いセンエンムト、アンテフ、ウセラムンの墓に描かれている者たちは、大きな前垂れを特徴とする様式化されたミノア文明の腰巻きをまとっている。これに対して、レクミラとメンケペレソネブの墓に描かれたケフティウは、腰にキルトを巻いている。ところが、早くから注目されてきているように、[9] レクミラの墓のケフティウたちは、当初はセンエンムトの墓の場合のようにミノア文明の典型的な腰巻きをまとった姿で描かれていたのが、ある時点でその部分に白い上塗りが施され、そこにキルトが重ね書きされているのである。これはいったい何を意味しているのであろうか。

かつては、これをクレタ島における支配層の交代、すなわちギリシア本土のミケーネ文明の人々によるクレタ島の制圧という事件の反映と見る立場が有力だった。[10]というのも、レクミラが伯父のウセラムンの跡を継いで宰相に就任したのがトトメス三世の治世第二八年であることから、この壁画の描き直しが前一四七〇～五〇年頃に行われたとすると、それはまさにクレタ島で大きな文化変化が観察されるLMⅠB期からLMⅡ期への移行期に対してエーゲ海の伝統的な編年観（低編年）が与えてきた年代と一致するからである。ところが、一九九〇年代以降、エーゲ海ではサントリーニ島の噴火（LMⅠA期）を紀元前一七世紀後半におく編年観（高編年）が有力になり、それにともなって、前一五世紀前半のレクミラの墓の人物像の描き直しにクレタ島における勢力交代の影響を認めることは年代的に難しくなっている。[11]しかし、いずれにしても、これらのテーベの貴族墓の壁画は、前一五世紀前半には、エジプトの有力者の間でエーゲ海世界への関心が高まっていたことを示していると言えよう。

2　エジプトとエーゲ海のミケーネ文明

青銅器時代を通じて、ナイル世界とエーゲ海世界との政治的な関係がもっとも密接だったのは、前一四世紀の前半、エジプトがアメンヘテプ三世の統治下にあった時代（エーゲ海の土器フェイズではLHⅢA1-2）のことだったらしい。その関係を検討する上でもっとも重要な史料として知られるのが、コム・エル・ヘタンのアメンヘテプ三世葬祭殿で発見された、いわゆる「エーゲ海リスト」（図15）である。この史料を初めて紹介したK・A・キッチンは、「以下のアイディアを書きとどめるのは気が進まないし、読者は無視してくれても構わない」という異例のコメントを加えた上で、そのリストに現れる地名のうちの二つがクレタ島のクノッソスとアムニソスを想起させると指摘したが、[12]現在ではそれらの地名のすべてについて、何らかの形で同時代のエーゲ海の都市名と比定することが可能であると考えられるようになっている。

「エーゲ海リスト」は、アメンヘテプ三世の彫像の台座に刻まれた一連の捕虜名枠に現れるヒエログリフの固有名詞から構成されている。まず、足だけが残る王の立像の下には王のカルトゥーシュがあり、その右側には、ケフティウとティナイの名が刻まれている。ケフティウは上述した通りクレタ人のことであり、ティナイはダナオイ、すなわち後にギリシア人の総称の一つとなる名称で、ここではおそらくギリシア本土のミケーネ文明の人々を指している。カルトゥーシュの左側から台座左側面にかけて、一二の捕虜枠が並んでいるが、そこにヒエログリフで表記された地名をギリシア語に復元して列挙すると、以下のようになる。[13] ⑴アムニソス、⑵フェストス、⑶キュドニア、⑷ミケーネ、⑸テーベ、⑹メッセニア（ピュロス）、⑺ナウプリオン、⑻キュテラ、⑼イリオス（トロイ）、⑽クノッソス、⑾アムニソス（再出）、⑿リュクトス。これらのうち、⑸についてはディクテに比定するべきではないかとする説もあり、⑹から⑼までについても復元の確実性には一定の留保が必要であろうが、全体として見たとき、これがまさにクレタ島を中心とする南ギリシアにおけるミケーネ時代の最有力都市を列挙したものであることには、ほぼ疑いの余地はないであろう。それでは、このリストはいったい何を示し

図15　「エーゲ海リスト」の正面部分

ているのか。

一つのアイディアとして、これをエーゲ海の諸都市に対するエジプトの覇権を証拠立てるものと考える説がある。これらの地名は、明らかにアメンヘテプ三世の虜囚であることを示す人物像とともに刻まれており、『黒いアテナ』で一世を風靡したバナールが、「エーゲ海リスト」を当時エジプトがエーゲ海世界に対してヘゲモニーを主張していたことの証拠として引くのも、もっともなことであろう。[14] しかし、E・H・クラインが指摘するように、この種のリストにはヒッタイトやミタンニのように、明らかにエジプトに服属することのなかった国名も現れており、プロパガンダとしてならばともかく、このリストをそのまま覇権の証拠とみなすことは難しい。[15]

これに代わるより蓋然性の高い仮説が、「エーゲ海リスト」の情報源をアメンヘテプ三世によってエジプトから派遣された外交使節の巡行ルートに求める説である。[16] この説に関しては、その有力な根拠となる遺物がエーゲ海側に存在する。それが、アメンヘテプ三世（もしくは王妃ティイ）のカルトゥーシュを伴うスカラベとファイアンス板である。[17] このような遺物は、エーゲ海では、ミケーネ、アイオス・イリアス（アイトリア）、イアリュソス（ロドス島）、アイア・トリアダ（＝フェストス）、ハニア（＝キュドニア）、クノッソスの六遺跡から出土しているが、このうち四遺跡（ミケーネ、フェストス、キュドニア、クノッソス）が、「エーゲ海リスト」の都市と同定可能である。[18]

確かにスカラベについては、単なる宝飾品として伝来した可能性も考えられるが、ミケーネのアクロポリス内から出土しているファイアンス板については、そこに書かれたアメンヘテプ三世の名前の他に物質的な価値があったとは考えられず、それが定礎埋納品であったかどうかはさておき、[19] V・ハンキーが指摘するように公的な使節によってもたらされたことは確実である。[20]「エーゲ海リスト」において、クレタ島の玄関口にあたるアムニソスの名が二度繰り返して現れていることを考え合わせれば、これらの遺物はエジプトから派遣された単一の使節によってもたらされたものであり、その本国への報告が何らかの形で「エーゲ海リスト」に反映されたのであろう。

エジプトとエーゲ海のミケーネ文明世界との関係がアメンヘテプ三世の時代を画期として格段に深化したことは、続くアマルナ時代以降に大量の鐙壺などのミケーネ土器（LHⅢA～ⅢB）がエジプトに搬入されている状況からも確認することができる。ここで注目すべきは、前一千年紀のサイス朝の時代の場合と同様、このような現象の背景に、傭兵としてエジプトのファラオに仕えていたエーゲ海世界の人々の姿が見え隠れすることである。この点に関して、一九三六年にJ・D・S・ペンドゥルベリーがアマルナの都市域から発掘した彩色パピルスの断片（図16）は、きわめて興味深い[21]。というのも、そこには、クリーム色の地に縦線の入ったヘルメットを被った兵士たちが、エジプト人兵士とともに戦闘している様子が描かれているからである。その形態と色彩から、このヘルメットが同時代のエーゲ海世界で広く使用されていたイノシシの牙を編んだヘルメットであることは疑いがない。定型的な表現を特徴とするエジプトの彩色画では、ヘルメットは描かれた人物のエスニシティを定義する重要な要素であり、このパピルスの描き手にも、彼らがエーゲ海世界から渡来した者たちであることを明示する意図があったのであろう。ミケーネ時代の岩室墓からしばしば出土するエジプト由来の遺物にも、交易を通じて入手されたものばかりではなく、被葬者自らが傭兵としてエジプトを訪れ、そ

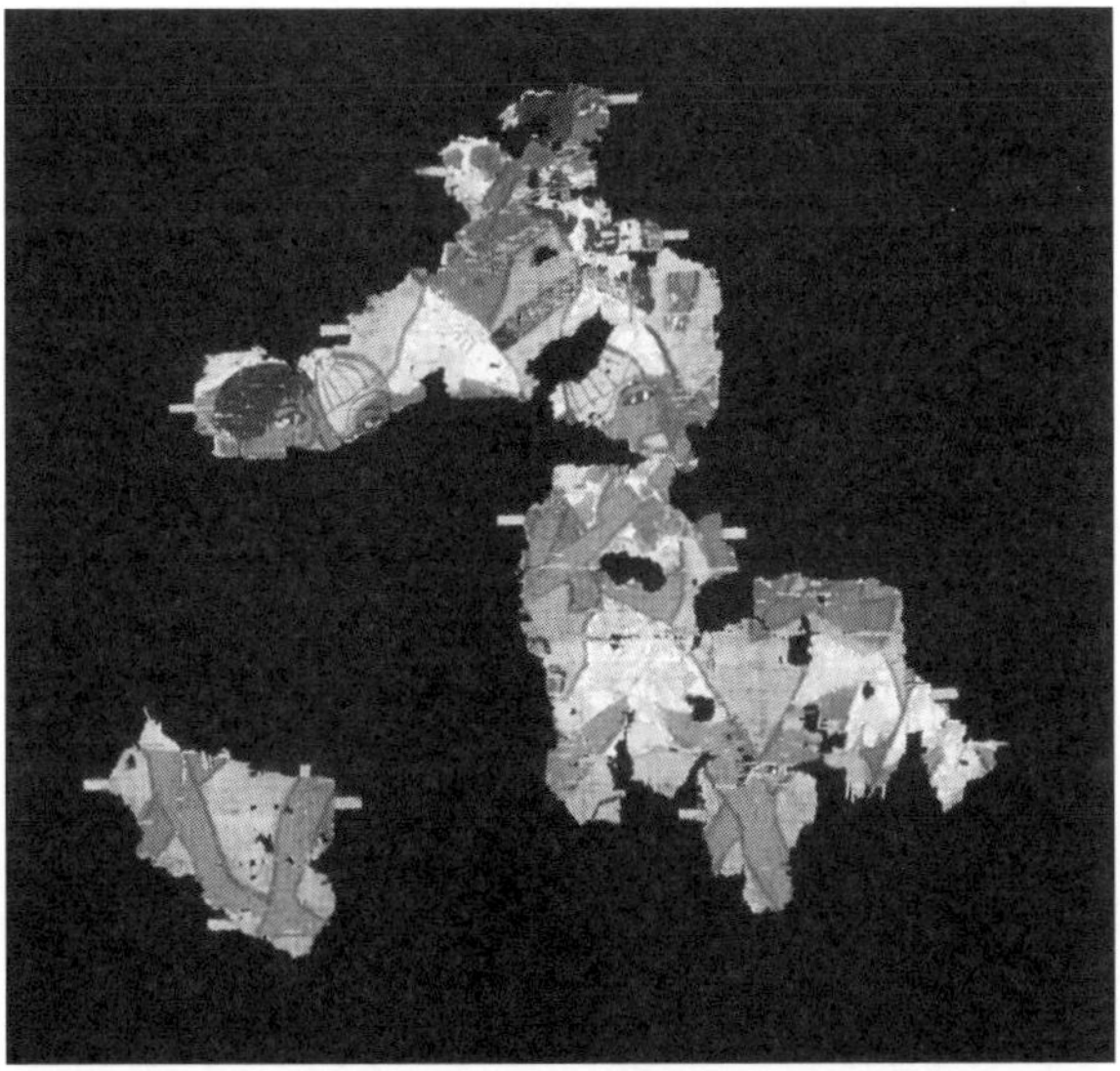

図16　ミケーネ文明世界からの戦士を描いたアマルナ出土の彩色パピルス

こから持ち帰ったもの（さらにそれらが子孫に伝世されたもの）が含まれている可能性が高い。

しかし、前一千年紀の場合と大きく相違するのは、後期青銅器時代におけるエジプトとエーゲ海世界との文化交渉が双方の社会に与えた影響が、きわめて限定的かつ選択的だったように見えることである。別な機会に論じたように、[22]ミケーネ文明の世界では、エジプト文化（さらには西アジア諸文化）を特徴づける支配者の彫像や宗教的なレリーフのような王権のイメージ表現は、まったく受容されることがなかった。線文字B粘土板史料のなかに、王の名が明示的な形では現れない（その結果として、エジプトやヒッタイトの場合とは対照的に、ミケーネ諸王国の王の名は同時代史料からはまったく知ることができない）のも、エーゲ海側における強固かつ独特な王権観と関係していると考えられる。前一千年紀のサイス朝の場合とは異なって、新王国時代のファラオたちがエーゲ海からの傭兵を組織的にエジプトに定住させなかったことも、このような文化交渉が限定的なものにとどまらざるをえなかった一因だったかもしれない。

いずれにしても、エーゲ海においてミケーネ文明の諸宮殿が崩壊した前一二〇〇年頃を境として、この二つの世界の交流は急速に衰退に向かった。エーゲ海側では、たとえばＬＨⅢＣ期のペラティで依然としてエジプト産のスカラベが副葬される状況が確認されているものの、エジプト側では、もはやＬＨⅢＣのミケーネ土器が出土することはなくなっていく。[23]キプロスやフェニキアを介した間接的な交流は別として、ここに、エジプトとエーゲ海世界との活発な直接的交流は、いったん幕を下ろすことになったのである。

3　前一千年紀におけるギリシア人のエジプトへの定住

前二千年紀末におけるエジプトとエーゲ海世界との交流の衰退にもかかわらず、エジプトの存在がエーゲ海世界の人々の世界観から完全に姿を消すことはなかった。この間のギリシア人によるエジプト理解を考える上で欠かすことのできない史料は、言うまでもなく前八世紀までに成立したホメロスの叙事詩である。[24]『イリアス』におけるエジプトへの唯一の言及は、アキレウスがアガメムノンからの申し出を伝えるオデュッセウスに対して、「オルコメノス、もしくはエジプトのテーベ、そこには人々の家に膨大な財宝が蓄積され、百の門があって、そのそれぞれの門からは戦車を駆る二百人の兵士が出撃するのだが、これらの都市に流れ込むすべての富をくれると言っても、アガメムノンの言うことに従う気はない」と述べる有名な一節である。[25]中部ギリシアのオルコメノスは、コパイス湖の大規模な干拓事業の展開とミケーネの「アトレウスの宝庫」に匹敵する巨大なトロス墓の存在からも、後期青銅器時代のギリシア本土における最有力都市の一つであったことが確実である。[26]そのため、ここで引き合いに出されているのは、同時代の状況ではなくミケーネ時代の記憶であり、それは並置されたエジプトのテーベについても同様ということになろう。すなわち、この『イリアス』の一節からは、数百年前の新王国時代のテーベの繁栄ぶりが長くギリシアで語り継がれてきたことが推測されるのである。これに対して、『オデュッセイア』の中のエジプトには、物語を構成するために不可欠の地理単位として、より重要な役回りが与えられている。しかも、メネラオスのエジプト滞在のエピソードはそれほどでもないが、[27]クレタの海賊に扮したオデュッセウスによるエジプトの描写は、[28]明らかに具体的なエジプトの風土に関する知識を踏まえたものとなっている。ここでも、その歴史的背景を一義的に定めることは難しいが、[29]ここではエジプトの存在がギリシア人の空間認識の中に生き続けていたことを指摘すれば十分であろう。

ギリシア人の地中海への展開は、ホメロスの叙事詩が成立した前八世紀の後半から活発化した。その最初期にギリシア人が植民団を送り込んだのは、イタリア半島南部とシチリア島の海沿いの地域だったが、前七世紀の後半からは、ナイルの流域にもギリシア人の入植が進むようになる。しかし、南イタリアや黒海沿岸の場合とは異なって、強固な王権のもとでの統治体制が確立されたエジプトに対しては、もちろんギリシアのポリスは組織的に植民団を送り込むことができなかった。その代わりにギリシア文化のエジプトへの浸透に大きな役割を果たしたと考えられるのが、傭兵と商人である。

前七世紀の前半、エジプトではヌビア系の第二五王朝のファラオであるタハルカとその甥のタヌトアメンが、西アジアの大国アッシリアと抗争を繰り返していた。しかし、最終的にはアッシリア王アッシュルバニパルの侵攻の前にタヌトアメンはヌビアへの撤退を余儀なくされ、エジプトの統治権はアッシリアの息のかかった在地有力者に委ねられることになる。そのなかで頭角を現し、前六六四年にサイス朝と呼ばれる第二六王朝の初代ファラオとなったのが、幼い頃にはアッシリアによってニネヴェに幽閉され、その後アッシリアの封臣としてアトリビスの管理を任されていたプサンメティコス一世だった。[30]

このプサンメティコス一世の即位の事情について、ヘロドトスは次のような興味深い逸話を伝えている。[31] それによると、即位する前のプサンメティコスが他の有力者から不当な仕打ちを受けたとき、彼はブトの聖域に使いを送って神託を仰がせた。すると、神託は「青銅の男たちが海から現れたときに復讐が遂げられる」という託宣を下した。ちょうどその頃、略奪のために航海していたイオニア人とカリア人の一団がエジプトに漂着するという出来事があった。ちなみに、イオニア人は言うまでもなくエーゲ海東部のイオニア地方のギリシア人、カリア人はその南に居住していた民族である。ギリシア風に青銅製の武具で身を固めたこの者たちを目にしたエジプト人は、それまでこのような武装を見たことがなかったので、プサンメティコスに「青銅の男たちが海から来て平野を荒らしている」と知らせた。これを聞いて、神託が実現したことを悟ったプサンメティコスは、さっそく彼らを味方につけることで、他の有力者たちの打倒に成功したのである。

さらにヘロドトスは、プサンメティコスがこれらの傭兵たちにペルシオン近くの土地を与えて定住させたこと、ナイルを間に挟んだその定住地がストラトペダ（「陣営」の意で、複数形）と呼ばれていたこと、エジプト人の子弟を彼らに預けてギリシア語を学ばせたことなどを伝えている。ヘロドトスがエジプトを訪れたのはこれらの事件から二〇〇年ほど後のことであるが、その際に彼の通訳となったのは、このときにギリシア語を学んだエジプト人の子孫だったらしい。プサンメティコスの傭兵となったイオニア人とカリア人については、リュディアの王ギュゲスによって派遣されたという伝承もあるが、サイス朝の成立にあたってエーゲ海南東部出身の傭兵が重要な役割を果たしたことは、おそらく史実だったと考えられる。[32]

図 17　アブ・シンベル神殿のラメセス 2 世像の膝に刻まれたギリシア語グラフィティ

その後のエジプトにおけるギリシア系傭兵の活躍を伝える有名な史料が、アスワンのアブ・シンベル神殿にあるラメセス二世の巨像に刻まれたグラフィティである（ML7、図17）。これは、前五九三／二年のプサンメティコス二世によるヌビア遠征に従軍したギリシア人、カリア人、フェニキア人などの傭兵の手になるものであり、ギリシア語によるもっとも長い碑文は、それを刻んだのがテオクレスの子プサンメティコスとともにナイルを遡行した者たちだったこと、この遠征軍のうち外国人部隊《アログロッソイ》の指揮官がポタシムトなる人物だったことなどを伝えている。この傭兵軍の構成を知る上で興味深いのは、そこに名前が登場するギリシア系の兵士のなかに、出身地を名乗っている者と名乗っていない者が混在していることである。これは、前者がこの遠征のために新たにエジプトに到来したのに対して、後者はプサンメティコス一世の時代にエジプトに定住した傭兵の子孫だったためではないかと推測されている。[33] 前者の出身地としては、テオスやコロフォンといったイオニアの諸都市に加えて、カリアの沖に浮かぶロドス島のイアリュソスがあげられている。このことは、エジプトへ傭兵を供給した地域が、プサンメティコス一世の頃と大きくは変わっていなかったことを窺わせる。一方で、後者のなかでもファラオと同名のプサンメティコスは、ほぼ確実にエジプトで生まれ、その名もプサンメティコス一世にちなんで名付けられたものと考えられている。

それでは、この時期にエジプトに定住することになったギリシア系の傭兵の数は、いったいどれくらいだったのであろうか。ヘロドトスは、プサンメティコス二世の子アプリエスに対してアマシスが反旗を翻した際、アプリエス王はカリア人とイオニア人の傭兵三万人を抱えていたと伝えている。一見したところ、この数は過大なようにも思われるが、近年デルタ地方では、テル・エル・マスクータ、ミグドル、テル・エル・バラムン、テル・デフネなどで、実際に傭兵の陣営だったと解釈される大規模な遺構が見つかっている。[34] たとえば、ミグドルでは二〇〇メートル四方の範囲が日干煉瓦の壁で囲まれ、その内部からはキオス、レスボス、サモスなどで生産された液体輸送用のアンフォラが出土している。このような遺構が実在することは、この時期のデルタに外国人の傭兵を駐屯させる施設が設けられたとするヘロドトスの記述を裏付けるものと言えよう。[35]

後述するように、すべての傭兵がエジプトに定住したわけではないにしても、前六三〇年代にテラ人がキュレネ植民を試みた際、植民団を構成していたのが五〇櫂船二隻（すなわち総数でも二〇〇人程度）に過ぎなかったことを想起するならば、この時期のエジプトにおける大量のギリシア系傭兵の存在は、ギリシア世界とエジプトとの間の相互交渉を著しく加速するインパクトを持っていたものと評価される。

4　交易拠点ナウクラティスとサイス朝の繁栄

デルタの各地にギリシア系傭兵の駐屯地が生まれた結果、エジプトには彼らをターゲットとするギリシア人の商人が活発に進出するようになった。再びヘロドトスによれば、テラ人がリビュアに植民しようとした際に案内役を務めたクレタ人は、プラテア島に残されて食糧も尽きたときに、たまたまエジプトに向かって航行中のサモスの商船が漂着したために、九死に一生を得た。この船は、プラテア島からさらにエジプトを目指したものの、東風に流され続けてジブラルタル海峡を越え、スペインのタルテッソスに到達したという[36]。結果的に、この商船はタルテッソスからの積み荷によって莫大な収益をあげることができたらしいが、この船の本来の目的地がエジプトだったことは、前六三〇年代のサモス人がエジプトとの交易に並々ならぬ意欲をもっていたことを示している。

このような動向をうける形で、やがてギリシア人商人の中心的な拠点となったのが、W・フリンダーズ・ピートリーによる発掘で名高いナウクラティスである[37]。ヘロドトスによれば、キュレネへの介入に失敗したアプリエス王に代わってファラオの位についたアマシスの治世下で、エジプトは空前の繁栄に達したという[38]。アマシス王はエジプトに渡来するギリシア人商人をナウクラティスに定住させ、定住しない者に対しても聖域のための土地を与えた。こうして、ナウクラティスには、ギリシア系の神々を祀る聖域を中心とするギリシア人の居留地《エンポリオン》が誕生するこ

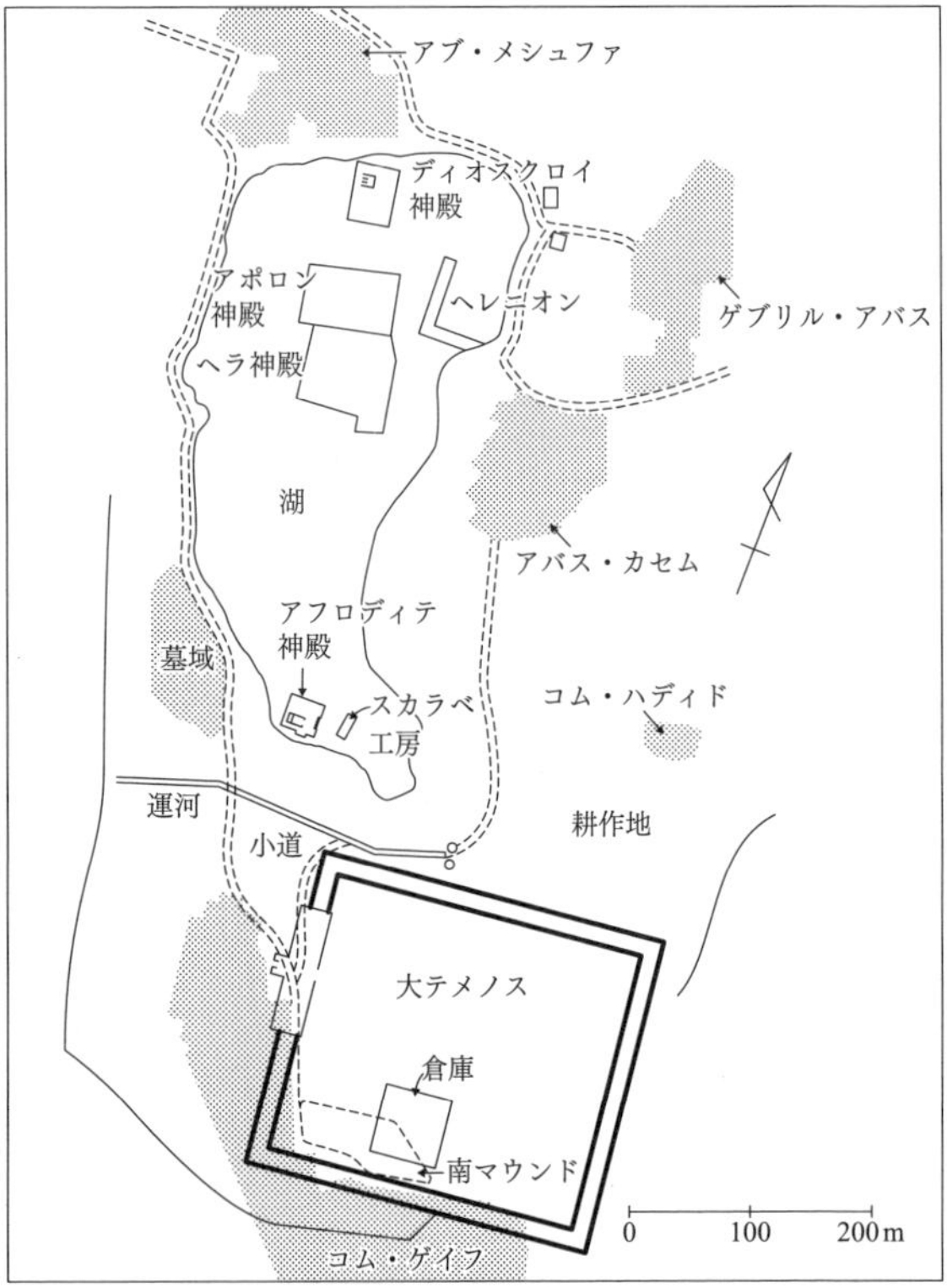

図18　ナウクラティス

とになったのである（図18）。それらの聖域のなかでももっとも多くの参詣者を集めていたのは、イオニア系の都市（キオス、テオス、フォカイア）、ドーリス系の都市（ロドス、クニドス、ハリカルナッソス、ファセリス）、アイオリス系の都市（ミュティレネ）が合同で造営したギリシア人の共同聖域ヘレニオンだった。また、これとは独立して、アイギナはゼウス神の、サモスはヘラ女神の、またミレトスはアポロン神の神殿をそれぞれ建立したと伝えられるが、それはこれらのポリスがエジプトととりわけ密接な関係を保持しようとしたためであろう。これらの聖域については、発掘によってヘロドトスの記述がほぼ史実を反映していることが確認されているが、前古典期のギリシアの土器編年と密接に関連するナウクラティスの創建年代の問題をめぐっては、依然として活発な議論が続けられている[39]。

ナウクラティス建設に関与したこれらの都市が、前七世紀後半から前六世紀の前半にきわめて精力的にエジプトとの交易を行っていたことは、さまざまな史料を通じて知ることができる。独特の白色スリップ地に簡素な文様を配したキオス産アンフォラは、この時期のエジプトでもっとも広く観察されるギリシア系の遺物である[40]。サモス産のアンフォラも同様であり、サモス商人の活躍は上述したサモス商船の漂流のエピソードからも見てとることができる。このサモス商船のあげた収益に関して、ヘロドトスはそれがいかに莫大であってもソストラトスという人物が築いた富には及ばないと注記しているが、そのソストラトスもまたナウクラティス建設に貢献したポリスの一つであるアイギナの出身だった[41]。なお、ナウクラティスからは、「ソストラトスがアフロディテ女神に奉納した」という碑文の刻まれたキオス産の土器（通称アフロディテ・ボウル、図19）も出土しており、この奉納者とアイギナのナウクラティスとの関係が議論されている[42]。ミレトスは、この時期にエジプトばかりではなく東地中海の各地から出土する野山羊様式の土器の産地として知られている。ストラボンは、プサンメティコス一世の時代にはデルタに「ミレトス人の城壁」という名の要塞があったと述べているが、これも早い時期にミレトス人がエジプトに進出していたことの証拠である[43]。

図19　ナウクラティス出土の「アフロディテ・ボウル」

このように、アマシス王の治世下のナウクラティスは、エジプトにおける唯一のギリシア人商人の居留地として繁栄した。しかし、このことは、決してナウクラティスだけがギリシア人の居住地だったことを意味するものではない。前七世紀後半から前六世紀にかけてのエジプトにおけるギリシア系遺物（とりわけギリシア産の彩文陶器）の分布状況は、これまで想定されていたよりもはるかに多くのギリシア人が、傭兵として、あるいは商人としてエジプト各地を訪れていたことを示唆している。そのような文脈のもとで考えるならば、若い頃に交易で富を蓄え、前五九四年にアテネで重要な国制の改革に携わったソロンが、一連の改革の後にまずエジプトを訪問したと伝えられることも、[44] 十分に首肯されるであろう。ヘロドトスは、前五二五年にペルシア王カンビュセスがエジプトを征服した際、彼がリビュアへ派遣した遠征軍が「浄福の島」と呼ぶオアシスにあったミレトス人のアイスクリオン部族が居住する都市に到達したというエピソードを伝えているが、[45] このような都市の存在もまた、いかにエーゲ海南東部から到来したギリシア人がエジプトの奥地にまで進出していたかを如実に示している。

一方で、さらに検討する必要があるのは、このような動向が在地のエジプト人によってどのように受け止められていたのか、という問題である。というのも、P・ウィルソンらが指摘するように、末期王朝時代のエジプト各地から広汎に出土するギリシア系陶器は、到底そのすべてがギリシア人によって用いられたとは考えられず、むしろエジプト人の在地エリートの間にこれらの渡来品に対する活発な需要があったと想定されているからである。[46] この点に関して、ナウクラティスのように明らかにギリシア人が居住していたところと、そうではないところとでは、出土するギリシア系陶器の器形のレパートリーに相違があるという指摘も傾聴に値する。[47] ギリシア文化の受容をめぐるギリシア系入植者とエジプト人在地エリートとの関係については、なお多くの検討課題が残されていると言えよう。

おわりに

ヘロドトスは、エジプトがアマシス王の治世下で空前の繁栄を迎え、ナイルが領域部の人々に豊かな実りをもたらした結果、彼らが住む都市《ポリス》の数は二万に達したという有名な記述を残している。[48] ここで、ヘロドトスが何を意図してエジプト領域部の集落にポリスの語をあてたのかはさておき、この時代の一つの特徴が都市化にあったことは、アコリス遺跡の調査の成果からも窺われる通りである。

図 20　アコリス都市域北端部で検出された末期王朝時代の都市壁。末期王朝時代の日干煉瓦の城壁の上端が，直方体のブロック G（奥）の下層から検出されている。

前章でも述べたように、アコリス都市域北端部では、加工途中の石材ブロックの下層から、末期王朝時代の都市壁の一部が検出された[49]（図20）。この時代に特徴的な大型の薄い日干煉瓦を積んだこの都市壁は、厚さが幅二メートル以上あり、おそらく内陸部からの洪水によると考えられる破壊と、その後の補強の痕跡をとどめている。発掘によって明らかにされているのは、トレンチ南壁に沿った長さ約三八メートルの部分に過ぎないが、それがかつては集落域を囲繞していたことは、トレンチ西端部で壁のラインが集落域の外周に沿って南に屈曲していることからも明らかである。なお、この都市壁は、その後意図的に埋められたようであるが、砂層を挟んでその上に完全にこれと並行する形で加工用の石材（ブロックG）が置かれていることは、巨大な石材を安置するにふさわしい場所として、この壁の存在がヘレニズム時代にも意識されていたことを示している。

このように集落域を囲む都市壁の存在は、アコリスだけの孤立した現象ではない。サイス朝の時代には、城壁で囲まれた要塞や都市壁を伴う集落が数多く知られている。テル・エル・バラムンでは、神殿域を囲む複数の城壁が発見されているが、そのうち内側の城壁はサイス朝時代のものとされている。[50]デルタ西部のコム・フィリンについても、サイス朝の時代には都市域が城壁によって囲まれていたことが示唆されている。[51]確かに、同時代のギリシア世界に普及するポリスの場合とは異なって、サイス朝期のエジプトでは城壁は集落域全体を囲むのではなく、むしろ集落域に接する大規模な要塞の形をとるケースが多いが（ナウクラティスの「大テメノス」、テル・デフネ、ミグドルのT21など）[52]、それらが出土遺物からギリシア人の傭兵の駐屯基地だったのではないかと推測されていることは、ギリシア人の進出とエジプトにおける都市化の進行との関係を考える上で、きわめて興味深い。アコリスの場合は、現段階では末期王朝時代におけるギリシア人の定住を示す直接的な証拠は見つかっていないが、都市壁を伴う集落構造の組織化は、おそらく東地中海全域でこの時期に進行した都市化の流れを受けて進んだものと推測される。この都市化の進行の具体的なプロセス、とりわけそこに果たしたギリシア系入植者の役割については、なお解明すべき点が多く残されているとはいえ、このような現象の存在それ自体は、ヘレニズム時代に先行する形で、末期王朝時代のエジプトが東地中海世界に組み込まれつつあったことを強く示唆しているのである。

その後に続くペルシア支配下の状況についてはなお不明な点が少なくないとはいえ、アレクサンドロス大王を迎えたエジプトは、決してギリシア人にとってのテラ・インコグニタでもなければ、ギリシアとはまったく相容れない文化が行き渡った世界でもなかった。ギリシア人が居住していたのはナウクラティスばかりではなく、メンフィスのいわゆるヘレノメンフィタイを筆頭として、ギリシア系の傭兵が在地のエジプト人女性と通婚することによって形成されたコミュニティも既に存在していたのである。[53]

前七世紀に生じたもっとも重要な文化現象の一つ、すなわち文書行政用の文字システムとしてのデモティックの創造と普及をこの構図のなかにどのように位置づけるかは今後の課題であるが、プトレマイオス朝が青銅器時代以来のエーゲ海とエジプトとの長い文化交渉の歴史、とりわけギリシア人の定住に伴うサイス朝時代の社会の諸変革があって初めて円滑な統治を導入することができた事実の重要性は、改めて高く評価されなくてはならないであろう。次章以下で検討するプトレマイオス朝の繁栄は、アレクサンドロス大王の東征が突如として引き起こしたものではなく、ヘレニズムへの長い道が準備したものだったのである。

第II部　ナイルのほとりのヘレニズム王国

第4章　都市アレクサンドリアの成立

——ヘレニズム文明の磁場の創造——

はじめに

アッリアノスの『東征記《アナバシス》』によれば、前三三二年の初冬、ちょうど一年ほど前にイッソスの戦いでペルシア軍を駆逐したアレクサンドロス大王は、フェニキア諸都市を平定した後に、東征の目的地の一つであり、当時はペルシアによって支配されていたエジプトへと向かった。(1) ガザを出立して七日目にエジプトの東の玄関口であるペルシオンに到着した大王に対し、ペルシア王ダレイオス三世からエジプト太守に任じられていたマザケスは、既にイッソスの会戦に続く戦況の推移をよく把握していたこともあり、あっさりとエジプトの統治権を譲り渡した。こうして、エジプト人からの歓迎を受けながら軍を進めた大王は、下エジプトにおける宗教上の中心であるメンフィスで聖牛アピスをはじめとするエジプトの諸神に犠牲を捧げるとともに、ギリシアの習慣に従って運動や音楽の競技会を開催した。正式の戴冠式が行われたか否かについては議論があるとはいえ、エジプトの新たな支配者となったアレクサンドロス大王が、この機会にエジプト人たちによって事実上のファラオと認められたことに疑いはない。(2)

アレクサンドロス大王がエジプトに滞在したのは、わずか半年ほどの期間に過ぎなかった。しかし、そこで大王が行った二つの事績は、これにつづくヘレニズム時代の歴史に大きな影響を与えることになる。その一つは、都市アレクサンドリアの建設である。ギリシア人は、紀元前八世紀に地中海への進出を始めて以来、各地に構造化されたプランをとる都市を建設してきた。そして、地中海沿岸の多くの地域において、そのような都市の出現こそが、ギリシア文化の到来の象徴となっていたのである。アッリアノスによれば、マレオティス湖を周航してこの地にいたった大王は、そこが繁栄する都市に絶好の立地条件を備えていることに気がついた。そして、アゴラと呼ばれる都市の中心の広場、ギリシアやエジプトの神々を祀る神殿、都市を囲む城壁などの配置を、自ら設計していったという。テュビ月二五日とされるアレクサンドリアの着工に先立ってこの場所にエジプト人の港もしくは集落が存在していたか否かをめぐっては議論があるが、大王による都市計画がまったく新しいアイディアのもとに進められたことは確かであろう。[3]

図 21　ルクソール神殿，アレクサンドロス大王の聖所の東壁に刻まれたレリーフ。アモン神（左）に向かって両手を差し出そうとするアレクサンドロス大王（右）が表現されている。

　もう一つは、現在のシーワ・オアシスにあったアモン神の聖域への参詣である。大王が、なぜ少数の腹心とともに、危険を冒してまでリビュアの沙漠の奥地を訪れたのか、その目的は定かではない。しかし、この聖域で大王に告げられたとされる神託は、まさに大王が望んでいた通りのものだった。すなわち、アモン神は、大王が人間（父親であるマケドニア王フィリポス二世）の子ではなく、神の子だということを、頷きによって保証したというのである。第6章で論じるように、ギリシアでは、それ以前からも卓越した個人をその死後に英雄（半神）として祀る習慣があり、既にフィリポス二世も、一族のモニュメントを聖地オリュンピアの境内に建立するなど、自らを神格化しようとする意思を明らかにしていたと考えられる。[4]しかし、アモン神の神託を後ろ盾として、自らが神の子であることを公言するアレクサンドロス大王の姿勢は、明らかにそれまでのギリシア人の規範から大きく逸脱するものであり、この点をめぐる大王とマケドニア将兵との間の心理的な亀裂は、やがて東征の挫折の決定的な要因となった。その一方で、大王が範を示そうとした支配者の神格化、そしてそれが定型化された王朝祭祀は、大王の後継者たちが築いた諸王国において、ヘレニズム時代を特徴づける慣行となっていく。

これら二つの事績のうち、本章ではまず都市としてのアレクサンドリアの成立過程とその歴史的意義を検討する。アレクサンドリアは、今日にいたるまで地中海世界屈指の都市として繁栄し、その複雑かつ混沌とした世界が醸し出す独特の魅力は、ロレンス・ダレルの名作『アレクサンドリア四重奏』に結晶化されている通りである。しかし、そのアレクサンドリアがどのような過程を経て誕生し、ヘレニズム文明に冠たる都市へと発展していったのかという点をめぐっては、同時代の史料が乏しく、多くが謎に包まれてきた。そのような状況にあって、一九七二年にP・M・フレイザーが刊行した記念碑的な著作『プトレマイオス朝のアレクサンドリア』全三巻は、古代アレクサンドリアに関するそれまでの知見を網羅的に検討している点で、いまなお比類のない学術的価値を誇っている。その一方で、この間、後述するようにアレクサンドリアでは湾内で海底調査が進められるとともに、地上部でもいくつかの地点で緊急発掘が行われ、この都市についての新たな関心が高まりつつある。[5]

そこで、本章では初期プトレマイオス朝の諸相を検討するための足がかりとして、まずはストラボンの『地誌』などの古典史料によりながら、都市アレクサンドリアの成立と景観について概観しておきたい。

1　アレクサンドロス大王と都市アレクサンドリアの建設

アッリアノスの『東征記』に代表されるアレクサンドロス大王の伝記は、いずれも大王による新都市創建に関するさまざまな逸話に言及しているが、エジプト滞在期間の短さ（しかもその中にはシーワ・オアシスへの参詣期間も含まれる）を勘案しても、大王による指示内容が、アッリアノスらが伝えるように、都市のおおよそのプランにとどまったことは確実である。そこで、ここではまず、大王が出発した後、アレクサンドリアの都市建設が、どのような人物の主導により、何を具体的なモデルとして進められたのかを考えておきたい。

アッリアノスによれば、シーワ・オアシスへの参詣後、アレクサンドロスはメンフィスでエジプトの統治制度を定めるべく、要職に人材を配した[6]。とりわけ、内政の実務に関しては、ペルシア支配時代から統治に関与していたイラン人のドロアスピスとエジプト人有力者のペティシスに上下エジプトを分掌させた。しかし、東部国境地域を含めたエジプト全域の統治権を任されたのはナウクラティス出身のクレオメネスであり、彼は伝統的なノモスを単位とする地方行政制度を存続させつつ、徴税を取り仕切ることを命じられている。

偽アリストテレス『経済学』の言及で知られるこのクレオメネスが、大王出立後のアレクサンドリアの建設を統括していたことは、大王が死の直前に出したとされる手紙の内容からも窺うことができる[7]。アッリアノスによれば、アモン神から畏友ヘファイスティオンを半神として祀ることを認められた大王は、クレオメネスに対して書状を送り、その壮麗な半神廟をアレクサンドリアの市内及びファロス島にそれぞれ造営すること、商人が互いに交わす契約書にヘファイスティオンの名を明記することなどを命じた。さらに大王は、クレオメネスに対して、エジプトにある諸神殿とヘファイスティオンの半神廟が美しく造営されるならば、彼に何らかの過失があっても咎め立てすることはないとまで確約したという。このような書簡の真偽については議論があるとはいえ、ユスティヌスの証言からも、[8] エジプトの統治を任されたクレオメネスがアレクサンドリアの都市建設に主導的な役割を果たしたことは確かであろう。

それでは、このクレオメネスのもとで、実際の都市建設はどのように進められたのだろうか。この点について、フレイザーは建築家デイノクラテスこそが都市計画の実質上の責任者だったのではないかと推測しているが、[9] このデイノクラテスがロドス人と名指されていることは注目に値する。[10] というのも、ロドスでは前四一一年から前四〇八年の集住によってギリシア世界屈指の規模の計画都市が誕生し、第16章でも論じるように、これを基盤としてロドスは前四世紀の末までに東地中海における交易ネットワークの一大拠点となるまでに成長を遂げていたからである（図22）。アレクサンドロス大王はロドスの都市景観を自ら目にする機会に恵まれなかったが、彼がロドスを高く評価していたことは、その遺言がロドスに託されたとする伝承からも窺うことができる。[11] その評価の一部は、おそらくこの都市の繁栄とその規模に由来していたのであろう。古典期のロドスの都市域は、前三〇五年から翌年にかけてのデメトリオスによる攻城戦の後に拡大されたヘレニズム時代の都市域よりは小さかったと推測されているが、ヒッポダモス様式で設計され複数の港を包摂するそれは、当時としては屈指の規模を誇っていた。アレクサンドリアの東湾に浮かぶ小島はアンティロドス（ロドスと向かい合う島）と呼ばれていたが、このこともアレクサンドリアとロドスとの経済的な結びつき以上の何かを暗示している。

しかし、新たな都市建設を構想するアレクサンドロス大王の脳裏には、おそらくもう一つの都市、すなわち彼自身が東征の過程で実際に目にし、その攻略に手を焼いた都市の姿も浮かんでいたに違いない。その都市こそ、カリアの王都ハリカルナッソスである。[12] ハリカルナッソスは、前三七〇年頃に内陸のミュラサからこの地に遷都したヘカトムノス朝の支配者マウソロスによって、周辺の諸都市を統合する形で拡大・整備された。[13] 堅固な城壁で囲まれ

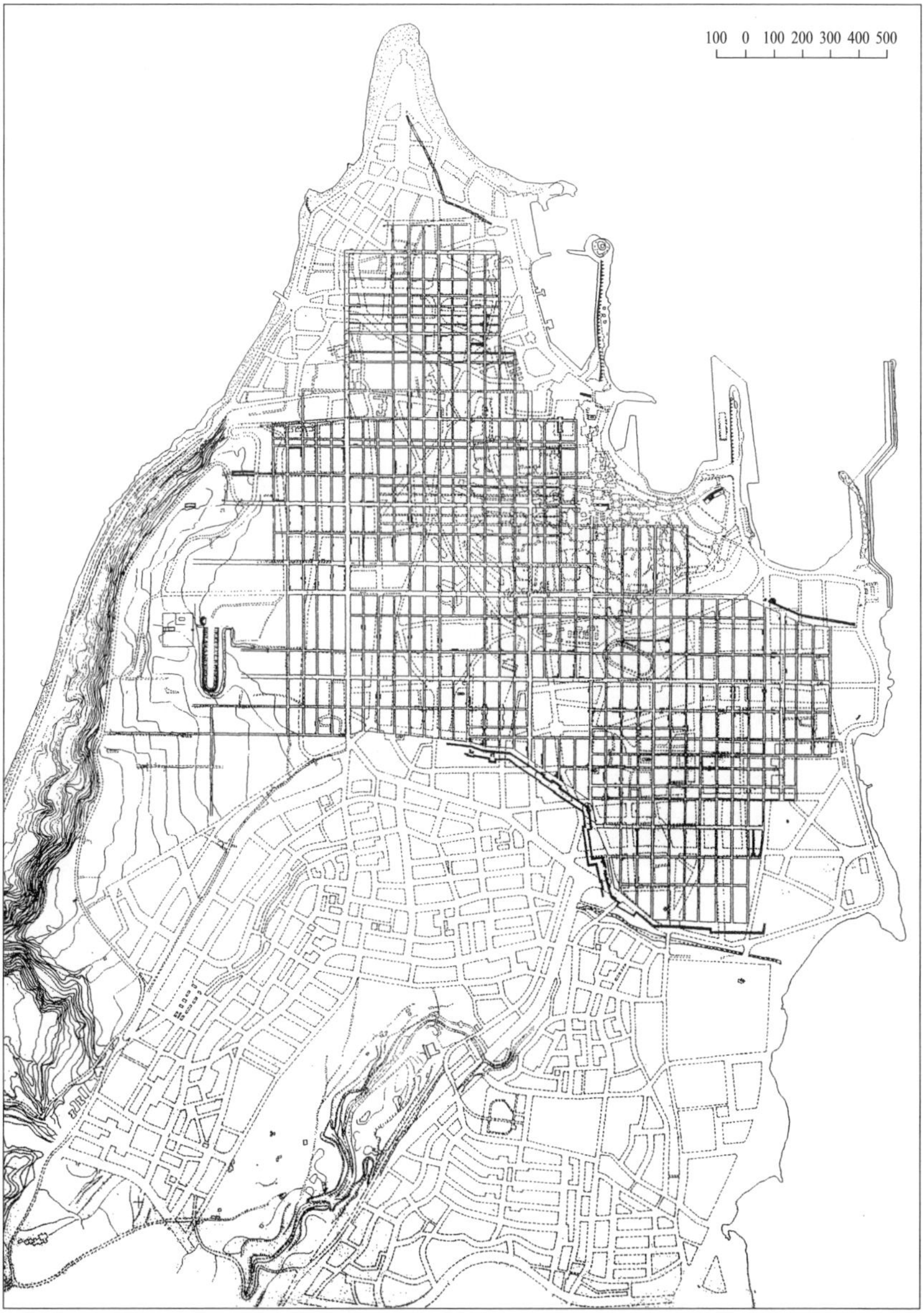

図22　ロドスの都市プラン

た市域のほぼ中心には、古代世界七不思議の一つとして知られるマウソロスの霊廟があり、中世に聖ヨハネ騎士団の城塞が築かれることになる岬の上には、ヘカトムノス朝の王宮が存在したと考えられている。このような都市と王宮の併存という特色に加えて、ハリカルナッソスの都市プランを際立たせているのは、その中心を東西に貫くメインストリートの存在である。周知のように、ギリシア都市は公共空間としてのアゴラを中心として構成されるのが通例であるが、ハリカルナッソスの場合、アゴラは古典期以前から存在していたとしても、ウィトルウィウスが示唆するように、ヘカトムノス朝期以降はむしろ西のミュンドス門から東のミュラサ門へと続く幅の広い街路が都市プランの要となっていたと考えられ、マウソレイオンもこの街路に面して配置されていた。[14] このような基本的特徴が、後述するようにアレクサンドリアの都市景観にも継承されていることは、アレクサンドリアの建設計画を考える上で看過することができない。

ハリカルナッソスの都市拡張工事が進められていたであろう前三六六年には、その真向かいに浮かぶコス島でも新たな都市の建設が始まっていた。というのも、この年にアステュパライアやハラサルナなどのコス島内の諸都市が集住を行った結果、新たな都市国家コスが誕生し、その中心市が島の北東部（現在のコス）に置かれることになったからである。[15] 前三〇八年に、後にプトレマイオス二世としてエジプトを繁栄の頂点に導くこととなる王子が生まれたのも、アレクサンドリアではなく、このコスでのことだった。

また、このコス島のすぐ南に延びる細長い半島は、ドーリス系六都市の残る一つにあたるクニドスの領域だったが、そこでも前四世紀には新たな都市が半島西端部に誕生している（図23）。しかも、小島と本土とを突堤によって結ぶことで、背中合わせの港を人工的に創出したその景観は、アレクサンドリアのそれを彷彿とさせている。[16] こうして、前四世紀に海港を伴う新たな都市のインフラを整備することに成功した諸都市は、いずれもヘレニズム時代になると東地中海の海上交易の拠点となってプトレマイオス朝とも密接な関わりを保ち続けることになるが、そ

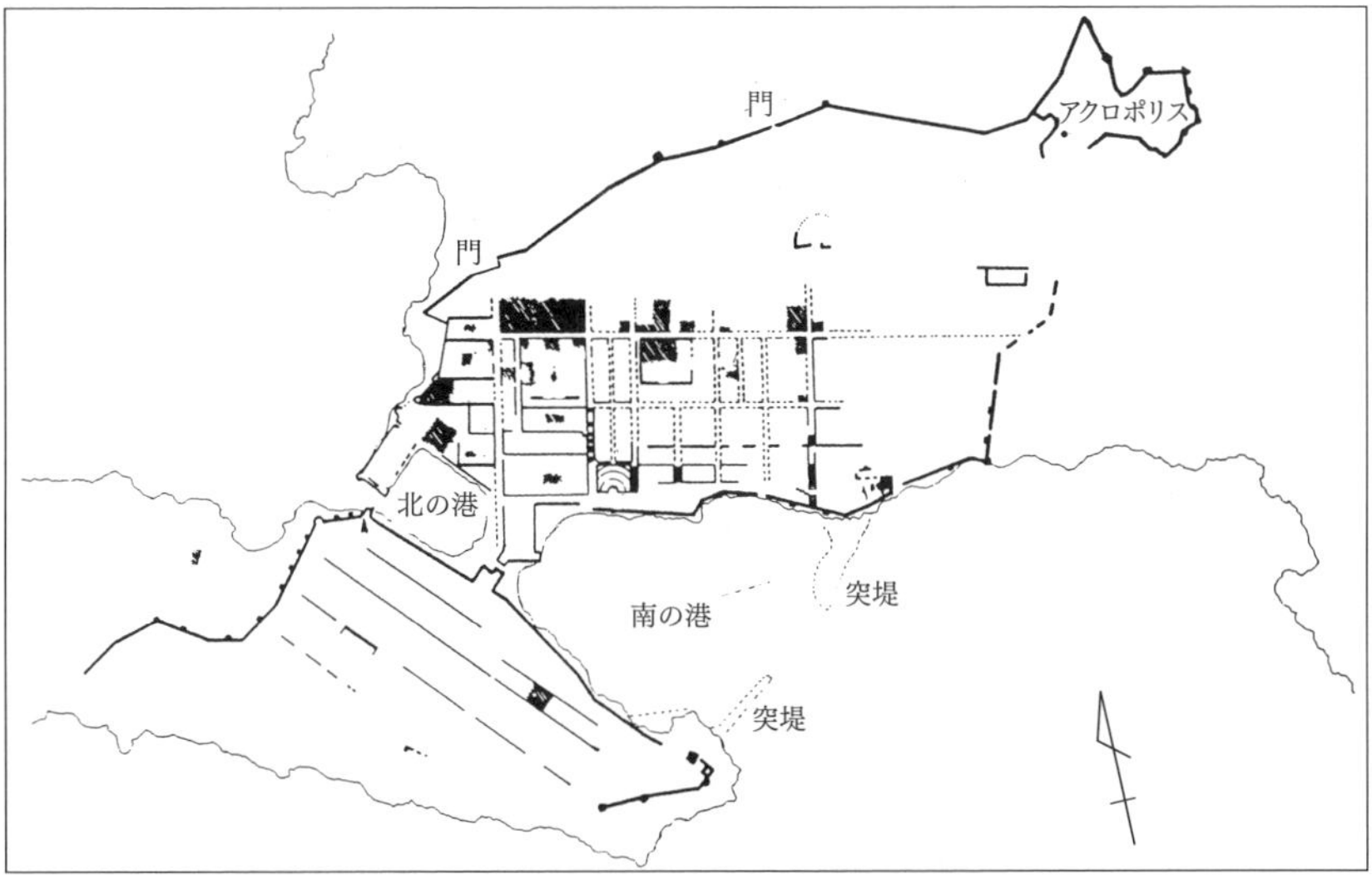

図23　新クニドスの都市プラン

れはアレクサンドリアから大量に出土するロドス産、コス産、クニドス産などの交易用アンフォラが雄弁に物語っている通りである。

このように見てくるならば、都市アレクサンドリアの建設が、アレクサンドロス大王という傑出した天才の偉業としてだけではなく、何よりもこの時期の東地中海世界における一連の海上交易拠点の成立という大きな歴史的な流れの中に位置づけられるべき出来事であることは明らかであろう。たしかに、プルタルコスが伝えるように、新都市の建設を命じたアレクサンドロス大王の胸中には、その都市に自らの名をつけて後世に残したいという個人的な意図もあったかもしれない。しかし、おそらくクレオメネスを筆頭に都市建設の遂行にあたった者たちの思いは、ロドスやコスを越える大規模な海上交易拠点の創造へと向けられていた[17]。その点で、偽アリストテレス『経済学』のなかで、クレオメネスがエジプトからの穀物の輸出をコントロールすることによって税収を上げた人物として描かれていることは、きわめて示唆的である[18]。

2　アレクサンドリアの都市景観

前三二三年にアレクサンドロス大王が東征からの帰途バビュロンで夭折すると、その広大な遺領はたちまち配下の武将たちによって分割された。そのなかで、ただちにエジプトの地を掌握したのが、マケドニアの貴族であったラゴスの子プトレマイオス（一世）である。彼は、大王の忠実な友人であったばかりではなく、東征の際にはしばしば大王の傍らにあってその危難を救ったと伝えられる。しかし、大王が亡くなってしまうと、彼はマケドニア王国の存続にさっさと見切りをつけ、エジプトを地盤として独自の勢力圏を確立しようとしたため、後世にはマケドニア王国解体の元凶と指弾されることになる。[19] 古代には、プトレマイオスをフィリポス二世の落胤とする風説もあったが、これも大王の後継者としての資格をアピールしようとしたプトレマイオス自身によるプロパガンダの産物だった可能性が高い。[20] アレクサンドロス大王が没してから半世紀ほどの間は、プトレマイオスを筆頭とする大王の武将たちが相互にしのぎを削ったために、後継者《ディアドコイ》戦争の時代と呼ばれている。この間、政局はめまぐるしく変わったが、プトレマイオスは一貫してエジプトを保持することによって、この波乱の時代を乗り切ることに成功した。実際、有力な後継者の多くが戦場の露と消えていった中で、プトレマイオスただ一人が繁栄する王国の主として天寿を全うすることができたのである。

フィリポス三世（在位前三二三～前三一六年）、及びアレクサンドロス四世（在位前三二三～前三一〇年頃、ただしその殺害は前三〇六／五年頃まで伏せられていた）という名目上のマケドニア王のもとでエジプトの太守を務めたプトレマイオスは、まもなくクレオメネスを殺してエジプトの事実上の支配者となった。したがって、アレクサンドリアの都市景観もまた、このプトレマイオスを始祖とするプトレマイオス朝初期の王たちによって整えられていったはずであるが、次章で検討する大灯台のような個別の建築物は別として、都市全体の景観的な変遷を乏しい史料から追うことはきわめて困難である。たしかに、前三一一年のいわゆるサトラップ石碑は、プトレマイオスがかつてはラコティスと呼ばれ今や「ラーの息子であり上下エジプトを統べる王（アレクサンドロス大王）の砦」と呼ばれるイオニア人の海に面した都市に王宮を構えていると述べており、この頃までには宮殿地区がある程度完成していたことを示唆している。また、アテナイオスに引用されたロドスのカリクセイノスによるプトレマイオス二世の祭典行列の描写は、遅くとも前二七〇年代までにはアレクサンドリアが都市としての体裁を整えていたことを窺わせている。[21] しかし、その具体的な姿を詳しく伝える史料は、残念ながらローマ帝政初期に書かれたストラボンの『地誌』だけというのが実情である。

一方で、古代アレクサンドリアの都市景観は、少なくとも一八〇〇年頃まではその片鱗をさまざまな形で地上に留めていたことが知られている。[22] たとえば、一五九〇年頃のアレクサンドリアの古地図には、モスクなどと並んで、明らかに古代のものと推測される大規模な遺構の廃墟が随所に描き込まれている。[23] また、一八世紀後半の絵からは、古代の列柱が依然として主要な街路に沿って立ち並んでいる様子を見て取ることができる。[24] これは、中世以降、とりわけオスマン帝国期に開発されたアレクサンドリアの市街地が、東西の湾に挟まれたヘプタスタディオンを中心とする北西部に限定されていたためである。一八六〇年代には、マハムード・エル＝ファラキがナポレオン三世のために古代アレクサンドリアのきわめて正確な復元地図（図24）を作成しているが、このような作業が可能だったのも、彼の時代まではまだ古代の遺構が地上に顔を覗かせていたり、また場合によっては発掘によって地下の遺構を確認することができたりしたことによる。

ところが、一九世紀の後半になると、古代の遺構はアレクサンドリアから急速に姿を消していった。それを象徴するのが、ローマ初代皇帝アウグストゥスが築いたカイサレイオン（セバステウム）を飾っていた二本のオベリス

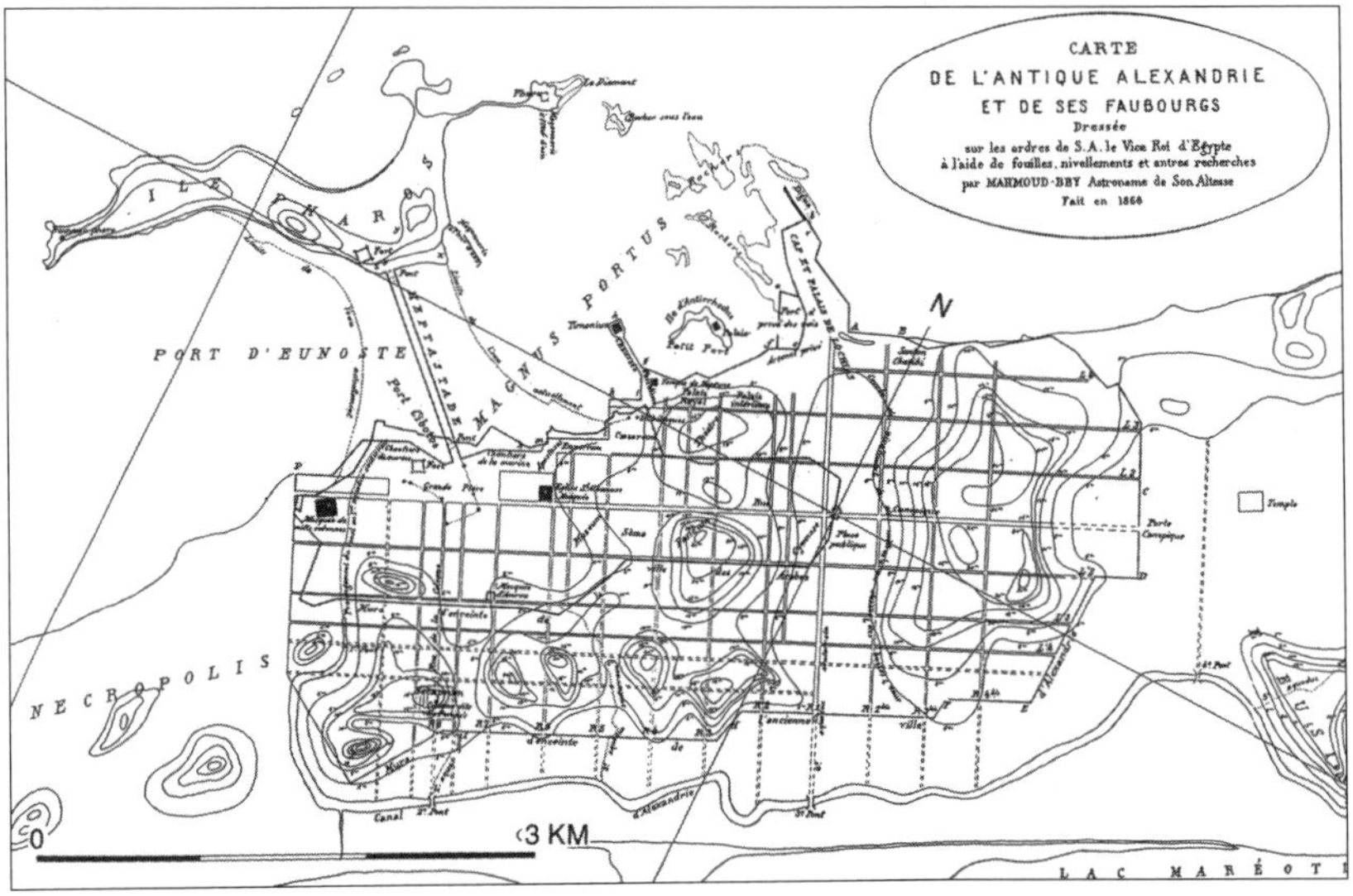

図24　マハムード・エル＝ファラキによる古代アレクサンドリアの都市プラン

クの行方である。これらのオベリスクは、そもそもヘリオポリスにあった第一八王朝トトメス三世の神殿からアウグストゥスが移設したもので、一本は現在のメトロポール・ホテルの場所に立ったまま残っていたため「クレオパトラの針」の通称で親しまれていた。しかし、ムハンマド・アリーが推進したアレクサンドリアの都市開発に伴い、一八七〇年代の末に横転していた一本はイギリスに贈られてテムズ川のほとりに立てられ、「クレオパトラの針」の方はニューヨークに運ばれてセントラルパークで余生を送ることになったのである[25]。

　このような歴史的経緯のために、現代のアレクサンドリアで古代の（とりわけプトレマイオス朝期の）遺跡から往時の都市景観を偲ぶことはきわめて難しい。国鉄の駅のすぐ北側に広がるコム・エル・ディッカは、ポーランドが長年にわたって調査しているアレクサンドリア市内でももっとも大きな古代遺跡であるが、そこで目にすることができる遺構はほとんどがローマ帝政末期のものである。「ポンペイの柱」として知られるディオクレティアヌス帝の記念柱が屹立する丘には、ヘレニズム時代から後四世紀末までサラピス神殿が存在したが、現在では神殿の上部構造は完全に失われてしまっている[26]。カイトベイは後述するように大灯台の跡地に建てられた要塞であるが、大灯台そのものの遺構は地上にはまったく残っていない。むしろ、同時代の遺跡として重要なのは、都市域の外に点在する墓域である。アンフーシやムスタファ・カメルのような初期プトレマイオス朝期に遡る墓に加えて、近年ではCEA（アレクサンドリア研究センター）によりガバリで前三世紀の大規模なネクロポリスが緊急調査されており、ヘレニズム時代の葬制に関する豊かな知見を与えている。

これらに加えて、近年アレクサンドリアの都市景観に関する貴重な情報を提供しているのが、J＝Y・アンプルールを中心とするCEA、及びF・ゴッディオの率いるIEASM（ヨーロッパ海洋考古学研究所）による海中調査である。これらの調査によって、巷で喧伝されているように「海底から女王クレオパトラの宮殿跡が発見された」かどうかはさておくとしても、アンティロドス島をはじめとして約六メートル程度沈降したと考えられる海中の遺構や、海底から引き揚げられた大灯台の石材や彫像などの遺物が、今後アレクサンドリアの都市景観の復元に新たな光をあてるであろうことは確かである。

3　ストラボンの見たアレクサンドリア

ヘレニズム時代のアレクサンドリアに関する考古学的な情報がこのように限定的である以上、書かれた時代がローマ帝政初期に下るとはいえ、ストラボンの『地誌』は依然としてこの都市の景観に関するすべての議論の出発点としての地位を失っていない（当該箇所のテクストと注釈については本章末を参照）。前一世紀の中頃にポントスのアマシアの名門家系に生まれたストラボンは、前二〇年代に友人のアエリウス・ガッルスが総督としてエジプトに赴任した際に随行し、主としてアレクサンドリアに滞在していた[27]。彼は、アレクサンドリアに関する叙述を始めるにあたって、それが自分の著作のもっとも重要な部分であると誇らしげに述べているが、それは、『地誌』が対象とする他の多くの地域の場合とは異なって、アレクサンドリアとその近郊についての叙述が、自らの長期にわたる現地滞在経験と、おそらくアレクサンドリア図書館に由来する豊富な学術的知識に裏付けられていたためであろう[28]。

ストラボンの叙述は、デルタの海岸線とファロス島、及びファロス島と本土とを結ぶヘプタスタディオンの両側に形成された港のことから始められている。東の港の入り口は、ファロス島の東端とロキアス岬によって狭められ、海中の岩礁が波を荒立たせている。ファロス島には、大理石でできた高い塔（大灯台）がそびえているが、ストラボンは、その塔が「王の友人」であるクニドスのソストラトスによって奉納された旨を伝える碑文の存在を伝えている。カエサルのアレクサンドリア戦役に際して被害を被ったため、ストラボンの時代にはファロス島はかなり荒廃していたらしい。彼はまた、アレクサンドロス大王による創建に先立ってこの地にエジプト人の監視所があったとする伝承や、大王が都市の線引きを行った際に麦の粉が使われたという有名なエピソードにも言及している[29]。

続いてストラボンは、地中海とマレオティス湖とに挟まれたこの都市の立地条件が、経済的にも、また環境面でもきわめて優れていることに注意を向けている。彼の観察によれば、アレクサンドリアの富の源は、地中海からよりもむしろナイルの上流からもたらされマレオティス湖に面した港で陸揚げされる生産物にあった。また、ナイルの増水や北から吹き込む季節風のために、アレクサンドリアの夏がきわめて過ごしやすいことが指摘されているが、これは今日でも変わることのないこの都市の特徴となっている。

ここから、ストラボンの筆はアレクサンドリア市街の具体的な叙述に移る。はじめに彼は都市の外形がマケドニアの軍用マントであるクラミュスに似ているとし、[30] その比喩に沿って規模を紹介していくが、この部分はシチリアのディオドロスによるアレクサンドロス大王伝の一節と酷似している。ディオドロスは次のように述べている。「その形はクラミュスに似ており、町のほぼ中央を、目を見張るほど大きく美しい通りが貫いている。門から門までの長さは四〇スタディオン、幅は一プレトロンあり、通りの全体が家々や神殿などの華やかな建物で飾られている。また、アレクサンドロスは、その造営の規模と重厚さで驚嘆するような王宮を建設するよう命じた。アレクサンドロスだけでなく、彼の後にエジプトを支配した王たちのほとんどすべてが、我々の時代に至るまで、豪華絢爛たる建物でもって王宮を拡張してきた。要するにこの都市は後の時代にかくも大きな発展を遂げたので、多くの人々から世界第一の都市に数えられている。なぜならそれは、美しさ、大きさ、収入の豊かさ、生活の快適さにおいて、他の諸都市をはるかに凌駕しているからである……」[31]。ディオドロスは、引用した部分の直前で、アレクサンドリアが「ファロス島近くのこの上なく恵まれた位置にあり、区画の配置が巧みなおかげで、［夏の］北西の季節風が都市を吹き抜けるようになっていた。この風は大海を渡って吹きつけ、都市の空気を冷やすので、住民に快適な気候と健康を与えたのである」とまで述べている。これほど密接な対応関係が、ストラボンがローマでディオドロスの著作そのものに目を通したことによる直接の引用に由来しているのか、あるいは帝政初期にはアレクサンドリアの都市景観を紹介する際のある種のクリシェが確立されていたことに起因するのかは定かでないが、さらに時代が下った三世紀前半のアキレウス・タティウスによる『レウキッペとクレイトフォン』におけるアレクサンドリアの描写を参照しても、後者の可能性は否定できないのではないかと考えられる。[32]

次にストラボンは、王室お抱えの学者たちが共同生活を送っていたムセイオンとアレクサンドロス大王とプトレマイオス朝の諸王の霊廟であるセーマについて紹介する。しかし、いずれの描写も簡潔であり、周囲の他の建築物との位置関係もまったく触れられておらず、後述するようにこれらに関する議論を錯綜させる原因となっている。

ところが、これとは対照的に、続くメガス・リメンとエウノストスそれぞれについての叙述では、ストラボンはパウサニアスを想起させるような一定の「順路」に従って紹介を進めており、それぞれの施設の位置関係は相対的に明確なものとなっている。

おわりに

このように、アレクサンドリアの都市景観に関するストラボンの叙述は、他の史料の追随を許さない内容を誇っているとはいえ、それ自体としては決して詳細なものではなく、城壁や図書館のように、他の史料から知られている施設への言及を欠いている等の問題も多く残している。しかし、ここではそのようなストラボンの史料的な問題については これ以上立ち入ることをせず、関連部分の日本語訳と簡単な註釈を示した上で、次章で彼がある程度詳しく述べているアレクサンドロス大王らの墓廟（セーマ）、ファロスの「塔」（大灯台）、そしてストラボンが沈黙している図書館を検討することで、初期ヘレニズム時代のエジプトにおける文化変容の中心的な磁場であったアレクサンドリアの役割に洞察を加えたい。

史料　ストラボンのアレクサンドリア――『地誌』第一七巻第六章〜第一〇章[33]

（六）アレクサンドリアとその近郊はこの著作のなかでもっとも大きく重要な部分を占めるので、そこから始めよう。ペルシオンから海岸沿いに西へ向かってカノーポス河口まで航海すると、その距離はおよそ一三〇〇スタディオンある。[34]これが、デルタの底辺と呼んできた部分である。ここからファロス島までは、さらに一五〇スタディオンある。ファロス島は細長く、本土とはきわめて近接し、両側に港がある。[35]というのも、海岸線は湾曲し、二つの岬が海に突出していて、その間に湾を閉じるような形で本土と並行して島が位置しているからである。ファロス島の突端のうち、東の方が本土と本土から延びる岬（ロキアス岬と呼ばれている）により接近しており、港への入り口を狭めている。水路の狭さに加えて、海面上に顔を出したり海面下に沈んでいる岩があって、外洋から打ち寄せる波を常に荒立たせている。島の先端も岩になっていてまわりを波に洗われているが、そこには島と同じ名前で呼ばれ、白い石で築かれた何階もの高さをもつ驚くべき塔がそびえている。[36]碑文によれば、この塔は「王の友人」であるクニドスのソストラトスが航海者の安全を祈念して奉納したものである。[37]海岸には港がなく、両側とも土地が低いばかりか岩や浅瀬があるので、外洋から航海してくる者には、この港の入り口を目指すための高くて目立つ印が必要だったからである。西側の湾口も入るのが容易ではないが、それほどの注意は必要ではない。こちらはエウノストスと呼ばれるもう一つの港を形成しているが、それは人工的に掘削された閉じた港に面している。[38]入り口に上述したファロスが立っている港の方は、メガス・リメンと呼ばれている。これらの港は背中合わせになっていて、ヘプタスタディオンと呼ばれる突堤によって隔てられている。[39]この突堤は、本土から島の西側に向かって橋のように延びているが、（メガス・リメンから）エウノストス港へは二箇所で通じているだけで、そこにも橋がかかっている。この突堤は、橋の役目ばかりではなく、ファロス島に人が居住していたときには水道橋の役も果たしていた。しかし、神君カエサルが王たちに荷担したアレクサンドリア人と戦ったため、今や島は荒廃しているが、それでも何人かの船乗りが塔のあたりに住んでいる。メガス・リメンの方は、堤防や自然の地形で見事に囲まれていて、岸の近くは水深が浅いため、最大規模の船は埠頭に接岸するか、いくつかの区切られた港に停泊する。昔のエジプト人の王たちは、自らの手にあるものに満足し、外国からの輸入品には何ら関心がなく、航海する者たち、とりわけギリシア人に対して敵意をもっていたので（というのも、土地の欠乏のために、ギリシア人は他の人のものを欲しがっては略奪していたからである）、この地に監視所を設けて、誰も近づかないよう見張らせていた。そして、その居住地として与えられたのが、現在のアレクサンドリア市内の造船所の上手にあたるラコティス地区である。この村の周囲の土地は牛飼いたちに与えられたが、彼らもまた外敵の侵入を防いでいた。しかし、この地に到来してその利点を目にしたアレクサンドロス大王は、港に面して城壁で囲まれた都市を建設することを決意した。建物の基礎を線で引くときに、これに続くこの都市の繁栄を予兆させる出来事があったと伝えられている。建築技師たちが白い土で線を引いていたところ、その白い土が足りなくなってしまった。そのため、王が来たときに行政官たちは作業員の食料として用意していた大麦の粉を提供し、これを使ってそれまで以上に多くの街路が区画された。この出来事が、吉兆だと解釈されたのである。

（七）この都市にはさまざまな利点がある。まず、この都市は、北に向かってはいわゆるエジプト海、南にはマレオティスとも呼ばれるマレイア湖に面している。[40] マレイア湖には、上流や周囲からたくさんのナイルの運河が流れ込み、それらを介して海からよりも膨大な物資が搬入されているため、アレクサンドリアは輸出が盛んなのである。[41] アレクサンドリアであれディカイアルキアであれ、商船の往来を見ていれば、出て行く船と入港する船のどちらがたくさん荷を積んでいるかはすぐ分かるものである。海に面した港と湖に面した港に入ってくる富と並んで注目されるのが、空気の清浄さである。そして、これもまた両側に水面が広がっていることと、ナイルの時を得た増水による。というのも、湖に面している他の都市では、夏の暑い盛りには空気が重く息苦しくなる。それは、太陽の熱で水が蒸発する結果、水辺が沼のようになるからである。そのため、汚物を含んだ湿気が立ちこめ、有毒な空気を吸うことによって悪疫が蔓延する。ところが、アレクサンドリアでは夏の初めからナイルが増水して湖を満たすため、空気を汚染するような沼地が生じることはない。また、その時期には北から大洋を渡って季節風が吹き込むので、アレクサンドリアの人々は夏にもっとも快適に過ごすことができるのである。(42)

(八) 都市のある土地はクラミュスの形をしている。(43) 長辺はそれぞれ海と湖に洗われており、径三〇スタディオンある。短辺に相当する地峡部分は、それぞれ七ないし八スタディオンあり、海と湖によって区切られている。市街全域は、騎馬や荷車の交通に便利なように街路で区画され、そのうちの二本は幅が一プレトロンもある大路となっていて、互いに直交している。この都市には、きわめて美しい公共建築物と宮殿があり、それらが市街の四分の一から三分の一を占めている。というのも、歴代の王が華美を好んで公共施設を飾り、既にある建築物に加えて建物に私財を投じたからである。かくして、詩人の言を借りれば、「棟には棟が連なり」という様となった。すべての建物は、港の外にあるものも含め、互いに行き来ができるようになっていた。ムセイオンもまた宮殿の一部で、そこには遊歩路、エクセドラ、ムセイオンの学者たちが集って食事をする大きな建物がある。学者たちは財産を共有しており、ムセイオンを管理する神官もいるが、この神官はかつては王によって任命されていたが、現在では皇帝によって任命されている。いわゆるセーマも宮殿の一部で、その囲みの中には諸王とアレクサンドロス大王の墓がある。(44) というのも、ペルディッカスがバビュロンから大王の遺骸を運ばせたとき、ラゴスの子プトレマイオスはエジプトを我が物にするべく貪欲に駆られ、ペルディッカスを出し抜いて遺骸を奪い、エジプトに運ばせたからである。ペルディッカスは、プトレマイオスと戦って寂れた島に追い込まれたとき、兵士たちによって殺されてしまった。こうして、ペルディッカスは兵士の槍にかかって落命したわけだが、ペルディッカスと同行していた王たち、つまりアリダイオス、アレクサンドロスの子たち、(45) 妻ロクサネはマケドニアに向かった。プトレマイオスは、アレクサンドロス大王の遺骸をアレクサンドリアに運び、現在もそこに葬られている場所に葬った。ただし、同じ棺にというわけではなく、現在の棺はガラス製であるのに対して、[46] プトレマイオスが大王の遺骸を葬ったのは、黄金製の棺だった。黄金の棺の方は、コッケースあるいはパレイサクトスとあだ名されたプトレマイオスによって略奪されたのだが、[47] 彼はシリアからやってきたもののただちに追われてしまったので、この略奪は彼には何の益にもならなかった。

（九）メガス・リメンに入港しようとすると、右手には島とファロスの塔があり、反対側には暗礁、そして宮殿のあるロキアス岬がある。さらに港の奥に入っていくと、左手にはロキアス岬の宮殿と一続きになっている内宮があり、森やさまざまな色彩の家屋が見える。さらに奥には、人工的に掘削された王の私用のための秘密の港があり、この人工の港の沖に浮かぶアンティロドス島には宮殿と小さな港がある。彼らは、この島をロドスに対抗するものとしてそう呼んでいるのである。人工の港の上手には劇場があり、さらにポセイデイオンがあるが、これはエンポリオンと呼ばれている場所から突き出したいわば肘にあたり、そこにはポセイドンの聖域がある。アントニウスはこの肘からさらに港の中に延びる突堤を築き、その先端に王室の邸宅を造ってティモニオンと呼んだ。これは、アクティウムでの敗戦の後にアレクサンドリアに逃れてきたアントニウスが、友人たちから見捨てられたときに、残りの人生を友人たちから離れティモンのような暮らしを送るべく造ったものである。[48] 続いて、カイサレイオンとエンポリオン、そして倉庫がある。[49] その先は、ヘプタスタディオンまで造船所が続いている。メガス・リメンについては、以上の通りである。

（一〇）次に、ヘプタスタディオンの向こうのエウノストス港についてであるが、ヘプタスタディオンを越えたところにキボトスと呼ばれる掘り込んだ港があって、[50] そこにも造船所もある。さらに進むと、マレオティス湖に続く航海可能な運河がある。この運河を越えると、都市域はもう残り僅かで、その先には郊外のネクロポリスが広がっている。そこにはたくさんの庭園や墓、死者をミイラにするための作業場がある。運河の内側にはサラピス神殿などの古い聖域が荒廃した状態で残っているが、これは新たな聖域がニコポリスに造営されたためである。円形劇場や競技場がニコポリスに移され、四年に一度の祭典もそちらで挙行されているのに対し、古い施設はもはや顧みられなくなっている。要するに、この都市は奉納物と聖域に満ちているわけだが、とりわけ美しい建築物は長さ一スタディオンの列柱廊があるギュムナシオンである。都市の中心には、裁判所と杜がある。そこには、パネイオンもあるが、これは円錐形をした土盛りの高い丘の上にあり、そのまわりを螺旋状の登り道がめぐっている。その頂からは、麓に広がる都市の全体を見渡すことができる。大路のうち長い方は、ネクロポリスからギュムナシオンを通ってカノーポス門まで続いている。それからヒッポドロモス《競馬場》と呼ばれるところに出るが……、カノーポス運河まで平行に続いている。ヒッポドロモスを過ぎるとニコポリスに至るが、そこには海際にかなりの規模の集落がある。これは、アレクサンドリアからは三〇スタディオン隔たっている。

第5章　セーマ・大灯台・図書館
――表象とモニュメントの世界――

はじめに

アレクサンドロス大王の没後およそ半世紀にわたって東地中海を舞台に繰り広げられた後継者戦争は、大王が礎を据えた都市アレクサンドリアがヘレニズム文明の中心都市へと発展していく上で、決定的に重要な時代背景を提供した。というのも、ヘレニズム諸王国の支配者たちは、その出発点から互いにライバル関係にあり、自らの支配の正統性を誇示するために、経済的にも文化的にもあらゆる手段を講じて他者に抜きんでようとしたからである。そうした状況にあって、アレクサンドリアという都市が、エジプトの新たな支配者となったプトレマイオスにとってきわめて好都合だったことは言うまでもない。というのも、そこでは、エジプト領域部という豊かな後背地から流れ込む莫大な富を、国際政治の表舞台である地中海のライバルたちに向けたディスプレイに惜しみなく注ぎ込むことができたからである。そこで、本章ではこの時代状況に目配りをしながら、ストラボンが『地誌』第一七巻である程度詳しく述べているアレクサンドロス大王らの墓廟（セーマ）、ファロスの「塔」（以下、大灯台）、そしてそれらとは対照的にストラボンが完全に沈黙しているにもかかわらず、現代ではアレクサンドリアの文化の代名詞ともなっている図書館を検討することで、初期ヘレニズム時代における都市アレクサンドリアの位相を再検討していくことにする。

1 セーマ

アレクサンドリアに存在したモニュメントのなかで、後三世紀にいたるまでこの都市とその創建者であるアレクサンドロス大王との結びつきをもっとも強烈に発信し続けていたのが、ストラボンがセーマ（もしくはソーマ）と呼ぶプトレマイオス王家の霊廟にあったアレクサンドロス大王の墓である。(1) ストラボンが述べているように、当時のセーマにはアレクサンドロス大王の遺骸《ソーマ》の他にプトレマイオス朝の諸王の遺骸が安置されていたが、ローマ帝政期にセーマに参詣したローマ皇帝たちの関心を惹いたのは、アレクサンドロス大王の遺骸だけだった。第1章の冒頭で引いたスエトニウスの伝える逸話は、彼らの関心の所在を端的に物語っている。(2)

アレクサンドロス大王の墓に魅了されたのは、ローマ皇帝ばかりではない。近代のアレクサンドリアにおける考古学者の関心は、ひとえに大王の墓探しに向けられてきた。(3) その一因は、もちろん史料から得られるセーマに関する情報がきわめて錯綜しており、依然として多くが謎に包まれていることによる。ストラボンの証言から当時のセーマが王宮地区内にあったことは確実であるが、それが具体的にどのような施設だったのか、またヘレニズム時代初期に大王の墓がどこに営まれていたのか等の問題については、史料は何も語っていない。しかし、アレクサンドリアの発展に果たしたセーマの役割を評価するためには、その成立過程に関する史料を再検討することから始めなくてはならないであろう。

前三二三年六月にバビュロンで急逝したアレクサンドロス大王の遺骸の行方について、ディオドロスは次のように説明している。[4] 大王の遺骸は黄金製の人型棺に納められ、その後バビュロンでは二年近くを費やして豪壮をきわめた霊柩車が造られた。それが完成すると、遺骸は霊柩車に載せられ、バビュロンからエジプトに向けて送り出された。エジプトからは亡き大王に敬意を表するためにプトレマイオスが軍勢を引き連れてシリアまで出向き、丁重に遺骸を譲り受けると、さしあたり遺言で指定されていたアモンの聖域には運ばずに、大王自らが創建し「世界でもっとも素晴らしい都市」に発展しつつあったアレクサンドリアに埋葬することを決意した。そこで、プトレマイオスは大王の名声にふさわしい聖域を築いて遺骸を安置し、半神に対するように犠牲を捧げて盛大な競技会を催すことで、人間からだけではなく神々からも報いられた。というのも、彼の慈悲深い寛大さの故に、いたるところから人々がアレクサンドリアにやってきて彼の軍隊に志願したからである。

しかし、他のいくつかの史料は、事態がこのように順調に運んだわけではなかったことを強く示唆している。アレクサンドロス大王の遺骸が、ディオドロスらが伝えるように大王の遺言に従ってエジプトのアモンの聖域に葬られることになっていたのか、[5] あるいはパウサニアスが述べるようにマケドニア王国歴代の王の墓所があった古都アイガイに葬られる予定であったのかは、[6] 不明である。いずれにしても、霊柩車が建造されたからには、大王の遺骸がバビュロンからどこか別の場所に運ばれることは大前提だったのであろう。一方で、霊柩車の建造に二年も要したことは、バビュロンからマケドニア王国を管理していたペルディッカスの側に、大王の遺骸を手放したくないという思いがあったことを窺わせる。[7] 実際、アッリアノスは、霊柩車の建造と遺骸の搬出の責任者だったアリダイオス（アレクサンドロス大王の異母兄弟でフィリポス三世となったアリダイオスとは別人）がプトレマイオスに内通し、ペルディッカスの意図に反して霊柩車を出発させエジプトに向かわせたと述べ、[8] ストラボンをはじめとする他の史料も、概ねペルディッカスとプトレマイオスとの確執の結果、プトレマイオスがシリアで遺骸を奪ってエジプトに運んだことを示唆している。[9]

大王の遺骸の処遇をめぐってペルディッカスとプトレマイオスとの間に対立があったことは、その後まもなくペルディッカスがマケドニア王家の錦の御旗を押し立ててエジプトに武力侵攻したことからも明らかである。しかし、ナイルの渡河作戦に失敗し、多大な犠牲者を出したペルディッカスは、自らが率いてきたマケドニア軍から見放され、彼らによって殺されることとなった。この間の経緯もディオドロスに詳しいが、[10]その中でこの渡河作戦がメンフィスの近郊で行われたとされていることは注目に値する。というのも、先のディオドロスの記述とは裏腹に、いくつかの史料は、エジプトに運ばれたアレクサンドロス大王の遺骸が、当初はメンフィスに埋葬されたと明記しているからである。とりわけ注目されるのは、クルティウスやパウサニアスのような古典史料と並んで、パロス大理石年代記碑文（成立は前二六四／三年）が前三二一／〇年の項目として、アレクサンドロス大王がメンフィスに埋葬されたこと、及びペルディッカスがエジプトに進軍して殺された事件を採録していることである。[11]

プタハ神の聖地メンフィスは、デルタにおけるエジプト人の宗教・政治上の一大拠点であると同時に、アレクサンドロス大王の滞在中からアレクサンドリアが首都としての体裁を整えるまで、マケドニア王国によるエジプト統治の中心として重要な機能を担っていた。大王の死後にエジプトを掌握したプトレマイオスもまた、メンフィスの神官団との友好的な関係を重視せざるをえなかったはずである。アレクサンドロス大王の遺骸が運ばれてきた段階でアレクサンドリアの都市建設がどれほど進展していたかは不明であるが、おそらく地中海に面したアレクサンドリアは、当時の不安定な国際情勢の下で遺骸を保管するには安全ではないと判断されたのであろう。プトレマイオスは大王の遺骸をメンフィスの権威に託することによって、相互の信頼関係を強化するとともに、ペルディッカスの侵攻に備えようとしたのである。

ペルディッカスがアレクサンドリアには目もくれずペルシオンから一路メンフィスをめざしたのも、大王の遺骸がメンフィスにあったためと考えられる。ペルディッカスの率いる侵入軍は壊滅したが、一連の事件はメンフィスの神官団にも衝撃を与えたに違いない。偽カリステネスは、メンフィスのエジプト人がいったんは大王の遺骸を同地に迎え入れたが、メンフィスが戦乱に巻き込まれないためには遺骸をラコティスにある王の建設した都市（アレクサンドリア）に埋葬した方がよいという最高神官の指示により、プトレマイオスがアレクサンドリアにソーマを築いて遺骸を埋葬するに至ったと述べている。[12] 荒唐無稽なロマンスとして退けられがちな偽カリステネスであるが、大王の遺骸の行方に関しては、ここに描かれた経緯がもっとも史実に近かった可能性が高い。

アレクサンドロス大王の遺骸がメンフィスからアレクサンドリアに移された時期は不明であるが、パウサニアスが伝えるようにこの事件から四〇年もたってからというのは、いささか考えにくい。[13] クルティウスが述べるように、[14] ペルディッカス侵攻事件の数年後にはプトレマイオスによってアレクサンドリアに墓が造営され、大王の遺骸はそこに安置されたのであろう。しかし、問題は、この墓とストラボンが報告しているセーマとが同一の施設であるかどうかである。というのも、後二世紀のゼノビオスは、プトレマイオス四世フィロパトルが、彼の時代にセーマと呼ばれている場所に祖先と大王とを一緒に葬る墓所を造営したという伝承を採録しているからである。[15] ゼノビオスの証言を信じるならば、オリジナルの大王の墓とセーマとは別物であり、ストラボンをはじめとする諸史料が言及している施設は後者ということになる。[16] おそらく、ソーマ（遺骸）とセーマ（墓廟）という名称の混乱も、プトレマイオス四世の時代に大王の遺骸《ソーマ》の安置所がプトレマイオス朝歴代の王の墓廟《セーマ》に統合されたことに起因するものであろう。ルカヌスによれば、この墓廟はピラミッド状の上部構造を持っていたらしく、その点ではハリカルナッソスの有名なマウソレイオンを想起させるものだった。[17] その遺構は同定されていないが、墓の材質に関する「ガラス製」というストラボンの表現が実際には「アラバスター製」を意味しているのであれば、アレクサンドリアのラテン墓地にあるいわゆる「アラバスターの墓」（図25）は、セーマの有力な候補となるであろう。この墓は、一九三六年にA・アドリアーニによって復元されたもので、古代の主要街路の交点に近いその立地は、きわめてセーマにふさわしい[18]。

しかし、それでも残る問題は、なぜセーマに統合される以前のアレクサンドロス大王の墓に関する情報が、これほどまでに少ないのかである。確かに中世までほぼ原形を保ち続けた大灯台と一世紀ほどしか使われなかった大王の墓とを対比するのは無理があるかもしれないが、大灯台に関する証言や図像の豊富さに照らしたとき、大王の墓の形状などについて伝える手がかりが乏しいことは意外ですらある。端的に言って、アレクサンドロス大王の墓は、なぜ「古代世界七不思議」の一つに数えられるようなモニュメントとして建造されなかったのだろうか。この問題を解く鍵は、やはり同時代の国際情勢に求められよう。

図25　ラテン墓地の「アラバスターの墓」

大王の急逝後、広大な帝国の帰趨をめぐってプトレマイオスら有力な武将たちの思惑は様々に錯綜していたが、彼らにとって共通の関心事は、大王の後継者として自らの新たな支配の正統性を何によって担保するのかという点にあった。その際、大王の遺骸は正統性をアピールする格好のシンボルであり、そうであったからこそペルディッカスとプトレマイオスとの間で、熾烈な争奪戦が繰り広げられたのである。しかし、このシンボルは諸刃の剣だった。というのも、たしかにこの時点でプトレマイオスはペルディッカスを退けることに成功したが、「大王の遺骸」というシンボルは潜在的にはどの後継者によっても等しく利用可能なものであり、もしプトレマイオスが別な後継者にこのシンボルを奪われるようなことがあれば、それとともに彼のエジプト支配権の正統性も失われてしまう可能性があったからである。明らかに、前四世紀も末になると、後継者たちは、アレクサンドロス大王の後継者であることと同時に、それとは独立して自らがその領土における正当な支配者であることをアピールする必要に迫られるようになっていた。プトレマイオスは、前三〇五年に王を称するようになったのを境に、他の後継者に先駆けて、アレクサンドロス大王の代わりに自らの肖像を表現して「プトレマイオス王」と明記したコインを発行するようになるが[19]、このような変化は、彼がこの頃から支配の正統性の源としての大王というシンボルから一定の距離を置き始めていたことを示唆している。このように、アレクサンドリアという都市の地政学における大王の墓の位置づけにはきわめて微妙なものがあり、その結果、それはマウソレイオンのような規模で築かれるには至らなかったのであろう。大王の遺骸と初期プトレマイオス朝の王たちの遺骸がセーマに合祀されるまでに一世紀近くを要したことも、この微妙なバランスの帰結であったと考えられるのである[20]。

2　大灯台

アレクサンドロス大王の遺骸がアレクサンドリアに埋葬されてからまもなく、この都市の玄関口にあたるファロス島に未曾有の規模の建築物が姿を現した。ストラボンが「白い石で築かれた何階もの高さをもつ驚くべき塔」と描写し、古代世界七不思議の一つにも数えられたアレクサンドリアの大灯台である。

大灯台は、さまざまな点でセーマとは対照的な存在である。まず、その場所であるが、ストラボンの記述などからファロス島の東端、その跡地にマムルーク朝の太守アシュラフ・カイトベイが一四七七年から一四八〇年にかけていわゆるカイトベイ要塞を建設した地点にあったことに疑問の余地はない。この周辺の海底では、一九九〇年代からアンプルールらによって調査が行われており、膨大な数の大灯台の建築部材や各種の彫像などの存在が確認されている。[21]

また、前三世紀の初めに建設され後一四世紀に廃墟となったアレクサンドリアの大灯台は、世界でももっとも長く同一の用途で使われ続けた建築物の一つであるだけに、セーマの場合とは異なって、その形態についても旅行家の証言や図像学的な証拠が数多く残されている。たとえば、ヴェネツィアの聖マルコ大聖堂を飾るモザイクには、アレクサンドリアの港に到着した聖マルコの乗る船とともに三層からなる大灯台が表現されている。[22] とりわけ興味深いのは、アレクサンドリアの西方に位置するタポシリス・マグナにある高さ三〇メートルほどの葬祭モニュメントで、基壇部が四角形、二層目が八角形、三層目が円形のプランをとるそのデザインは、アレクサンドリア大灯台を模したものと考えられている。[23] これらの情報をもとにして、一九〇九年の著名なH・ティアーシュによる研究を筆頭に様々な復元案が提示されてきているが、[24] それらによれば大灯台の高さは一〇〇メートルから一二〇メートルに達していたことは確実で、三〇〇スタディオン離れても見ること

図 26　アレクサンドリアの大灯台の想定復元図

ができたとするヨセフスの証言を裏付けている。[25] 細部については不明な点も多いが、コインにはしばしば頂上に彫像が表現されており、ゼウス神もしくはポセイドン神の像を戴いていたものと考えられる。

大灯台の建設年代について、スダはピュッロスがエピルスの王位についた年（前二九七年）としているが、これはフレイザーが指摘するようにある程度信頼してよいであろう。[26] 通説はこれを建設開始年とし、エウセビオスの伝える前二八三／二年を完成年としているが、いずれにしても、大灯台がプトレマイオス二世の治世初期までにその雄姿を現していたことは確かである。

大灯台に言及する最古の史料は、同時代の詩人、ペラのポセイディッポスによるエピグラムである。ポセイディッポスはアレクサンドリアの宮廷文化を代表するテオクリトスやカリマコスの同時代人であり、前三世紀後半のパピルスに書かれた一一二編の詩が二〇〇一年になって公刊されたことにより、近年にわかに注目を集めている存在でもある。そのポセイディッポスの作品として、このパピルスの刊行以前にもっともよく知られていた作品は、前一六一年以前にメンフィスで書かれたパピルスに写された二つのエピグラムだった。[27] これらは、それぞれクニドスのソストラトスによる大灯台の奉納と、サモスのカリクラテスによるアルシノエ・アフロディテ神殿の奉納を扱っている。これらのうち、前者を訳出すれば、次のようになる。

　ギリシア人の救済神として、このファロスの見張りを、
おおプロテウス神よ、クニドスのデクシファネスの子ソストラトスが奉納した。
というのも、エジプトには島嶼のような山の上の見張り台がなく、
船が停泊する防波堤は低いところにある。
それゆえ、天空を切り裂いてまっすぐ高々と屹立することで、

この塔ははるか遠くからも望むことができる。
昼間も、また夜を通じて、波間を進む航海者がただちに、
その頂きで燃える大いなる炎を見ることができるように。
こうして、彼は「牛の角」を目指して進み、見逃すことはないだろう、
プロテウスよ、このように進む者は救済神ゼウスを。

このエピグラムは、おそらく大灯台にモニュメンタルな碑文として刻まれていたものであり、ストラボンが目にしたのもこの碑文に他ならなかったと考えられる。[28] その内容からも、本来このポセイディッポスの詩が大灯台の頂部に置かれた救済神ゼウス像の奉納を謳ったものであることは明らかであるが[29]、その刻まれた媒体が大灯台の壁面であったために、ストラボンの時代には、これが大灯台そのものの奉納に関わる碑文と誤解されていたのであろう。

一方で、アレクサンドリアの顔ともいうべきランドマークに刻まれた碑文に、支配者たるプトレマイオス王ではなくクニドスのデクシファネスの子ソストラトスなる私人の名が現れることは、後世にさまざまな憶測が生まれる原因となったようである。その最たるものは、後二世紀のルキアノスが、「いかに歴史を書くか」と題したエッセイの末尾で、歴史は同時代人ではなく後世の人々に向けて書かれるべきであるという主張の裏付けとして言及するエピソードである。それによると、大灯台を築いたソストラトスは、自分の功績を刻んだ碑文（ストラボンの引用とほぼ同一の文言が使われている）をプラスターで覆い、その上に当時の王の名前を刻んだが、それは表面のプラスターがいずれ剝落し、下から自らの名を刻んだ碑文が姿を現すことを期してのことだったという。大灯台を建築したソストラトスに対して王がその名を刻むことを許したとするプリニウスの説もこれと同工異曲であり[30]、これらの

逸話には、大規模なモニュメントに王ではなく私人の名が刻まれていることが、いかにローマ帝政期の人々の目には奇異に映ったかが、よく示されている。

それでは、このクニドスのデクシファネスの子ソストラトスとは、いったい何者であったのか。フレイザーは、ソストラトスを大灯台（より正確には大灯台の救済神ゼウス像）の奉納者ではなく建築家とする史料がいずれもローマ帝政期以降のものであることから、ソストラトスは単なる建築家ではなく、プトレマイオス朝の富裕で影響力のある宮廷人であるとみなす。その根拠として引かれているのが、(1)中部ギリシアの聖域デルフィ出土の二点の碑文、(2)エーゲ海の聖域デロス島から出土した一連の顕彰碑文、(3)後三世紀の懐疑哲学者セクストゥス・エンペイリコスによる『学者たちへの論駁』の一節である。

これらのうち(1)は、デルフィがソストラトスとその子孫に対してプロクセニアやプロマンテイアなどの様々な特権を付与する旨を定めた顕彰碑文、[31]及びソストラトスとアルシノエ・フィラデルフォスに言及する奉納碑文からなる。[32]「クニドス人の宝庫」の近くで出土した前者には、同一の石碑に他の二名のクニドス人への顕彰碑文が刻まれていることから、これがクニドス人としてのソストラトス（おそらく同名の祖父、二九三頁以降参照）の功績に関わることは間違いない。これに対して、「アテネ人の列柱館」の西端で発見された後者は、明らかにソストラトスとプトレマイオス朝王家との特殊な関係を示している。

これに対して、前二八〇年頃から前二七〇年頃にかけてのギリシア世界におけるソストラトスの精力的な政治活動を伝えるのが(2)の史料群である。キュレネのエテアルコスやカウノスの市民団がデロスにソストラトス像を建立したのは、彼から何らかの恩恵を被ったからに他ならず、[33]デロス島を拠点とする島嶼連邦による顕彰決議は、ソストラトスが彼らとプトレマイオス朝との仲介者として同盟に貢献したことを証拠立てている。[34](3)はずっと時代が下る史料ではあるが、プトレマイオス王からアンティゴノス王のもとに派遣されたソストラトスが、ホメロスの叙事詩の一節を吟じてアンティゴノスに再考を迫ったという逸話を伝えており、[35] やはり彼の政治的手腕がきわめて卓越したものとして後世まで語り継がれていたことを窺わせる。

しかし、これらの史料にまして、この時期の国際政治の展開に果たしていたソストラトスの役割の大きさを再評価させることになったのが、一九七一年にアテネのアゴラで発掘されたスフェットス区のカリアス顕彰決議碑文である。[36] この碑文によれば、前二八七年にアテネ市民団が攻城王デメトリオスの支配に対して反乱を起こしたとき、プトレマイオス朝の傭兵軍指揮官としてエーゲ海のアンドロス島に駐留していたカリアスは、プトレマイオス一世の意を受けて一千名の兵士とともにアテネ中心市に急行するとともに、アテネ領域部でも食糧となる収穫物の確保などに奔走した。そして、いよいよアテネがデメトリオス軍に取り囲まれると、プトレマイオス一世はアテネのためにソストラトスを派遣し、デメトリオスとの和約について協議する使節をペイライエウスに招集させた。その際、カリアスはアテネ市民団を代表する使節としてアテネのために全力を尽くし、和平が締結されるまで兵力とともにポリスにとどまり、プトレマイオス王のもとに戻ってからも、アテネ市民団が派遣した使節と協力し、万事にわたってアテネに有利に運ぶよう尽力したとされる。

この碑文中では、ソストラトスが何者かについては何も述べられていないが、この碑文を校訂したL・シアは、彼がプトレマイオス一世によって派遣されていること、敵のデメトリオスの掌中にあったペイライエウスで和平のための協議を公然と主宰することができたこと、ソストラトスという名前だけで誰であるかがアテネ市民団には一目瞭然だったことから、このソストラトスがアレクサンドリアの大灯台に関わった有名なソストラトスと同一人物であると断定する。[37]

これらの一連の史料は、第14章で詳論するように、クニドスのソストラトスがプトレマイオス一世に重用されたエジプトの宮廷人であったばかりではなく、他の後継者からも一目置かれ、当時の東地中海世界の情勢に広く影響力を及ぼすことのできた国際的な有力者であったことを示している。建築家としてであれ奉納者としてであれ、彼がアレクサンドリアの大灯台の建設に貢献したのも、東地中海を舞台とする国際政治のフィクサーとして、視覚的にも機能的にもエジプトを東地中海と強固に結びつけるモニュメントに強い関心を抱いていたからではないだろうか。実際、アレクサンドリアの大灯台によって利益を得たのは、プトレマイオス朝の経済的繁栄を享受することのできた東地中海の海上交易に従事する商人たちだったと推測されるのである。

3 図書館

ヨーロッパ風の瀟洒な高層住宅が立ち並ぶアレクサンドリアの海岸通《コルニーシュ》の一画に、二〇〇二年の秋、宇宙船が舞い降りたような巨大な建物がオープンした。あたりの風景から完全に遊離したこの近未来的な建物の名は、ビブリオテカ・アレクサンドリナ。一九七四年にその構想が具体化してから四半世紀あまりの歳月を経て完成した、現代版アレクサンドリア図書館である。アレクサンドリア図書館とは、言うまでもなくプトレマイオス朝の庇護のもとで数十万巻に及ぶ膨大な蔵書を誇っていた古代世界の知の殿堂のことである。地中海に向かって陽光を眩く照り返すガラス張りの屋根の下に、八〇〇万冊を収蔵できる図書室をはじめとして、カンファレンス・ホールや地下博物館などの施設を配したこの建物は、もちろん古代のアレクサンドリア図書館の文字通りの復元ではない。しかし、この斬新なデザインの建物は、アフリカ、ヨーロッパ、アジアの諸文明の結節点として繁栄してきた都市アレクサンドリアの新しい顔として、この地を訪れる人々に、二千年も前に試みられていた「人類の叡智の結集」という偉業へと思いを向けさせずにはおかないだろう。

ハード面でのアレクサンドリアの誇りがファロス島の大灯台であったとするならば、ソフト面におけるアレクサンドリアの名声を支えることになったのが、名だたる学者を擁するムセイオンと図書館だった。[38] いかに巨大建築物が印象的であるとはいっても、ハード面の技術には自ずと限界がある。それを補うのが、あらゆる学芸や知識のコレクションというソフトの充実であることは、ヘレニズム諸王国の支配者たちにもよく認識されていた。それにしても、なぜ図書館が選ばれたのだろうか。

古代ギリシア世界では、遅くとも前五世紀の末頃までには、パピルスに書かれた巻物の本が流通するようになっていた。アテネのアゴラには本屋があり、哲学者ソクラテスの弟子の一人である美青年のエウテュデモスは、弁論や業績において他の若者に優越するために、そのような書巻を大量に蒐集していたと伝えられている。[39] しかし、書巻の蒐集という行為に特別な意味が与えられるようになったのには、何といっても哲学者アリストテレスの存在が大きい。観念論的な師のプラトンの哲学の場合とは対照的に、しばしば経験主義的と評されるアリストテレスの哲学の営みを支えていたのは、実証的なデータを集めて相互に比較検討するという作業だった。万巻の書物を集めた図書館を創るというアイディアは、おそらく哲学に対するこのようなアリストテレスの考え方の延長上に生まれてきたのであろう。

図書館に集積されたデータが発揮する力については、アレクサンドリア図書館を舞台とする次の逸話が象徴的に物語っている。ウィトルウィウスによれば、プトレマイオス王（おそらく三世か四世）が詩のコンクールを主宰したとき、市民から選ばれた七人の審査員のうち、アリストファネスという男だけが他の審査員とまったく異なる審査結果を下した。その理由を問われたアリストファネスは、他の審査員が上位とした詩人の作品がすべて剽窃であると指摘し、自ら図書館から探し出してきた書巻を示しながら、出典を明らかにして見せたのである。その結果、剽窃をした詩人たちは追放され、アリストファネスは図書館長に推挙された。この逸話の信憑性はさておき、そこからは、この時期に図書館の重要さが広く認識されるようになっていたことが窺われる。[40]

実は、プトレマイオス一世は、いくつかの糸によってアリストテレスと結ばれていた。前三四三年にフィリポス二世が息子アレクサンドロスの家庭教師としてアリストテレスをマケドニアに招聘したとき、プトレマイオスもまたアレクサンドロスの学友としてその薫陶をうける機会があったと考えられる。[41] おそらくそれを範として、プトレマイオスは自分の息子（後のプトレマイオス二世フィラデルフォス）の家庭教師として、アリストテレスの学園リュケイオンにおける彼の後継者テオフラストスを招聘しようとした。これは結局実現せず、代わりにテオフラストスの弟子のストラトンが家庭教師となったが、このような経緯にも、アリストテレスを祖とするいわゆるペリパトス派の思想に対するプトレマイオス一世のこだわりを見て取ることができる。[42] しかし、少なくとも図書館の構想という点でプトレマイオス一世に大きな影響を与えたのは、やはりテオフラストスの高弟であったファレロンのデメトリオスだったとするのが妥当であろう。[43]

アテネ市民であり、ファレロン区に籍があったためにファレロンのデメトリオスと通称されるこの人物は、リュケイオンでテオフラストスに学んだ後、前三二五年頃からアテネの政界で活躍するようになった。[44] とりわけ、マケドニアのカッサンドロスの治下で、彼は事実上のアテネの独裁者として辣腕を振るったが、前三〇七年にアテネがアンティゴノスの子デメトリオスによって解放されると亡命を余儀なくされ、最終的にはエジプトのプトレマイオス一世の宮廷に身を寄せることになった。アレクサンドリアに、アテネのリュケイオンをモデルとする学者の楽園ムセイオンを設け、その図書館に万巻の書を蒐集するというアイディアは、その後ふたたび祖国の地を踏むことができなかった哲人政治家、ファレロンのデメトリオスの悲願が、他の後継者を凌ごうとするプトレマイオス一世の野望と結びついたときに生まれた可能性が高い。

しかし、アレクサンドリア図書館の実像は、その名声の高さとは裏腹に、きわめて曖昧模糊としている。というのも、ストラボンはムセイオンに言及しながら図書館については沈黙を守っており[45]、情報の多くはローマ帝政後期から中世にかけて書かれた注釈書などに由来しているからである。たとえば、大図書館に関する一般向けの概説書は、しばしば図書館の分館がアレクサンドリア市内のサラピス神殿（現在「ポンペイの柱」という俗称で知られているディオクレティアヌス帝の記念柱が残っている遺跡）にあったことを自明のことのように述べている。しかし、サラピス神殿の図書館に言及する最古の史料は後二世紀末のテルトゥリアヌスによるものであり、それが大図書館よりも小規模で「姉妹」と呼ばれたことを証言するエピファニオスは後四世紀になってからの著述家に過ぎない[46]。たしかに、定礎プラーク（一一八頁参照）からアレクサンドリアのサラピス神殿がプトレマイオス三世の時代に創建されたことは確実だとしても、それは決して分館の年代が前三世紀の後半にまで遡ることを保証するものではないのである。

アレクサンドリア図書館に膨大な書巻が蔵されるようになった過程についても、事情は同様である[47]。しばしば、アレクサンドリアでは入港するすべての船舶の船荷を調べ、もし本が見つかった場合には没収して図書館に運び、持ち主には写本を返却していた（そのような本には「船から」というラベルが貼られていた）といわれる[48]。また、プトレマイオス三世は、写本を作るという口実で一五タラントンの保証金と引き替えにアテネの公文書館から三大悲劇詩人の劇作品のテクストを取り寄せ、現物は返さずに写本の方を送り返したとも伝えられる。しかし、これらの逸話は、いずれも後二世紀に、ペルガモン出身のガレーノスが、ヒポクラテスの著作の真偽に関連して付随的に述べていることでしかない。図書館創設の重要な契機となったと推測されるアリストテレスの蔵書の入手事情についても、それがテオフラストスの手を経てネレウスに受け継がれたことはおそらく事実だとしても、プトレマイオス王がそれをネレウスから買い取り、アテネとロドスで購入した書巻と合わせてアレクサンドリアに運ばせたとする説は、ガレーノスと同時代の著作家アテナイオスを典拠としており、その史実性は疑わしい[49]。

もちろん、「アリステアスの手紙」という問題の多い史料が伝える聖書のヘブライ語からギリシア語への翻訳（セプトゥアギンタ）が、プトレマイオス二世の時代に図書館の主導で行われた可能性は十分にあり、プトレマイオス二世とマウリア朝のアショカ王との外交関係を考慮すれば、インドの仏典がここに収蔵されていたことを疑う理由はない。(50) しかし、結局のところ、フレイザーが述べているように、アレクサンドリア図書館の歴史とは、その歴代館長の列伝に尽きているのである。(51)

実際、アレクサンドリア図書館の歴代館長は、当代一流の学者によって占められていた。(52) 周知のように、初代館長とされるゼノドトスは、初めてホメロスの叙事詩『イリアス』と『オデュッセイア』のテクストを批判的に検討し、それぞれを現在見るように二四の巻に校訂したと伝えられる。その後継者であるロドスのアポロニオスは、ヘレニズム時代を代表する叙事詩『アルゴナウティカ』の作者であると同時に、プトレマイオス二世の宮廷では、息子プトレマイオス三世の家庭教師として重用されていた。その後任に抜擢されたのが、地球の全周を算出したことで有名な全能の学者エラトステネスであり、彼もまたプトレマイオス三世から、息子プトレマイオス四世の家庭教師に任じられている。このように、図書館長の職は、プトレマイオス王家の教育とも密接に結びついていた点で、ムセイオンの学者の地位よりも、政治的な重要性を帯びていたといえる。その意味で、図書館は単に宮殿の敷地内にあったばかりではなく、宮廷そのものの一部をなしていたのである。それでは、モニュメントとしての図書館は、いったいどのような建築物だったのだろうか。

まず、図書館の立地であるが、この点についての重要な手がかりは、皮肉なことにこの図書館が失われた経緯にかかわるプルタルコスの『カエサル伝』にある。(53) それによると、紀元前四八年の夏、アレクサンドリアで将軍アキラスが率いるエジプト軍に攻囲されて窮地に陥ったカエサルは、港に停泊していた敵の船に火を放った。ところが、この火は、おそらく折からの季節風にあおられて南の宮殿地区にも燃え広がり、それによって大図書館も烏有に帰したのだという。[54] これによれば、図書館は後代の史料が伝えるようにアレクサンドリアの市街の北側の宮殿地区の一画を占め、おそらく海に面していたと考えられる。パピルス書巻を収める建物が海に面していたという想定には、パピルスの保存という観点から異論もあろうが、建設当初から地中海からの風が吹き抜けることを考慮して設計されたアレクサンドリアでは、海に面していなくても条件はあまり変わらなかったであろう。

次に検討の対象になるのは、建物としての外観である。この点については、何よりもそれが独立した建物であったかどうかが大きな問題になる。[55] というのも、ここで図書館と訳しているビブリオテーケーというギリシア語は、直訳すれば「本の置き場」であり、必ずしも独立した建物を指すものではない。実際、ウィトルウィウスは、この語を（ラテン語ではあるが）邸宅のなかの一室、すなわち図書室の意味で用いているばかりではなく、[56] アレクサンドリアに次ぐ同時代の有名なビブリオテーケー、すなわちペルガモン王国にあるエウメネス二世の図書館は、アテナ神殿の聖域の一部であって、完全に独立した建物ではない。

しかし、これらの点は、逆にアレクサンドリアの大図書館が独立した建物であった可能性を排除するものではない。ウィトルウィウスの関心はあくまでローマ帝政期における建築の技術に向けられており、上述したような競争意識によって突き動かされていたヘレニズム王国の公共建築物のことは彼の念頭にはなかったであろう。ペルガモンの図書館が独立した建物でなかったことも、ペルガモンの都市そのものが海抜約三〇〇メートルの丘の狭い頂にひしめくように築かれていたことを考慮しなくてはならない。アレクサンドロス大王によって設計され、プトレマイオス一世の時代にはまだ空きスペースが豊富にあったはずのアレクサンドリアとは、同一に論じられないのである。むしろ、アレクサンドリアの都市の発展期に構想されたこと自体が、大図書館が独立した建物であったことを示唆しているとも言える。

次の問題は、規模である。大図書館の規模を考える際の決め手となるのは、もちろんここに収蔵されていたパピルスの巻数である。[57] しかし、この点についても、信頼できるデータが存在するわけではない。約五〇万冊という具体的な数字に言及するツェツェスは、中世もかなり遅い時期の著述家であり、信頼度は低いと考えざるをえない。一方で、ペルガモンの図書館については、プルタルコスが少なくとも二〇万巻という数字をあげていることから、アレクサンドリアの図書館はこれをはるかに凌駕する巻数のパピルスを収めていたはずである。これらの点、及び図書館が機能していた期間を長さを考慮するならば、巷間に流布している約七〇万巻という数字も、あながち見当はずれとは言えないであろう。

しかし、図書館がそれほど大規模な建物であったならば、なぜ古代七不思議に含められなかったばかりか、史料にも建物としての図書館が言及されていないのだろうか。古代七不思議の方は、既に灯台が存在する以上、アレクサンドリアからもう一つを加えることは意図的に避けられたのかもしれない。しかし、史料に図書館の建物が言及されないことには、何らかの特別な理由があったはずである。一つの可能性は、上述したようにそれが独立した建物ではなかったことに求められるかもしれない。しかし、何らかの建物に付属していたとしても、これだけの巻数を収めるためのスペースならば、確実に人々の目を引いたはずである。

それでは、規模こそ特段に大きかったものの、何らかの理由でその建物がとりたてて同時代の人々から注目されなかったということは、ありうるだろうか。実は、そのような条件を満たすこの時代の建築様式が一つだけ存在する。それが、円柱の並ぶ吹き抜けの回廊を特徴とする列柱館という様式である。[58] この時代、プトレマイオス朝のライバルの一つであるアンティゴノス朝マケドニアの都ペラでは、宮殿に長さ約一六〇メートルの規模の巨大な列柱館が築かれていた。[59] ペルガモンの王たちも、アテネに大規模な列柱館を寄進している。ほぼ同時代に都市開発が進められたアレクサンドリアでも、大規模な公共建築物には列柱館という様式が採用されるのが通例であっただろう。もし、大図書館もまた外観においてはごくありふれた列柱館だったとしたら、古代の著述家たちが特に図書館の建物について言及しなかったことも説明がつくのではないだろうか。プトレマイオス朝時代のサラピス神殿に大図書館の分館があったとする説が確実なものではないことは上述した通りであるが、この点に関して、サラピス神殿の周壁部分が列柱館として設計されていることは、注目に値する。

アレクサンドリア図書館をこのように巨大な列柱館として復元するならば、これまで難問とされてきた図書館とムセイオンとの関係にも、一定の見通しが立てられるであろう。ムセイオンとはもともと学術の女神を祀る聖域のことであり、ストラボンの記述からも明らかなように、さまざまな施設を内包する空間を指していた。一方で、図書館としての列柱館は、膨大なパピルス書巻を収蔵しなくてはならなかったために、中央部に広大な中庭を配することを余儀なくされた。このような空間は、アリストテレス以来のペリパトス派の伝統を継ぐアレクサンドリアの学者たちに、格好の学問の場を提供したはずである。すなわち、大図書館とムセイオンは建築施設としては一体だったのであり、そのために古代の史料は両者を区別して言及することがなかったと考えられる。アレクサンドリア図書館をめぐる謎は尽きないが、こうして復元された建物の姿は、図書館が古代における最大の研究拠点ムセイオンに包摂された施設だったことを強く示唆しているのである。

図27　アレクサンドリア図書館の想定復元図

一方で、見逃されてはならないのは、このように知の集積施設としての図書館と知の創造組織としてのムセイオンとが一体のものであったならば、明らかにその原型の一部はエジプトの伝統文化の中に辿ることができるという事実である。初期のプトレマイオス朝の王たちのまなざしは、地中海のギリシア文化ばかりではなく、確かにエジプトの伝統文化にも向かっていた。プルタルコスは、次章で検討するプトレマイオス一世によるサラピス神の導入の経緯に関連して、シノペから運び込まれた神像を検分してこれを冥界の神プルートンに同定したのが、「神託や前兆の解釈者である（アッティカのエレウシスの神官家系エウモルピダイ出身の）ティモテオスと、ナイル河口セベンニュトスのマネト、及び彼らの一統の者たち」だったという興味深い逸話を伝えている。[60] ここに言及されるマネトは、言うまでもなくギリシア語で『エジプト史』を著したエジプト人の神官であり、外来の支配層とエジプト人在地エリートとを仲介することでプトレマイオス朝のエジプト統治に貢献していた。[61] そのマネトらが属していたエジプトの神官たちの世界で、個別の神殿に付属していた文書室と並んで古くから在地の伝統的な知の継承と再創造の場となっていたのが、いわゆる「生命の家（*Per-ankh*）」である。[62]「生命の家」は、アビュドスやアクミムなどに存在したことが文献から知られている他、アマルナではその実物の遺構も発掘されている。プトレマイオス朝の成立前夜のペルシア支配の時代にも、ペルシア王の海軍司令官として、また宮廷の医師として活躍したウジャホルレスネトは、その緑色玄武岩製の彫像に刻んだ自伝テクストの中で、彼がダレイオス一世の命を受けて「生命の家」を復興したことを誇らしげに語っている。[63]「生命の家」の歴史的意義は、それが単なる文書の保存庫ではなく、後のアレクサンドリア図書館やムセイオンを先取りするような機能を担うことで、それらが古典ギリシア文化の継承に貢献したように、時に二千年以上にも及ぶエジプト文化の継承に決定的な役割を果たしていたことにある。[64] そのような「生命の家」の重要性が、マネトのような人物を介してアレクサンドリアの宮廷に伝えられていた可能性は、十分に想定できるであろう。

アレクサンドリア図書館がヘレニズム時代に冠たる存在となったことの背景には、このような知の伝達の諸形態をめぐる新来のギリシア文化と在地エジプト文化とのかけがえのない遭遇があったのである。

おわりに

都市アレクサンドリアを代表するモニュメントとしてのセーマ、大灯台、そして図書館の成立は、それぞれにヘレニズム世界におけるプトレマイオス朝の卓越した発展に大きく貢献することになった。

アレクサンドロス大王の急逝後、エジプトを統治することになったプトレマイオスは、ペルディッカスから大王の遺骸を強奪してメンフィスに葬ることで、大王が築いたマケドニア王国という旧来の枠のなかでの自らの支配権に正統性を付与することに成功した。その後、遺骸はアレクサンドリアに移されたが、プトレマイオスの支配者としての位置づけが「太守《サトラペス》」から「王《バシレウス》」に変質する過程で、大王の遺骸の持つ意味も相対的に変化を余儀なくされた結果、その墓廟はモニュメントとしては控えめなものに留められたと考えられる。この墓廟がようやくプトレマイオス朝歴代の王の墓所と統合され壮麗なセーマとして整備されたのは、大王の没後百年あまりたってからのことだったが、それはプトレマイオス朝にとってヘレニズム世界に共通の支配のアイコンであるアレクサンドロス大王との「接続」がいかに微妙な問題であったかを窺わせている。

次に、大灯台の成立事情は、初期のプトレマイオス朝の経済的発展がいかに深く地中海世界と結びついていたかを、鮮明に浮かび上がらせている。確かに、ストラボンは内陸からもたらされる物資の豊かさを強調してはいるが、それらの物資の役割は、プトレマイオス朝の興隆期と彼が実際に目にした滅亡後とでは、大きく異なっていたであろう。そして、アレクサンドリアが地中海交易の拠点としての地歩を占める上では、クニドスのソストラトスのようなエーゲ海島嶼部の有力者の協力が不可欠であったと想定される。初期のプトレマイオス朝は、国内にあってはメンフィスの神官団をはじめとするエジプトの在地エリートと交渉を重ねつつ、外に向かっては、第14章で詳しく論じるように、ギリシア世界の複雑な国際関係を御することのできるギリシア系エリートを宮廷で厚遇することで、政治的な発展を遂げていった。大灯台は、そのプトレマイオス朝の繁栄に実質的に貢献するとともに、それを外部世界に発信するための格好のモニュメントとして構築されたのである。

さらに、図書館における知の蒐集は、知の伝承に関するエジプト固有の伝統を背景として、おそらくプトレマイオス朝が経済的な側面においてのみならず学術的な側面においても他の後継者の王国を凌ぎ、ヘレニズム世界に確固たる地位を築こうとする積極的な意図のもとで遂行されていった。その機能が単なる文献の蒐集だけではなく、古典のカノン化（とりわけホメロスの叙事詩の校訂と定本確定）にまで及んだことは、きわめて示唆的である。というのも、ことホメロスの叙事詩は、ポリス世界が成立した前八世紀以降、ギリシア人にとってポリスの違いを超えた集合的なアイデンティティの結節点として機能していたからである。[65]よく知られているように、アレクサンドロス大王は『イリアス』の校訂本を陣中に携行し、アレクサンドリアの土地の選定にあたっても、ホメロスの叙事詩の一節が大きな役割を果たしたとする伝承もある。[66]その点で、ポセイディッポスが、大灯台への奉納碑銘をホメロスの叙事詩とアレクサンドリアとを結びつけるプロテウスに呼びかける形で創作したのも、きわめて至当だったといえよう。伝統文化が圧倒的な力を誇っていたエジプトにおいて、新たな世界観のもとで知の再編成を実現するためにも、図書館は欠かすことのできない存在だったと考えられる。

このように、本章で扱ったプトレマイオス朝の首都を彩る諸施設は、ポリス世界がヘレニズム世界へと移行する大きな流れの中で、独自の表象とモニュメントがアレクサンドリアという新たな世界の中心の創出にあたって大きな役割を果たしていたことを、如実に物語っているのである。

第6章　初期プトレマイオス朝の宗教政策
——支配者崇拝から王朝祭祀へ——

はじめに

アコリス遺跡では、一九八六年度の調査に際して、西方神殿に通じる参道から一点の興味深い遺物が出土した[1]。これは明らかにプトレマイオス朝期の神殿の入り口に使われたと考えられる石灰岩の建築用ブロックであるが、幅六六センチ、高さ三三センチの石材表面には、トリグリフ状の装飾を挟んで二つのカルトゥーシュが刻まれていた(図28)。左側のカルトゥーシュはきわめて断片的であるが、右側のカルトゥーシュは、明らかにプトレマイオス朝の王家の女性ベレニケのものである。プトレマイオス朝の時代には、プトレマイオス一世の王妃ベレニケをはじめ、三世の姉妹でアンティオコス二世に嫁いだベレニケ、三世の王妃となったキュレネのマガスの娘ベレニケ、後述するカノーポス決議で神格化が決議されている三世の娘のベレニケなど、複数のベレニケと呼ばれる女性が存在したため、この断片的なカルトゥーシュがどのベレニケに言及するものかを決定することは、さしあたり困難である。しかし、このベレニケが誰であったにせよ、この建築用ブロックは、確かに前三世紀にプトレマイオス朝の王妃の祭祀に関わる神殿がこの地に存在し、それがローマ帝政期に皇帝崇拝のための神殿に転用され、姿を変えなが

図28　アコリス西方神殿域から出土したベレニケのカルトゥーシュの刻まれた建築部材

らも存続していたことを証言している。[2]

この石材の他にも、アコリスにはプトレマイオス朝支配下における在地社会の精神文化を垣間見させる遺構がいくつか点在している。都市域の北、現在のテヘネ村に面した断崖には、内部を飾る壁面のレリーフの様式から該期の岩窟神殿と考えられる遺構があり、その前面には参詣のための階段が設けられている。[3]また、西方神殿域の西端近くには、入り口部にプトレマイオス朝時代に独特の衣装をまとった神官のレリーフ彫刻がある小規模な岩窟神殿（チャペルF、通称イシス神殿）もある。[4]さらに、第12章で論じるプトレマイオス五世のための磨崖碑文は、この碑文の上に設けられた岩窟神殿が在地のイシス女神（イシス・モキアス）に捧げられたことを明記している。現存する遺構の構築年代こそ後二世紀に下るものの、都市域の中心に位置するサラピス神殿は、後述するようにプトレマイオス朝初期に創始されたサラピス神の信仰が、ローマ時代までにはこの地にしっかりと根を下ろしていたことを示している。

それでは、これらの遺構は、外来の王権と伝統的な在地社会との間で切り結ばれた、いかなる文化交渉を通じて生み出されるに至ったのであろうか。また、それらの文化交渉は、プトレマイオス朝のもとで在地社会がコミュニティとして存続し続けるにあたり、どのような役割を果たしていたのであろうか。

本章では、他の章でも議論の中で繰り返し浮沈することになるこれらの問題を考える前提として、その背景にあった初期プトレマイオス朝の宗教政策について検討していきたい。しかし、その前に、なぜあえてここで「宗教政策」という、同時代の史料には現れない概念に沿って作業を進める必要があるのかを、明らかにしておくべきであろう。

第4章でも見たように、アレクサンドリアに支配拠点を定めたプトレマイオスにとっての喫緊の課題は、他の後継者に対して優位に立ちつつ東地中海の国際関係の中で自らの王国の正統性を誇示していくことだった。彼に続くプトレマイオス朝の歴代の王も、対内的には伝統的なエジプトのファラオの任を果たすと同時に、対外的には新興のヘレニズム王国の王として振る舞わなくてはならなかったのである。そのような局面で、支配者崇拝のような汎ヘレニズム的現象が大きな意義を持つようになったのは、いわば必然だった。

また、エジプト内部においても、固有の文化伝統を維持するエジプト人に加えて、ギリシア各地から入植してきたギリシア人が社会の中で重要な役割を占めていたことは、プトレマイオス朝の宗教政策を錯綜したものとしていた。もとより、この時代に「国民国家」という概念が知られていたわけではないが、王国を王国として存続させるためには、新たな統治組織を担うギリシア人を何らかの形で王国につなぎとめるメカニズムが必要とされたのは当然であり、結果として宗教的な側面でもさまざまな模索が行われることになった。

さらに、在地社会に目を向けるならば、初期ヘレニズム時代のエジプトには、既に長い伝統を持つ精神文化とそれを基盤とする社会秩序が確立されていた。周知のように、前五世紀にエジプトを旅したヘロドトスは、「エジプト人は宗教的な事柄に関しては並外れて信心深い」と述べ[5]、この地で崇拝されている神々や動物、儀礼や祭典について詳しく叙述している。第4章で述べたように、アレクサンドロス大王がエジプトに到来した際にまず行ったのも、メンフィスにおいて神々、とりわけアピス神に犠牲を捧げるとともに、体育と音楽の競技会を開催することだった。そのアレクサンドロス大王が、在地の最大勢力であるテーベのアモン神官団からもファラオとして認められたことは、ルクソール神殿至聖所のレリーフが示している通りである。したがって、プトレマイオス朝の支配下にあっても、このような地域を統治するためにとられた施策は、何らかの形で「宗教」と関わらざるをえなかった。とりわけ、伝統的にエジプトにおける王権が神性ときわめて近接していたことは、初期のプトレマイオス朝の支配者たちに、宗教政策の重要性を意識させずにはおかなかったであろう。

そこで、本章では時系列に従って、まずヘレニズム世界に共通して現れる文化現象としての支配者崇拝について検討し、ついでプトレマイオス朝が新たに創造した神性であるサラピスの信仰について、そして最後にエジプト固有の王朝祭祀をめぐる問題について、順次論じていくことにする。

1　支配者崇拝

ヘレニズム時代の支配者崇拝とは、前四世紀の末からギリシア世界を席巻することになった、ポリスがヘレニズム諸王国の王を生前に神のように崇拝する行為のことである。[6] この慣行の起源をめぐっては、アレクサンドロス大王の東征を契機とするオリエント世界からの影響を重視する古くからの説（K・J・ベロッホなど）とギリシアの文化伝統の内にその淵源を求める説（E・マイアーなど）との間で論争があり、近年マケドニア王国とペルシアとの関係を中心に見直しが迫られつつあるとはいえ、[7] 基本的には後者の説が依然として有力である。その根拠となっているのが、ギリシア世界では、しばしば卓越した個人（植民市建設者や運動競技選手など）がその死後に半神として崇拝されており、さらに前五世紀の末以降になると、散発的ではあるものの、ヘレニズム時代の支配者崇拝を先取りするような、ポリスによる有力者の生前神格化を示唆する例が見られるようになるという事実である。

ギリシア世界で最初に生前に神格化されたと考えられているのは、前四〇五年にアイゴス・ポタモイの海戦でアテネ海軍を破ったスパルタの将軍リュサンドロスである。プルタルコスは、リュサンドロス伝において、ギリシア人の中では初めてリュサンドロスに対して諸都市が神に対するように祭壇を設けて犠牲を捧げ、讃歌《パイアン》を歌ったと述べた上で、サモス人が自らの都市のヘラ祭をリュサンドレイアと呼ぶことを決議したと追記している。(8) ここに既に後のヘレニズム時代の支配者崇拝の要素が出揃っていることは、史料の信頼性に対していささかの疑念を抱かせずにはおかないが、プルタルコスが典拠とする歴史家のドゥリスがサモスの指導的な政治家でもあったことから、一般にこの伝承は信頼できるものと受け取られている。この直後に、アテネでコノンが、「僭主殺害者」のハルモディオスとアリストゲイトン以来、初めてアゴラに銅像を建立されるという栄に浴することになった経緯も、間接的ながらコノンのライバルであったリュサンドロスに対する崇拝が異例のものであったことを示唆しているであろう。なお、リュサンドロスに対しては、デルフィのアポロン神域にも神々と並んで彫像が建立されていた。(9) そこには、リュサンドロスの像だけではなく、占い師のアギアスと指揮官ヘルモンの像もあったことから、C・ハビヒトはこの肖像彫刻とリュサンドロスの神格化との関係には否定的であるが、(10) リュサンドロスの像の制作者がアルテミス女神とポセイドン神の像も手がけている点は、見逃されてはならない。

しかし、後のヘレニズム時代の支配者崇拝との関係で注目されるのは、リュサンドロスとシュラクサイのディオンなどを除くならば、東地中海における初期の支配者崇拝の事例が、もっぱらマケドニア王国と関わっていることである。そもそもマケドニアの王家アルゲアダイは、アルゴスとの系譜的な繋がりを主張することにより、ヘラクレス（さらにはゼウス）の末裔をもって自認していたが、(11) いくつかの後代の史料は、マケドニアのピュドナにアミュンタス三世（在位三九三／二～三七〇／六九）を祀る神殿が存在したこと、また前三五七年の陥落に先立って、アンフィポリスではフィリポス二世への祭祀が行われていたことに言及している。(12) フィリポス二世については、さ

図 29　部分的に復元されたオリュンピアのフィリペイオン。右奥はヘラ神殿，背後の木立はクロノスの丘

らにエフェソスの有名なアルテミス神殿に彼の肖像彫刻が建立されていたことや、レスボス島のエレソスに「フィリポスのゼウス」の祭壇が存在したことも知られている。[13] これらの証拠がただちにフィリポス二世の神格化に結びつくものではないとはいえ、E・ベイディアンが示唆するように、フィリポス二世の時代に至ってマケドニア王の位置づけがそれまでとは大きく変わり、それがフィリポス二世に対して神々により近づこうとする意思を抱かせたことは、十分にあり得るであろう。

このフィリポス二世自身による神格化への志向がもっとも顕著に表れているのが、フィリポス二世最期の日のエピソードと、オリュンピアにおけるフィリペイオン（図29）の建造である。ディオドロスによれば、前三三六年、アイガイでフィリポス二世の娘クレオパトラとモロッソイ王アレクサンドロスとの結婚式が挙行された際、饗宴の翌朝に劇場で華々しいパレードが行われたが、そこではオリュンポスの十二神の像に続いてフィリポス二世の像が引かれてきた。[14] また、オリュンピアのゼウスの神域内にあるフィリペイオンと呼ばれる円形堂は、カイロネイアの戦いの後にフィリポス二世が建造させたもので、その内部にはフィリポス二世を中心に、父アミュンタス三世と母エウリュディケ、妻のオリュンピアスと息子のアレクサンドロス（大王）の像が建立されていた。後二世紀にオリュンピアを訪れたパウサニアスは、当時なおフィリポス二世とアミュンタス三世及びアレクサンドロスの像がフィリペイオンにあり、それらが神像と同様に黄金象牙製であると述べている。[15] これらの証言からも、暗殺される直前の時期のフィリポス二世に、自らを神々と肩を並べる存在として印象づけようとする意図があったことは疑いえない。[16]

このように考えてくるならば、そのフィリポス二世の息子として生を受けながら、マケドニアをギリシアの覇者の地位に導いた偉大な父親をいわばライバルとして成長したアレクサンドロスが、マケドニア王に即位してまもなく、エジプト滞在中のシーワ・オアシス参詣を決定的な契機として、自己神格化（より正確には自らが「アモン神の子」であるというアピール）の道を突き進んだのも当然といえるであろう。[17] アレクサンドロス大王の神格化をめぐっては膨大な研究の蓄積があるため、ここでは深入りを避けるが、アレクサンドロス大王の自己神格化が、当時の社会にさまざまな波紋を引き起こさずにはおかなかったことは確かである。前三二七年に大王が跪拝礼を導入しようとした際にカリステネスが展開した議論、すなわち神と人との間に一線を画そうとする主張は、大王の自己神格化を率直には受け入れることのできなかった同時代人の心性をよく伝えている。[18] 一方で、ミレトスやエリュトライのようなイオニアのポリスが、率先してアレクサンドロスを「ゼウスの子」として認めようとしたことは注目に値する。[19] アテネにおけるアレクサンドロス大王の神格化をめぐる有力政治家間の議論も、アレクサンドロス大王という圧倒的な支配者の登場を目にしたギリシア都市が、神格化こそが大王からの「暗黙の要求」であると解釈し、あくまで自発的に神格化を認めようとしたことを物語っている。[20] こうして、フィリポス二世からアレクサンドロス大王の時代にいたって、神と並ぶ卓越した存在であることをアピールしようとする支配者と、その支配者に対して「神のように崇拝する」という名誉を授与することに活路を見出そうとしたギリシア諸都市との錯綜した関係を軸として、支配者崇拝は新たなダイナミズムを獲得するようになったのである。

このようなヘレニズム時代の典型的な支配者崇拝の最初期の姿を伝える史料として知られるのが、小アジアの都市スケプシスの決議碑文である。前三一一年にアンティゴノスはカッサンドロス、プトレマイオス、リュシマコスと和議を結び、その経緯とギリシア諸都市に対して自由と自治を保証する旨とを各地に書簡で通告した。[21] これに対して、碑文によれば、スケプシスの市民団は、以下のような内容の決議を行った。[22]

……アンティゴノスはこの都市と他のギリシア人にとって大恩人であるので、彼を顕彰するとともに、成就されたことを彼とともに慶賀すべし。都市はまた、他のギリシア人とともに、今後は平和のうちに暮らし自由と自治を享受できることを慶賀すべし。そして、アンティゴノスがその偉業にふさわしい名誉を受けることができるよう、また、市民たちが自分たちに与えられた恩恵に報いていることが分かるよう、彼のために聖域を区画し、祭壇を築き、できるだけ美しい神像を置いた上で、これまで通り彼のために毎年、供犠、競技会、花冠の着用やその他の祭典を行うこと。アンティゴノスには金一〇〇スタテール相当の黄金の冠を授与し、デメトリオスとフィリポスには、それぞれ五〇ドラクマ相当の冠を授けること。この加冠を、祭典の競技会の場で宣言すること。アンティゴノスからもたらされた吉報のために、都市は犠牲を捧げること。全市民は花冠を着用し、財務役はそのための経費を支出すること……。

このスケプシスの決議で注目されるのは、そこに聖域の区画、祭壇の設置、祭神像の建立といった、はっきりとアンティゴノスを神のように崇拝するための道具立てが具体的に言及されていることである。[23] そして、これらの道具立てによって新たな支配者を神格化する慣行が短期間のうちにギリシア世界に普及していった事実は、それが時代のニーズに的確に応えるものであったことを裏づけている。

他ならぬアテネもまたこの慣行を早い段階で採用したことは、支配者崇拝の歴史的な性格を考察する上で、きわめて興味深い。プルタルコスの『デメトリオス伝』によれば、前三〇七年にアンティゴノスの子デメトリオスによってファレロンのデメトリオスの寡頭政から解放されたアテネでは、デメトリオスとアンティゴノスを救済神と呼んで、彼らを祀る神官職を設け、アテナ女神の聖衣にも彼らの名前を織り込ませた。[24] また、前二九一年にデメトリオスがケルキラからアテネに帰還した際には、アテネ人はデメトリオスだけが真の神であるという文句を繰り返し、彼が神の顕現であることを称える讃歌を歌ったとされる。[25] さらにアテネ人はデメトリオスの愛妾や取り巻きにまで聖域を捧げたが、このような阿諛追従には、デメトリオス本人でさえ「今のアテネ人は誰一人として偉大な精神を持ち合わせていない」と評したほどだった。これらはいずれも後代の古典史料の言及ではあるが、そこには前四世紀末のアテネにおける支配者崇拝のあり方が、一定程度反映されているとみて良いであろう。民主政という政体に固執するアテネ人は、寡頭政からの解放という大義のためには、支配者崇拝を極端なまでに推し進めることも辞さなかったのである。

ほぼ同時期にロドスで行われたプトレマイオスの神格化の経緯も、この慣行に対するギリシア人の屈折した心理をよく伝えている。後継者たちは前三〇六年頃から競ってそれぞれが公式に「王」を名乗ることになるが、プトレマイオスもその例外ではなかった。[26] 前三〇六年にプトレマイオスはアンティゴノスとデメトリオスによるエジプト侵攻を退けたが、その直後に、プトレマイオスにとって東地中海世界における自らの権威を高める格好の機会が訪れる。それが、前三〇五年から翌年にかけてのデメトリオスによるロドス攻城戦だった。この戦争の経緯を伝えるディオドロスによれば、このときプトレマイオスは再三にわたって籠城するロドス人に援軍や救援物資を送り届けることにより、東地中海の海上交易の要衝であるロドスがアンティゴノス・デメトリオス父子の手に落ちることを防いだ。[27] そのため、ようやく講和が結ばれて攻城戦が終結すると、ロドス人はプトレマイオスに感謝の意を表するために、リビュアのアモン神の神託に神聖使節を派遣し、プトレマイオスを神のように崇拝することの是非を伺わせた。神託がこれを是としたので、ロドス人は都市の中にプトレマイオンと名付けられた四角形の聖域を区画し、大規模な列柱館を建設した。このエピソードで注目されるのは、言うまでもなく、ロドス人がプトレマイオスの神格化にあたって、リビュアのアモン神の神託に依拠していることである。換言すれば、彼らはスケプシスのように支配者の神格化を市民団で独自に決議するのではなく、そこに神託という普遍的権威を介在させることによって、それもアレクサンドロス大王の神格化にあたって決定的に重要な役割を演じた託宣所の判断を口実とすることで、支配者崇拝を合理化しようと試みたのであろう。そこには、海上交易を通じたエジプトとの紐帯を維持・強化するためにプトレマイオスの歓心を買うことを余儀なくされながら、一方で支配者崇拝という新しい時代の風潮には抵抗を覚えずにはいられなかったロドス人たちの心性を窺うことができる。

一方で、デメトリオスやプトレマイオスのような支配者の側から見れば、ギリシア諸都市から神格化されることは、自らの権威を高めるためにも、また神の子であるアレクサンドロス大王の後継者としての支配の正統性をアピールするためにも、きわめて好都合であったと考えられる。「ソーテール（救済者）」というプトレマイオスの添え名がロドス人によって与えられたものであるというパウサニアスの説明に対して、[28] 現代の研究者は疑念を表明しているが、[29] W・フースが指摘するように、肖像コイン上のプトレマイオスが救済神ゼウスを想起させるアイギスをまとった姿で表現されていたことは、プトレマイオス自身が自らを神に擬することに積極的であったことを示唆している。[30] 本国のエジプトにおいて、プトレマイオス一世が「救済神」として公式に位置づけられたことが史料的に確認されるのは、ずっと時代が下るプトレマイオス二世の治世第二三年（前二六三／二年）以降のことであるが、[31] それはギリシア諸都市が必要に応じてプトレマイオスを救済神とみなすことを妨げるものではなかったと考えられる。

前三世紀にヘレニズム諸王国の支配体制が安定期に入ってからも、この支配者崇拝という慣行が、後継者たちによる上からの強制ではなく、彼らとギリシア諸都市との間の相互交渉の上に展開していたことを示す代表的な史料が、プトレマイエイアに関する島嶼連邦の決議（ニクーリア決議）である。[32] 島嶼連邦とは、この頃にエーゲ海島嶼部のポリスが結成した同盟組織であり、プトレマイオス朝の強い影響下にあった。この碑文は、シドン王のフィロクレスと島嶼長官のバッコンによってサモスに招集された島嶼連邦の代表者会議の決議を刻したものであるが[33]、それによれば、プトレマイオス二世から父王のためにアレクサンドリアで創始することになった競技会（プトレマイエイア）を「オリュンピア競技会と同格」としたい旨の要請があり、この会議ではその是非が協議されたらしい。オリュンピア競技会は、言うまでもなくゼウス神に捧げられたギリシア世界でもっとも権威のある競技会であるが、プトレマイエイアをそれと同格とするということに隠された含意が、プトレマイオス一世をゼウス神と同格であると認める点にあることは、この会議の場に参集した島嶼連邦の代表者の共通認識だったであろう。それは、島嶼連邦がこの要請を認めるにあたり、その根拠を「自分たちが（最初に）プトレマイオス・ソーテールを神として崇拝した」という経緯においていることからも明らかである[34]。

しかし、ロドスによるプトレマイオスの神格化においても、島嶼連邦によるプトレマイエイアのオリュンピア競技会との同格化においても、もっとも注目すべき点は、それらが形式的にはギリシア人のポリスの側から自発的に行われたという手続きを踏んでいることである。とりわけ後者の場合、プトレマイオス二世が諸都市に対して同様の旨を通達することによっても、当初の目的は十分に達せられたはずである。にもかかわらず、プトレマイオス二世はフィロクレスやバッコンのような仲介者を通して、ギリシア諸都市の側のイニシアティヴによって父王が象徴的に神格化されるというプロセスにこだわりを見せた。それは、この時代の支配者崇拝という慣行が、いかに同時代の後継者による諸王国とポリス世界との交渉に基づく国際関係を強く意識したものであったのかを、例証しているといえるであろう。支配者崇拝は、支配者である後継者たちが自らを神格化するのでなく、ギリシア人の諸ポリスによって神格化されてこそ、初めて本来の機能を果たすことができたのである。

2　サラピス神信仰の確立

アレクサンドロス大王の没後ただちにエジプトの実質的な支配者となったプトレマイオスにとって、エジプト統治にあたっての最大の課題の一つは、新たな統治体制に相応しい精神文化を確立することだった。この目的のために新たに創出された神性が、アコリスでもローマ時代には都市域の中心にこれを祀る神殿が置かれていたサラピス(ラテン語ではセラピス)である。タキトゥスは、サラピス神の由来について、エジプトの聖職者たちから伝聞したという次のような逸話を採録している[35]。

プトレマイオス一世が新たに創建されたアレクサンドリアに城壁と神殿と宗教を加えようとしたとき、夢の中に美しい若者が現れ、ポントスから自分の像を持ち帰るよう命じた。そうすれば王国は繁栄し、彼を受け入れた土地は大きく有名になるだろうと言うのである。このように告げると、若者は焔とともに天上に昇っていった。この夢のお告げに興奮したプトレマイオスは、さっそくエジプトの聖職者たちに夢判断を仰いだが、はかばかしい答は得られなかった。そこで彼は、エレウシスの秘儀を主宰するためにアテネから招かれていたエウモルピダイのティモテオスに相談して、ポントスのシノペにゼウスの神殿があるという情報を得たものの、他のことばかりに関心を向けて、この指示をないがしろにしていた。しかし、再び若者が夢枕に立って、命令に従わなければ王と王国に破滅をもたらすと脅すと、ようやくプトレマイオスは使節をシノペに派遣した。シノペの王もプトレマイオスからの懇願を前にさまざまに逡巡したが、結局は神の像が自ら船に乗り込んで大海原を渡り、アレクサンドリアに到着したこの神のために、壮大な都に相応しい神殿がラコティスに築かれたという。タキトゥスはまた、この神について、ある者は病人を治すのでアスクレピオス神だと主張し、またある者はエジプトの神オシリスである、万物の支配者ゼウス神である、あるいは神像の特徴からプルートン神であると信じていると注記している。
プルタルコスが伝える説も、タキトゥスの説と大筋では一致している。[36] ここでも、話はプトレマイオス一世の夢枕に立ったプルートンが自分をアレクサンドリアに連れて行くよう命じるところから始まるが、その続きは、プルタルコスでは、プトレマイオスがシノペに人を遣わし、その像を盗み出させるという展開になっている。アレクサンドリアに運び込まれたその像は、前章でも触れたように、アテネ人のティモテオスと有名な『エジプト史』の著者であるマネトによって検分され、確かにプルートンの像であると断定された。そして、ティモテオスとマネトから説明を受けたプトレマイオス一世は、エジプトではプルートンのことをサラピスと呼ぶことから、これがサラピス神の像であると確信したのだという。

これらの史料から、サラピス神への信仰はプトレマイオス一世治下のアレクサンドリアで創出されたとするのが通説ではあるが、もちろんこれに対しても異論がないわけではない。というのも、アレクサンドロス大王のバビュロンでの末期について伝えるいわゆる『王室日誌』に、サラピス神殿に瀕死のアレクサンドロスを移すべきか託宣を仰いだところ、神が今の場所に留めるよう命じたという謎めいた記事があるからである。[37] この記事については、そもそも『王室日誌』の史料的価値をどのように考えるかという難しい問題があるが、[38] いずれにしても、この史料だけからプトレマイオス一世の時代になってからサラピス信仰が確立されたという通説を覆すことは難しい。アレクサンドロス大王が神託に従ってアレクサンドリアでサラピス神殿を探し求めたとする伝承も、アナクロニズムと考えてよいであろう。[39]

一方で、サラピスの神性そのものについては、そのエジプトにおける起源がプトレマイオス一世の時代よりもはるかに遡ることは確実である。というのも、メンフィスでは、前六世紀にこの地に定住したイオニア系のギリシア人傭兵の系譜を引く住民（ヘレノメンフィタイ）が、アピスとオシリスの習合したオセラピス（オシリス＝アピス）

という神を祀っていたことが知られている。[40] 前章で見たように、アレクサンドロス大王の死後、プトレマイオスは、エジプトの支配権を死守するべく、強大なメンフィスの神官団に後ろ盾を求めた。史料的な裏付けはないものの、このときギリシア語を母語とするヘレノメンフィタイは、プトレマイオスと神官団とを仲介するというきわめて重要な役割を担ったであろう。それゆえ、ギリシア系の支配層と在地エジプト人との宗教的な統合を思い立ったとき、プトレマイオスがヘレノメンフィタイの信仰するオセラピスという神性に注目したのも当然だった。それでは、サラピス信仰を確立するにあたって、プトレマイオスは具体的にどのような方策をとったのだろうか。

この問いに対する答は、J・E・スタムボーが示唆するように、実はタキトゥスらの史料の中に明瞭に示されている。すなわち、これらの史料が伝えているのは、サラピス神の創造ではなく、あくまでサラピス神の「彫像」の異国からの招来に他ならない。プトレマイオスは、エジプトの伝統をひく神オセラピスにギリシアの神プルートンの容姿を与えることによって、新たな王国にふさわしいギリシア的な神のイメージを確立した。これを画期として、エジプト在住のギリシア人が崇拝していたメンフィスの神オセラピスは、新たにエジプトの支配層となったギリシア人の神サラピスへと進化を遂げたのである。その過程で重要な役割を果たしたのがティモテオスとマネトだったことは、おそらく偶然ではない。というのも、ティモテオスはエレウシスの祭儀を司るゲノスの一つエウモルピダイの一員だったが、このアテネの国家祭儀は、入信者に永遠の幸福を約束する秘儀という側面と、豊穣を祈願する農耕祭儀という側面を併せ持つことにより、広くギリシア世界の各地から入信希望者を集めていたからである。[41] また、第三〇王朝ゆかりの地セベンニュトスの出身で、ヘリオポリスの神官を務めていたマネトは、前章でも述べたように、プトレマイオスの宮廷で重用されていたエジプト人であり、在地のエリートと新来のギリシア系支配層との交渉の界面で重要な役割を果たしていた。サラピス神のイメージの確立に、ギリシアとエジプトそれぞれの精神文化に通暁する二人のエキスパートが関与したと伝えられていることは、それが入念に構想されたプトレマイオス一世の宗教政策の賜だったことを明示している。プトレマイオス一世の宮廷に亡命していたファレロンのデメトリオスが、サラピス神のおかげで失明から回復し、この神のための讃歌を作ったという伝承も[42]、この神性の創出がアレクサンドリアの宮廷主導で行われた状況を垣間見させている。

それでは、こうして確立された新たな神のイメージは、どのようにして王国の構成員の間に浸透していったのであろうか。この過程において決定的に重要な役割を果たしたと考えられるのが、アレクサンドリアのサラピス神殿である。

図30　アレクサンドリアのサラピス神殿跡地

「ポンペイの柱」という俗称で知られるサラピス神殿の遺跡は、アレクサンドリアの駅からごみごみとした住宅街を南西に進んだ高台に位置している（図30）。高い壁によって周囲から隔られた遺跡の敷地内で現在目にすることができるのは、この俗称の由来となった高さ約三〇メートルのローマ時代の記念柱（実際にはポンペイウスとは何の関係もなく、三世紀末に当時のエジプト総督がディオクレティアヌス帝のために建立したもの）や、岩盤を掘り抜いた地下回廊などに過ぎないが、ここにはかつてサラピス神を祀ったアレクサンドリアの中心的な神殿が存在した。現存する遺構の配置はきわめて錯綜しているものの、一九世紀末からの調査の記録に詳細な検討を加えたサボツカの研究などにより、この神殿については以下のことが明らかになっている[43]。

BAΣIΛEYΣΠTOΛEMAIOΣΠTOΛEMAIOY
KAIAPΣINOHΣΘEΩNAΔEΛΦΩN
ΣAPAΠEITONNAONKAITOTEMENOΣ

図 31　アレクサンドリアのサラピス神殿から出土した黄金製定礎プラーク（上）と，その書き起こし図（下）

まず、神殿の創建年代については、断片的な古い遺構の存在に加えて、プトレマイオス二世とアルシノエ二世の祭壇が出土していることから、初期の神殿がおそらくプトレマイオス一世時代か二世時代の初期までに建造されたことは確実である。しかし、奉納坑から発見されたギリシア語及びヒエログリフの定礎プラーク（図31）は、プトレマイオス三世の時代にいたって、その神殿が大規模な拡大・改修を受けたことを示している。[44] これによって、サラピス神殿は、東西七六メートル、南北一六〇メートルの列柱館によってΠ字型に区画された聖域の北端に、ギリシア様式（前柱式）の神殿がそびえる外観をとるに至った。プトレマイオス一世がイメージを定めたサラピス神像は、この内部に安置されたと考えられる。[45]

この神像のオリジナルはもちろん現存していないが、アレクサンドリアのグレコ・ローマン博物館所蔵の帝政期の像をはじめとする多くの後代の彫像作品（図32）や、ローマ時代に発行されたコインの意匠などの豊富な関係資料から、その姿を復元することは困難ではない。

それらによれば、サラピス神は、カラトスという籠を頭上に載せ、ゆったりとした衣装をまとって椅子に腰掛ける、髭と髪の豊かな壮年男性の姿として表現されていた。左手には笏を握り、右には三つの頭をもつ冥界の番犬ケルベロスを伴っていることが多い。この規範的なイメージには、アスクレピオス神、ゼウス神、プルートン神などのギリシアの神々のイメージが強く投影されているが、そこからは、この神に期待された属性が、治癒と救済、そして大地から生み出される豊穣などであり、その点でまさしくエジプトのオシリス神のそれと通底していたことが明らかである。

それでは、プトレマイオス一世は、なぜサラピス神に規範的なイメージを与えることによって、この神への信仰を確立しようとしたのであろうか。一般には、その目的は国家神として融合的な神を創設することで、ギリシア人とエジプト人との融和・結束をはかることにあったとされる[46]。しかし、しばしばサラピス神と対になって信仰されたエジプト土着の女神であるイシスの場合とは異なって、サラピス神が在地の神殿に受け入れられたり、エジプト人によって積極的に崇拝されたりした痕跡はきわめて乏しい。上述したように、サラピス神の原型はプトレマイオス朝の建国に先立ってエジプトに定住していたギリシア人がメンフィスで崇拝するエジプトの神オセラピスであったが、それは、サラピス神の信仰が、まずもってエジプト国内にいる多様な出自を

図32　アレクサンドリア博物館所蔵のサラピス神像

もったギリシア系の人々が、エジプトの土着の精神文化と齟齬を来さない形で共有できる神を創り出すために始められたことを示唆している。[47] その中心的な神殿が、新たなギリシア都市として生まれたアレクサンドリアにおいて、あえて宮殿地区から離れた市街地に設置されたのも、それがエジプト全体というよりはむしろアレクサンドリアという都市に集まってきたギリシア人たちを念頭においていたためであろう。

　こうして創造されたサラピス神への信仰は、ギリシア人とエジプト人との混淆が進むにつれて、徐々に領域部へも浸透していくことになった。ただし、それはプトレマイオス朝の宗教政策の賜というよりは、むしろこの神に人工的に付与された治癒や救済といった属性が、この時代に生きた人々（とりわけ、伝統的なエジプトの神々の庇護の外側にいたギリシア人入植者や、後には領域部に駐屯したローマ軍団兵）の心性に強く訴えかけたためではなかったかと推測される。[48] また、現存するサラピス神像の多くがローマ帝政期のものと考えられることは、伝統的な宗教秩序が深く根を下ろしていた領域部にこの神への信仰が定着するまでには、相応の時間が必要であったことを示している。これは、アコリスのサラピス神殿についても例外ではなく、そこでは発掘調査に際してローマ帝政期よりも古い時代の考古学的証拠は得られていない。ただし、その聖域が集落の中心に設けられていることからは、アレクサンドリアとの結びつきが強かった在地集落では、他よりも積極的にサラピス信仰が導入されていた可能性も浮かび上がるが、この点については、さらなる考古学的調査が必要である。

3　プトレマイオス朝の王朝祭祀

王朝祭祀とは、ギリシア諸都市によるヘレニズム諸王の神格化を軸として展開した支配者崇拝に対して、ヘレニズム諸王国の内部において、その構成員が王を神として祀るために行った様々な儀礼の総称である。[49] フレイザーが端的に指摘しているように、この王朝祭祀がもっとも複雑な発展を遂げたのが、プトレマイオス朝に他ならなかった。[50] その結果、プトレマイオス朝エジプトの王朝祭祀をめぐる議論も錯綜を極めているが、ここでは、プトレマイオス朝の構成員が、少なくともその出発点においては、アレクサンドリアやプトレマイスを拠点とする新参のギリシア系支配層と領域部で伝統的な神々を祀るエジプト在地住民とに大きく分かれていたことから、王朝祭祀の問題についても、まずはこの二つの次元に分けて見ていきたい。

初めに、アレクサンドリアなどのギリシア人都市で行われた王朝祭祀についてであるが、この源流が本章第2節で検討した支配者崇拝の慣行にあることは明らかであろう。そこで見たように、プトレマイオス一世は、ロドスや島嶼連邦によって外から神格化されると同時に、コインの意匠などを通じて自らが神の子たるアレクサンドロス大王の後継者であるとアピールすることにより、エジプトにおける王朝祭祀に道を拓いた。[51] 紀年神官としての「アレクサンドロス大王の神官」が具体的にどのような機能を果たしていたのかは定かでないが、前二八四／三年に王の兄弟であるメネラオスが五年目の任期を務めていることからは、[52] この制度がプトレマイオス一世の在世中に創始されたものであって、その職は王家と関わりの深いギリシア系の有力者によって占められていたことが窺われる。

このアレクサンドロス大王を始祖とする王朝祭祀は、プトレマイオス二世の時代にさらに独自の色合いを帯びることになった。というのも、まもなく「アレクサンドロス大王の神官」の職名は、「アレクサンドロス大王と姉弟神（テオイ・アデルフォイ）の神官」に改められたからである。姉弟神とは、言うまでもなくプトレマイオス二世自身とその実姉で妻でもあったアルシノエ二世のことを指している。前三一六年頃にプトレマイオス一世とベレニケ一世の間に生まれ、政略結婚によって有力後継者の一人リュシマコスの王妃となっていたアルシノエは、リュシマコスがコルペディオンの戦いで亡くなった後、セレウコスを謀殺してマケドニアとトラキアの王となっていたプ

図33　アレクサンドリア博物館所蔵のプトレマイオス２世とアルシノエ２世を表現した金貨

トレマイオス一世とエウリュディケの間の子（アルシノエとプトレマイオス二世にとっては異母兄）プトレマイオス・ケラウノスによって王妃に迎えられた。[53] しかし、リュシマコスとの間に生まれた子どもたちがケラウノスによって殺されると、アルシノエはサモトラケに難を避けた後、前二七九年頃にはエジプトに帰還した。そして、およそ二十年来会うことのなかった八歳年下の弟、プトレマイオス二世と結婚したのである。

　プトレマイオス二世とアルシノエとの近親婚は、当然のことながら、同時代のギリシア人の間で物議を醸さずにはおかなかった。詩人のソタデスは、「神聖ならざる穴に棒を押っ立てて」と歌ったばかりに亡命を余儀なくされ、後に、プトレマイオス二世の海軍を率いてクレモニデス戦争で活躍したことで著名な将軍パトロクロスによって、鉛の壺に押し込められて海に沈められたと伝えられる。[54] これに対して、宮廷詩人のテオクリトスは、いわゆる「プトレマイオス頌歌」の中で、ギリシア神話のオリュンポスの一二神であるゼウス神とヘラ女神との聖婚に喩えて、この二人の結婚を誉め称えている。[55]

　プトレマイオス二世が実姉アルシノエと結婚した理由についてはさまざまに推測されているが、[56] 何よりも重要なのは、この結婚の延長線上にこそ、二世夫妻のテオイ・アデルフォイとしての神格化という、王朝祭祀確立への大きな岐路が位置する事実である。その時期は、「アレクサンドロス大王とテオイ・アデルフォイの神官」が創設された、治世一四年のことだった。[57] プトレマイオス二世は、当初はプトレマイオス一世の没年（前二八三／二年）から自らの治世年を起算していたが、その後は共同統治者となった前二八五／四年に治世年の起点を遡らせているため、治世年と暦年との同定にはしばしば混乱が生じている。[58] しかし、このケースでは、既に後者のシステムが採用されていたとする説が有力であり、[59] それに従えば、二世夫妻の神格化は、前二七二／一年、すなわち前二七〇年六月のアルシノエの死に先立って行われていたことになる。[60] もちろん、二世夫妻のテオイ・アデルフォイとしての生前神格化に対しては、おそらくギリシア系の構成員からの何らかの抵抗が予想されたのであろう。治世一四年に初代の「アレクサンドロス大王とテオイ・アデルフォイの神官」に任命されたのが「王の友人」の一人で提督《ナウアルコス》のサモス人カリクラテスであり、その翌年にこの職を継いだのがソタデスを処刑したとされる将軍パトロクロスその人だったことは、およそ偶然とは考えられない。[61]

アルシノエは、没後さらに独立したテア・フィラデルフォス（愛弟女神）として神格化され、その祭祀のためにアレクサンドリアではカネフォロスという新たな女神官職も設置された。アルシノエは、ギリシア人の間ではヘラ女神やデメテル女神とも同一視されたが、とりわけアルシノエと密接に結びつけられたのが、アフロディテ女神である。[62] フィルマン・ディド・パピルス所収のポセイディッポスの詩などの史料からは、「アレクサンドロス大王とテオイ・アデルフォイの神官」を初めて務めたサモスのカリクラテスが、アレクサンドリアの東のゼフュリオンにアルシノエをアフロディテ女神として祀る神殿を建立したことが知られている。[63] この神殿については、近年刊行されたミラノ・パピルスに収められたポセイディッポスの次の詩が、その性格をよく伝えている。[64]

大海を渡って船を岸につなぎ止めようとするならば、
アルシノエ・エウプロイアに挨拶せよ、
神殿から女神を呼び出すために。

図34　メンデス石碑のレリーフ

その神殿をボイスコスの子でサモス人の提督カリクラテスが建立した。

船乗りよ、そう、良き航海を追い求めるおまえのために、
他の男もこの女神を大いに必要としているが。
そうすれば、陸にいようと海にいようと、
女神はおまえの祈りをかなえてくれるだろう。

ここでは、神格化されたアフロディテ女神としてのアルシノエが「エウプロイア（良き航海の）」という添え名で崇拝されていたこと、そしてそれが航海者（より具体的にはカリクラテスが率いたプトレマイオス朝の海軍）の安寧を祈る目的で建立されたことが明示されている。[65] このような女神としてのアルシノエのイメージは、アルシノエイアと呼ばれる祭典のパレードなどを通じて、さらに強化されていった。[66]

しかし、アルシノエ二世の神格化は、プトレマイオス朝の王朝祭祀の性格を大きく変えることにもなった。というのも、これを機として、王朝祭祀の次元が領域部のエジプト人の世界にまで拡大したからである。アルシノエの祭祀に関しては、八〇点を越えるエジプト側の史料が知られているが、[67] その中でも古くから注目を集めてきた史料に、いわゆるメンデス石碑がある。[68] 一八七〇年にE・ブルクシュによって発見されたこのヒエログリフの石碑は、プトレマイオス二世が治世二一年（前二六四年）にメンデスの雄山

羊の祭祀を主宰したことを記念したものであるが、その上部には王族とメンデスの神々がレリーフで表現されている（図34）。人物像は左右対称に配されており、左側には、捧げ物を手にしたプトレマイオス二世を先頭に、この時点では亡くなっているはずのアルシノエ二世、その後ろに息子のプトレマイオスが、また右側には、台上で捧げ物を受ける新たに即位した雄山羊神、同じく台に乗ったハルポクラテス、先代の雄山羊神、メンデスの在地女神ハトメヒト、そして女神としてのアルシノエ二世が表現されている。すなわち、この石碑の図像では、アルシノエ二世は、神々に奉納する王族の一員であると同時に、王族から奉納を受ける神々の一員として、二重に表象されているのである。それは、アレクサンドリアを中心とするプトレマイオス朝の王朝祭祀が、エジプト在地社会の人々の信仰と融合し変容していくダイナミックな潮流を、この上もなく鮮やかに描き出している。

図35　イシス女神とアルシノエ2世に奉納を行うプトレマイオス2世を表現したフィラエ神殿のレリーフ

この石碑のテクストの中で、プトレマイオス二世はエジプト各地の神殿にアルシノエ二世の像を建立することを命じているが、これによってアルシノエ二世はエジプト各地の在地の神殿でも「神殿をともにする女神」として祀られるようになった。フィラエのイシス神殿を飾る、イシス女神とアルシノエ二世に対して奉納を行うプトレマイオス二世を表現した有名なレリーフ（図35）は、「神殿をともにする女神」としてのアルシノエ二世が、在地のエジプト人の神殿においてどのような姿で受容されていたのかを知る上で参考になる。

もちろん、ギリシア人のコミュニティにおいてばかりではなく、在地のエジプト人の神殿でもアルシノエ祭祀を励行させるには、経済的なインセンティヴも必要だった。いわゆる収税法パピルスは、前二六〇年代の末から五〇年代の初めにかけてプトレマイオス二世が行った一連の財政改革を伝えているが、これによって、治世二二年以降は、神殿領だけではなくすべての土地の果樹園の保有者が六分の一税(アポモイラ)を納入し、後者の土地からの分はギリシア人及びエジプト人の神殿における新たな女神アルシノエの祭祀のために充てられることが規定された。(69) 前者の土地、すなわち神殿領からのアポモイラが従来通り神殿に納入されていたのならば、在地の神殿にとっては、アルシノエを祀ることは収入の純増となったはずである。この施策が在地の神殿におけるアルシノエ祭祀の定着に果たした役割は、小さくなかったと考えられる。

さらに、プトレマイオス朝の王朝祭祀がどのような仕掛けによって在地エジプト人社会に浸透していったのかという問題を考える際に重要な示唆を与えてくれるのが、前二三八年のカノーポス決議(第13章参照)においてエジプト人の神官たちによって定められた、王女ベレニケの神格化とその祭儀に関する諸規程である。王女ベレニケは、プトレマイオス三世と王妃ベレニケとの間に生まれ、神官たちがカノーポスで会議を開催している間に幼くして亡くなったらしい。その訃報に接したエジプト人の神官たちは、カノーポスのオシリス神殿に王女の像を建立して女神として祀ることを願い出た。(70) そして、エジプトのすべての神殿において王女ベレニケを永遠に崇拝すること、毎年テュビ月一七日から四日間にわたって彼女を祀る祭儀を行うこと、宝石をちりばめた黄金製の王女ベレニケの神像《アガルマ》を作って第一級及び第二級の神殿の聖域に安置すること、神官が他の神々を祀るパレードにおいてもこの像を抱いて進み、すべての人から「処女王妃ベレニケ」と呼ばれて崇め祀られるようにすることなどが定められた。(71) この王女ベレニケは、初期ヘレニズム時代の動乱を生き抜いたアルシノエ二世とは異なって、単に王夫妻の娘として生まれ、亡くなったというだけの理由で神格化されただけに、その神性が神像という媒体を通じて様々な機会に在地エジプト人に向かってアピールされることになったことは注目に値する。このように、プトレマイオス朝の王朝祭祀は、王朝側からの一方的な働きかけによってではなく、在地神官団のイニシアティヴによっても進められていくことになったのである。

おわりに

プトレマイオス朝の宗教政策の展開を跡づけていくならば、その原点が新興の支配者崇拝に立脚するギリシア的な王権観と古くからの伝統を誇るエジプト的な王権観との遭遇にあることは明白であろう。アレクサンドロス大王とプトレマイオス朝の歴代の王は、エジプトにおいてはファラオ以外の何者でもなかった。それは、彼らがエジプトの文脈では、それまでのファラオと同様に、伝統的なファラオの「五重称号」を名乗っていたことに端的に示されている。支配者崇拝とギリシア的な王権観については上述した通りであるが、そもそもエジプト的な王権観とは、いかなるものであったのだろうか。

ファラオが、一方において神としての性格をもっていたことは、伝統的な「五重称号」に含まれる「ホルス名」、「サ・ラー名」などの称号が示す通りである。「ホルス名」は、言うまでもなくファラオが王権のシンボルである隼の神ホルスの化身であることを、また「サ・ラー名」はファラオが太陽神ラーの息子であることを直接的に示しており、残りの称号も間接的ではあっても王権が神性と強く結びついていたことを証言している。

しかし、他方において、ファラオを神そのものとみなすことには、広く異論が唱えられていることも事実である。王朝時代のレリーフにおいて、ファラオはしばしば神性のシンボルであるカーを伴って表現されているが、このことはファラオがその身体そのものにおいては決して神ではなかったことを示している。そもそも、ファラオはエジプトの民を代表して神々に祭儀を行う存在であって、決して祭儀を受ける存在ではなかった。神々と人間との間に系譜の上で切れ目を設けようとしないギリシア人の神観念とは異なって、エジプトでは神は神であり人間は人間だった。その限りでは、いかに卓越した神性を授けられようとも、ファラオは人間に過ぎなかったのである。

このようなエジプト固有の神観念に照らすならば、プトレマイオス朝の王たちがファラオとして戴冠することによって神格化を達成したと考えることが、いかに誤っているかは明白であろう。ギリシア的な神観念を継承・発展しつつ王家の構成員の神格化を試みた彼らは、エジプトにおいては革新的な存在だった。支配者崇拝の振興、新たな神の導入、そして王朝祭祀の確立という三つの柱のもとに推進された初期プトレマイオス朝の宗教政策の斬新さは、エジプト古来の王権と神性との関係の理解の上に立って評価されなくてはならないのである。

第III部　領域部の文化変容

第７章　プトレマイオス朝とエジプト領域部の開発
――ファイユームの水利事業を中心として――

はじめに

これまで見てきたような初期ヘレニズム時代のアレクサンドリアにおける都市景観の創出と王権の確立は、いったいどのような経済的基盤のもとで実現されたのであろうか。ここでも、導きの糸を与えるのは、ストラボンである。彼は、あくまで前一世紀末の状況についてではあるが、「マレイア湖には、上流や周囲からたくさんのナイルの運河が流れ込み、それらを介して海からよりも膨大な物資が搬入されているため、アレクサンドリアは輸出が盛んなのである」と述べている。この観察はアレクサンドリアの未曾有の富が、何よりも内陸のナイル上流域からもたらされる物資、さらにはその生産に関わる膨大な人的資源からの様々な形での経済的収奪の上に蓄積され、王権によって惜しみなく費やされたものだったことを示している。そこで、本章では、ヘレニズム時代におけるエジプト領域部の状況を考古学的に検討していくための準備作業として、主としてパピルス文書に基づく先行研究から、この時期の領域部がどのような変化を遂げつつあったのかを瞥見しておきたい。

1　領域部の景観

いくつかのナイルから隔たったオアシスを別として、エジプトの領域部は伝統的に下エジプトと呼ばれるデルタと、上エジプトと呼ばれるナイル渓谷とに区分されてきている。下エジプトと上エジプトとは、先王朝時代の末以来、それぞれが二〇ほどの州（これをギリシア人はノモスと呼んだ）から構成されていた[1]。

現在のカイロから北に広がる下エジプトは、まさにヘロドトスが「ナイルの賜」と呼んだ土地であり、ナイルの支流が潤す平坦な沖積平野に、大小の都市や村落が密に分布している。ナイルの沖積作用が現在も続いているため、地中海に面する部分では陸と海の境がはっきりせず、飛行機で上空から見ると、それぞれの支流の河口から海の沖合に向かってベージュ色の水域が伸びている光景を目にすることができる。平野には縦横に運河がめぐらされ、近年では日本の技術協力により稲が盛んに栽培されているため[2]、秋口には日本の水田とまったく同じ稲穂の香りがあたりに立ちこめ、不思議な懐かしさを呼び覚ます。

とりとめのない広がりをもった下エジプトとは対照的に、現在のカイロから南にあたる上エジプトで人々が生活することができるのは、ナイルの流れによって貫かれた、幅二〇キロほどの細長い回廊のような平野の中に限られる。その両端には、しばしば岩石沙漠の絶壁が屏風のように立ちはだかり、その向こうには文字通り一木一草も生えない荒涼とした沙漠が続いている。アコリスをはじめとする伝統的な村落は、平野内の微高地にあるものを除けば、多くがこの沙漠と平野部との接点に位置する高台に立地している。古代エジプト文明は、死後の世界に対する異常なまでの関心に貫かれているが、その世界観の根源にあったのは、まさに「生」の世界としてのナイル沿いの平野部と「死」の世界としての岩石沙漠とが踵を接して続く、この上エジプト独特の景観だったと思われる。

古代の上エジプトは、アビュドスのあたりを境として、現在では中エジプトと上エジプトとに二分されるのが一般的となっているが、新王国時代の首都であると同時に伝統的なエジプトの宗教における中心地テーベを擁する後者は、プトレマイオス朝の時代にはテーバイス（テーベ管区）と呼ばれ、第15章で詳述するように、前三世紀末から二世紀はじめにかけての南部大反乱が示すように、プトレマイオス朝の統治体制に様々な問題を投げかけていた。また、後述するように、中エジプトのファイユームでは、プトレマイオス朝の初期に大規模な土地開発が行われ、そこにはギリシア人を中心とする特殊な社会が形成されていた。また、同じ頃に、東部沙漠を横断して上エジプトから紅海にいたるルートも開発された。プトレマイオス二世は紅海沿岸に海上交易拠点ベレニケを創設し、(3) プトレマイオス三世もこのルートのナイル側の起点となるエドフで巨大なホルス神殿の建設を開始している。

このようなエジプトの諸景観を確固たる一つの世界を結びつけてきたのが、全長六六九〇キロに及ぶ世界最長の大河ナイルである。ナイルは、単にこれらの二つの世界を貫流しているだけではなく、年に一度の増水（氾濫）というダイナミックな自然現象を通じて、エジプトを一つの世界として結びつけることに貢献してきた。アスワン・ハイダムが建設されるまで、ナイルの水位は、上流のエティオピア高原での降雨を受けて七月末頃に上がりはじめ、九月には増水がそのピークに達し、一一月までにはまた元に復するという変動を繰り返していた。増水期には水面が平野部を覆い尽くすため、前五世紀にエジプトを訪れたヘロドトスによれば、この間、デルタの集落は海に浮かぶ島のような景観を呈していたという。(4) 一九七一年のアスワン・ハイダムの完成によって増水の影響が平野部に及ばなくなるまで、ナイルの流域に住む人々は、否が応でもこの自然のリズムに合わせた生活を余儀なくされてきたのである。エジプトの伝統的な暦が、増水期、播種期、収穫期という三つの季節（さらにそれぞれが四分された一二ヶ月）から成っていたことも、年に一度の増水とそれへの対応が、人々の生活を根本から律していたことを示している。(5)

ナイルの増水という現象は、二つの点で古代エジプト文明の繁栄の礎となっていた。一つは、増水による年ごとの土壌の更新を利用した農法（貯溜式灌漑）が、領域部における豊かで持続的な農業生産を可能としたことである。堤防によって囲まれた耕作地は、増水時には川の水が流入することで溜め池のような状態になるが、その間（約四〇日から六〇日間）に水中の養分が耕作地に堆積すると同時に、乾燥した状態で耕作地の表面に吹き出していた塩分が水に溶け込んでいく。増水期の終わりに堤防を切ってその水を流し出せば、そこにはナイルによって塩分を除去され新たな滋養を与えられた耕作地が出現するという仕組みである。ちなみに、増水による耕作地への氾濫がなくなった現在では、しばしば土壌の劣化を補うために畑の表面が白くなるまで化学肥料が散布されているのを目にすることがある。

もう一つは、ナイルの増水によって強制的に農閑期が生まれるために、その期間を利用して、様々な食料生産活動以外の活動が可能となっていたことである。ピラミッドをはじめとする王朝時代の巨大なモニュメントは、農閑期における失業対策事業としての一面を持っていたことが知られているが、古代エジプト文明を彩るモニュメントの数々は、ナイルの増水がもたらした農閑期があって初めて生まれたものだった。また、そのようなモニュメントの建築に必要な土木技術は、年ごとに繰り返される増水への対応（堤防のメンテナンス、運河の浚渫、石垣の構築、耕作地の区画）を通じて、時代を超えて連綿と継承されていたのである。

2　領域部の集落組織

このような特徴を持つエジプト領域部には、ヘレニズム時代からローマ時代にかけて二万五千平方キロほどの可耕地が存在したと推測されている。[6] この領域部が全体としてどれくらいの人口を擁していたのかという点をめぐっては様々な議論があり、かつてはディオドロスやヨセフスの記事などから七〇〇万から八〇〇万という数字があげられることが多かったが、[7] 近年ではこれらの数字は過大であって、実際には三〇〇万から五〇〇万くらいだったのではないかと考えられている。[8] これらの住民のうち、プトレマイオス朝の支配下でギリシア系の入植者（及び彼らと現地女性との間に生まれた子孫）がどれくらいの割合を占めるに至ったのかは具体的に知ることができないが、とりわけ本書が扱う前三世紀から前二世紀前半に限って言えば、どれほど多く見積もっても一割を超えることはなかったであろう。[9]

古代においても現代においても、エジプトにおける集落組織の基本は、塊状村落への集住である。首都のアレクサンドリアを別とすれば、プトレマイオス朝が領域部に建設したギリシア的な意味での都市は、上エジプトのプトレマイス（現在のソハーグ近郊のエル・マンシャ）ただ一つだけだった。後継者戦争期に傭兵として雇用されていたギリシア系の兵士たちの多くは、それぞれ割当地《クレーロス》を付与されて、領域部のエジプト人の村落に分住させられるのが常だったのである。このことが、ギリシア系入植者と在地エジプト人との日常的な接触（とりわけ婚姻）を通じた在地社会の文化変容を促進したことは、よく知られている通りである。[10] なお、後述するように、史料的な偏りから、前三世紀についてはファイユーム以外の地域に関する情報はきわめて乏しいが、この時期にも依然としてメンフィスやヘルモポリスのような在地エジプト人の大規模な拠点集落が繁栄していたことは言うまでもない。

在地の村落のおおよその規模については、ラスボーンによる以下のような試算がある。領域部の可耕地の面積を二万五千平方キロ、人口を三〇〇万人として、ディオドロスが伝える三千という村落数で割ると、平均的な一つのモデル村落は八平方キロの可耕地と一千人ほどの住民から構成されていたことになる。これを前三世紀の個別の史料からの復元、すなわち、ファイユームの村における塩税《ハリケ》と呼ばれる人頭税の記録から成人男子数と総人口との比を一対三・一として導き出した数字と比較すると、現実の村落には当然のことながら規模の大小に開きがあるものの、その住民数にモデル村落のそれとの著しい齟齬は見られない。次節で述べるファイユームの特殊性を差し引いても、このモデル村落のイメージは、初期プトレマイオス朝の時代における在地集落の規模を考える上で参考になるであろう。

領域部の村落の景観についても、そのプランを推測できる例は限られている。もっともよく知られているのは、やはりファイユームに位置するフィラデルフィアの場合であり、一九二五年に撮影された航空写真（図36）からは、運河に沿って格子状に整然と区画されたプランの存在が確認される。[11] ギリシア植民市の場合から類推すれば、このようなプランはプトレマイオス朝の初期にこの集落が形成された当初から存在したとみなすのが自然である。しかし、このようなプランの特徴は、やはり次節で述べるファイユームの特殊性に起因するところが大きいとも考えられ、ただちに一般化することは難しい。ただし、アコリスの場合でも、ある段階からは南北方向に伸びる二本のメインストリートを中心に集落プランの構造化が図られたように見えることから、プトレマイオス朝期にギリシア的な都市プランのあり方が徐々にエジプト領域部にも浸透していった可能性は否定できないであろう。

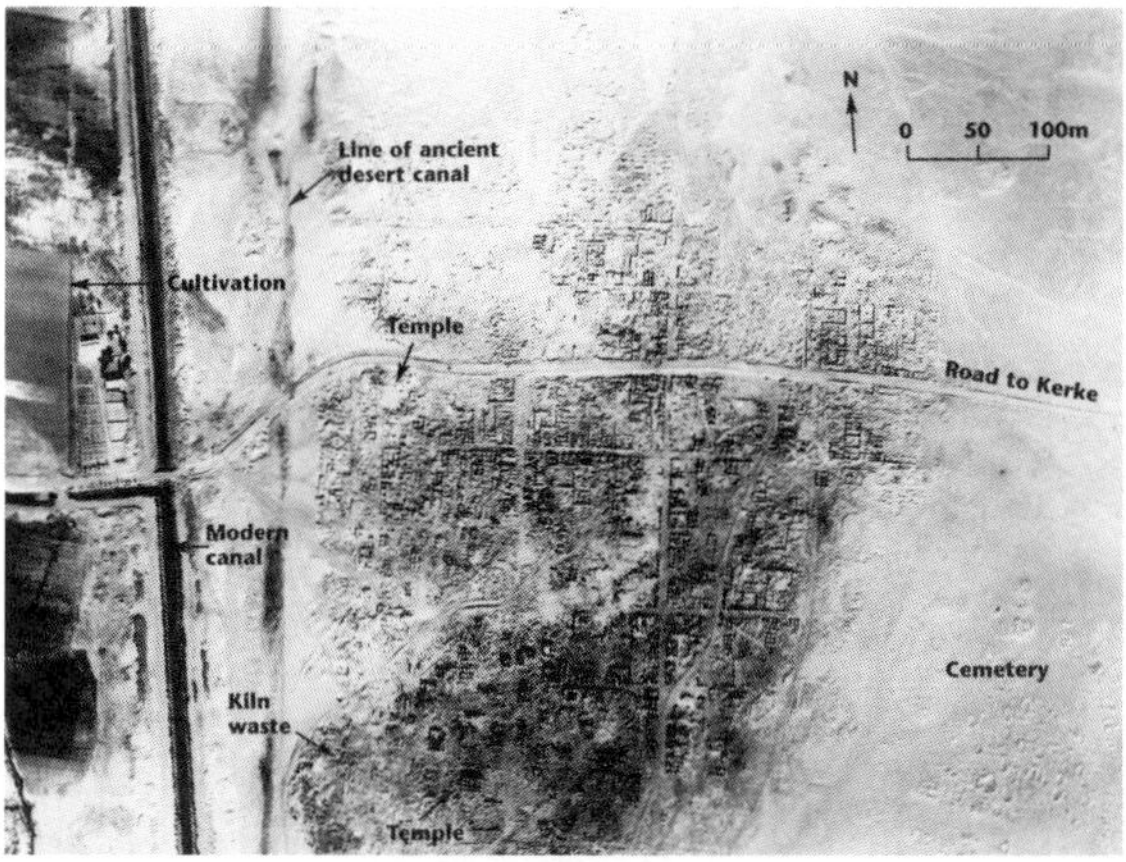

図 36　1925 年に撮影されたフィラデルフィアの航空写真

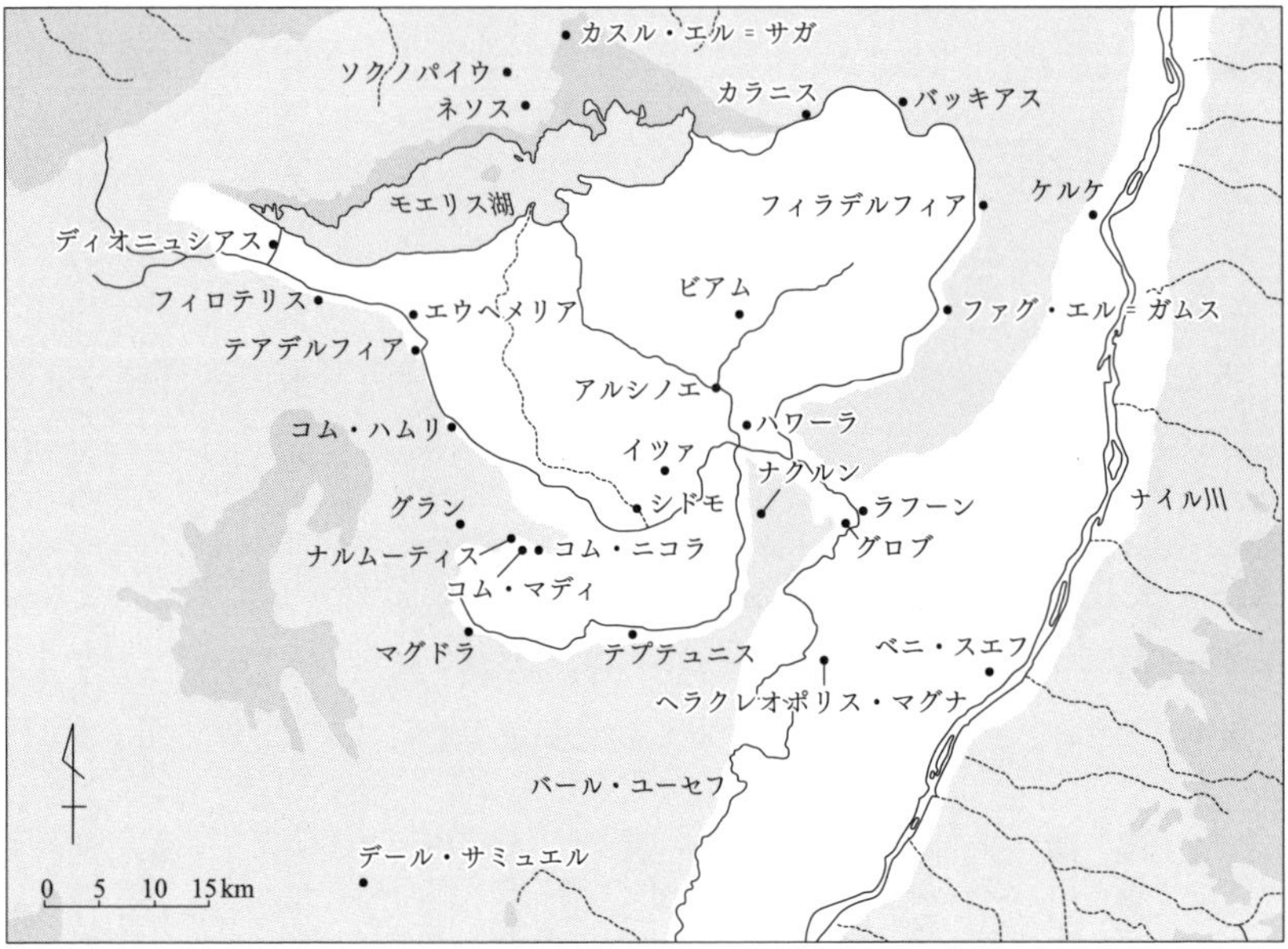

図 37　ファイユーム

3　領域部の開発

初期プトレマイオス朝のもとでは、他の後継者の王国を凌ぐのに必要な富を増大させる目的で、また、雇用していたギリシア系兵士に報酬として割り当てる新たな土地を確保するために、領域部において大規模な耕作地の開発事業が展開された。その中心的な舞台となったのが、中エジプトのベニ・スエフの西に広がるファイユーム盆地である。

ナイルと並行して流れるバール・ユーセフ（「ヨゼフの運河」の意）によって潤された陥没地ファイユームは、東西七〇キロ、南北六〇キロの巨大なオアシスであり、そこにはかつてモエリス湖（その名残が盆地の北西端に位置する現在のカルーン湖である）を中心に沼沢地が広がっていた。この地は、古王国時代から王たちの狩り場として知られ、周辺ではワニの神ソベク（ギリシア語でスーコス）神が崇拝されていた。

モエリス湖の干拓を通じたファイユームの耕作地の

拡大は、既に第一二王朝のアメンエムハト三世の時代にも着手されていたが、本格的な水利事業によってモエリス湖の水位が大幅に低下し、かつての湖底とその周囲が広大かつ肥沃な耕作地に転換されたのは、プトレマイオス朝の時代になってからのことだった。[12] 当初はギリシア語で単に「沼沢地《リムネ》」と呼ばれていたこの地が、アルシノエ二世にちなんでアルシノイテス州と呼ばれるようになった経緯は、この事業が前三世紀の中頃までには大きな成功を見ていたこと、さらにそれがあくまで王権の主導のもとで行われたことを物語っている。折しも、ファイユームの干拓が行われていた時期は、不要になったパピルス行政文書をカルトナージュ棺にリサイクルする習慣が普及する時期と重なっていた。そのため、この水利事業に関しては、再利用されたパピルス文書から古代としては例外的に豊富な情報が伝えられることとなった。なかでも、ゴラン出土のカルトナージュ棺に由来するパピルス群、ゼノン文書として知られるパピルス群、そして何よりもフリンダース・ピートリーが一八八九年から翌年にかけてグロブの墓域で発掘したカルトナージュ棺に由来するパピルス群（ピートリー・パピルス）などは、この大規模な土木事業の現場を垣間見させてくれる貴重な史料となっている。[13]

図38　カラニス遺跡から望むファイユームの平野

　ファイユームの水利事業は、主に湖水の排水路の掘削、堤防の造成、周辺の土地に水を行き渡らせるための運河の掘削、及びそれらのメンテナンス作業（崩れた堤防の修理、土砂が堆積し

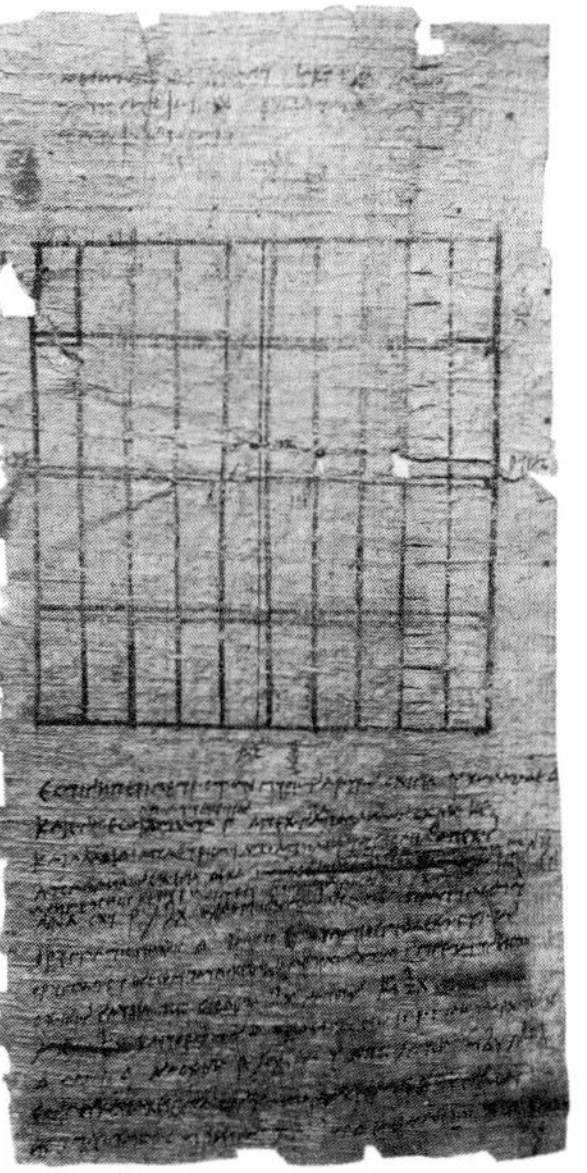

図 39　アポロニオスへの贈与地の耕作地プラン（*P. Lille* 1）

た運河の浚渫）などから成り、そこには労働力の確保と賃金の支払い、作業に必要な道具の供給と管理、増水期における堤防の監視など、様々な職務を帯びた人々が関与していた。宰相アポロニオスの贈与地の耕作地プランを伝える興味深いパピルス（図39）によれば、そこでは一万アルーラの正方形の土地全体が、南北に十等分、東西に四等分され、合計で四〇の短冊形の耕作地（ペリコーマ、すなわち堤防で囲まれた畑）に整然と区画されていた。[14] 作業量は、ナウビオン（あるいはアオイリア）と呼ばれる単位により、掘削や造成に際して移動した土砂の量で計算されていた。この労働への対価は季節によって変動し、四ドラクマの費用で労働者に移動させることのできる土砂の量は、通常は六〇ナウビオンだったが、[15] 涼しい秋には八〇ナウビオンに達する一方、[16] 暑い夏の盛りには四〇ナウビオンが限度だった。[17] これを労働者の側から見ると、一日あたりに移動できる土砂は一・二五から三ナウビオンにとどまり、これにともなって一日の収入が当時の最低賃金である一オボロス足らずにしかならないことから、D・J・トンプソンはこの水利事業が実態としては住民に対する強制労働に近いものであったと想定している。[18]

この当時の常として、個別の土木工事は請負制で契約されていたが、作業に必要な道具は公の倉庫に保管され、必要な数だけが契約者に貸し出されていた。[19] 技術面におけるこの時期の重要な革新は鉄器の導入であるが、とりわけ堤防の造成に必要な石材を効率的に切り出すにあたっては、鉄製の工具の使用が不可欠だったと考えられる。次章で具体的に検討するように、ファイユームで水利事業が展開されていたまさにその時期に、アコリス近郊の採石場では石灰岩が集中的に採掘されていた。このような領域部の開発は、プトレマイオス朝の確立と前後して導入された鉄器の使用と密接に関係していたのである。

4 栽培作物の変化

こうして新たに獲得されたファイユームの耕作地では、どのような農作物が生産されていたのであろうか。前一世紀末にこの地を訪れたストラボンは、次のように述べている。「この州は、その景観においても、豊かさにおいても、またその発展の軌跡においても際立っている。そこにはオリーヴが植えられているが、オリーヴが巨木に育ち豊富に実をつけるのはここにおいてだけであり、その実を注意深く収穫するならば、素晴らしいオリーヴ油ができる……。ここでは、ブドウ、穀物、豆など、様々な農作物が生産されている」[20]。

この証言によれば、ストラボンの時代のファイユームでは、「地中海の三大作物」として知られる小麦、オリーヴ、ブドウが盛んに栽培されていた。この記述、とりわけオリーヴへの言及は、現代のエジプト農村部の景観に親しんでいる者にとっては意外という他ないが、ヘレニズム時代からローマ時代のエジプト領域部でオリーヴが大規模に生産されていたことは間違いない。このような生産物の変化は、明らかにギリシア系の移民によってもたらされたものだったが、ファイユームのように新たに獲得された耕作地は、このような新たな作物の栽培可能性を探る格好の実験場となったであろう[21]。

まず、穀物については、王朝時代のエジプトではオリュラと呼ばれるエンマー小麦と大麦が中心であったが[22]、プトレマイオス朝の時代になると、オリュラはギリシア人が小麦《シトス》と呼んでいたデュラム小麦に取って代わられた。前

図40　アコリス遺跡に残されているオリーヴ搾油台

二三五年の史料からは、ファイユームの耕作地のほぼ半分について、そのおよそ四分の三が小麦の栽培に充てられていたことが判明している。[23] 対照的に、少なくともファイユームにおいては、オリュラの栽培は急速に廃れていった。

次にブドウについては、有名なヘロドトスによる否定にもかかわらず、[24] エジプトでは王朝時代から栽培されていたことが確実である。[25] しかし、ギリシア系の住民が増えるに伴ってワインの需要が高まると、地中海各地からの輸入に頼るだけでなく、エジプト領域部でも盛んにブドウを栽培し、地元でワインの醸造を行うようになっていったらしい。[26] アテナイオスは、マレオティス湖のほとりで生産される「マレオティス酒」を筆頭に、「ナイルの岸辺では、ナイルの水と同様にワインも豊富であり、その色にも味にも多くの種類がある」と述べている。[27] プトレマイオス二世の導入したアポモイラ税が、同時代における葡萄畑の広範な存在を前提としていたことも注目に値する。[28]

これに対して、オリーヴの普及過程には、不明な点が多い。プトレマイオス朝がゴマ油をはじめとする油の生産の独占管理に強い関心を向けていたことは、有名な収税法パピルスが示す通りである。しかし、その収税法パピルスには、オリーヴ油に関する言及がまったくない。ブドウなどの場合とは異なって、栽培種のオリーヴは挿し木から実のなる木に成長するまでに年月を要するため、本格的な収穫が可能になったのが他の新種の作物の場合よりも遅れたことは十分に考えられる。一方で、オリーヴがヘレニズム時代からローマ時代にかけて盛んに生産された後、徐々にエジプト領域部からは姿を消していったことは、オリーヴのエジプトの環境への適応が容易ではなかったことを暗示している。

もちろん、新たにエジプトに導入された作物の栽培が、すべて成功したわけではなかった。アテナイオスは、シフノスのディフィロスからの引用として、アレクサンドリアで栽培されるようになったロドス産のキャベツが、当初は品質が良かったにもかかわらず、年を追うごとに食用に耐えなくなっていったという興味深い逸話を伝えている。[29] しかし、このような農業生産における新機軸は、ヘレニズム時代を通じて、ファイユームのような先進地域から着実に領域部に浸透していったものと考えられる。アコリス遺跡の都市域にはオリーヴの搾油台が随所に散乱しており（図40）、この地でもローマ帝政期にはオリーヴが大規模に栽培されていたことを伝えているが、[30] それは初期ヘレニズム時代に始まった領域部における農業面での文化変容の帰結だったのである。

5　領域部におけるギリシア人の活動

前三世紀のファイユームに由来するパピルス史料には、無味乾燥な行政上の指令や記録だけではなく、古代には他に例を見ない様々な階層の人々の肉声を伝える興味深い書簡が含まれている。それらを通じてその素顔に迫ることができるギリシア人の一人が、プトレマイオス二世の時代に「建築技師《アルキテクトン》」としてファイユームの水利事業の管理運営に奔走していたクレオンである。このクレオンの人物像については、関連するパピルスをもとに、N・ルイスが魅力的な復元を行っている。[31]

それによれば、クレオンが初めて史料に現れる前二六二年頃、彼にはメトロドラという妻との間に少なくとも二人の成人に達した息子がいた。しかし、彼はアレクサンドリアに住む家族のことをあまり顧みることなく、ファイユームとその周辺で「建築技師」としての活動に没頭していたらしい。というのも、息子の一人は、その書簡の中で、父親が自分を王に推薦できる立場にありながらそうしてくれないと、不平を漏らしているからである。(32) もう一人の息子が既に王の知遇を得ているらしいことも考え合わせるならば、「建築技師」というクレオンの地位が、プトレマイオス朝の宮廷の中でも相当程度に高いものであったことは明らかである。しかし、その地位は、クレオンに膨大かつ複雑な職務を果たすことを要求していた。実際、残されたパピルスからは、彼がファイユームの水利事業の円滑な遂行とそれに必要な資材や労働力の調達などに関する責任を一手に背負っていた様子を窺うことができる。ファイユームに、宰相アポロニオスの贈与地といういわば特権的な土地が存在したことも、彼の立場を困難にしていた。最終的に、彼は前二五三年夏のプトレマイオス二世のファイユームへの行幸に際して、予定された仕事の完成が間に合わなかったことを王に咎められ、部下に建築技師の地位を譲ることを余儀なくされるが、彼の失脚を遠くから案じる妻と息子の手紙の内容は、読む者の心を動かさずにはおかない。(33)

そのクレオンに関する多くのパピルスの中から、ここでは領域部におけるギリシア人の活動の一端を垣間見るために、彼に寄せられた一通の陳情書《エンテウクシス》の内容を、B・メルテンスによる校訂と注釈を参考にしながら検討してみたい。(34)

建築技師のクレオンに、石工の十人組頭《デカタルコイ》たちがエンバテリアから挨拶します。私たちは現場監督《エルゴディオクテス》のアポロニオスによって不当な扱いを受けています。彼は、私たちに硬い石の採掘を命じる一方、この仕事を他の者たちに分担させることなく、自分の配下の者たちには柔らかい石の採掘にあたらせています。私たちの工具はすっかり鈍ってしまい、どうにもなりません。ですから、あなたにお願いします。私たちが正当に扱われるよう、私たちがどれだけたくさん硬い石を採掘したか計量し、他の四〇人の石工たちにもこの労働を課すことで、私たちだけが苦しむのではなく、他の者もこれをともにするようにしてください。ご幸運を。

治世三〇年　ファオフィ月二四日　クレオンに。エンバテリアからの十人組主《デカトキュリオイ》たち。

前二五六年一二月一八日の日付をもつこの陳情書は、十人一組で働いていた石工グループのリーダーたちが、エンバテリアからこの地域の土木事業の責任者であった「建築技師」のクレオンに宛てて送ったものである。発信地のエンバテリアは船着き場を意味しているが、おそらく彼らが働いていた採石場の通称、あるいはその近くの地名であろう。アコリスの場合がそうであったように、採石場から切り出された石材は、船に積み込むことのできる場所で搬出用に整形されていたと考えられるため、採石場もしくはその近くの場所が「船着き場」と呼ばれているのは、決して奇異なことではない。ここで現場監督と訳したエルゴディオクテスは、このテクストの内容からも、現場における仕事の差配を行う役人と考えられる。[35] 採石場で使う工具は、しばしば鍛冶作業によって手入れをしなくては使い物にならないが、この陳情者たちは、何らかの理由でこの作業ができなくなっていたらしい。[36] 陳情者たちは、自分たちの労働が正当に評価されることを求めているが、そのために彼らが派遣を要請しているのは、メルテンスによれば計量官《エンメトレタイ》と呼ばれる役人である。[37] なお、「四〇人の石工」の四〇という数字は、同じ年の別のパピルスからの補いである。[38] また、末尾の摘要では、「十人組頭《デカタルコイ》」ではなく、「十人組主《デカトキュリオイ》」という別の語が用いられているが、これは明らかに同じ集団（陳情者）を指すものと考えられる。

建築技師クレオンに関する史料は、前三世紀のエジプト領域部で活動していたギリシア人について様々なことを伝えているが、その中でも以下の二点は特に注目に値すると思われる。第一に、彼らの活動は、史料に現れる個別の職名（クレオンの場合には「建築技師」）が予想させる範囲をはるかに越えて多岐にわたっていると同時に、他の関連する役人との業務の分掌、あるいは指示体系は必ずしも明確ではなかった。このことは、領域部の統治が、整備された官僚組織によってというよりは、むしろその職を担うことになった個人の力量に大きく依存していた状況を推測させる。それは同時に、当時のエジプト領域部では、有能なギリシア系入植者に統治の実務を通じて頭角を現す余地が豊かにあったことを意味している。

第二に、彼らの多くは、おそらく特定の役所に詰めてパピルスの書類を処理するだけではなく、問題解決のために自ら各地を精力的に動き回ることを強いられていた。このような巡回の必要性は、テプテュニスから出土した有名なオイコノモスへの指示書でも強調されているところであるが[39]、領域部におけるギリシア人の役人のモビリティの高さは、行政実務におけるギリシア的慣行、さらにはギリシア文化の領域部への浸透に、一定の効果があったであろう。

おわりに

本章では、プトレマイオス朝の繁栄の基礎となった領域部における耕作地の拡大、及びギリシア人の入植にともなう領域部の文化変容について述べてきた。プトレマイオス朝の「王室経済」に関する伝統的な理解は、モエリス湖の干拓にともなってギリシア人が大量に入植したファイユームからのデータに基づいて構築されたものであるが、これをただちにエジプトの領域部全体に敷衍することの問題性は、マニングらによって繰り返し指摘されてきたところでもある[40]。

一方で、当時のファイユームでプトレマイオス朝の領域統治に関与していたギリシア人の役人の活動の特徴、とりわけ前節末尾で述べた職務の属人的な性格とモビリティの高さは、他の地域のヘレニズム現象を考察する上でも参考になると考えられる。さらに、アコリス近郊の採石場における調査からは、採石という生業の現場にも、彼らの活動に関わると推測される記録が残されていることが明らかになっている。そこで、次章では採石場のグラフィティの研究成果から、領域部のヘレニズムについて考察していきたい。

第8章　採石場のヘレニズム

――ニュー・メニア古代採石場の調査成果から――

はじめに

プトレマイオス朝による統治の確立と地中海に面する首都アレクサンドリアの文化的・経済的発展は、ナイルの流域に広がる伝統的なエジプト世界に新たな対応を迫ることになった。在地社会のエジプト人は、(軍事)入植者として、あるいは新たな統治システムの末端を担う役人として続々と到来したギリシア系の人々と、日常生活のさまざまな場面で交渉することを余儀なくされるようになったのである。

たしかに、エジプトへのギリシア人の本格的な流入の画期が、前三三二年のアレクサンドロス大王によるエジプト「解放」よりも、むしろ前六六四年のサイス朝の成立にこそ求められるべきことは、近年の研究が強調する通りである。[1] ヘロドトスの伝えるところでは、サイス朝初代の王となったプサンメティコス一世は、エジプト統一にあたってギリシア人とカリア人の傭兵を用い、後に彼らにデルタ東部のペルシオン河口に近い場所に土地を与えて居住させた。[2] ヘロドトスは彼らの居住地を「陣営」と読んでいるが、第3章で述べたように、近年の考古学的調査は、ミグドルやテル・デフネなどでこの「陣営」にあたると考えられる軍事拠点の存在を明らかにしている。また、周知のように、サイス朝最後の王となったアマシスは、この傭兵たちの子孫をメンフィスに移して親衛隊に抜擢するとともに、当時の都であるサイスにより近いナウクラティスにギリシア人のための交易拠点を設けさせた。一九世紀末のフリンダース・ピートリーによる発掘で名高いナウクラティスの遺跡は、その後の調査によって現在ではアマシス王の時代よりも古く前七世紀後半に遡るものであることが判明しているが、いずれにしてもサイス朝の時代にエジプト人とギリシア人との関係がきわめて密接なものとなったことは確実である。

しかし、それにもかかわらず、前四世紀末の東地中海情勢の変動とプトレマイオス朝の成立がエジプト在地社会にもたらしたインパクトは、きわめて大きかったと考えられる。というのも、サイス朝の時代のギリシア人入植者が、あくまで限定された土地に居住する傭兵集団、もしくは彼らを主たる取引の対象として到来する交易商人たちであって、在地社会のエジプト人にとっては一定の距離を置くことの可能な存在だったのに対し、プトレマイオス朝の時代のギリシア人たちの多くは、在地社会のエジプト人たちの暮らしに直接関わる存在として彼らの前にその姿を現したからである。それでは、エジプト領域部におけるギリシア人とエジプト人の遭遇は、いったいどのような文化変容を在地社会にもたらしたのであろうか。また、何を手がかりとすれば、そのプロセスを時系列的に再構成することが可能となるのであろうか。

この問題に関して、二〇〇三年にプトレマイオス朝エジプトが専制的な中央集権国家であったとする通説を根底から批判する著書を公にしたマニングは、「プトレマイオス朝エジプト史を研究する歴史家は、多くのテーマに関して時系列に沿った変化という歴史学のもっとも根本的な問題を扱うことができずにいる」と指摘している(3)。プトレマイオス朝の歴史が静態的なものとしてとらえられがちな理由は、何よりもその研究がギリシア語パピルス文書という単一の史料類型のみに過度に依存する形で進められてきたことと無関係ではない。プトレマイオス朝時代のパピルス文書は、空間的にはアレクサンドリアから遠くはなれたファイユームや上エジプトに偏っており、年代的には前三世紀中頃と前二世紀末に集中している。そのため、これまで歴史家がパピルス文書からこの時代の社会を復元しようとする際、「エジプト社会の斉一性と停滞性」というメタナラティヴに頼らざるをえなかったのも当然であろう。第1章でも指摘したように、いまプトレマイオス朝史研究に求められているのは、パピルスから導かれた伝統的な社会像を批判的に検討するための新たな類型の史料を収集することであり、その点において、これまでほとんど行われてこなかったプトレマイオス朝の考古学は、将来の研究の進展に向けて大きな可能性を秘めている。

本章では、このような認識のもとで、前三世紀に大量の石灰岩が採掘されていた中エジプトの採石場に残されたギリシア語およびデモティックで記されたグラフィティを考古学的に分析することにより、領域部におけるヘレニズム、具体的には採石場においてギリシア語が記録用の言語としての地位を獲得していく過程を時系列的に明らかにする。(4) 永続性を重んじた古代エジプト世界において、石材を用いた巨大なモニュメントの建造は王権や神官団にとって自らの権力を可視化するもっとも有効な手段であり、古王国時代のピラミッドから新王国時代のカルナック大神殿にいたるまで、そのようなモニュメントの例には事欠かない。プトレマイオス朝の時代にも、領域部ではエドフのホルス神殿を筆頭に大規模な石造神殿が続々と建設されており、現代の都市によって覆われているために詳細は依然として不明であるものの、首都アレクサンドリアの建設にあたっても膨大な石材が必要とされていたはずである。採石場のグラフィティは、そのような石材を切り出す現場に残された貴重な未刊行の一次史料であり、そこから窺われる文化変容の一断面は、在地社会のヘレニズム現象に貴重な光を投げかけるものといえよう。

1　ニュー・メニア古代採石場とその調査

古代エジプト世界における二つの重要な建築資材は石灰岩と砂岩であるが、石灰岩が主として古王国時代から新王国時代の初め頃までピラミッドに代表される各種の建築物に用いられたのに対して、砂岩は新王国時代からローマ時代にかけてとりわけ大規模な神殿建築に用いられていた。この二種類の石材は産地も異にしており、石灰岩の採石場が現代の中エジプト、とりわけメニアからソハーグまでの二〇〇キロほどの間に集中的に分布しているのに対して、砂岩の採石場の分布域はそれより南のスーダンに至る上エジプトに広がっている。アコリス考古学プロジェクトが調査の中心的な対象としているアコリス遺跡は、ちょうど石灰岩の採石場が集中的に分布する地域のほぼ北端にあたっており、遺跡の周辺の岩石沙漠上には様々な時代に採石作業が行われた痕跡が生々しく残されている。

第2章で述べたように、アコリス遺跡周辺に広がる採石場の存在は、一九九七年から二〇〇一年にかけてアコリス遺跡都市域北端部でヘレニズム時代の石材加工場が発掘された際にアコリス考古学プロジェクト関係者の関心を集めるようになり、間もなく堀賀貴を中心とする建築史のチームによるサーベイと測量が行われるようになった。これと並行して、西本真一と遠藤孝治は、ドイツのクレム夫妻がアコリス遺跡の南約一二キロに位置するニュー・メニア（ザウィエト・スルタン）古代採石場で報告していた、表面にファラオ立像を素描した巨石ブロック（以下「巨像」）に注目し、二〇〇四年からその本格的な建築学的調査を始め、それは二〇〇六年以降も遠藤によって継続された。[5] その結果、様式的な根拠から「巨像」を新王国第一八王朝のアメンヘテプ三世のものとするクレム夫妻の推測とは裏腹に、「巨像」底部の横穴天井面に朱筆で描かれた文字にはギリシア語アルファベットが含まれること、

図41　南から望むニュー・メニア古代採石場

すなわちこの「巨像」は紛れもなくプトレマイオス朝の時代の王像であることが確認された。このような経緯を受けて二〇〇五年に着手されたのが、筆者らによるニュー・メニア古代採石場のグラフィティ調査である。

ニュー・メニア古代採石場は、カイロの南約二五〇キロ、中エジプト屈指の大都市メニアからナイルを越える橋を渡り、東岸をさらに南へ五キロほど進んだ地点で岩石沙漠の縁から北西に向かって延びる谷あいに広がっている。メニアの対岸では、現在岩石沙漠上を開発して人工的な都市（ニュー・メニア）の建設が進んでいるが、採石場はこの都市の外周を画する道路とナイルの沖積平野との間に位置している。このあたりの沖積平野には独特のドーム上の天井部を持つムスリムの墓が密集しており、ナイルと岩石沙漠が接するその南端部には、第三王朝時代の小規模なピラミッドなどで知られるザウィエト・スルタン（もしくはザウィエト・マエティンないしザウィエト・アムワト）遺跡が荒廃した集落跡をさらしている。この遺跡から北西方向を望むと、垂直の崖が不規則に切り立つ斜面が目にとまるが、これが古代の採石場である（図41）。

採石場は、岩石沙漠上の「巨像」の西側から沖積平野まで、長さ約一キロにわたってほぼ南東に続いており、北西部が平坦に広がっているのに対して、南東部は深い峡谷状の地形を呈している。北西部には、石材を豆腐状に切

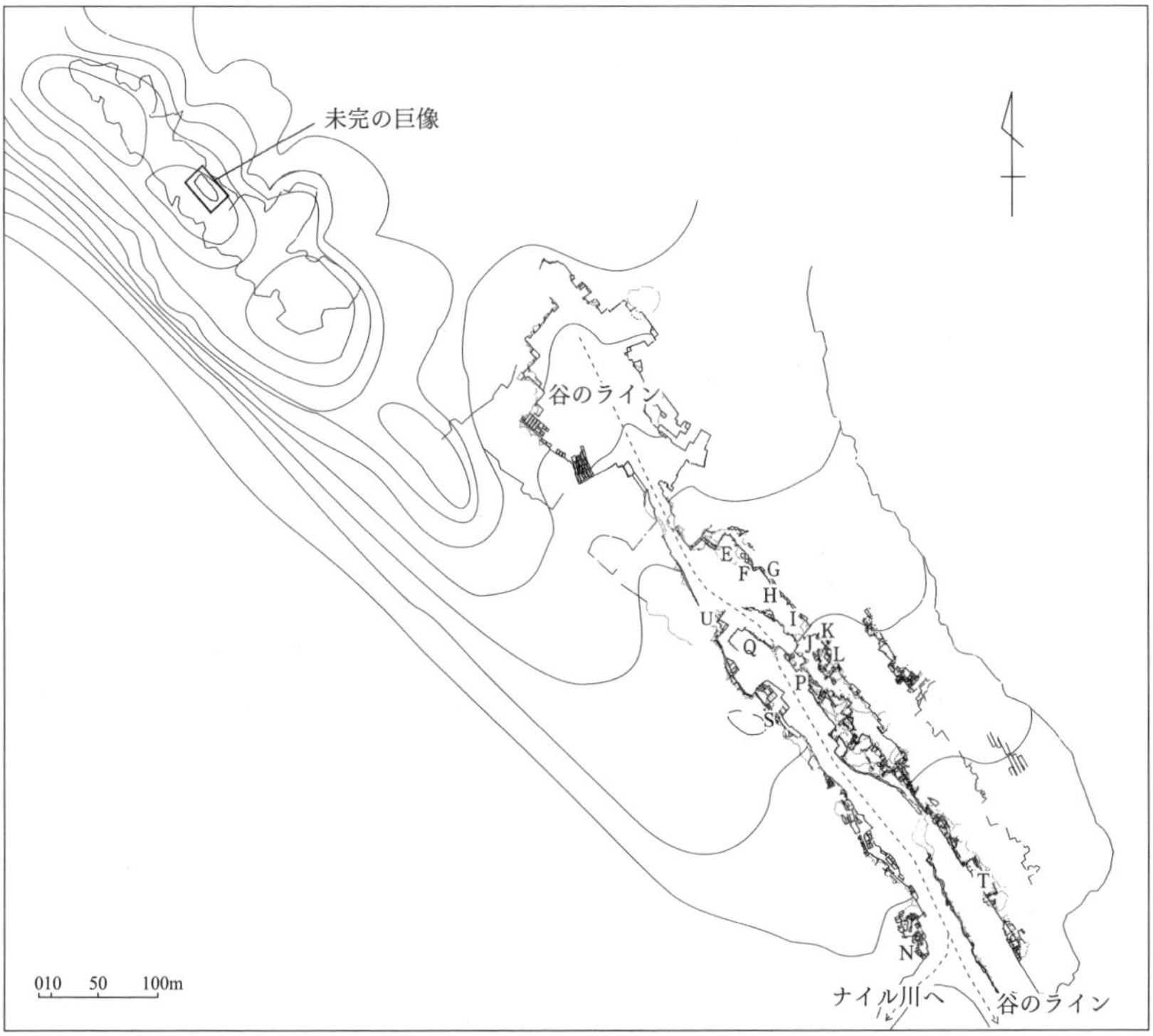

図42　ニュー・メニア古代採石場の全体図

り出そうとした痕跡などが残っているが、ニュー・メニアに近いために大量の廃棄物が投下されており、古代のグラフィティはごく一部でしか確認することができない。これに対して、南東の峡谷状の部分では、複雑な採石状況を留める東側斜面と、水平方向への試掘の跡である横穴ギャラリーを中心に、グラフィティが比較的良好な状態で残っている。ただし、後代の採石によってプトレマイオス朝時代の採石跡が破壊されてしまったと考えられる箇所もあり、グラフィティは谷全体にわたって確認されるわけではなく、とりわけ谷の東側では上部（ローマ時代の採石跡が広がる現地表面の直下）と底部（谷のもっとも低い部分）に集中している。

　グラフィティの調査にあたっては、現在の景観の特徴に従って谷全体を複数の

図43　採石場の谷の東側。I区とJ区との間には，フィッシャーの入った岩盤が残されている。

セクション（区）に分割し、それらに対してほぼ北から南にアルファベットによる名称を与えた（図42）。ただし、西側の横穴ギャラリーのように、調査の過程で新たにグラフィティの存在が明らかになった箇所については、後からセクション名を付したため、結果的にセクション名は必ずしも北から南という順序には完全には従っていない。また、上述したように採石場の北西部ではグラフィティの残存状況が良好ではないため、AからCまでは欠番としてある。これらのセクションを識別するにあたっては、基本的には一続きの壁、もしくは一つの横穴ギャラリーに、一つのセクション名を与えることとした。採石場にはいくつもの大きな自然の亀裂（フィッシャー）が走っており（図43）、古代の採石作業はその部分を避けるように進められたため、セクションを相互に隔てているのはこうして掘り残された部分であることが多い。セクションの設定はあくまで記録上の便宜のために行ったものであるが、後述するようにこれらは実際の採石作業の単位としても機能していたものと考えられる。

図44　L区のグラフィティの例。左がデモティック（L9），右がギリシア語（L11＋12）。

2　グラフィティの基本構造

ニュー・メニア古代採石場のグラフィティは、後述するように細部においてはセクションごとに相違点もあるものの、全体としてはきわめて規則的な書き方がされている。また、谷の上部（E～L、S、T、Uの各区）では、ギリシア語のグラフィティは例外なくほぼ同内容を記したデモティックのグラフィティに並置されている。ここではまず、L11＋12（ギリシア語）とL9（デモティック）のグラフィティ（図44）の訳を示しておく。

［L11＋12］
治世三五年　エペイフ月　二一日
（ΛとEの組文字）　トテウスの
5 1/2、5 1/2、1

［L9］
ペレト四月　シェムウ一月、シェムウ二月
（？）　ジェフティウウ
5 1/2 × 5 1/2 × 1

このように、ギリシア語のグラフィティは、常に英語の大文字エルの形（L）をした治世年記号で始まり、年数、月の名称、そして横線の下に日を示す数字が続いている。これに対して、併記されたデモティックのグラフィティでは、この例のようにしばしば治世年が省略されることがあり、月名についても連続する三つの月名が並べれている場合がある。その際、その最後の月名がギリシア語の月名と一致する（エペイフはシェムウ二月）ことから、内田と高橋はデモティックのグラフィティに現れる月名が採石作業の「期間」を示しているのに対し、ギリシア語のグラフィティの月名はその「完了日」を示しているのではないかと推測している。[6] しかし、セクションによっては、次の例のように単一の日付を表記するデモティックのグラフィティも存在することから、筆者はこの仮説にはさらに検討の余地があるのではないかと考えている。

多くの場合、日付の後は改行され、次の行には人名が現れる。この例では人名は属格で示されているが、これはJ区とL区に特有の記法であり、他のセクションでは次の例のように主格で書かれるのが一般的である。人名には、この例のように特殊な記号が冠されたり、父称が添えられたりすることもある。この例のように、エジプト人の名前はしばしばギリシア語に意訳されている（トテウスという名は明らかにトト神に由来するものであるが、この神の名はエジプト語でジェフティである）が、本来のギリシア人の名前がデモティックで表記される際には、単に音を移しているだけのケースが一般的である。[7] この例と次の例に共通して現れるΛとEを上下に組み合わせた記号は、おそらく「自由石工（エレウテロラトモス）」の省略形であり、興味深いことに、ニュー・メニア古代採石場のグラフィティでは、ほとんど常にエジプト人名とともに現れている。

さらに改行されて、その下には一連の数字が二段にわたって現れるが、この数字については、対応するデモティックのグラフィティでは一段で書かれているため、その対応関係から、下、上、右の順で読むべきことは明らかである。また、デモティックの場合は、横一列に数字を並べる都合から、三つの数字の間にはこれらを積算することを示す記号が挿入されることが多い。このような三つ組みの数字は「巨像」の底部でも観察されており、遠藤は詳細な建築学的分析に基づいて、それらが一定の掘削量を体積として示している可能性が高いこと、デモティックでは三つの数字が順に幅×奥行×高さの順で記され、対応するギリシア語では幅と高さが左から順に書かれ、その上に奥行が書かれていること、基本となる単位（ほとんどのグラフィティで末尾に現れる1の実寸）が王朝時代のロイヤル・キュービットに近い約五三・七センチであることを明らかにしている。[8] 遠藤によれば、三つ組みの数字に関するこの解釈の妥当性は、「巨像」底部ばかりではなく、ニュー・メニア古代採石場のセクションGでも立証されるという。[9]

次の例（図45）では、上記の各項目に関するギリシア語とデモティックの対応がより明瞭であり、壁面上で両者はほとんど一体のものとして表記されている。

［F36　左半分］
治世三八年　ファルムーティ月　二六日
（ΛとEの組文字）ハリュオーテースの子ペテーシス
4 1/2、3、1

［F36　右半分］
治世三七年　シェムウ四月　二六日
パ……アセト
4 1/2 × 3 (×) 1

図 45　F区のグラフィティの例（F36，画像処理後の写真）。左半分がギリシア語，右半分がデモティック。

この例では、先の例とは異なってデモティックでも治世年と日付が明記され、数字も完全に一致している（ファルムーティはシェムウ四月）。ところが、一見して分かるように、治世年はギリシア語が三八年であるのに、デモティックでは三七年となっている。実は、この奇妙な現象は、デモティックがエジプト暦で表記されているのに対して、ギリシア語が財政暦で表記されていることに起因している。プトレマイオス朝のエジプトでは、エジプト暦、財政暦、マケドニア暦の三つの暦が並行して使われていた。[10] このうち、エジプト暦と財政暦は基本的に同一であるが、前者がトト月から始まるのに対して、後者はメケイル月から始まっていた。すなわち、エジプト暦と財政暦で治世年が一致するのはトト月からテュビ月までの五ヶ月間だけであり、残りの期間については常に財政暦の治世年はエジプト暦よりも一年先を示すことになる。この例の場合、エジプト暦の治世三七年ファルムーティ月が財政暦では既に治世三八年に入っているため、ギリシア語部分では治世三八年と表記されたものと考えられる。このような表記法は、ニュー・メニア古代採石場のグラフィティに一貫して観察されるものであり、ギリシア語とデモティックによる併記が単なる対訳だったのではなく、それぞれ異なる目的を念頭において行われていたこと、ギリシア語グラフィティについては治世年を財政暦で表記する必要性があったことを示唆している。

これまで述べてきたのは、谷の上部で観察される主として二言語併記のグラフィティの特徴であるが、谷の底部（M、P、Qの各区）では状況が異なる。というのも、基本的に谷の底部ではギリシア語のグラフィティしか確認されないからである。次の例は、谷の底部のもっとも奥（北）の東壁にあたるQ区のギリシア語単独のグラフィティである。

［Q5］

治世二五年　メケイル月　一二日

パルメニスコス
6、3　5/6、縦線、キュービット（?）、1/3

この例に見られるように、一行目と二行目には、谷の上部のグラフィティと同様、治世年、月日と人名が記されているが、Q区のグラフィティでは先に見たような1で終わる三つ組みの数字以外にも、より複雑な配列の数字が記されており、その中にはしばしば通常キュービットを示す際に使われる記号も含まれている。現段階ではこれらの数字をどのように読むのかは明らかではないが、このような数字の表記法の相違は、谷の上部のグラフィティと底部のそれとの間には、一定の時期差があることを示唆している。

3　グラフィティの年代

ニュー・メニア古代採石場の壁や横穴ギャラリーの天井部に残された膨大な数のグラフィティは、いったいいつ書かれたものであろうか。この問題を考えるための手がかりは、言うまでもなくグラフィティが言及する治世年にある。

この採石場の調査を開始した二〇〇五年には、谷の上部の三つのセクション（J、K、L）でグラフィティの実測を行ったが、その結果、これらのセクションには第三四年から第三六年までの治世年を記したグラフィティが分布していること、またその北側のセクションには治世三八年に言及するグラフィティが存在することが判明した。そのため、筆者は当該年度の概報において、以下のような推測を行った。まず、ギリシア語とデモティックとが併記されていることから、これらのグラフィティがプトレマイオス朝期に書かれたことは確実である。しかも、グラフィティに言及された治世年からは、これに対応する王の治世が少なくとも三八年以上に及んでいたことは明らかである。ところが、プトレマイオス朝にはこの条件を満たす王は二人しかいない。それは前三世紀の二世フィラデルフォスと、前二世紀の八世エウエルゲテス二世である。一方で、この採石場から遠くないアコリス遺跡の調査では、前二世紀に地中海系のアンフォラが大量に搬入されていたことが判明しており、それを促したのはこの地域からの加工石材のアレクサンドリアへの搬出であったと考えられる。[11] したがって、より蓋然性が高いのは、前三世紀のプトレマイオス二世というよりは、むしろ前二世紀のプトレマイオス八世であろう。[12]

しかし、結論から述べれば、この推測はまったくの誤りだった。というのも、その後の調査によって、谷の上部に分布するグラフィティの年代は、南（J、K、L区）から北（E、F、G、H、I区及び横穴ギャラリーのU、S区）に向かって治世三四年から治世三九年まで続き、そこから治世二年以降に転じていることが明らかになったからである。[13] 疑いもなく、これらのグラフィティの治世年が言及している王は、治世三九年の終わり近くに没したプトレマイオス二世と、その後継者であるプトレマイオス三世と考えられる。[14] それでは、谷の底部については、どうだろうか。

谷の底部では、沖積平野に近い南側のM区から始まり、その北のP区にかけて断続的にギリシア語のグラフィティが確認されている。そこに現れる治世年からは、M区については治世一〇年に、またP区については治世四年と一六年に操業していたことは分かるものの、これだけではそれらの治世年を特定の王と結びつけることはできない。しかし、北端のQ区からは、興味深いデータが得られている。ここでは、壁の高い位置に治世二二年もしくは二三年のグラフィティがあり、現地表面に近い低い部分には、縦の朱線に相互に隔てられる形で、治世二五年のグラフィティが並んでいる。ところが、そのもっとも奥まった北東端からは、治世二年のグラフィティが見つかっているのである。明らかに、このセクションは治世二五年頃まで統治した王の時代に採掘されていたが、問題はその際に二人の王が候補となりうることである。一人は、治世二六年に没したプトレマイオス三世、もう一人は治世二五年に没したプトレマイオス五世である。それでは、この二人のどちらかに絞る手がかりはあるだろうか。

この点に関して、二〇〇九年度にQ区北東端のトレンチ壁から発見された二つの隣接するグラフィティ（図46）は、決定的な重要性を持つと考えられる。

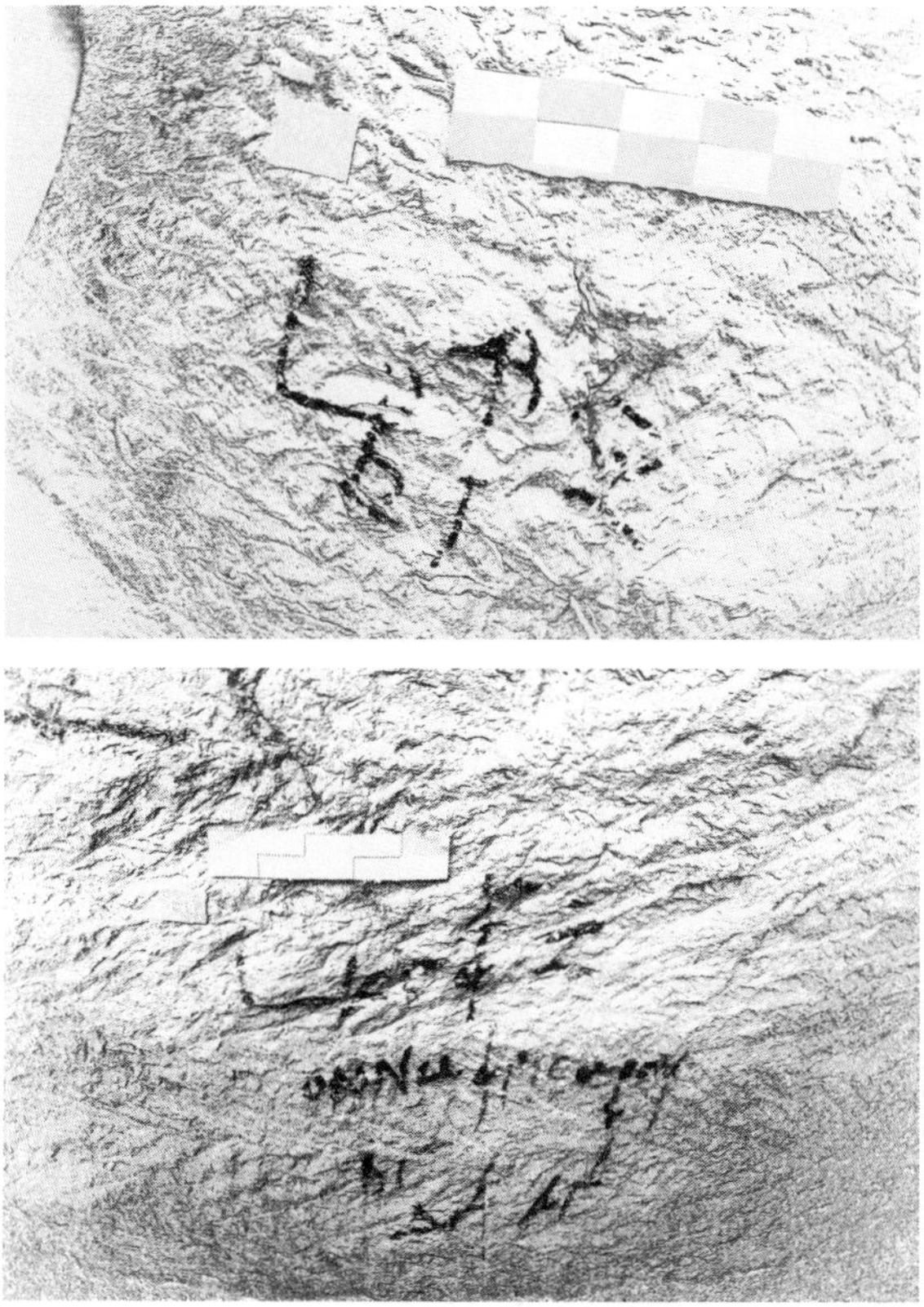

図 46　ギリシア語のグラフィティ Q29 と Q30（画像処理後の写真）

［Q29］
治世二年　ファオフィ月（？）七日
［Q30］
治世二六年　ファオフィ月七日
ホロスの子オンノフリス
4 1/2、2 1/3、5/6

Q30に治世二六年が言及されていることは、問題の王がプトレマイオス三世であったことを示している。しかし、これらのグラフィティから得られる情報は、それにとどまるものではない。Q30の読みについては問題ないが、Q29で月名を示している組文字は、判読が容易ではない。右上の湾曲した線をβの一部とみなすならば、月名はテュビ以外にはありえないが、それでは治世年記号の右側に残る縦線（その上端にはわずかに横線の痕跡が残る）の説明がつかない。もし、この縦線も組文字の一部だとすると、これは縦に長いΦを元にした組文字（ファオフィ、ファメノト、ファルムーティ）ということになる（Φの中心部分は剝落したと考えられる）。ここで注目されるのが、隣のQ30の月名がファオフィであり、日付も同一の七日である点である。確かに、日付の一致は偶然かもしれないが、この二つのグラフィティがほぼ同一のレベルに近接して書かれていること、Q29に治世年と日付だけしか書かれていないことは、Q29がQ30の書き直し、具体的には王の崩御の報による治世年の訂正である可能性を示唆している。

プトレマイオス三世が没したのは、遅くとも前二二二年の一二月、すなわち治世二六年のファオフィ月もしくはハテュル月のことと想定されている。[15] Q29がQ30の書き直しであるとすれば、ここではプトレマイオス三世の治世二六年ファオフィ月七日（前二二二年一一月二三日）付で書かれたグラフィティが、その直後に治世二年の日付に訂正されたことになる。もちろん、訂正は治世二年ではなく治世一年とされるべきだが、何らかの理由で書き手は治世二年と誤解したのであろう。この推測が正しければ、これらのグラフィティはプトレマイオス三世時代のもっとも遅い史料ということになる。いずれにしても、これらのグラフィティは、谷の底部の北端が、プトレマイオス三世の末年から四世の初年にかけて採掘されていたことを明らかにしたといえる。

以上の所見をまとめるならば、ニュー・メニア古代採石場では、その上段がプトレマイオス二世時代に、その下段がプトレマイオス三世時代に操業されていたことがほぼ確実である。谷の底部の北端から石材をナイルに搬出するためには、それより南側が先に採掘されていなければならないことから、M区のグラフィティに現れる治世八年や治世一〇年、P区のグラフィティに現れる治世一六年などは、いずれもプトレマイオス三世の治世年を指しているものと考えられる[16]。これほど深く広大な谷が前三世紀後半のわずか数十年間に掘り抜かれたという仮説は意外に思われるかもしれないが、F区南端に治世三八年ファルムーティ月二三日から二九日にかけてのグラフィティが存在するのに対し、三〇メートル近くも隔たったF区北端に同じ月の二六日と二七日のグラフィティが残されている状況からは、採石作業がある程度の規模で同時進行していた様子が窺われ、このような仮説の妥当性を裏付けている。

4　時系列上の変化

史料としてのグラフィティの特性は、何よりもそこに治世年が表記されているため、きわめて微細な文化変容の

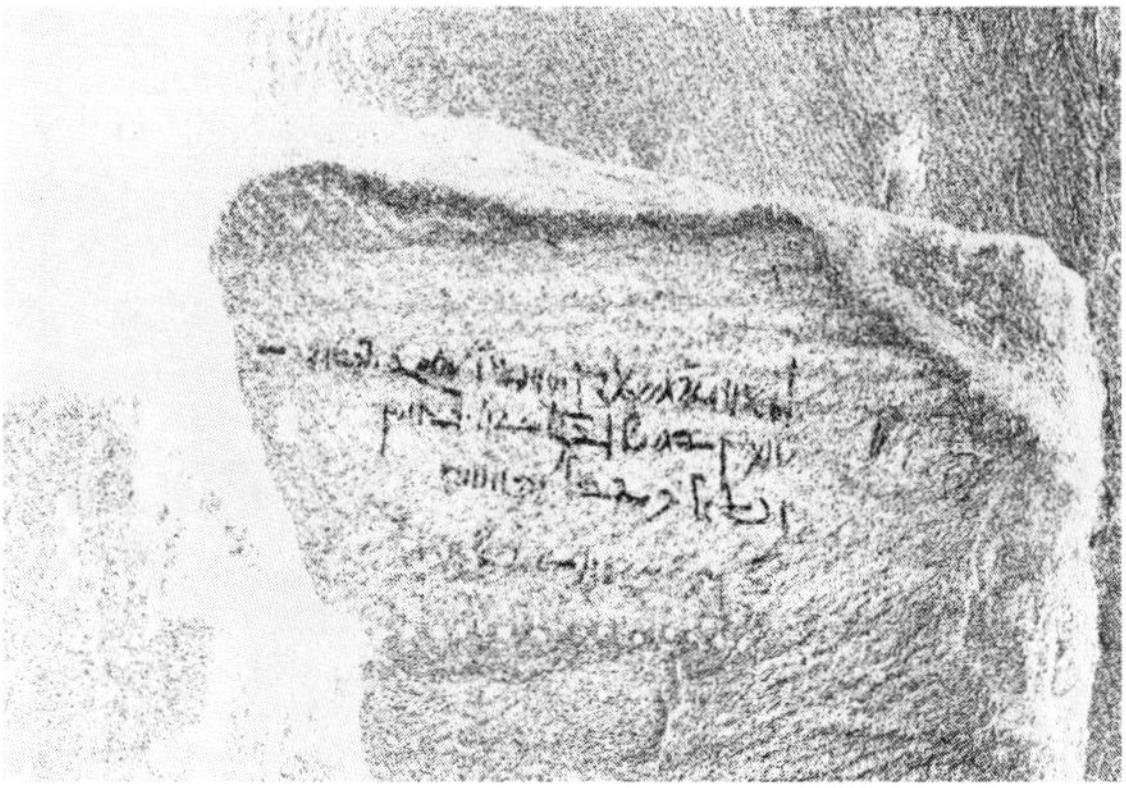

図 47　F18（画像処理後，時計回りに 90 度回転した写真）

過程を追うことができる点にある。それでは、ニュー・メニア古代採石場の場合、前三世紀中頃に始まるグラフィティの様式的な変化は、どのような文化変化を物語っているのであろうか。

ニュー・メニア古代採石場でこれまでに記録されているもっとも古いグラフィティは、F区のテラスの上に横転している大型の石材に書かれた長文のデモティックの例（F18、図47）である。これは、複数の日付に言及する三行からなっているが、冒頭には治世三二年という治世年が明記されている。原位置の状況を復元することは困難であるが、これと並んでこの長さのテクストに相当するギリシア語のテクストが書かれていたとは考えにくいことから、この段階ではグラフィティはデモティック単独で記されていた可能性が高い。

これに続く治世三四年から治世三六年のグラフィティは、自然の亀裂が走っているために掘り残された高い突出部の南に位置するJ区からL区で確認されている。ここでは、同一壁面上にギリシア語とデモティックのグラフィティが併記されているが、上述したようにデモティックのグラフィティは一貫して治世年を欠いており、日付についても連続する複数の月名が列挙されるのみで日が特定されていない。ギリシア語のグラフィティでは、人名が必ず属格で表記されているのがこれらのセクションでのみ見られる特徴となっている。人名としては、デメトリオスやアポロニオスといったギリシア人名が、ペトシリスのようなエジプト人名と並んで現れている。J区では下から石材を切り出した結果、天井面がオーバーハングする形で残っているが、そこに残されているグラフィティは、すべてデモティックのものばかりである。

治世三七年のグラフィティは少ないが、治世三八年の二言語併記グラフィティは、突出部の北のI区から北に向かって広く分布している。ギリシア語グラフィティの表記法の変化として注目されるのは、月名すべてを書き下すのではなく、綴りの冒頭の二つないし三つのアルファベット（たとえばパウニ月の場合にはΠAY）を組み合わせて一文字にした組文字が導入されるようになることである。G区からE区まで、すなわち谷の上部東側北端のグラフィティに現れる人名は圧倒的にエジプト人名であり、そのほとんどが上述したΛとEを上下に組み合わせた記号を伴っているばかりでなく、何人かの場合にはさらにΠAを入れ子にした記号やアンク状の記号が人名の前に置かれている。

治世三八年と治世三九年の二言語併記グラフィティは、上部西側に掘り込まれた横穴ギャラリーであるU区の天井にも残されている。ところが、G区からE区とまったく同じ時期のものであるにもかかわらず、ここでは判読可能な八人の名は、フィリポスやアッタロスといったマケドニア系のギリシア人名となっている。

同じく西側の横穴ギャラリーであるR区では、狭い天井面にギリシア語とデモティックのグラフィティがぎっしり書き込まれており、それらの対応関係を探ることは難しいが、年代としては治世二年もしくは三年のものばかりである。さらに南の西側中腹に位置する横穴ギャラリーのS区でも、状況はほぼ同一である。

谷の底部に移ると、もっとも南側に位置するM区では、垂直の壁に書かれた治世八年もしくは一〇年のギリシア語グラフィティの間に、デモティックのグラフィティも散在している。ところが、その北に続くP区では、確認された四六点のグラフィティのうち、デモティックを伴っているものは二例に限られる。さらに北に進んだ谷の最奥部のQ区にいたっては、もはやデモティックのグラフィティはまったく現れない。グラフィティはすべてギリシア語のみで書かれるようになったのである。

おわりに

ニュー・メニア古代採石場におけるグラフィティの時系列的な変化からは、以下の点を指摘することができる。第一に、採石場に残されたグラフィティからは、この採石場が少なくともプトレマイオス二世時代の末年から四世時代の初年に及ぶ三〇年あまりの間に操業していたことが判明した。実際の操業の開始時期がグラフィティの示す年代よりもどれだけ古いのかは不明であるが、谷の全体を通じて確実にこの期間から外れる年代を示す痕跡が観察されないことから、概ねグラフィティの示す年代幅は操業期間と重なっているものと考えられる。

第二に、この間を通じて、グラフィティを記すための言語は、デモティック単独使用からデモティックとギリシア語の併用へ、ついでギリシア語単独使用へと推移したことが明らかになった。ニュー・メニア古代採石場では、デモティック単独使用の段階があったことは状況証拠からの推測にとどまらざるをえないが、さらに南のデイル・アル＝バルシャでは、ベルギー隊によってデモティックだけが用いられた前四世紀の採石場が調査されている。[17]朱線と文字によって採石場の作業を管理するアイディアは新王国時代に遡るものであるが、この伝統は前一千年紀に入っても在地の採石場で連綿と継承され、ヘレニズム時代にまで至ったものと考えられる。

このように、ニュー・メニア古代採石場のグラフィティは、採石場という在地社会の末端においても、前三世紀の半ばから後半にかけてギリシア語の使用が急速に進展したことを証拠立てている。そのプロセスの詳細は不明であるが、この変化を促進した要因の一つが、採石場における労働形態にあったことは確かであろう。上述したように、グラフィティに現れる人名には、セクションによって差異はあるものの、ギリシア系の名前とエジプト系の名前がともに含まれている。おそらく史料にラトモイ（石工）として現れる集団に相当すると考えられる彼らが、自ら手を下して採掘に携わる労働者だったのか、あるいはその区域の採掘作業の責任者だったのかは定かではない。しかし、グラフィティを二言語で併記する習慣が一定期間続いたこと自体が、採石の現場において、ギリシア語とエジプト語をそれぞれの母語とする人々が協同して働いていた状況が現出していたことを如実に物語っている。在地社会へのギリシア語の浸透は、プトレマイオス朝による上からの政策などではなく、このような在地社会の状況から必然的に生じたものだったのである。それでは、採石場で働いていた彼らは、いったい何者だったのか。

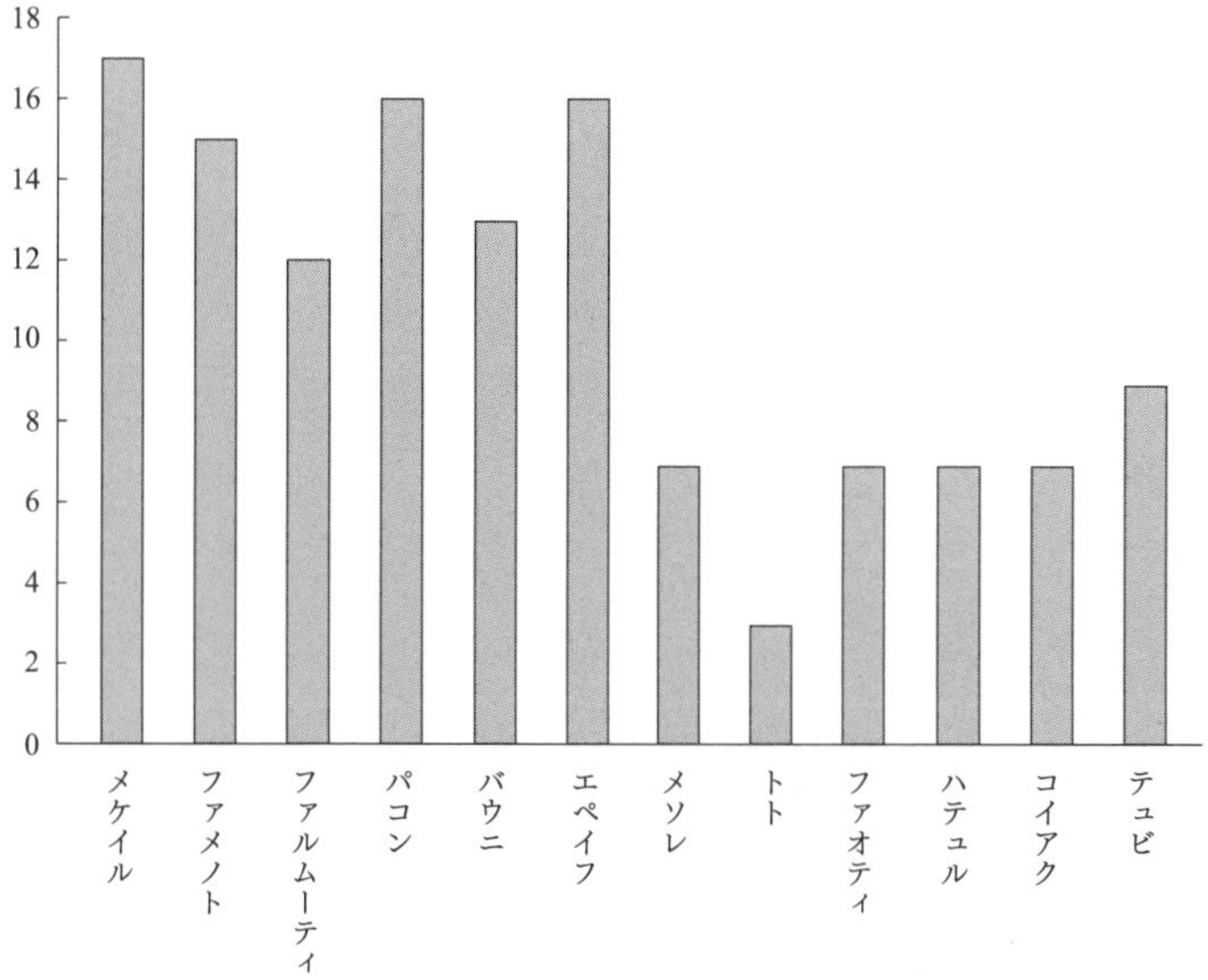

図48　ギリシア語グラフィティの財政暦による月名分布

プトレマイオス朝時代の鉱山労働はしばしば戦争捕虜や囚人、奴隷などによって行われたとされているが、ロストフツェフも指摘するように、在地住民の生活圏に近い採石場では、そのような者たちの使用は一般的でなかったと考えられる。[18] この点についても、採石場のグラフィティからは、きわめて興味深い仮説を導くことができる。

これまでの調査によって、暫定的にではあるが、ニュー・メニア採石場では月名を読み取ることのできるギリシア語のグラフィティが一〇八点ほど確認されている。その月ごとの分布を調べると、もっとも多いのはパウニ月とエペイフ月（およそ七月下旬から九月下旬）で、それぞれ一六点ずつが見つかっている（図48）。これらの月に先行するパコン月にも一三点、さらにその前のファルムーティ月にも一三点が存在する。ところが、逆にこれらの月の直後にくるメソレ月のものは五点しかなく、その次のトト月にいたっては二点しか見つかっていない。グラフィティに記された日付が採石の行われた日付であるという確実な証拠はないが、両者がほぼ対応するものであったとすると、採石場での作業は春先（テュビ月）から活発化してナイルの氾濫期にその頂点に達し、ナイルの水が引くと激減したことになる。このパターンは、いったい何を反映しているのであろうか。

もし採石作業が専門の石工集団によって行われていたのであれば、このような季節による大きな変動はありえないであろう。明らかに採石作業は農閑期にもっとも盛んに行われていたのであり、それはとりもなおさず採石場の労働者の少なくとも一部が在地社会のエジプト人農民やギリシア人入植者であったことを示唆している。

本章を結ぶにあたり、ニュー・メニア古代採石場のグラフィティの史料価値を指摘することで、今後の研究への展望に代えたい。第一に、これらの史料は、これまで圧倒的にパピルスやオストラカに依拠する形で進められてきたヘレニズム時代のエジプト在地社会研究にとって、新たな情報源となることが期待される。とくに、二言語で併記されたグラフィティの年代がプトレマイオス二世の時代に重なることは、ゼノン文書に代表されるギリシア語パピルス史料との相互検証が可能になることを意味している。第二に、グラフィティの治世年を手がかりとすることで、本論で述べたような細かい時系列上の変化を追うことが可能になる。これは、とりわけ在地社会の文化変容を考察する際に、グラフィティが考古学的証拠を補完する機能を果たしうることを意味している。第三に、これらの史料が採石場の壁面や天井面というコンテクストを伴っていることから、建築学的な知見と総合することによって、ギリシア人とエジプト人とのダイナミックな相互交渉の実態を浮き彫りにする可能性が拓ける。グラフィティの内容の分析はまだその緒についたばかりであるが、以上の諸点を勘案するならば、そこからプトレマイオス朝エジプト史の再構築に資する成果が得られることは確実であろう。

補論　ローマ帝政期の軍団と採石場

ゼウス（すなわちアモン）神への奉納碑文（*I. Akoris* 3）が刻まれた石灰岩製の祭壇は、一八二四年から二八年にかけてエジプトを旅行したR・ヘイによって発見され、一八九四年にはG・W・フレイザーによってパネル部分の拓本も採取されている。[1] しかし、A・カマルによる一九〇三年の報告を最後に、この祭壇は所在地不明となり、一九八八年に公刊されたÉ・ベルナンによるアコリス碑文集成でも、この石碑の現物は確認されないまま、大英博物館に保存されていたヘイによる二点のスケッチなどに基づくP・M・フレイザーの復元テクストが再録されるにとどまっていた。[2] ところが、堀賀貴らによる二〇〇三年度のアコリス北採石場の調査に際してこの碑文がほぼ一世紀ぶりに再発見され、碑文そのものの詳細な観察が可能となった結果、[3] ローマ帝政期におけるアコリスでのローマ軍団と採石活動との関係について、以下のような興味深い事実が明らかになった。

祭壇が再発見された地点は、ローマ帝政期に盛んに採石活動が行われていたアコリス北採石場の平坦な頂上部の西端近くにあたり、眼下にはナイルの流れを見渡すことができる。ヘイのスケッチでは、祭壇は台座の上に直立した状態で描かれているが、再発見された祭壇は、台座の東側に、碑文の刻まれた正面を南に向ける形で横転していた（図49）。正面から見て左側から背面にかけては一部が深くえぐられているが、テクストの刻まれた正面に大きな破損部分はない。いずれにしても、台座を伴っていることから判断して、この祭壇が原位置を保っていることは確実である[4]。

祭壇の高さは、台座部分も含めて約二一〇センチ。上部は、ヘイのスケッチでも既に損傷を受けているが、四隅が角のように突出するこの時代の祭壇の標準的な形態をとっていたらしい。碑文は、上部の帯状の部分と、広いパネル状の部分との二つに分けて刻まれている。上部の碑文は、後述する「記憶の断罪《ダムナティオ・メモリアエ》」のため右半分がほとんど

図 49　再発見されたドミティアヌス帝への祭壇

図 50　祭壇の原位置から望むナイル平野

判読不可能な状態となっているが、これをベルナンは次のような一行のテクストとして復元している。

(Ἔτους) Β [Αὐτο]κρ[άτορ]ος Κ[αίσαρος Δομιτιανοῦ Σεβαστοῦ Γερμανικοῦ].

皇帝カイサル・ドミティアノス・セバストス・ゲルマニコスの治世二年

しかし、石碑そのものの観察結果からは、この部分のテクストが実際には二行から成っており、その一行目の右側と二行目全体が削り取られていることが判明した。このうち、一行目については、判読可能な「アウトクラトロス」の部分を構成する文字の幅が三・八センチであることから、その右側に続く約三〇センチのスペースに入る文字数が八文字であることは明らかであり、これはまさに「カイサロス」に相当する。ところが、ドミティアヌス帝の称号が、ベルナンが想定するような文言で刻まれていたと仮定すると、残りの二八文字のために一〇六センチのスペースが必要となるが、これはこの部分の石碑の横幅（約八五センチ）を大きく上回ってしまう。理論上は、この部分には、「記憶の断罪」を受けたどのローマ皇帝の名が入ることも可能ではあるが、下のパネル状の部分との対応関係を重視してドミティアヌス帝と仮定するならば、その称号には「ゲルマニコス」が含まれていなかった可能性が高い。後述するように、ドミティアヌス帝による統治の初期の状況に照らすならば、この可能性はさらに高くなる。したがって、上部の帯状の部分に刻まれたテクストは、次のように復元するのが妥当であろう。

(Ἔτους) Β [Αὐτο]κρ[άτορος] Κ[αίσαρος]

[Δομιτιανοῦ Σεβαστοῦ]

皇帝カイサル・ドミティアノス・セバストスの治世二年

その下の碑面に刻まれたテクストは、現状では一〇行から構成されており、右端が摩滅しているものの、文字の保存状況は相対的に良好である。ベルナンによるテクストは、以下の通りである。

Ὑπὲρ σωτηρίας [καὶ]
νείκης Αὐτοκρά[τορος]
Δομ[ιτιανοῦ Κα]ίσ[αρος]
Σεβαστοῦ [Γερμανικοῦ]
Διὶ μεγίστῳ εὐχ[ήν],
Τίτος Ἐγνάτιος Τιβέριαν-
ός, (ἑκατόνταρχος) λεγεῶνος γ Κυρηνιακ[ῆς]
ὁ ἐπὶ τῆς λατομίας - - -
στρῶσις τῆς πό[λ]ε[ω]ς
Ἀλεξανδρείας.

一見したところ、奉納者の名前（正しくはἘγνάτιοςではなくἸγνάτιος）を除いて、公刊されているテクストは確かに石碑に刻まれたそれを忠実に写している。このテクストをそのまま読み下してみよう。

皇帝ドミティアノス・カイサル・セバストス・ゲルマニコスの救済と勝利のために、ティトス・イグナティオス・ティベリアノスが最高神ゼウスに祈願する。
この者は第三軍団キュレナイカの百人隊長であって、
都市アレクサンドリアの舗装のための採石作業の監督にあたっていた。

しかし、碑文の刻字状態（図51）を精密に観察するならば、これを公刊されたテクストから想定されるような一続きの単純なテクストとして読むことは、明らかに適切ではない。というのも、この碑文は、複数回に及ぶ刻み直しを経て成立した混成テクストと考えられるからである。

皇帝の救済と勝利を祈念する冒頭の二行は、丸みを帯びた洗練された字体で、比較的浅く刻まれている。これらの行は、ドミティアヌスの名を刻んでいた抹消された三行目と同時期に刻まれた、オリジナルのテクストに属するものであろう。皇帝名の抹消はことに念入りに行われており、その字句はほとんどまったく判読できない。これに対して、続く二行の文字は、冒頭の三行のそれと形態がよく似ているが、字のサイズがやや小さい。しかし、何よりも大きな冒頭部分との相違は、刻字に先立つ碑面の整形が横方向のストロークでなされていることであろう。このような横方向の鑿使いによる整形は、この石碑ではこの部分でしか行われていない。

ここまでの行とは対照的に、六行目は相対的に文字のサイズが大きく角張っているばかりか、その刻みも深く、行全体が右上がりに傾斜している。また、碑面の整形は、五行目の文字列の直下から縦方向に施されている。この行の右端は摩滅しているが、上記のテクストが示すように、その末尾は不自然な余白を残したままNで唐突に終わり、この人名（ティベリアノス）の最後の二文字（ΟΣ）は次の行の冒頭に持ち越されている。前後の行と比較す

図51　碑文の刻字状態

るならば、この六行目がオリジナルのテクストの二行分を削り取り、そのスペースに後から無理矢理一行のテクストを刻んだものであることは明らかであろう。この観察結果は、オリジナルのテクストの七行目（抹消された二行のうちの下の行）には、末尾がΟΣで終わる別の人名が刻まれていたことを示唆している。

これに続く三行の文字は、それぞれが高さ四センチ足らずで、比較的コンパクトに配されている。ところが、九行目の定冠詞と「都市の」との間には不自然な空白があり、さらに一〇行目との間には字体の上で大きな相違が認められる。というのも、アレクサンドリアという決定的に重要な地名に言及する一〇行目は、冒頭の二行と同一の丸みを帯びた字体で浅く刻まれているからである。

このような複雑な碑文の刻み直しが行われた背景に関しては、二つの要因を指摘することができる。一つは、よく知られた「記憶の断罪」である。スエトニウスによれば、ドミティアヌス帝の暗殺直後、ローマ元老院はこの皇帝に関するすべての称号と記憶を抹消する旨を決議した。[5]この決議に従って、この碑文においても、ドミティアヌス帝の称号は、その名とともに入念に削り取られている。[6]しかし、テクストの伝達機能という観点から見て重要なのは、このような「記憶の断罪」という行為が、抹消されたスペースの存在をあえて顕示することで、対象者の断罪という本来の意図を明確にしていたことである。その点で、この碑文は、ローマ帝国の統治者からのメッセージを採石場に関わる人々に告げる、優れて公的な碑文とみなすことができるであろう。

もう一つの要因は、個人の意図に発するものである。この点を究明するためには、先の碑面の観察に基づいて、テクストの生成過程を復元する必要がある。この碑文には、おそらく成立の時点で、帯状の部分に二行、パネル状の部分に一一行のテクストが刻まれていた。そもそも、当初そこに刻まれていた皇帝の名がドミティアヌスであったか否かも定かではないが、四行目と五行目の横方向の鑿痕の上に刻み直された字句は、その名が当初からドミティアヌスであったとしても、その称号にはある時点で改変が加えられたことを示唆している。これは、後述するように、おそらく八三年に、ドミティアヌス帝に対してゲルマニクスという称号が与えられたことによるものであろう。オリジナルのテクストの六行目以下に何が刻まれていたのかはまったく不明であるが、これらの行は最終行を残して削除され、その後にアコリスに駐屯していた第三軍団キュレナイカの百人隊長だった某が、自らによるアレクサンドリアへの石材供給の監督という功績を記念する文言を刻み込んだ。(7) しかし、その後まもなく、この功績は、ティトス・イグナティオス・ティベリアノスなる同じ第三軍団の別の百人隊長によって横取りされてしまうことになる。この人物のプロソポグラフィは未詳であるが、彼は石工に命じて某の名を含む二行を抹消させ、そのスペースに自分の名を挿入させようとした。碑面のテクスト全体のバランスを崩すことなくこの要求に応えるのは、石工にとっては至難の業であったはずだが、彼は空きスペースに大きめの字で左下から右上に斜めにテクストを充塡することによって、この難題を見事に解決したのである。ドミティアヌス帝の「記憶の断罪」に伴う字句の削除は、おそらくこれらの改変の最終段階になされたと考えられる。

このように碑文テクストが繰り返し改変されていた事実は、同時代において、この石碑が採石場という空間において独自のメッセージを発信するエージェンシーとしての機能を有効に果たし続けていたことの証拠となろう。

最後に、この碑文の再発見とそのテクストの精査の結果がもたらした新たな歴史的知見についても一言して、この補論を結ぶことにしたい。ドミティアヌス帝がカッティ族との戦いに勝利してゲルマニクスという称号を得たのは、一般には八三年のことと考えられている。たとえば、B・R・ジョーンズは、この戦争は八二年の初めに既に始まっていたが、八三年の夏にローマ軍の勝利が確定して凱旋が行われた結果、ドミティアヌス帝にゲルマニクスという称号が付与されたと想定している。(8) これに対して、A・マルタンは、エジプトから出土した史料を対象として、ドミティアヌス帝が治世第二年のうちに（すなわち八三年の夏以前に）ゲルマニクスという称号を得た可能性について再検討を加えたが、そこで判明したのは、治世二年に彼をゲルマニクスと名指している証拠が、まさにここで検討している碑文ただ一つであるという事実だった。(9) そのため、マルタンは、この碑文の治世年の読みに問題があるのではないかと考えたが、上で述べてきたように、問題は治世年の表記ではなく、碑文テクストの生成過程にあったのである。上述したように、治世年への言及を含む帯状の部分のテクストには、実際には「ゲルマニコス」の語は含まれていなかったと考えるのが妥当である。したがって、この石碑には、ドミティアヌス帝の治世二年にまず帯状の部分のテクスト（と、おそらくはパネル状の部分のオリジナルのテクスト）が刻まれ、パネル状の部分のテクストに「ゲルマニコス」の称号を伴うドミティアヌスの名が刻まれたのは、治世三年以降のことだったと推測されるのである。

本碑文の年代とニュー・メニア古代採石場が操業していた年代との間には三〇〇年以上の開きがあるが、碑文テクストは、少なくともローマ帝政期には確実にこの地域の石材がアレクサンドリアに供給されていたことを示すばかりではなく、採石場の監督という業務を担うことが碑文を通じてアピールするに足る重要な任務であったことを物語っているのである。

第9章　ケファラスの子ディオニュシオスとその世界

――前二世紀末エジプト在地社会の一断面――

はじめに

プトレマイオス朝支配下のエジプト領域部からは、多くの家族文書集積《ファミリー・アーカイヴ》と呼ばれるパピルス文書群（オストラカを含む）が出土している。これらは、法的な権利などを主張する目的で特定の家族のもとに保管・伝承されていた契約文書、領収書、請願書、遺言などからなり、領域部の人々の暮らしを微細に窺わせてくれる点で、きわめて魅力的な史料となっている。[1] なかでも、クレタ島からエジプトに到来した移民の子として前二世紀初頭に生まれたプトレマイス市民ドリュトンとその子孫三代にわたる家族文書集積は、扱われている期間が例外的に長い（前一七四～前九四年）ばかりではなく、それを通じてドリュトンの妻アポロニアによる活発な経済活動が看取されることなどの点から、広く注目を集めてきた。[2]

これらの家族文書集積の重要な特徴の一つは、しばしばその中にギリシア語による文書とデモティックによる文書が混在していることである。たとえば、このドリュトンの家族文書集積に収められた主な文書の内容と使用言語を概観すると、以下の通りとなる。賃貸借契約書（ギリシア語一〇点、デモティック一二点）、離婚協定書（デモティック三点)、結婚契約書(デモティック二点)、遺言書(ギリシア語四点)、一覧表(ギリシア語三点)、会計記録(ギリシア語五点、デモティック二点)、請願書(ギリシア語五点)、王への誓約書(ギリシア語一点)、協定書(ギリシア語一点、デモティック一点、及びギリシア語断片二点)、測量の領収書(デモティック一点)、領収書(ギリシア語三点、デモティック四点)等。このような史料状況からただちに明らかになるのは、いくつかの類型では当該の文書が一貫してギリシア語もしくはデモティックのみで書かれているのに対して、他の類型の文書ではギリシア語で書かれたものとデモティックで書かれたものとが併存しているという事実である。たとえば、ドリュトン自身によって起草された遺言書や後述するアゴラノモスに提出されたコピーが彼の母語であるギリシア語で書かれたのは当然であり、また、ドリュトンの娘や孫にあたる女性の離婚協定書が、彼女たちが日常的に使用するデモティックで書かれたのも自然なことであろう。しかし、関係者が複数にわたる賃貸契約書などの場合、なぜあるときはギリシア語で、また別のときにはデモティックで書かれたのであろうか。[3]

その理由の一つが、この時代の独特の法制度にあることはもちろんである。周知のように、プトレマイオス八世の時代のいわゆる「大赦令」によれば、ギリシア人とギリシア語で契約を交わしたエジプト人がクレマティスタイ法廷に訴えることができたのに対して、(エジプト人と)デモティックで契約を交わしたギリシア人は、エジプト在地の法律によって裁判を行うラオクリタイ法廷に提訴することとされていた。[4]両法廷の相違はとりわけ女性の法的権利の有無と関わっており、こと契約の当事者が女性の場合、ギリシア語とデモティックのどちらで契約書を作成するかの選択は、訴訟となった場合にどちらの法廷で裁かれる方が有利であるかという判断によって決定された可能性が指摘されている。[5]しかし、賃貸契約書の作成などにあたってギリシア語とデモティックとを随時選択しているのが女性には限られないことから、性差に基づく法的権利の有無だけが問題だったわけではないこともまた確かである。

ヘレニズム時代のアコリスで暮らしていた人々の日常生活を伝える唯一の史料であるケファラスの子ディオニュシオスにかかる家族文書集積もまた、ギリシア語による契約文書とデモティックによる契約文書とが併存していることで知られている。一般に、二言語併用社会では、使用言語の選択がしばしば特定の機会におけるアイデンティティの投射と深く結びついていたとされるが[6]、そうであればこそ、このような史料を吟味することによって、当時の人々のアイデンティティの問題をはじめとする領域部の社会の諸相に迫ることも可能となるであろう。そこで本章では、このディオニュシオスに関する二言語併用テクストを、アコリスにおける考古学的調査の成果に照らしながら再読することにより、前二世紀末のエジプト村落世界を瞥見してみたい。

1　史料の概要

ケファラスの子ディオニュシオスの家族文書集積の大部分は、著名なフランスの考古学者であるテオドール・レナックによって一九〇一年から二年にかけての冬にエジプトで蒐集され、その後にパリで購入されたものも含めて、一九〇五年に初めて学界に報告された。その後、これらのパピルスは、E・ボスウィンケルとP・W・ペストマンによって校訂され、そのテクストの研究成果が詳細な註釈とともに一九八二年に公刊されているため、本章においても、テクストの引用にあたっては、このボスウィンケルらの校訂本に従うものとする[7]。なお、この家族文書集積は、断片を別として、八点のデモティック文書と三三点のギリシア語文書からなるが、その内容は、請願書(9~12)を除くとすべて賃貸借の契約に関わるものであるため、初めにこの時代の契約文書について、概要をまとめておきたい。

ギリシア語で交わされた契約文書（*syngraphe*）の類型で古くから存在したのが、六証人文書（仏 acte à six témoins、英 six-witness contract）と呼ばれるものである。[8] これは、私人が起草した後に六人の証人がその内容を保証するものである。これは、しばしば二重文書とも呼ばれるが、それは当該の契約内容がパピルスに二回繰り返して書かれ、一つのテクストが後から随時参照できるようオープンな状態で、またもう一つのテクストが書かれた残りの部分は巻かれて封印された状態で、契約文書を保管する任務を帯びたシュングラフォフュラクスに提出されたことに由来している。これに対して、後に発展したケイログラフォンと呼ばれる文書類型は、あたかも個人間の書簡のように、債務者が一人称で自らの債務の内容を記述することを特徴としている。さらに、前二世紀後半になると、とりわけテーバイスを中心に、アゴラノメイオンという役所が置かれ、今日の公証人にあたるアゴラノモスと呼ばれる書記が契約文書を公的に作成する習慣が普及するようになった。この場合、証人は必要なく、アゴラノモスの署名が文書に効力を与えたと考えられている。[9] これに対して、デモティックによる契約書は書式も様々であるが、その多くが神殿の書記によって起草され、四人から一六人の証人の名があげられているケースが多い。

標準的なギリシア語の六証人文書の本文は、以下の六つの要素から構成されている。[10] ⑴契約を交わす当事者双方の名前、⑵貸付額と利率、⑶貸付期間と返済方法、⑷返済が実行されなかった場合の罰則、⑸契約における執行権の確認（プラクシス条項）、⑹契約が有効であることの確認（キュリア条項）。この本文の前には、契約の日付と場所、本文の後には六人の証人の名前が、父称及び身分とともに記されるのが通例である。なお、デモティックの契約文書は、より自由な型式で構成されているが、ギリシア語の文書と比較した場合、双務的な契約というよりは借り手の貸し手に対する証文という性格が強いこと、元金と利率とが区別されないことなどの特徴をもっている。

ケファラスの子ディオニュシオスの家族文書集積に含まれる契約文書も、この標準的な型式を忠実に踏襲している。括弧内の数字によって上記の構成要素を示しつつ、ギリシア語六証人文書の一例（17、表面のみ）をあげれば、次の通りである（テクストの補いはボスウィンケルとペストマンに従う）。

17（*P. gr. Rein.* I 20）

クレオパトラ（三世）とプトレマイオス（九世）、すなわち愛母救済神夫妻の治世一〇年、（二行目から一三行目までのアレクサンドリアにおける王朝祭祀の神官職名への言及は略）、（マケドニア暦では）アウドナイオス月二九日、（エジプト暦では）ハテュル月二九日、ヘルモポリス州モキテス区のアコリスの（村）とも呼ばれるクロコディロン・ポリスにて。(1)アポロファネスとアポロニオスの指揮下にある定住騎兵隊の「ペルシア人」、アスクレピアデスの子ディオニュシオスが、「エピゴネーのペルシア人」であるケファラスの子ディオニュシオスに、(2)三三と三分の一アルタベのしっかり詰まった小麦を家から運び出させて、その五〇％、すなわち一六と三分の二アルタベを利子とする条件で、これを貸し付けた。借り手は、利子分を含めた小麦五〇アルタベを、(3)ディオニュシオスあるいはその側の者に、治世一〇年のロイオス月つまりパウニ月に、新しく混ぜもののない小麦を青銅の升と正確な標尺によって計量し、自らの費用によって、係争や裁定や不正をすることなく、アコリスの港において引き渡すこと。(4)この通りに返済が行われなければ、一アルタベあたり銅貨三千ドラクメを欠けることなく違約金が支払われるべきこと。(5)小麦と契約書に書かれている事柄のすべてに関して、借り手とその財産すべてに対する執行権は、判決によって命じられた場合と同様、ディオニュシオスとその側の者にあること。(6)この契約書は、それが提示されるすべての場において有効である。証人、クレオパトラで登録されているマケドニア人のアポロニオスの子ディオニュシオス……（行末まで一〇字程度欠損）、（行頭一三字程度欠損）プトレマイオスの子……ゲロス、カリステリオス人のディオニュシオスの子アリンマス、ペルシア人のポリュクラテスの子エウメネス、ラケダイモン人のバルカイオスの子アゲノル、シュングラフォフュラクスはディオニュシオス。

別の筆跡

「エピゴネーのペルシア人」であるケファラスの子ディオニュシオスは五〇アルタベの債務を負っており、その契約書の正本をディオニュシオスに提出した。

別の筆跡

ディオニュシオスが正本を保管している。

別の筆跡

治世一〇年、ハテュル月二九日、モキテス区のアコリスの（村）とも呼ばれるテーニスにて。プトレマイオスが登録した。

これらの契約書の大半においてディオニュシオスは債務者として現れているが、その場合には、債務がディオニュシオスによって契約通りに返済された際に契約書が彼の手元に戻され、結果としてそれがこの家族文書集積に含まれることになったのであろう。また、四一点の文書のうち、同一のパピルスのそれぞれ裏表に書かれた二点の文書（9、36）は、前一四〇年にディオニュシオスの父親であるケファロス（ケファラス）が王に宛てた請願書と神殿の備品であったかと推測される金属製品のリストであり、他の文書とは年代も内容も異なっているが、なぜそれがこの家族文書集積に含まれることになったのかは不明である。

ディオニュシオスの父親に由来する二点の文書を除くならば、この家族文書集積に含まれる文書の年代は、前一一七年から前一〇四年までの比較的短い期間に集中している。この時期、プトレマイオス朝は、プトレマイオス八世エウエルゲテス二世の死後、ローマの影響下で王朝内での内紛が続く混乱期にあった。史料中には、同時代の政治状況への言及はまったく認められないが、その一方で、そこには領域部に生きた人々の関心が凝縮された姿で示されている。

2　ケファラスの子ディオニュシオスの家族構成と生活空間

この家族文書集積のいわば主人公であるディオニュシオスは、遅くとも前一三〇年代の中頃までに、傭兵ケファラスの子として生まれたと考えられる。[11] 彼の家系については、その家族の成員が少なくともこの家族文書集積の時代にはギリシア人名とエジプト人名とを併用していたこと、[12] また彼らがギリシア語とデモティックを自由に使いこなしていたという事実そのものから推測するしかないが、父親のケファロス（息子のディオニュシオスの表記に従えばケファラス）がギリシア語の請願書の中で「傭兵」と名乗っていること、またディオニュシオス自身がデモティック文書で「傭兵の子」と明記していること、その兄パエシスが騎兵隊に勤務していることなどからも、おそらくその祖先は領域部に入植したギリシア人傭兵であって、その子孫が領域部に駐屯しながら現地のエジプト人女性と通婚を重ねた結果、この家系が形成されたのであろう。なお、ディオニュシオスは、しばしば「エピゴネーのペルシア人」と自称しているが、兄のパエシスは「リビュア人」と称しており、これらの擬制的なエトノス表記は、実際のエスニシティとは関係がないものと考えられている。[13]

ディオニュシオスは、ギリシア語文書では一貫して「ケファラスの子ディオニュシオス」と名乗っているが、

「プレーニスとも呼ばれるディオニュシオス」と表記することもあり（25）、デモティック文書では一般に「ケファラスの子でパ＝アシャとも呼ばれるプレーニス」と称している。おそらく、彼はギリシア語を使う場ではディオニュシオス、エジプト語を使う場ではプレーニスを常用していたのであろう。ディオニュシオスとプレーニスという二つの名の間に、音韻や意味の上での関係はないが、プレーニスとはエジプト語で「鍛冶屋」を意味しており、この家族文書集積の中に金属製品のリスト（36）が紛れ込んでいることから、これが実際に彼の職業と関係していたのではないかという指摘は傾聴に値する。[14]一方で、デモティックに現れる「パ＝アシャ」とは、アコリスで祀られていたローカルな神性のことであり、この名もディオニュシオスがその祭祀の神官を務めていたことに由来するものと考えられている。[15]このような傭兵、鍛冶屋、在地の神官といった多様な顔に加え、ディオニュシオスは王領地を賃貸することで、いわゆる「王の農民」の地位も享受することにもなった。

史料から判明するディオニュシオスの家系の構成員について、ボスウィンケルとペストマンの研究に従って概要をまとめれば、以下の通りとなる。彼の祖父は同名のディオニュシオスであり、その妻はセノバスティスというエジプト人名を名乗っていた。この祖父母の間には、ディオニュシオスの父親ケファラスとペテハルポクラテスという二人の子があり、前一三九年の請願書（9）に彼らと並んでその名が現れるトトエスとペテヌフィスも、彼らの子（すなわちケファラスらの兄弟）であった可能性が高い。[16]ケファラスの妻、すなわちディオニュシオスの母親は、ギリシア語文書では通常「セネベリスとも呼ばれるサラピアス」と名乗っているが、「セネベリスとも呼ばれるデメトリア」と名乗ることもあり、単にセネベリス（24）（もしくはセネボルス（11、12））として言及されることもある。彼女の父親が「ヘリエウスとも呼ばれるヘリオドロス」という複名で知られ、その母親がセナムニスというエジプト人名を称するところからも、この夫婦の家系はそれぞれ似通った境遇、すなわちギリシア語名とエジプト名を併用する社会層に属していたのであろう。前一〇八年の文書から史料に登場する（すなわちこの頃までにディオニュシオスと結婚した）ディオニュシオスの妻についても、事情は同様である。彼女の父親も「パコイスとも呼ばれるヘルモフィロス」という複名を持ち、母親はテトシリスというエジプト人名を名乗っていた。ディオニュシオス本人については上述の通りであるが、彼にはソティオンキスというエジプト人名の女性を妻に持つ「……ゲスとも呼ばれるパエシス」という兄と、少なくとももう一人の兄弟がいたらしい。このパエシスは、上述したように、同じ傭兵ながらディオニュシオスよりも位の高い騎兵隊に編入されていた。

この一族が居住していたアコリスの集落は、ギリシア語文書の中では、「テーニス」、「アコリスの（村）」、「アコリスの（村）」とも呼ばれるテーニス」、「アコリスの（村）」とも呼ばれるクロコディロン・ポリス」という四つの名称で呼ばれている。このうち、テーニスはエジプト語の *dhnt*（額）に由来しているが、これはアコリス遺跡都市域の南に屹立する岩石沙漠の丘の顕著な形状からの連想と考えられている。[17] テヘネという現代の集落名はこのテーニスから派生したものであるが、この地域には他にもサマルート（ソモロ）、ダムシール（テムシリス）など、古代名を伝える現代地名が少なくない。なお、ギリシア語の文書では、この村の名は常に「アコリスの」という属格形で現れる。このことは、第12章で詳しく論じるように、この地名が在地エリートのハコリス（アコリス）に由来する属人的な性格のものであったことを窺わせている。

しかし、彼らの活動圏はアコリスの村だけにとどまるものではなかった。ディオニュシオスの兄パエシスは、アコリスから離れたところに別宅を所有しており、兄弟たちとともにそこに滞在していた際に盗難にあったが、その被害の訴状はアコリスと同じ区に属するキルカという村の治安官に宛てられている（10）。[18] また、アゴラノモスが仲介する契約書が、アコリスから南に五〇キロ近くも隔たった州都のヘルモポリスにある役所で起草されていることは、彼らが必要に応じて州都まで頻繁に足を伸ばしていたことを示唆している。

3　史料解釈の方法論

ケファラスの子ディオニュシオスの家族文書集積は、このように前二世紀末のアコリスに暮らしていた一族に関して様々な情報を与えてくれる点で貴重ではあるが、その記載内容から彼らが生きた世界の全体像に迫ろうとするとき、そこにはこの種の史料の基本的な性格に起因する様々な問題が障壁として浮上してくる。

まず問題となるのは、現存する文書群と、本来存在しながら何らかの事情により滅失した文書群との関係である。ゼノン文書のように、業務の一環として文書の収集と管理を行っていた人物の手によって集められた文書を別にすれば、多くの家族文書集積は保管やリサイクルの過程で何らかの偶然によって選別され伝存されたものである。換言すれば、現存する文書がそこに言及される人物や事柄に関して、偏りのない情報を伝えているという保証はまったくない。ディオニュシオスの家族文書集積の場合も、現存する文書は後述するようにそのほぼすべてがディオニュシオスの債務に関するものであるが、この状況については、彼の文書のうちの半分、具体的には借方の分だけが伝存した結果に過ぎないのではないかという指摘もある(19)。

次に問題となるのは、パピルス文書の通例として、個別の事件や契約の細部が詳しく記述されているのとは対照的に、その前提や背景については当事者には自明のこととして省略されている、あるいは仮に文書中にそれが言及されている場合でも当事者の一方的な申し立てにとどまっている点である。先にも触れたディオニュシオスの兄パエシスの別宅が盗難にあった事件に関する文書などは、その典型的な例であろう。この訴状の中で、パエシスは犯人がキュノポリス出身で当時は同じヘルモポリス州のアイトノスに居住していたコンノトスとその一味であると断言しているが、夜陰に紛れて侵入した盗賊集団のアイデンティティを彼がきちんと把握できていることは、「盗難事件」というのがあくまで仮装であって、その実態は彼らとディオニュシオス一族との私闘に他ならなかったことを暗示している。

しかし、いかに史料の性格に問題があるとしても、分析の対象として据えることができるのが、現存する史料でしかないこともまた事実である。そして、史料の限定的な性格を考慮するならば、その解釈の方法は大きく三つの方向に収斂するであろう。

第一の方法は、該期の社会に関する有力なグランド・セオリーを参照し、その中に史料を整合的に位置づけることによって、史料が語らない部分を外挿すると同時に、一貫性のある像を導き出そうとするものである。プトレマイオス朝エジプト史研究においては、該期の社会を中央集権的な官僚制社会と位置づけた上で、領域部で農業生産に携わる人々が王権による独占経済統制のもとで収奪を受けていたとする説がかつては支配的であり、ギリシア語パピルス文書もこの説から敷衍された大きな枠組の中で解釈されてきた。このような方法は、グランド・セオリーが安定している間は生産的に機能するが、ひとたびそれが揺らぐと解釈の妥当性もまた連動して揺らいでしまうという欠点を免れない。そして、プトレマイオス朝エジプト史研究が、まさにそのようなグランド・セオリーの崩壊という事態に直面していることは、第1章で概観した通りである。

これに対して、第二の方法は、理論ではなく史料に具体的に言及される事実そのものに解釈の手がかりを求めようとするものである。一般にミニマリズムと称されるこの方法は、第一の方法が理論から演繹的に解釈を進めることを重視するのに対して、あくまで個別史料から帰納的に解釈を構築すべきことを主張するが、その目的がグランド・セオリーに由来する先入観の排除にあることは言うまでもない。この方法は、根拠の不確かな理論ではなく史料の証言に立脚して論を展開する点においてより実証的に見えるが、一方で史料が偶然の結果として語っていない事柄については何も言うことができないという致命的な欠陥を持っている。上述したパピルス文書の基本的な性格を考慮するならば、この方法は第一の方法と同様に妥当性を欠くと言わざるをえないであろう。

これらの方法に代わって、広く歴史学一般において、そしてことケファラスの子ディオニュシオスの家族文書集積のような史料を分析するにあたり有効だと考えられるのが、いわゆるアブダクションである。[20] アブダクションとは、ある事象をもっとも良く説明することのできる仮説によって推論を行うことであるが、当然のことながら、この方法の有効性は、推論に用いられる仮説の蓋然性に大きく依拠せざるをえない。換言すれば、アブダクションが効力を発揮できるのは、仮説を支える豊かな状況証拠が史料からは独立して存在する場合に限られるのである。この点において、アコリスとその周辺における考古学的調査は、ケファラスの子ディオニュシオスの家族文書集積をアブダクションによって分析するにあたり、これまでまったく想定されていなかった仮説の導出を可能にした。というのも、この史料に関する従来の研究は、暗黙の了解として、そこに言及されている活動の舞台をローカルで閉鎖的な農村社会とみなしてきたが、考古学的調査の成果は、第8章でもその一部について述べたように、当時のアコリスが石灰岩の採掘と加工した石材の搬出を軸として、首都アレクサンドリア、さらには東地中海世界と密接な交流を維持していたことを明らかにしたからである。

それでは、このようなアブダクションによって当該の家族文書集積を再解釈するならば、この一族とその経済活動について、いかなる新たな知見を得ることができるであろうか。ここでは、ディオニュシオスの父ケファロス（ケファラス）によるワイン購入と、ディオニュシオスによる小麦の借り入れという、史料が語る二つの出来事に関して、考古学的証拠からのアブダクションを展開してみたい。

ディオニュシオスの家族文書集積の中には、上述したように彼の父親であるケファロスの文書が混入しているが、その一つが前一三九年頃にケファロスが王に宛てて提出した請願書《エンテウクシス》の写し（9）である。これは、ケファロスを「奴隷身分に転落する危機」に追い込んだカリノスの子リュシクラテスなる者の「悪行」を告発する内容の文書であるが、それによれば、彼とリュシクラテスとの間に生じた紛争の原因は、彼が十年以上も前に遡る前一五四／三年にリュシクラテスから購入した三〇〇クースのワインの代金の支払いをめぐる経緯だった。ケファロスの申し立てによれば、彼はこのワインの対価として青銅貨二四タラントンを支払う旨をケイログラフォンに認めた上で、まず銀行を介して一三タラントンを、ついで残額の一一タラントンをリュシクラテスに返済したが、リュシクラテスはこのケイログラフォンを返却しなかったばかりか、さらにケファロスの兄弟と母親に対して、彼らが保証金として一〇タラントンを払う旨のデモティックの契約書にサインさせた。校訂者が指摘しているように、ケファロスが残額の一一タラントンを本当にリュシクラテスに返済したかどうかはきわめて疑わしいが[21]、ここで注目したいのは、問題の焦点となっている返済のプロセスではなく、そもそものトラブルの発端となったケファロスによるワインの購入についてである。ケファロスは、なぜ三〇〇クースものワインを購入したのであろうか。

ワイン（あるいは葡萄）は、ディオニュシオスの家族文書集積ではこの文書にしか言及がなく、その社会的意義について、この文書の校訂者らは一顧だにしていない。しかし、前一五〇年代の半ばに、ケファロスが多額の債務を負ってまで大量のワインを購入しなくてはならなかった理由は、確かに検討に値するであろう。というのも、彼が購入したワインの量が尋常ではないからである。一クースは一二コテュレに相当し、一コテュレは約〇・二七リットルにあたるため、一クースは約三・二四リットル、そして三〇〇クースは約九七二リットルとなる。ワインの輸送容器としては、ロドスやクニドスなどの東地中海のギリシア諸都市から交易によってもたらされたか、あるいはアレクサンドリアの近郊で生産されたアンフォラが用いられたと考えられるが、仮にもっとも広く流通していたロドス産アンフォラ（容量は約二六リットル）で換算すると、この数値はアンフォラ約三七個分となる。これは、個人の日常の消費からはかけ離れた量であり、その使途がきわめて特殊なものであったことを推測させる。

このワインの使途を考える上で貴重な手がかりを与えてくれるのが、前二世紀末にアルシノエ州のテプテュニスの近くにあったケルケオシリスで「村の書記」を務めていたメンケスの文書に含まれる会計記録である。この文書を分析したA・フェアホークトは、高位の役人がケルケオシリス村に滞在している日にワインが購入されている事実から、一般にワインがギリシア的な社会環境に属するとみなされていた役人のために購入された可能性を指摘している[22]。何らかの使命を帯びた役人が到来した際に在地社会で特別な対応がとられたことは、他の史料からもよく知られるところであるが[23]、ケファロスが多額の債務を負ってまで膨大な量のワインを購入する必要に迫られたのも、おそらくはそのような状況に直面して、あるいはそれを予期してのことだったであろう。なぜならば、考古学的な調査によれば、南部大反乱の終結後、前二世紀のアコリスでは、アレクサンドリアとの紐帯が強化された結果、物質文化の上で顕著なヘレニズム現象が進行していたが、それは何よりも首都アレクサンドリアとアコリスとの間の活発な人的交流によって支えられていたと考えられるからである。

しかし、視察などの目的で訪れるギリシア系の要人をワインで饗応しようとしても、そもそも定められた期日までにワインを調達することができなければ、所期の目的を果たすことはできない。ケファロスの場合は、リュシクラテスから後払いでワインを購入することで、おそらく首尾良く使命を果たすことができたであろうが、それではリュシクラテスなる者は、なぜケファロスにこれだけの量のワインを供給することができたのか。カリノスの子リュシクラテスについて史料から知りうる事柄は、彼が当時ヘルモポリス州の定住騎兵隊長《ヒッパルコス》だったこと、そしておそらく彼の子にあたる人物（リュシクラテスの子カリノス）が前一一三年のケファロスの子ディオニュシオスの六証人文書（21）に証人の一人として現れていることの二点に尽きている。そこから描き出すことのできるリュシクラテスの人物像は、定住騎兵隊の要職を占めることにより、代々アコリスの地域社会と密接に結びついていた家系の一員ということだけである。ところが、第15章で詳しく論じるように、アコリス遺跡の調査で得られた考古学的証拠は、アコリスへのワインの供給に関して、既知の史料からはまったく知られていなかった新たな事実を明らかにした。すなわち、アコリスには前二世紀を通じて地中海系のワインのアンフォラが搬入されていたばかりか、都市域北端部から出土したロドス産アンフォラの年代分布は、まさにケファロスがリュシクラテスからワインを購入した前一五〇年代に、その搬入がピークに達していたのである。

したがって、ケファロスの請願書に言及された出来事をもっとも整合的に解釈することのできる仮説は、以下のようなものとなろう。前一五〇年代に、ディオニュシオスの父ケファロスは、アコリスに駐屯する傭兵という公的身分と並んで、在地のエジプト人社会とプトレマイオス朝の領域統治に関与するギリシア系有力者とを仲介するインフォーマルな役割を担っていた。三〇〇クースのワイン購入は、その彼のミッションの過程で必要とされたものだった。一方で、カリノスの子リュシクラテスもまた、定住騎兵隊長という公務の傍ら、地中海産ワインをアレクサンドリアからアコリスの港へ搬入するプロセスに何らかの形で関与していた結果、ケファロスに対してこれだけの量のワインを調達することができたのであろう。そして、ケファロスの活動をめぐるこのような仮説は、その子ディオニュシオスの経済活動を再考するにあたっても、きわめて有益であると考えられる。

5 ディオニュシオスによる小麦の貸借

ケファラス（ケファロス）の子ディオニュシオスの家族文書集積に含まれるギリシア語文書の中核部分を占めるのが、前一一六年から前一〇四年にかけての一三年間に及ぶ小麦の貸借に関する文書である。この史料からは、その目的は不明ながら、この間を通じてほぼ毎年、ディオニュシオスが年に最大で計三二〇アルタベにも及ぶ小麦を、ときには妻や母とともに第三者から貸借しては、小麦の収穫期になると利子分（五〇％）とともに返済していたことが分かる。この謎めいた貸借行為からまず思い浮かぶのは、ディオニュシオス一家が何らかの理由で経済的に困窮しており、飢餓を免れるために、やむをえず高い利子を払ってまで小麦を借り入れていたのではないかという推測であろう。しかし、以下の諸点は、明らかにこの推測が誤りであることを示している。

第一に、彼が借り入れている小麦の量である。一アルタベは約四〇リットル弱に相当するが、貸借契約書に現れる小麦の量は、小は一五アルタベから大は二五〇アルタベにまで及んでいる。一方で、成人一人が年間に消費する小麦の量は一〇アルタベ程度と考えられているので[24]、小麦二五〇アルタベは大人二五人分もの年間消費量に相当することになる。ディオニュシオス一家の構成員について、史料に言及されている以上の詳細を知ることは不可能であるが、この量は明らかに一つの家族が食糧として必要としていた小麦の量をはるかに上回っている。

第二に、契約書に規定された小麦の量のパターンも、この貸借契約がディオニュシオスの側の差し迫った事情から結ばれたものであることに疑義を抱かせる。というのも、契約書においては、一例（23）を除いて、常に五〇％の利子を加算した返済量の方が整数で現れ、ディオニュシオスが当初借り入れた量は、中途半端な数字となっている[25]。この事実は、貸し手と借り手の間で移動する穀物の量が、借り手の側の必要によってではなく、貸し手の側の都合によって定められたことを示している。すなわち、この貸借行為は、あたかも貸し手が収穫期に一定量の小麦を確保することを第一の目的として行われているようにも見えるのである。小麦を借りる際についてではなく、それを返済する際についてのみ、定型句によってではあるが、その品質や計量方法が事細かに規定されていることも、この推測を補強している。

第三の注目すべき点として、ディオニュシオスが繰り返し大量の小麦を借りることができたという事実そのものも、この行為が単なるディオニュシオスの経済的困窮に発するものではなかったことを示唆している。というのも、これがやむをえない自転車操業として行われたのであれば、いずれ返済が焦げ付くのは必至だったはずであるが、実際には毎年ディオニュシオスは何事もなかったかのように負債を返済し、また新たな借り入れを行っているからである。確かにディオニュシオスは、時には「王の農民」という役回りを利用して返済の先延ばしを計ったりもしているが(26)、さまざまなギリシア系の軍の関係者（しかも、彼より高位の人物）が彼に貸し込んでいることからは、むしろディオニュシオスが彼らから余剰の小麦を借り受けては、彼らのために別な形で運用していたことを窺わせている。

以上のような根拠から、たとえばN・ルイスは以下のように述べている。「ディオニュシオスのイメージは、ぎりぎりの生活のための借財に継ぐ借財にあえいでいる追い詰められた農民の姿からはほど遠い。むしろ、彼は自らの手を土で汚すことなく、農業に関連する事業によって収益をあげていたのである」。ディオニュシオスによる小麦の貸借が、彼自身の生活の必要のためではなく、投機的な行為であったと推測する点では、M・ショヴォーもまた同意見である(27)。しかし、問題は、どのようにしてディオニュシオスがそのような収益をあげることができたのか、である。この点について先行研究は、ディオニュシオスが借り入れた小麦を法外な利子で他の貧しい農民に貸し付けたり、あるいは季節的な価格の上下に応じて売り捌いたりすることで利益をあげていたのだと推測する。しかし、このようなことが、果たして現実的に可能だったであろうか。

上述したように、小麦の貸借をめぐるディオニュシオスの経済行為は、何よりも長年にわたって継続的に安定して繰り返されたことをその特徴としている。それは、貧しい農民に暴利で又貸しする、あるいは価格の変動に応じて転売する、といった不安定かつ投機的な方法によっては決して実現することができなかったはずである。それにもかかわらず、先行研究がこのような無理な推測を提示してきたのは、当時のアコリスが領域部の典型的な閉鎖的農村社会であって、そこには農業以外に収益につながる産業は存在しなかったはずだという先入観にとらわれてきたからに他ならない。しかし、アコリスとその周辺の採石場における調査の成果は、第8章で論じたように、現代のテヘネ村と同様、ヘレニズム時代におけるアコリスの重要な生業の一つが、採石場における石灰岩の採石とその加工、そしてアコリスの港からのその搬出にあったことを明らかにした。当時のアコリスには、採石作業にあたる労働者の雇用と管理、彼らのための食糧の調達、採石場から港までの石材の運搬、港での石材の加工と整形、石材運搬用の船の手配など、さまざまな経済活動の契機が存在したのである。

実は、ディオニュシオスの家族文書集積中の契約文書にも、このような経済活動の存在をほのめかす言及がまったくないわけではない。デモティック文書にもギリシア語文書にも共通して現れる「アコリスの港」への言及がそれである。唯一の例外（33）を除いて、契約文書では、ディオニュシオスが定められた月に小麦を「アコリスの港」で返済することが規定されている。そして、この港が、アコリス都市域北端部の石材加工場に近接する地点に実在したことは、発掘の成果が示す通りである。借りていた小麦の返済を港で行うという規定は、その小麦がさらに港から船によって積み出されてどこかへ運搬されることを前提としていたのではないか。

史料にはこれ以上の詳細を探る手立てはないが、考古学的な調査から明らかになった文脈は、ディオニュシオスによる小麦の借り入れもまた、単なる村落社会の個人間のやりとりではなく、アコリスを舞台とするより広範な経済活動の一環として理解されるべきことを強く示唆しているのである。

6　ディオニュシオスの二つの顔

二言語併用テクストとしてのディオニュシオスの家族文書集積が投げかける最大の謎は、校訂者も指摘するように[28]、ギリシア語文書とデモティック文書とが、それぞれまったく異なるディオニュシオスの人物像を浮かび上がらせることである。

ギリシア語文書に現れるディオニュシオスは、前節で述べたように、毎年のように冬頃に小麦を借りては収穫期にそれを返済するという行為を繰り返していた。既に検討したように、この行為をもって単純に彼が借財にあえぐ貧しい農民であったとみなすことはできないが、その一方で、少なくともギリシア語文書を見る限り、彼が経済的に裕福であったこと、あるいは貸借関係などにおいて上位に立つような行動に出たことを積極的に示す文言が見当たらないことも事実である。

ところが、デモティック文書に目を移すならば、そこでのディオニュシオスが、ギリシア語文書の場合とは対照的に、しばしば土地の保有者として、あるいは能動的に他者と経済的な関係を取り結ぶ者として史料に現れていることに気づかされる。たとえば、前一一〇年に、彼は定住騎兵隊に属するプトレマイオスの子アンドロンに対して、一八アルーラの土地を二年間に小麦一〇〇アルタベの賃貸料で貸し出している（1）。また、彼は前一〇八年の冬に一対の雌牛とその仔牛をアスクレピアデスの子ディオニュシオス（先に引用したギリシア語文書（17）でディオニュシオスに小麦を貸し付けていたのと同一人物）から借り受けただけでなく（4）、その二年後の秋には相次いで二頭の雌牛を購入している。これらの雌牛は、「王の農民」として土地を耕作する上で必要とされた可能性もあるが、いずれにしてもデモティック文書におけるディオニュシオスの経済活動が、相対的にポジティヴな性格を帯びていることは確かである。

それでは、このギリシア語とデモティックそれぞれの史料の間に見られるディオニュシオス像の齟齬は、いったい何によるのか。その一因は、おそらくそれらの文書に契約関係の当事者として、あるいは契約文書の当事者として現れる人物の属する社会的空間が、文書に使用されている言語と対応して異なっていたことに求められるであろう。ギリシア語の契約文書の場合、既にルイスによって指摘されているように、ディオニュシオスが貸借関係を結んだ人々は、そのほとんどがギリシア人の名と父名を帯びた軍の関係者もしくは軍事入植者《クレールーコイ》だった。また、ギリシア語の六証人文書に証人として登場する人々も、例外なくギリシア人名を名乗っている。すなわち、これらのギリシア語文書が伝えるのは、どの程度実際にギリシア人の血を引いているかは別として、在地社会において自らが「ギリシア人」であることにアイデンティティを求める人々の間で、もしくは「ギリシア人」であることが意味を持つ状況下で取り結ばれた諸関係の中でのディオニュシオスの姿なのである。これに対して、デモティックの文書の場合、数が少ないために決定的なことは言えないが、契約の当事者はともかく、証人に関しては、これも例外なく全員がエジプト人名を名乗っている。これは、デモティックの文書が伝えるディオニュシオスの姿が、「エジプト人」であることにアイデンティティを求める人々の間におけるディオニュシオスの役割の反映であったことを推測させる。[29]

このように考えるならば、ディオニュシオスの家族文書集積がギリシア語とデモティックの両方の文書を含んでいることは、彼が在地社会における「ギリシア人」の世界と「エジプト人」の世界の界面で、両者を仲介し、さらには越境する活動を展開していたことを窺わせているのである。

おわりに

ケファラスの子ディオニュシオスの家族文書集積からは、この史料を残したディオニュシオスとその一族が、その出自の利点を活かしつつ、ギリシア語とエジプト語の二言語を巧みに駆使することによって、多様な経済活動が営まれる在地社会を生き抜いていたことが明らかになった。それでは、在地社会において、そのような経済活動を主体的に担っていたのは、どのような社会集団だったのであろうか。史料には、これらの集団への具体的な言及はないが、第8章補論で言及したアコリス北採石場で二〇〇三年に再発見されたドミティアヌス帝のための奉納碑文は、この問題を考える際に、きわめて示唆的である。

この碑文は、少なくとも後一世紀において、アコリス周辺の採石場における採石作業にローマの軍団が深く関与していたことを明らかにしている。というのも、碑文は何度も刻み直されているが、最終的なテクストは、ローマ第三軍団キュレナイカの百人隊長《ヘカトンタルコス》だったティトス・イグナティオス・ティベリアノスが、首都アレクサンドリアの舗装のための石材を調達する任務を果たしていたことに言及しているからである。

前二世紀末のアコリスに駐屯していたプトレマイオス朝の軍団の活動については、この家族文書集積以外に手がかりはない。しかし、ディオニュシオスに対する債権者として史料に現れるのが、前一〇六年から翌年にかけての冬に利子を含めて一〇〇アルタベ以上の小麦をディオニュシオスに貸し付けた百人隊長プトレマイオスの子ヒッポニコスをはじめ、[30] 圧倒的に駐屯軍の関係者もしくは彼らと関係の深いクレールーコイであることは、先にも述べた通りである。そこからは、アコリスに駐屯していたプトレマイオス朝の軍団もまた、ディオニュシオスのような人物を在地社会との仲介者としながら、採石場を中心とするローカルな経済活動に関与していたのではないかという推測が導かれるであろう。

　この仮説を検証するための具体的な証拠は依然としてあまりにも乏しいが、アコリス遺跡とその周辺の採石場の調査の成果は、この家族文書集積をはじめとする同時代の文書史料を再読する上で、きわめて貴重な手がかりを提供し続けているのである。

第Ⅳ部　在地エリートの対応

第10章　トゥナ・エル・ジェベルの「ペトシリスの墓」
――イメージの文化変容――

はじめに

エジプト各地から出土した遺物を展示するカイロの考古学博物館は、世界中から訪れる見学客のために、いつも息苦しくなるような熱気と喧噪に溢れている。しかし、その一階の正面右手奥には、そこだけがあたりから取り残されたように、静かで人影の稀な空間がある。この第三四号室こそ、アレクサンドリアにあるグレコ・ローマン博物館と並んで、前四世紀末からおよそ三〇〇年間にわたってエジプトを支配したプトレマイオス朝、及びその後のローマ時代のエジプトに関わる考古学的史料の宝庫に他ならない。

この展示室の側面には、前二三八年の有名なカノーポス決議などの碑文が並んでいるが、なかでもひときわ目をひくのが、奥の壁に掛けられているローマ時代初期の色彩豊かな一枚の壁画（図52）である。そこに描かれている情景は、モティーフにおいてばかりではなく、スフィンクス、オイディプスといったギリシア語による名前の添え書きからも、ギリシア神話のオイディプス伝説に題材をとったものであることが一目瞭然である。マケドニア墓の壁画などを除きギリシア側にこのような絵画史料の現存例が乏しいこともあるが、エジプトの博物館で純粋にギリシア的なテーマを扱った鮮やかな絵に見入っていると、あらためてヘレニズム時代からローマ時代にかけてのエジプトにおけるギリシア文化の浸透力の強さに、思いを馳せずにはいられない。それでは、このような在地社会におけるエジプト文化とギリシア文化の接触による文化変容、そしてその結果としてのエジプトと地中海世界との一体化は、具体的にどのようなプロセスを経て進んだのであろうか。

この問題を考える際に重要な鍵となるにもかかわらず、これまで十分に検討されてこなかったのが、エジプト人在地エリートの役割である。[1] ペルシア支配時代とは異なって、プトレマイオス朝は領域部の社会や宗教にも積極的に介入し、在地の神殿の振興にも力を尽くしていた。もちろん王朝の関心は、とりわけ前三世紀には地中海に向けられており、政治の中心で活躍していたのがギリシア・マケドニア系のアイデンティティを持った人々だったことは確かである。しかし、王朝の経済的な基盤である領域部の統治にあたっては、在地エリートとの協調が不可欠であり、そこから在地エリートの側も必然的にヘレニズムの波に巻き込まれていくことを余儀なくされたのである。

図 52　オイディプス伝説を描いたトゥナ・エル・ジェベルの壁画

本章では、この壁画が出土した中エジプトのトゥナ・エル・ジェベルにある「ペトシリスの墓」の装飾を分析の対象としてとりあげることにより、この問題を考えていきたい。トゥナ・エル・ジェベルは、王朝時代には上エジプト第一五ノモスの州都として、また文字と知識の神トトの聖地として知られるヘルモポリス（ヘルモポリス・マグナ）の墓域にあたる。(2) そして、この墓の被葬者であるペトシリスとその一族は、おそらく第三〇王朝時代からプトレマイオス朝の初期にかけてトト神の大神官として高い地位を誇ってきた在地エリートであり、ペトシリスが自ら「王の書記」と名乗っていることは、(3) 彼の社会的地位が宗教的な領域にとどまるものではなかったことを示唆している。本章の中心的な課題は、その彼らが自らの墓のレリーフ装飾に採用したイメージの分析を通じて、在地社会の文化変容のプロセス、そしてそこに果たした彼らの役割に光をあてることである。

1　「ペトシリスの墓」とそのレリーフ彫刻

トゥナ・エル・ジェベルは、カイロから南へ約三〇〇キロ、ヘルモポリスから西へバール・ユーセフ運河を越えた沙漠の縁に広がっている。この地は、宗教改革で知られるアメンヘテプ四世（アクエンアテン）の時代には新都アマルナの西端とみなされており、ヘレニズム時代の墓域の北には、今も垂直の崖面に刻まれた境界標が残っている。細かい砂の沙漠の地下には大規模な回廊が迷路のように延びており、夏の盛りでも冷え冷えとしたこの地下回廊に沿って、ヘルモポリスで崇拝されていたトト神の化身であるトキやヒヒのミイラを納めた壺がぎっしりと詰まった小部屋が続いている。地上部分には、ヘレニズム時代からローマ時代にかけての墓礼拝堂が半ば砂に埋もれるように点在しているが、その中でももっとも重厚な建築物が、一九一九年にG・ルフェーヴルによって発掘された「ペトシリスの墓」（図53）である。(4)

この墓の上部構造は、礼拝堂にあたる前室（プロナオス）と至聖所（ナオス）が組み合わされた方形小神殿の形態をとり、(5) そのファサードと内壁、柱には、一面びっしりと彩色の美しいレリーフやヒエログリフの装飾が施されている。墓室そのものは、至聖所中央に設けられた深さ約八メートルのシャフトから地下におりた空間にあって、ここから発見された墓主ペトシリスのミイラを納めていた黒い木棺は、現在カイロ博物館の二階にひっそりと展示されている。

至聖所のヒエログリフの碑文からは、この墓がヘルモポリスにおいて高位のトト神官職を世襲していたペトシリス一族の家族墓であって、その家系がペトシリスの祖父から始まる五世代に及んでいたことが分かる。[6] ペトシリスらは、それぞれがヒエログリフの碑文を通じてそれを目にする者に言葉をかけているが、[7] とりわけ興味深いのは、至聖所の東壁を占める九二コラムの長大なペトシリスの自伝風のテクストである。[8] そこで、彼は自分がヘルモポリスの筆頭神官を七年間にわたって務めたこと、それ以前のエジプトは異国の支配者のもとで戦乱が続き、聖域も荒廃を極めていたこと、これに対して自らが秩序を旧に復し、ラー神のための神殿を造営したことなどを誇らしげに述べている。このような叙述は多分に定型句《トポス》に由来していたであろうが、[9] 一般にはこの混乱期は第二次ペルシア占領期（前三四一〜前三三二年）に比定されており、これが彩色レリーフの様式とともに、発見当初からペトシリスの（さらには「ペトシリスの墓」の）年代を決定する主な根拠とされてきた。

図53　ペトシリスの墓

「ペトシリスの墓」のテクストは、文学作品として重要であるばかりではなく、末期王朝時代のエジプト人の人生観を窺う上できわめて貴重な史料であるが、それにもましてこの遺構を有名なものとしているのは、テクストに添えられた鮮やかな彩色レリーフ彫刻の数々である。しかし、その表現様式に目を向けるならば、それらは配置された場所によって、まったく異なる二つの様式に大別できることに気づく。すなわち、ファサードの外壁、及び至聖所内部のレリーフが王朝時代からの伝統的な様式を忠実に踏襲しているのに対して、前室のレリーフはそれとはまったく異なる伸びやかで自然主義的な表現を特徴としているのである。

前室のレリーフに現れるさまざまな人物のポーズや、とりわけ彼らが身にまとっている衣装などの文化要素がきわめて非エジプト的であることは、早くから研究者によって注目されてきた。その際、この表現上の特徴をもっとも包括的に論じたM・ピカールの研究に代表されるように[10]、関心の中心はもっぱらそれがペルシアに由来するのかギリシアに由来するのかという点に向けられてきたように見える。これは、「ペトシリスの墓」の年代にも直接関わる重要な論点ではあるが、一方で近年の研究は、このような図像表現をペルシア（オリエント）かギリシアかという二項対立の図式で捉えることが適切ではないことを明らかにしている[11]。かといって、「ペトシリスの墓」のレリーフに対してしばしば用いられる「エジプトの伝統的な主題とギリシアの美術様式との融合」という常套句は、それだけではあまりにも漠然としていると言わざるをえない。

この点に関して、おそらくもっとも単純な説明仮説は、前室部分のレリーフが、ギリシア人の彫刻家、もしくはギリシア文化圏で技術を習得した彫刻家の手によって生み出されたとするものであろう。しかし、主題の選択や提示方法がエジプトの伝統を継承していること、また、それらの図像表現がヒエログリフによるテクストと密接に関係していることは、そのような仮説に対する有力な反証となる。明らかに、前室の特徴的なレリーフは、異国の文化要素と表現方法に通暁した在地エリートが、明確な意図をもってエジプト文化の伝統に通暁した彫刻家に依嘱した結果として成立したのである。それでは、なぜ在地エリートとその意を受けた彫刻家は、このような斬新な文化要素と表現方法を摂取することができたのだろうか。その契機が、おそらく異国の物質文化の在地社会への流入で

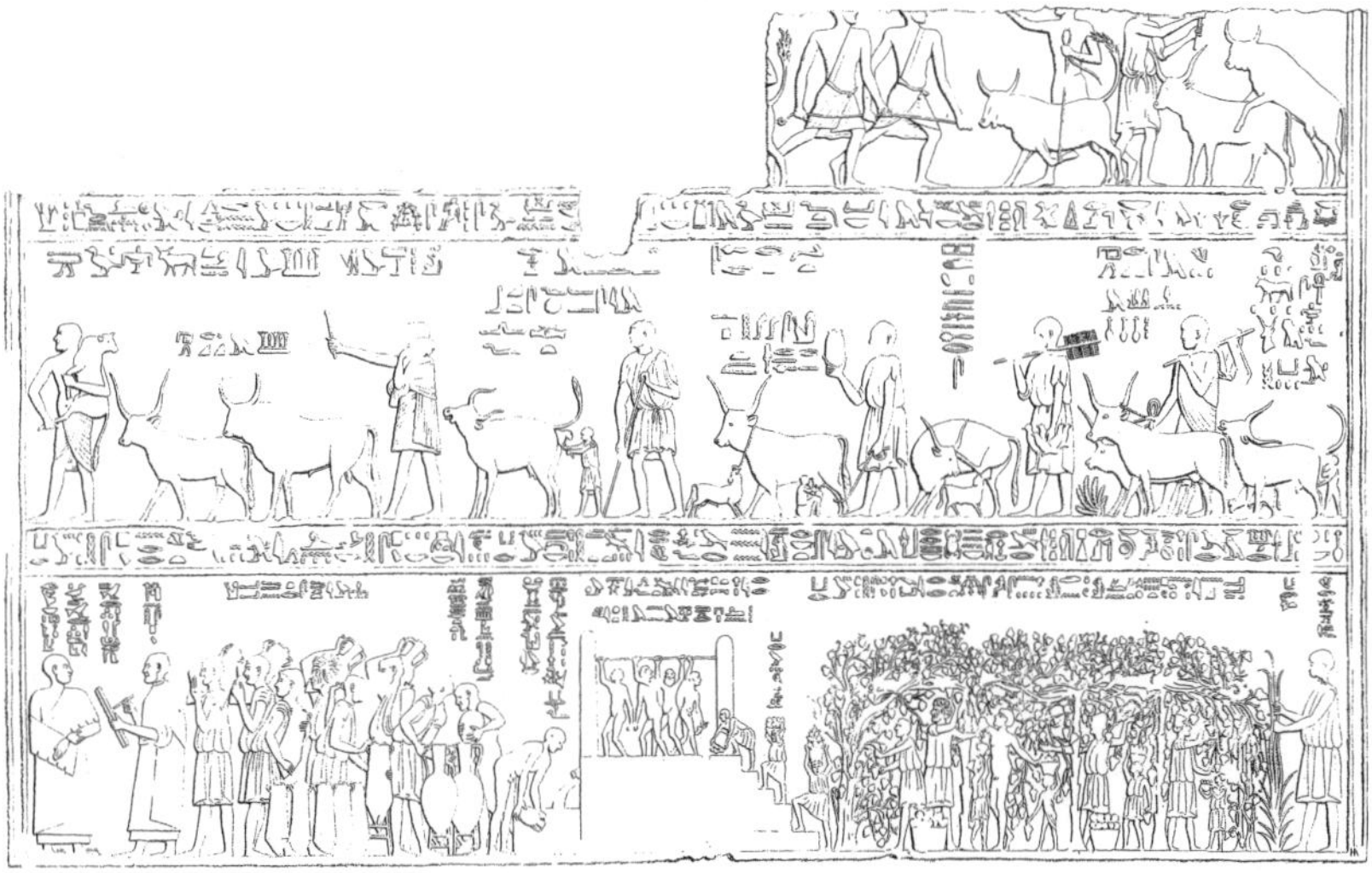

図 54　ペトシリスの墓の前室内西壁レリーフ

あったことは確かであろうと推察される。しかし、この推測を考古学的に跡づけることは可能であろうか。

レリーフの表現のなかで、もっとも顕著にギリシア風の、あるいは非エジプト的な特徴を示しているのは、そこに登場する人々がまとっている日常の衣装であるが、残念ながら衣装は考古学的な証拠としては残っていないので、検証の素材としては適切ではない。そのかわりに、考古学的に検討可能な情報を提供してくれるのが、前室西壁の下段に表現されているワイン生産に関わる一連の図像表現（図54）である。以下では、この図像のモティーフを検討することによって、「ペトシリスの墓」における「エジプトの伝統的な主題とギリシアの美術様式との融合」の実相にアプローチしてみたい。

2　プロナオスのワイン生産レリーフ

ワイン製造の様子は、前室西壁の最下段を占めており、三つの場面から構成されている。[12] まず右端では、豊かに

図55　ペトシリスの墓のレリーフ：葡萄摘みの情景

図56　ペトシリスの墓のレリーフ：葡萄踏みの情景

実った葡萄の樹の下で、農民たちが葡萄の房を収穫している（図55）。人物の背の高さは一人おきに大きく異なっているが、これは大人と子どもの区別ではなく、遠近法を採用することで、多くの農民が働いていることを示そうとしているのであろう。[13] 葡萄の樹の下にいる九人の農民のうち、七人はギリシア風のゆったりとしたキトンを身にまとい、残りの一人はエジプトの伝統的な衣装の姿で、またもう一人は全裸で表現されている。髪型もアフロヘアをはじめ多様であり、円錐形の帽子を被っている者もいる。彼らは、頭上に載せたり地面に置いた桶に収穫した葡萄の房を入れている。

次の場面は、葡萄踏みの情景である（図56）。二人の農民が桶一杯の葡萄を頭に載せて圧搾台への階段を上り、最上段ではもう一人が桶の中身を圧搾台の中に流し込んでいる。圧搾台では、四人のたくましい壮年の男性が、全裸で横に渡された棒にぶらさがるように葡萄を踏みつぶしている。圧搾台の左下では、踏みつぶされた葡萄の果汁が注ぎ口から勢いよく迸り出ている。

図 57　ペトシリスの墓のレリーフ：甕を運ぶ農民たち（上）と，スタンドに据えられたタイプ1のアンフォラ（下）

図58　ナクトの墓の壁画（新王国第18王朝時代）

三つ目の場面では、まず小さな壺を持った全裸の人物二人が、圧搾台から流れ出し醸造槽に溜まった果汁をすくっては大きな甕に注ぎ入れている。さらに左では、四人の農民がこれらの甕を肩に担いで一列になって進み、その先頭にはパピルスの巻物と筆を手にした書記が立っている（図57）。そして彼らに対して向かい合い、縁飾りのある聖衣をまといサンダルをはいた人物が、この墓の主ペトシリスに他ならない。

エジプトでは王朝時代からワインが生産され、葡萄の収穫やワインの生産の様子が貴族の墓の壁画を飾っていた[14]。なかでも、もっとも広く知られた例は、テーベにあるトトメス四世時代の書記ナクトの墓の壁画（図58）であろう。そこでも図像は、葡萄の収穫、圧搾台での葡萄踏み、そして完成品であるワインの表象としての甕という三つの要素で構成されている。「ペトシリスの墓」のレリーフもこの伝統を忠実に踏襲しているが、同時にそこに外来の新しい要素も表現されている点は、見逃すことができない。

まず注目したいのは、葡萄の果汁が流れ出ている注ぎ口である。その形状は、早くもルフェーヴルによって指摘されているように、ライオンの頭の形をしている。このような注ぎ口は、王朝時代にはまったく見られず、ヘレニズム時代からローマ時代にかけて一般化するものであり、ペトシリスの墓の表現は、知られている限りその最古の例にあたる。なお、アレクサンドリアのマリュート湖周辺では、近年ワイン生産に関連する遺構が発掘されているが、そこでも圧搾台の注ぎ口にはライオンの頭部の形状が採用されている[15]。

　しかし、さらに興味深いのは、醸造されたワインが詰められた大型の甕の形態である。そこで、次にこの大型の甕、すなわちアンフォラと呼び慣わされている土器に注目して、さらにレリーフを検討してきたい。

3　「ペトシリスの墓」の二系統のアンフォラ

「ペトシリスの墓」のワイン醸造風景の中でもっとも興味深いのは、そこに二種類のはっきりと異なる形態のアンフォラが、まったく同一の文脈で表現されていることである（図57）。一つは、膨らんだ胴部に長い頸部と二つの大きく湾曲する把手がついたもので、全部で四点あり、二つが格子状のスタンドに立てられ、残りの二つは肩にかつがれてペトシリスの方に運ばれている。もう一つは、より小ぶりで円筒状の器形を特徴とし、広い口縁部に小さな二つの把手がつくもので、全部で八つあり、一つはやはり格子状のスタンドに立てられ、二つは運ばれ、残りの五つが地面にそのまま置かれている。ここでは便宜的に、前者をタイプ1のアンフォラ、後者をタイプ2のアンフォラと呼ぶことにする。

　まず、タイプ1のアンフォラについてであるが、これがヘレニズム時代からローマ時代にかけて海上輸送用の液体容器として地中海世界で盛んに用いられたギリシア系のアンフォラであることは明らかである。第16章で詳しく論じるように、ヘレニズム時代のエジプトには、ギリシア各地や南イタリアからワインを詰めた大量のアンフォラが輸入されていた。これらのアンフォラには、しばしば把手にスタンプが押されており、それらのスタンプや器形の特徴によって生産地や年代を知ることができる。それでは、このレリーフに表現されているアンフォラについても、その形態的な特徴から生産地と年代を推測することができるだろうか。

ギリシア系のアンフォラの系譜は、コリントスやイタリアのギリシア植民市から出土する前七世紀頃のコリントス産アンフォラにたどることができる。しかし、そこでは頸部の長さは器高の五分の一ほどに過ぎず、これに対応して把手もタイプ1のアンフォラよりははるかに小さい。その後、地中海では前四世紀までにタソス、レスボス、メンデなどのアンフォラが広く流通するようになるが、これらの地域で生産されたアンフォラは、いずれも頸部が短いか、長い場合でもそのプロフィールが口縁部から胴部にかけて裾広がりになっているのが通例である。ところが、「ペトシリスの墓」のタイプ1のアンフォラは、円筒状の頸部が器高の三分の一ほどを占め、そのプロフィールもむしろ口縁部に向かってストレートに広がっている。緩やかに湾曲する把手も、頸部の上端から肩部までを結んでいるため、相対的に大きなものとなっている。

このようなタイプ1のアンフォラの形態は、明らかに前三世紀以降に地中海世界に普及したギリシア系アンフォラの特徴を反映している。この時期のアンフォラの主な産地としては、東エーゲ海のキオスやコス、クニドスなどをあげることができるが、この時期から、ひときわ長い円筒状の頸部と鋭く屈曲する把手を特徴とする独特の形態のアンフォラをエジプトに向けて大量に輸出していたのがロドスである。アレクサンドリアでは、前三世紀から一世紀にかけて、一説には一〇万点ともいわれるロドス産アンフォラの把手が見つかっており、アコリスでも出土した例の七割をロドス産のものが占めている。したがって、前三世紀以降の状況から逆推するならば、タイプ1のアンフォラがロドス産のアンフォラにインスピレーションを求めたものであることは、十分に想定される。ただし、全体のプロポーションではなく把手の形状だけを見れば、タイプ1のアンフォラはむしろレスボス産のアンフォラに似ており、ロドス産アンフォラの忠実な模写ではないことには注意が必要である。[16]

しかし、産地の同定よりも重要な問題は、タイプ1のアンフォラの年代である。というのも、「ペトシリスの墓」

の年代については、ペトシリス一族の系譜からも前三〇〇年頃とされているのに対して、ロドス産に代表されるギリシア系のアンフォラが大量にエジプトに搬入され始めるのは、まさにこの前三〇〇年頃とされているからである。さらに、ロドス産のアンフォラに限って見るならば、首都アレクサンドリアにおいてもアコリスのような領域部においても、搬入されたアンフォラの量が飛躍的に増加するのは前三世紀後半になってからのことである。

したがって、タイプ1のアンフォラをめぐる状況からは、以下の二つのオルタナティヴな仮説が導かれることになる。一つは、ロドス産をはじめとするギリシア系のアンフォラは、前三〇〇年頃にエジプトに搬入され始めるとただちに中エジプトにまで到達したとする仮説、そしてもう一つは、「ペトシリスの墓」がこれまで想定されてきたよりも年代的に下るとする仮説である。しかし、後者の仮説は、二つの理由から支持することが難しいと考えられる。

まずは歴史的な根拠であるが、ペトシリスは伝統的な貴族墓の形式で自らの家族墓を造営することのできた、史料的に知られている限り最後のエジプト人だった。仮に彼とその墓の年代が前三〇〇年頃よりも大きく下がるとすると、私たちは既にかなりの研究の蓄積があるプトレマイオス朝初期における在地エジプト人の地位をめぐる問題を、全面的に考え直さなくてはならないことになる。確かにこれは重要な課題であるが、ここでより注目したいのは、二点目の考古学的根拠、すなわちレリーフに表現されたタイプ2のアンフォラの編年的位置についてである。

タイプ2のアンフォラは、その器形の特徴から、一般にフェニキア系あるいはカナン系アンフォラと呼ばれている。このタイプのアンフォラは、前二千年紀末から前一千年紀にかけて、レヴァントからカルタゴにかけて広く分布していた。

この土器の研究を行ったA・サゴーナによれば、「ペトシリスの墓」におけるタイプ2のアンフォラは、彼の第一一型に分類されるもので、このグループの土器の年代幅は、レヴァント各地の遺跡における出土状況に基づいて、紀元前六世紀から四世紀末とされている。[17] これは、タイプ2のアンフォラの年代を前四世紀末からさらに大きく下げることに対して否定的な証拠となるであろう。

4　領域部におけるギリシア系物質文化の浸透

以上、「ペトシリスの墓」のワイン生産に関するレリーフの考古学的な検討からは、ロドス産に代表されるギリシア系のアンフォラが、前四世紀末までに、おそらくは圧搾台のライオン形注ぎ口などとともに中エジプトにまで普及していたこと、さらにはそれが伝統的なフェニキア系のアンフォラとともにワインの輸送用容器の規範的なイメージとして受容され図像表現されるに至っていた可能性がきわめて高い、という見通しを得ることができた。頸部と把手が発達したヘレニズム的なギリシア系アンフォラの最初期の段階、とりわけ前三〇〇年頃のロドス産アンフォラの形態などについては、いまだに不明な点が少なくない。しかし、ちょうどこの頃キプロス島北部のキュレニア沖で沈没した商船に積み込まれていた四〇四個のアンフォラのうち、三四三個までがロドス産であったことが知られている。[18] キュレニア号のロドス産アンフォラは、胴部の器形がタイプ1のアンフォラとは異なっているが、底部の突起のようにレリーフの描写と共通する点があることは注目に値する。

それでは前三〇〇年頃に想定されるこのようなギリシア系文化要素の領域部への急速な普及は、エジプトの他の遺跡においても、考古学的に確認することができるであろうか。近年、たとえばナウクラティスのような遺跡では、分布調査に基づくヘレニズム時代の土器の分類研究が進められているが、[19] 末期王朝時代からヘレニズム時代にかけての土器の変遷を層位的に検討する作業は、まだその緒についたばかりというのが現状である。そこで、ここでは近年そのような研究の成果が公刊されたエレファンティネをとりあげて、「ペトシリスの墓」から得られた見通しを検証してみたい[20]。

まず、エレファンティネでは、サイス朝末期からペルシア支配時代に比定されているフェイズVの層から、「ペトシリスの墓」におけるタイプ2のアンフォラに相当するフェニキア系アンフォラが数多く出土している。このフェイズからは一点だけギリシア系アンフォラが出土しているが、これは頸部が短く湾曲する古いタイプのものである。タイプ2のアンフォラは前四世紀に比定されているフェイズVIaにおいても卓越しているが、つづく前三世紀のフェイズVIbになると、タイプ2のアンフォラはもはや伝統的な形態では現れず、前三世紀末から二世紀に比定されるフェイズVIIではまったく姿を消してしまう。これと対応するように、フェイズVIbでは、ギリシア系のサモス産あるいはロドス産のアンフォラが現れ、フェイズVIIでは頸部の長いギリシア系アンフォラが完全に支配的になる。

このように、エレファンティネからの知見は、フェニキア系のタイプ2のアンフォラからギリシア系のタイプ1のアンフォラへの移行期が、まさに「ペトシリスの墓」が造営された前三〇〇年頃に求められることを示唆している。なお、アコリスの場合には、タイプ2のアンフォラはヘレニズム時代のまとまった文化層が検出された都市域北端部からはまったく出土していないが、第三中間期から末期王朝時代の集落跡が広がる南地区では、家屋IVから前二千年紀末の大型のフェニキア系アンフォラが出土している[21]。一方で、アコリス都市域北端部で大量に出土している口縁の内傾する深鉢や、草花をモティーフとする彩文土器が、エレファンティネではフェイズVIbに出現することも、土器などの物質文化におけるギリシア化が、アレクサンドリアのあるナイル下流域のデルタ地帯だけに限られることなく、中エジプトから上エジプトにまで、一挙に広がったことを示唆している。

それでは、このような変化は、何によって引き起こされたのであろうか。その一因が、プトレマイオス一世の時代から進められたギリシア系クレールーコイの領域部への定住政策にあることは、言を俟たないであろう。[22] 実際、プトレマイオス朝初期に多くのギリシア人がエルドラドとしてのエジプトに流入・定住したことを示す史料は枚挙にいとまがない。

しかし、「ペトシリスの墓」のレリーフは、それとはやや異なる次元の要因が存在したことを窺わせている。というのも、ワイン生産のシーンをはじめ、「ペトシリスの墓」のレリーフで顕著にギリシア的な特徴を示しているものは、すべて前室の内壁に限定され、至聖所の壁面は、それとはまったく異なるエジプトの伝統的な表現様式のレリーフで装飾されているからである。

このような空間的な差異は、イメージの受容者へのメッセージと深く関わっていたものと考えられる。テクストが示唆するように、ヘレニズム時代以降の「ペトシリスの墓」は、多くの人々が実際にそこに訪れて参詣する在地信仰の場となっていた。ファサードと至聖所をエジプト様式で装飾し、その間に介在する前室部分だけを徹底したギリシア様式で装飾するという特異なイメージ戦略は、明らかにそのような参詣者に対してペトシリス一族が伝えようとした重層的なアイデンティティに由来していたのである。

おわりに

ペトシリスのような在地エリートとしての有力神官とギリシア系支配層との関係については、近年W・フースによって詳しい検討が加えられているが、[23] 彼らの多くは、少なくとも対外的には外来のギリシア人をあからさまに敵視することはなかったと考えられている。ペトシリスの墓の事例をどこまで一般化することができるかは疑問であるものの、上はペトシリスのような在地エリートから下は下層の農民にいたるまで、在地のエジプト人の側に、ギリシア系の物質文化を積極的に受け入れ、ときにはペトシリスのようにそれを自己のアイデンティティにとりこんでアピールする心性がなければ、これほど急速な在地社会のギリシア化は起こらなかったであろう。また、プトレマイオス朝が、政策としてギリシア文化とエジプト文化の混淆や統合を押し進めることがなかったのは周知の事実であるが、それは必ずしもその結果として異文化並存状況が続いたことばかりを意味するものではなく、むしろ、そのような政策をとらなくても統治構造が円滑に機能する程度には、早くからヘレニズム現象が進んでいたことの一つの証拠となるのではないだろうか。ただし、これらの点をめぐっては、今後さらに検討の余地がある。

以上、きわめて限られた側面からではあるが、この章ではペルシア支配時代からプトレマイオス朝初期にかけて、ヘルモポリスという在地の宗教上の要地で活躍した在地エリートによるヘレニズムへの対応状況を垣間見てきた。確かに、ギリシア文化そのものはヘレニズム時代初期の大規模なギリシア人の入植によってもたらされたであろうが、それが在地社会に浸透する過程では、ペトシリスのような在地エリートの積極的な対応が不可欠であったと考えられる。それでは、プトレマイオス朝の王権が確立されると、その王権とペトシリスのようなエジプト人在地エリート、及び在地社会に組み込まれたギリシア人との関係は、どのようなものへと変わっていったのであろうか。この点を明らかにすることが次章以下の課題である。

第11章　ヘルモポリスのアーキトレイヴ碑文

——王権・軍団・在地エリート——

はじめに

第1章で批判的に論じたように、プトレマイオス朝時代のエジプトは、これまで官僚制的中央集権国家による大規模な社会実験の舞台として描かれるのが通例だった。[1] パピルスとして残された膨大な文書の解釈にあたっては、しばしば第二次世界大戦前にM・ロストフツェフやC・プレオーらの碩学によって打ち立てられた「プトレマイオス朝エジプト国家は古代の典型的な官僚制的中央集権国家である」というマスター・ナラティヴが支配的な役割を演じており、その結果として、社会制度の細部にわたるパピルスの精緻な分析が進めば進むほど、解釈の枠組みを提供するマスター・ナラティヴもまた強化されるという循環構造が生まれていたのである。しかし、その過程において、中心的な史料となるギリシア語パピルス文書の多くが、ギリシア語を用いる統治者側の視点から、もしくはその統治者が設定した制度的枠組みに巻き込まれる中で産出されたものであるという事実には、十分な注意が払われてはこなかった。

一方で、既に見てきたように、プトレマイオス朝を強力な中央集権国家としてとらえるモデルに対しては、近年さまざまな形で批判が提起されている。[2] ギリシア語パピルス文書の綿密な再解釈やデモティックで書かれたパピルス文書の検討を通じて、プトレマイオス朝の中央集権化の程度に疑問が呈されるようになると同時に、その特徴的な財政政策などについても、そのときどきの小状況に対応する形でアドホックに行われたものとするミニマリスト的な見方が支配的になりつつある。

さらに、プトレマイオス朝エジプト在地社会の構造についても、これを支配層としてのギリシア系入植者と被支配層としての在地エジプト人住民とを両極とする二項対立的な世界とみなすことが適切なのかという問題がある。前章で検討したペトシリスを先駆けとして、該期の在地社会には、深く浸透した宗教的伝統の権威を後ろ盾としつつ、ヘレニズムの文化的ミリューを積極的に受容することで該期の流動的な社会状況に巧みに対応し、かつそれを積極的に利用していった在地エリートの姿が見え隠れしている。ギリシア語パピルス文書からは浮かび上がりにくい彼らの姿を浮き彫りにするためには、明らかにパピルス以外の手掛かりが必要となってくる。それでは、いったいどのような史料を用いれば、該期の在地エリートの姿に迫ることができるのだろうか。

ここで注目したいのが、各種のモニュメンタルな公的ギリシア語碑文である。というのも、もっぱら個人間のやりとりを仲介するパピルスとは対照的に、公的碑文は特定の個人もしくは集団が社会の他の構成員に対して何らかの特殊なメッセージを発信する目的で、それに見合う特別な場所に建立される。その一方で、いったん碑文が建立されてしまうと、そのメッセージにはパピルスよりもはるかに広範な社会層の構成員によって受容される可能性が開けるからである。その意味で、公的碑文においては、そのテクストのみではなく立地・形態などのコンテクストが決定的な重要性をもっており、それが照らし出す社会的諸関係は、パピルスのそれよりもはるかに幅広いものであることが予想される。[3] たしかに、いくつかの著名な神官団決議を例外として、プトレマイオス朝エジプトではそれほど多くのギリシア語による公的碑文が建立されたわけではないが、残されているそれらの例からは、宗教的な活動に偽装された在地エリートの政治的な動きを垣間見ることができる。[4]

そこで、この章では、そのような公的碑文の例として、前三世紀半ばに中エジプトの宗教上の要地ヘルモポリスで造営された建築物のアーキトレイヴ碑文をとりあげ、在地社会におけるプトレマイオス朝の王権、地方に駐屯するギリシア人から構成される軍団、そしてエジプト人在地エリートのせめぎあいに迫ることにする。

1　古代ギリシアの碑文文化

ヘルモポリスのアーキトレイヴ碑文の問題に立ち入る前に、ここではまずギリシア語碑文の一般的な特徴と、ヘレニズム時代におけるその発展を概観しておきたい。[5] 石や陶器などの耐久性のある媒体にギリシア語のテクストを刻み込む習慣は、前八世紀のアルファベットの誕生とともに始まった。ギリシア世界では、後期青銅器時代に線文字Bが各地の王宮を中心に普及していたが、これらは粘土板に刻まれるのが一般的であり、同時代のオリエント世界の状況とは異なって、まとまったテクストが石碑に刻まれた例は知られていない。[6] それとは対照的に、アルファベットの場合は、前七世紀になると石碑に法律や墓碑銘などのまとまった文章が刻まれるようになり、古典期までには奉納碑文、決議碑文などの定型句も確立されていくと同時に、初期に存在した地域的な字体の地域的な差異も次第に斉一化されていった。

古典期のギリシア語碑文で注目すべき点は、それが刻まれた石碑のサイズや字そのものの大きさが相対的に均一なことである。デロス同盟の貢租表のような例外はあるものの、石碑の高さが一・五メートルを超えることは稀であり、それにともなって次章でも触れるように字の大きさも時として極端に小さい。実際、活字による碑文集やデジタル化されたテクストからはなかなか実感できないが、字の小ささは古典期（とりわけアッティカ）のギリシア語碑文のもっとも顕著な特徴であると言っても過言ではないであろう。

これに対して、ヘレニズム時代になると、ギリシア世界にもそれまでにはなかったモニュメンタルな規模の碑文が登場するようになる。その先駆けとなったのは、前四世紀中頃にカリアのヘカトムノス朝の聖域ラブラウンダで造営された建物のアーキトレイヴを飾る奉納銘であるが、それまでに例を見ない大きさの字を建築物などの媒体に刻む習慣は、この種のアーキトレイヴ碑文を典型として、ヘレニズム時代になるとさらに一般化していった(7)。そのようなモニュメンタルな碑文の発展の頂点に位置するのが、ローマ帝政期の凱旋門などに刻まれた銘文である。

図59　デロス島のフィリポス5世の列柱館アーキトレイヴ

モニュメンタルな碑文については、字そのものの大きさ、碑文が置かれる空間的な位置、碑文が刻まれる媒体の形状などの属性が考慮されなくてはならないが、ことヘレニズム時代に関して言えば、モニュメンタルな碑文はその大半が聖域の列柱館などのアーキトレイヴに刻まれている。これは、ヘレニズム時代の王たちが競ってギリシア各地の有力都市や聖域に恩恵を施すにあたり、しばしば列柱館を造営したことと無関係ではない。マケドニアのフィリポス五世がデロス島のアポロン聖域に寄進した列柱館（図59）はその代表的な例であり、参道に沿った側のアーキトレイヴには、聖域を訪れる者に寄進者が誰であるかを誇らかに告げるべく、「マケドニア王フィリポスが奉納した」という銘文が刻まれている。

ここで検討するヘルモポリスのアーキトレイヴ碑文は、このようなモニュメンタルな碑文の系譜の中でも比較的早い段階に属するものであると同時に、中エジプトというギリシア世界の中心地域から隔たった場所に成立した点で、きわめて興味深い例と言えよう。

2　ヘルモポリスのアーキトレイヴ碑文

古代には上エジプト第一五ノモスの州都として、また何よりも知識と文字の神トトの聖地として知られたヘルモポリス（現代名のアシュムネインは王朝時代の名称であるクムンもしくはシュムンに由来している）の遺跡は、メニアの南約四〇キロのナイル西岸にあり、ナイルと西方沙漠とのちょうど中間に位置している。[8] 地表面から確認される集落域は、南北一・五キロ、東西一キロの範囲に広がっているが、地下水面が高いために遺構は植生に覆われ塩害による損傷も著しく、また現代の村が迫っていることもあって全体に荒廃が著しい（図60）。

現在、ヘルモポリスの遺跡のなかでもっとも印象的な古代の遺構は、復元された花崗岩の円柱が並ぶ初期キリスト教のバシリカであるが、その近くには、一九四五年にE・バレーズによってバシリカ北の下層から発掘された石灰岩の建築部材が五点並べて置かれている。[9] 全体で長さ一一メートルに達するこれらの石材は、上部に一定間隔でトリグリフが刻まれていることから、典型的なギリシア様式の建築物（おそらくドーリス式の列柱館）の一部を構成していたことは明白である。しかし、何よりも興味深いのは、その表面に三行にわたって大きく端正な字体によるギリシア語碑文が刻まれていることである（図61・62）。碑文の文言は、以下の通りである（縦線は石材ブロックの境を示す）。

βασιλεῖ Πτολ|εμαίωι τῶι Πτολεμαίου καὶ| Ἀρσινόης, θεῶν Ἀδελφῶν, καὶ β|ασιλίσσηι Βερενίκηι τῆι ἀδελφῆι α|ὐτοῦ καὶ γυναικὶ
θεοῖς Εὐεργέτ|αις, καὶ Πτολεμαίωι καὶ Ἀρσινόηι θ|εοῖς Ἀδελφοῖς τὰ ἀγάλματα κ|αὶ τὸν ναὸν καὶ τὰ ἄλλα ἐντὸ|ς τοῦ τεμένους|
καὶ τὴν στο|[ά]ν, οἱ τασσόμενοι ἐν τῶι Ἑρμο|πολίτηι νομῶι κάτοικ οι ἱππε[ῖ]|ς, εὐεργεσίας ἕνεκεν τῆς εἰς αὐτούς.

（一行目）
プトレマイオスとアルシノエ姉弟神の子プトレマイオス王と、その妹にして妻であるベレニケ王妃に、

（二行目）
すなわち善行神に、そしてプトレマイオスとアルシノエ姉弟神に、神像と神殿と神域の中の他のものを、

（三行目）
そして列柱館も、ヘルモポリス州の定住騎兵隊が、彼らに対す

図60　ヘルモポリス（アシュムネイン）

図61　ギリシア語碑文の刻まれたアーキトレイヴ

図62　アーキトレイヴ碑文の左端

る善行に報いるために。

碑文のテクストは、大きく分けて三つの部分から成っている。最初の部分は奉納行為の対象者の説明であり、以下の奉納が神格化されたプトレマイオス三世夫妻と二世夫妻に向けられたものであることが明示される。プトレマイオス三世は、プトレマイオス二世がリュシマコスの娘アルシノエ（一世）との間にもうけた子であるが、ここでは王家の公的なプロパガンダに忠実に従って、プトレマイオス二世とその実姉アルシノエ（二世）との間の子とされている。プトレマイオス三世の王妃ベレニケもまた、実際にはキュレネ王マガスの娘であるが、同様のプロパガンダに沿ってプトレマイオス三世の姉妹とされている。[10]このような虚構の王家の系譜が提示された上で、奉納行為の対象者はあらためて公的な称号に従って善行神夫妻と名指され、さらに副次的な対象者として二世姉弟神夫妻が言及される。

次の部分は奉納物のリストにあたり、碑文の二行目から三行目にかけて、いずれも王朝祭祀に関わる奉納物が対格で列挙されている。「神像《アガルマ》」とは、二世夫妻、三世夫妻それぞれの彫像であり、この地にアレクサンドリアから王朝祭祀を導入するために特別に用意されたものであろう。次の「神殿《ナオス》」とは、これらの王族の彫像を祭神像として祭祀を行うための場に他ならず、この「神殿」とそれに付随する「他のもの《タ・アラ》」を囲むように「神域《テメノス》」が区画されたと考えられる。三行目に強調されるように現れる「列柱館《ストア》」は、おそらくこの「神域」の外側にあって、この碑文が刻まれていたアーキトレイヴを備えるドーリス式の列柱館であった可能性が高い。

最後の部分では、奉納主体と奉納理由が示される。それによると、これらの王朝祭祀に関わる施設を奉納したのはヘルモポリスを拠点とする定住騎兵隊《カトイコイ・ヒッペイス》であり、[11]この奉納は彼らに対する王の善行に報いるために行われたとされる。プトレマイオス三世は、王位継承直後に第三次シリア戦争でメソポタミアにまで攻め込み、ペルシア支配時代に同地に運ばれていたエジプトの聖遺物などを奪還したことから「善行神《エウエルゲテス》」という添え名を得ているが、この碑文で言及されている善行がこれに関わるものだとすると、碑文の年代は前二四〇年頃ということになろう。

このように、この碑文は一地方都市のギリシア人からなる定住騎兵隊が王家に対して奉納を行ったことをギリシア語で記録しただけのものであって、テクストの解釈そのものには何ら疑問の余地がないようにも見える。その表現はヘレニズム時代のギリシア語奉納碑文の定型句を忠実に踏襲しており、奉納物の内容もごく常套的である。[12] しかし、注目すべきは、この碑文の考古学的なコンテクストである。というのも、この碑文はヘルモポリスという在地エジプト人の宗教上の要地において、日干煉瓦の壁で囲まれたプトレマイオス朝期の聖域の中から出土し、またテクストそのものがドーリス式列柱館のアーキトレイヴに刻まれているからである。明らかに碑文テクストは空文ではなく、実際の奉納行為が行われたことを示している。

その発見時にA・ウェイスが正しく指摘したように、この碑文が刻まれた遺構の考古学的な意義は、それがプトレマイオス朝下のエジプト領域部で発見された最初の典型的なギリシア様式の建築物であるという点にある。[13] 確かに、アレクサンドリアとプトレマイスという二つの行政上の中心地や、古くからギリシア世界と繋がりの深いナウクラティスのような都市には、ギリシア様式の建築物は少なからず存在していたはずである。また、領域部であっても、たとえばファイユームのフィラデルフィアのような集落は、ギリシア的なヒッポダモス様式に近いプランをとり、少なくともローマ時代までにはギュムナシオン、劇場、列柱館のようなギリシア文化の要素が導入されていた。[14] しかし、プトレマイオス朝期になってから開拓された土地にギリシア系入植民によって建設されたフィラデルフィアなどと、在地エリートである神官層に支配された伝統的なエジプト人の宗教的拠点であるヘルモポリスとを、同列に論じることはできない。

このような遺構の考古学的な意義に照らすならば、そこに刻まれた碑文のメッセージもまた、この遺構の考古学的なコンテクスト、すなわちヘルモポリスの歴史的な文化景観の中に再定位することによって初めて浮かび上がってくると考えられるのである。

3　碑文と建築プログラム

ヘルモポリスの定住騎兵隊によってなされた奉納行為のもっとも顕著な特色は、その中心を占める建築プログラムの規模の大きさである。奉納碑文の刻まれたアーキトレイヴの存在から、このような奉納行為が部分的にではあれ実際に行われたことは確かであるが、その一方で、全般的な状況を勘案するならば、碑文のメッセージを文字どおりに受け取ることに対しては躊躇を覚えざるをえないのが実際のところであろう。

第一に、ヘルモポリスの騎兵隊は、いったいなぜこのような規模の建築プログラムを遂行することができたのであろうか。ここで言及されているような神殿や列柱館の奉納は、明らかにプトレマイオス朝の王族か、アレクサンドリアの大灯台のゼウス像を奉納したソストラトスのような有力者にこそふさわしい行為である。たとえば、フィラエのイシス神殿の入り口の上に刻まれた碑文は、プトレマイオス三世とその一族がこの神殿をイシスとハルポクラテスに奉納したことを告げている。[15] また、第6章で述べたように、有名なアレクサンドリアのサラピス神殿の創建プラークには、プトレマイオス三世がこの神殿《ナオス》と神域《テメノス》を奉納したことが刻まれている。王族以外が神殿などを奉納した例としては、フリュギアの大地母神アグディスティスの神官モスコスが、プトレマイオス二世のために神殿と神域を奉納したことも知られている。[16] しかし、これらの例を領域部の一都市に駐屯する兵士たちによる奉納と比較することは不可能であろう。もちろん、軍の指揮官や兵士による建築行為が、史料的にまったく知られていないわけではない。コム・オンボに駐屯していた歩兵隊は、プトレマイオス六世と妻クレオパトラ二世のために、アポロン神と「神殿をともにする神々《シュンナオイ・テオイ》」のための神殿を奉納している。[17] また、ある城塞守備官《フルラルコス》は、ヘラクレス組合の構成員とともにフィラエのアレンスヌフィス神殿の再建を行っている。[18] しかし、これらの限定的な建築活動を、ヘルモポリスのアーキトレイヴ碑文が伝えるような大規模な奉納行為と比較することはできない。そもそも、このような奉納に必要な莫大な経費は、いったいどこから調達されたのだろうか。フレイザーのように王室からの資金提供を想定する研究者もいるが[19]、史料的な根拠はまったくない。

第二に、ヘルモポリスの騎兵隊は、プトレマイオス王家に謝意を表する手段として、なぜこのように時間のかかる奉納行為を選んだのであろうか。もし、ヘルモポリスで確認されているプトレマイオス朝期の神域が、碑文に言及されている神域に相当するとするならば、列柱館の建設も含めて、その完成までには相当の年月を要したはずである。有名なエドフのホルス神殿の場合、着工されたのはプトレマイオス三世治下の前二三七年であるが、竣工を見たのははるかに下る前七〇年のことだった。たしかに、ヘルモポリスの神殿や列柱館の規模はエドフの場合よりもはるかに小さかったであろうが、碑文テクストを文字どおりに理解するならば、騎兵隊が奉納を決議してから実際に奉納行為が完了するまでには、かなりのタイムラグがあったと考えざるをえない。

これらの疑問点から浮かび上がるのは、碑文テクストが伝えるメッセージと遺跡に残された考古学的証拠との間には、直接の因果関係はなかったのではないかという可能性である。このような推測は、一見するとまったく史料状況とは矛盾するようであるが、必ずしもそうではない。というのも、騎兵隊がこのような奉納を決議するのに先立って、ヘルモポリスに在地の神官団によってギリシア様式の列柱館などが造営されていたならば、騎兵隊は神官団の許可のもと、そのような既存の建物のアーキトレイヴに碑文を刻むだけで奉納行為をアピールすることも、理論的には可能だったからである。

前三世紀中頃の段階において、ヘルモポリスに既にギリシア様式の神殿などが存在したのではないかとする推測は、あながち根拠のないものではない。前章で検討したように、ヘルモポリスの墓域であるトゥナ・エル・ジェベルの「ペトシリスの墓」からは、ヘレニズムの文化要素がかなり早い段階にこの地域で受容されていたことが窺われるが、その墓主であるペトシリスはトト神に仕えるヘルモポリスの在地有力神官家系の一員に他ならなかった。そして、その墓のプロナオスを飾る彩色レリーフに表現された日常生活の情景が驚くほどヘレニズム化を遂げていることは、当時のヘルモポリスの在地エリート層が単にギリシア文化に馴染んでいただけではなく、新たな政治文化のもとで、必要に応じて積極的にギリシア文化を採用し、それをアピールしようとしていた可能性を示唆している。このような推測が正しければ、在地の有力神官が自らの聖域にギリシア様式の神殿などを造営しようとした可能性も否定はできない。

もし、このような推測が正しければ、ギリシア人からなる騎兵隊は、いったいいかなる経緯で在地エジプト人の聖域に造営されたギリシア様式の建築物に奉納碑文を刻むことになったのであろうか。また、在地エリートであるヘルモポリスの神官たちは、なぜ自らの聖域を拠点に定住する外部勢力であるギリシア人の軍団に、そのようなことを許したのであろうか。これらの問題を明らかにするために、この碑文の成立年代についてさらに詰めて検討する必要がある。

4　碑文成立の歴史的背景

いかなる碑文も、それがモニュメンタルな公的碑文であればなおさらのこと、特定の個人もしくは集団による他者への固有のメッセージの伝達という機能から離れて成立することはなかったであろう。それは、ヘルモポリスのアーキトレイヴ碑文の場合もまた同様である。それでは、この碑文の場合に、メッセージの受け取り手として想定されていたのはいったい誰だったのだろうか。碑文のテクストから判断する限り、それはプトレマイオス三世でしかありえない。しかし、エジプトのいわば外に位置するアレクサンドリアから領域部を統治するプトレマイオス朝の王たちに、このメッセージを受信する機会が実際にあったのだろうか。そこで注目したいのが、プトレマイオス朝の諸王による領域部への行幸という慣行である。

近年、プトレマイオス朝の王の行幸に関する史料を網羅的に検討したW・クラリュスは、このような行幸が首都の王と領域部の臣下との関係を緊密化するために行われたことを示唆している[20]。そこで集成された史料の中には、間接的にではあるが、前二四三年の末から翌年の初めにかけて、プトレマイオス三世がファイユームに行幸したことを示す史料がいくつか存在する。たとえば、この機会にゼノンの裕福な友人であるフィリノスはフィラデルフィアで王が臨席する宴会を企画したらしく、王が滞在している間に大急ぎでワインなどを送るようゼノンに要請した[21]。また、テプテュニスから出土したパピルスは、王の指令により特別な御用車が用意されたことを伝えている[22]。明らかにこのとき、前二四六年に即位してから初めてこの地を訪れる新王プトレマイオス三世を迎える準備で、ファイユームのギリシア人コミュニティは緊迫した雰囲気に包まれていたのである。

もし、このときにプトレマイオス三世夫妻がさらに南のフィラエまで行幸を続け、上述したイシスとハルポクラテスへの奉納を行ったのだとすれば、彼らは確実にその途中でヘルモポリスにも立ち寄ったであろう。そうであれば、ファイユームのギリシア人コミュニティの場合と同様に、ヘルモポリスに在住するギリシア人やエジプト人神官団も、これに何らかの特別な対応を迫られたはずである。とりわけ、ヘルモポリスに駐屯するギリシア人定住騎兵隊にとって、この行幸は新たな支配者として登場したプトレマイオス三世夫妻に忠誠の意を表するまたとない機会となったに違いない。しかし、そのために、なぜ彼らは伝統的なエジプト人の神を祀る聖域でギリシア語による奉納碑文を建築物に刻むという方法を採用したのであろうか。そもそも、プトレマイオス朝の王権、領域部に駐屯するギリシア人の軍団、エジプト人の在地エリートたる神官団という三者の関係は、いかなるものだったのであろうか。

この問題に関して興味深いのは、領域部に駐屯するギリシア人の軍団による王家のためのギリシア語奉納碑文が、上エジプトの在地の諸神殿（コム・オンボ、フィラエ、デボド、エレファンティネ）ではプトレマイオス六世から八世の時代に増加するというG・ディーツの指摘である。[23] 二〇年にわたってエジプト人の王のもとで上エジプトがプトレマイオス朝の支配から離脱した南部大反乱という危機を経て、明らかに上エジプトでは在地の諸神殿が王権側の軍団と協同してプトレマイオス朝への帰順を強調する慣行が定着していくのである。

このような観察は、時代を遡ってヘルモポリスのアーキトレイヴ碑文の社会的コンテクストを考察する際にも参考になるであろう。前三世紀半ばの時点で、ヘルモポリスにおけるギリシア人兵士と在地のエジプト人との関係がいかなるものだったのかは判然とはしない。しかし、この定住騎兵隊がトトの聖域に拠点を置いていた以上、軍団と神官団との間には一定の相互的な関係が結ばれていたはずである。それは、プトレマイオス三世の行幸に際して、彼らがそれぞれに明確な形で王家への忠誠を表現する必要に迫られた際に大きな意味を持つようになったと考えられる。そして、彼らの思惑が交錯したところに、聖域内の建築物にモニュメンタルなギリシア語碑文を刻み、王権への忠誠心をアピールするというアイディアが実現したと推測される。しかし、その思惑とはいったい何だったのであろうか。

プトレマイオス王朝と在地神官団との関係を論じたモノグラフにおいて、フースは外来の王権に対する敵意や反抗に言及する史料中にヘルモポリスという地名が頻出するという興味深い指摘を行っている。[24] ヘルモポリスがプトレマイオス朝のような外来の王権に好意的ではないという風評は、当時広く流布していたのであろう。このような風評は、おそらく在地社会におけるヘルモポリスの神官団の隠然たる力と自負心に支えられていたが、一方でプトレマイオス三世夫妻の行幸のような機会には、明らかに在地社会に潜在的な不安を喚起することになったと推測される。ユスティヌスによれば、第三次シリア戦争でセレウコス朝に攻め入ったプトレマイオス三世が急遽エジプトへの帰国を余儀なくされたのは、プトレマイオス朝が始まって以来初めてエジプト人による反乱が勃発したためだった。[25] この反乱の詳細は不明であるが、プトレマイオス三世夫妻による帰国後まもなくの領域部への行幸は、この反乱鎮圧後の領域部における政情の安定を目指したものであった可能性が高い。そのような状況下では、ヘルモポリスのエジプト人神官団は言うまでもなく、同地を拠点とするギリシア人騎兵隊にとっても、王権への忠誠をアピールすることが最大の関心事となったであろう。確かに碑文テクストで奉納の主体として名指されているのはギリシア人の定住騎兵隊だけであるが、その碑文の刻まれた建築物が他ならぬトト神の聖域の中心に立地しているというコンテクストは見逃されてはならない。明らかにこの碑文は、ヘルモポリスのエジプト人神官団による同意（あるいはより積極的なイニシアティヴ）がなければ決して成立することがなかったのである。

このような推測が正しいとしても、なぜヘルモポリスの在地神官団がより直截な形で王権に対する忠誠をテクスト上に表現しなかったのかという疑問が残るかもしれない。しかし、ここで考慮しなくてはならないのは、プトレマイオス朝時代を通じて、在地の神官団は決して自らのエジプト人としてのアイデンティティを明示しながらギリシア語で公的碑文を建立することがなかったという事実である。第13章で改めて論じるように、ロゼッタ・ストーンのようなプトレマイオス朝の王を顕彰するエジプト人神官団の決議が、二言語三文字種碑文という特殊な形態で建立されたのも、まさにこの事情に由来している。これは、プトレマイオス朝エジプトにおけるもっとも興味深い碑文慣行の一つであり、何らかの事情で王権に対してギリシア語による公的碑文を刻むことを余儀なくされた在地エリートは、次章で検討するヘルゲウスの子ハコリスのように、あえてギリシア化された名前を用いていたのである。

シェイクスピア時代の読者と観客　山田昭廣著
絵画の臨界　稲賀繁美著
プルーストと創造の時間　中野知律著
美食家の誕生　橋本周子著
イスラームの写本絵画　桝屋友子著
山下清と昭和の美術　服部正／藤原貞朗著
島々の発見　ポーコック著　犬塚元監訳
モンゴル覇権下の高麗　森平雅彦著
マルコ・ポーロ／ルスティケッロ・ダ・ピーサ　世界の記　高田英樹訳
公共善の彼方に　池上俊一著
日本型排外主義　樋口直人著
アメリカ研究大学の大学院　阿曽沼明裕著
現代インド経済　柳澤悠著
ポンドの譲位　金井雄一著
宇宙機の熱設計　大西晃他編

刊行案内

＊
2013.11
〜
2014.2
＊

名古屋大学出版会

■お求めの小会の出版物が書店にない場合でも、その書店に御注文くださればお手に入ります。
■小会に直接御注文の場合は、左記へお電話でお問い合わせ下さい。宅配もできます（代引、送料200円）。
■表示価格は税別です。小会の刊行物は、http://www.unp.or.jp でも御案内しております。

◎第56回日経・経済図書文化賞『近代日本の研究開発体制』（沢井実著）8400円
◎第35回サントリー学芸賞受賞『ヨーロッパ政治思想の誕生』（将基面貴巳著）5500円
◎第8回樫山純三賞『中東鉄道経営史』（麻田雅文著）6600円
◎第1回フォスコ・マライーニ賞受賞『イメージの地層』（水野千依著）13000円

〒464-0814　名古屋市千種区不老町一　名大内　電話〇五二（七八一）五三五三／FAX〇五二（七八一）〇六九七／e-mail: info@unp.nagoya-u.ac.jp

山田昭廣著

シェイクスピア時代の読者と観客

A5判・338頁・5800円

劇場へと通い、書物をめくる人々――。英国史上未曾有の「演劇熱」を、推定観客数や戯曲の刊行点数などから捉えるとともに、当時の戯曲本への書き込みを読み解き、読者のリアルな反応を探る。文化史および社会史の両面から、読者と観客の生きた姿に迫る労作。

978-4-8158-0748-1

稲賀繁美著

絵画の臨界

―近代東アジア美術史の桎梏と命運―

A5判・786頁・9500円

「海賊史観」による世界美術史に向けて――。近代以降の地政学的変動のなかで、絵画はいかなる役割を背負い、どのような運命に翻弄されてきたのか。浮世絵から植民地藝術、現代美術まで、「日本美術」「東洋美術」の輪郭を歴史的に捉え、国境を跨ぐイメージと文化の相互作用を考察。

978-4-8158-0749-8

中野知律著

プルーストと創造の時間

A5判・492頁・6600円

それが存在しない世界に――。科学的な実証知が勃興し、旧来の人文教養が失墜した世紀末の憂鬱の只中で、それでも「文学に賭ける」決断を下したプルースト。作家が格闘した、『失われた時を求めて』誕生以前の文の地形を明らかにすることを通して、その出現の意味を探る労作。

978-4-8158-0754-2

橋本周子著

美食家の誕生

―グリモと〈食〉のフランス革命―

A5判・408頁・5600円

食卓のユートピアへ。大革命後のフランス美食文化の飛躍をもたらした〈食べ手〉による美食批評は、レストランガイドの起源となる一方、それにとどまらない深遠な美食観を宿していた。『美食家年鑑』の著者グリモを通して、〈よく食べる〉とはどのようなことかを探究した美味しい力作。

978-4-8158-0755-9

桝屋友子著

イスラームの写本絵画

B5判・372頁・9200円

書物の文化とともにさまざまな地域・王朝で花開き、驚くべき美の表現を達成してきたイスラームの写本絵画。その多様なる作品世界はどのように読み解くことができるのか。科学書から歴史書・文学書まで、色彩豊かな図版を多数掲載し、イスラーム地域の絵画芸術を基礎から本格的に解説。

978-4-8158-0760-3

樋口直人著

日本型排外主義

―在特会・外国人参政権・東アジア地政学―

A5判・306頁・4200円

ヘイトスピーチはいかにして生まれ、なぜ在日コリアンを標的とするのか？「不満」や「不安」による説明を超えて、謎の多い実態に社会学からのアプローチで迫る。著者による在特会への直接調査と海外での膨大な極右・移民研究の蓄積をふまえ、知られざる全貌を鋭く捉えた画期的成果。

978-4-8158-0763-4

阿曽沼明裕著

アメリカ研究大学の大学院

―多様性の基盤を探る―

A5判・496頁・5600円

研究者・専門職双方の輩出で世界をリードするアメリカの高等教育は、どのように支えられているのか。大学院を動かす仕組みとお金の実態を、インタビュー調査や文献から見通しよく整理。その多様性に富んだあり方を初めてトータルに解き明かす待望の書。

978-4-8158-0761-0

柳澤　悠著

現代インド経済

―発展の淵源・軌跡・展望―

A5判・426頁・5500円

インド経済の歴史的な成長を準備したものは、経済自由化でもIT産業でもない。植民地期の胎動から輸入代替工業化、緑の革命の再評価も視野に、今日の躍動の真の原動力を掴み出す。圧倒的な厚みをもつ下層・インフォーマル部門からの成長プロセスの全貌を捉え、その見方を一新する決定版。

978-4-8158-0757-3

金井雄一著

ポンドの譲位

―ユーロダラーの発展とシティの復活―

A5判・336頁・5500円

ポンドはなす術もなく凋落したのか。ユーロダラーの発展と国際金融市場シティの隆盛も視野に、戦後ポンドの役割を再評価、基軸通貨交代の知られざる意義を描きだす。福祉国家化による国内均衡優先へと舵をきったイギリスの政策転換をも捉えて、一面的な衰退史像を大きく書き換える。

978-4-8158-0759-7

大西　晃他編

宇宙機の熱設計

B5判・332頁・15000円

過酷な宇宙環境において、人工衛星や惑星探査機は温度制御が必須である。本書は、宇宙の熱環境や伝熱過程などの基礎的事項から、熱真空試験、熱制御材料の評価、そして実際の設計例まで、最新情報を含め宇宙機の熱設計の全てをまとめた初の成書。宇宙開発に関わる研究者・技術者必携。

978-4-8158-0758-0

おわりに

これまでの検討結果からは、ヘルモポリスのアーキトレイヴ碑文が、前二四三年から翌年にかけてのプトレマイオス三世による領域部の行幸という出来事に対するヘルモポリスのギリシア人騎兵隊及びエジプト人神官団の対応として成立した可能性の高いことが明らかになった。しかし、それでもなお二つの問題が残されている。まず、なぜ彼らは、王権に忠誠を訴える公的碑文の媒体として、伝統的な石碑《ステレ》ではなくギリシア様式の建築物を選んだのであろうか。また、どのようにして彼らはこのように洗練された伝統的な奉納碑文の定型句を利用できたのであろうか。

周知のように、プトレマイオス朝は、とりわけその初期において、広大な領域部を統治するにあたり、在地のエジプト人の神殿を手厚く保護し続けた(26)。神殿は単なる祭祀センターではなく、整った経済制度を備えた強力な土地保有組織だったのである。エジプトの支配者にとって、在地の神々、すなわち神殿に組織された在地エリートと敵対することは不可能だった(27)。実際、初期プトレマイオス朝の王たちは、少なくとも領域部においては、精力的にエジプト諸神のための神殿の整備や新たな造営に取り組んでいる。また、王朝祭祀の振興の過程で、王族が「神殿をともにする神」として在地の神殿でも祀られるようになったことは、第6章でも見た通りである。

ヘレニズム時代を通じて、王家の庇護のもとエジプト領域部で建築され続けたのは、一貫してエジプトの神々のためのエジプト様式の神殿だった。ギリシア様式の神殿はそもそも稀であり、アレクサンドリアを別とすれば、下エジプトのギリシア人が入植した集落にしか存在しない。そして、ギリシア語による奉納碑文が原位置で確認されているのは、ほとんどが前者のエジプト様式の神殿なのである。ディーツは、フィラエのような神殿の入り口に刻まれたギリシア語碑文に隠されたメッセージを「私たちは私たちの神々のためにこの神殿を建てるのではない。あなたたちの神々が私たちの神々でもあるのだから、あなたたちの神殿は私たちの神殿でもあるのだ」と読み解いているが、これは妥当な解釈であろう。(28)

このような特殊な状況下で、ヘルモポリスのギリシア人軍団と在地エリートが、領域部には珍しいギリシア様式の神殿建築にギリシア語で碑文を刻んだ理由はいったい何だったのであろうか。これまで検討してきたように、碑文テクストは奉納主体としてギリシア人定住騎兵隊にしか言及していないものの、このテクストの成立にあたってヘルモポリスの在地エジプト人神官団が重要な役割を演じていたことは明らかである。しかも、彼らはギリシア人定住騎兵隊と連携しつつ、あえて同地に存在した典型的なギリシア様式の列柱館のアーキトレイヴに、プトレマイオス三世にも読めるようにギリシア語で奉納碑文を刻ませた。そのメッセージは、先のディーツの解釈を転用すれば、「私たちはあなたたちのためにこの神殿を建てる。私たちの神々はあなたたちの神々でもあるのだから、私たちの神殿はあなたたちの神殿でもあるのだ」ということになろう。外来の支配者であるプトレマイオス朝がエジプト人の神殿にさまざまな恩恵を施すことで統治の安定をめざしたように、ヘルモポリスのエジプト人エリート層は、ギリシア様式の列柱館にはっきりとしたギリシア語でモニュメンタルな碑文を刻むことにより、王権に対して自らの地位と特権の保全を求めたのである。

碑文テクストの洗練された書式に関しては、既に述べてきたように、アレクサンドリアと中エジプトとの密接な文化交流がその前提として存在したであろうことは疑いがない。前章で検討した「ペトシリスの墓」だけでなく、第8章で論じたアコリス周辺やニュー・メニア採石場の操業状況は、その文化交流が経済的基盤、すなわち石材やワインなどの物資の移動にともなって生じたことを示唆している。その基盤があってこそ、地理的な懸隔にもかかわらず、前三世紀中頃までには、ヘルモポリスを中心とする中エジプトの拠点的な集落は、アレクサンドリアを経由して東地中海へと開かれたヘレニズムの文化的ミリューに接続することができたのである。その時系列的な過程を復元することは困難であるとはいえ、ヘルモポリスの遺跡に残されたコリントス式柱頭などのギリシア様式の建築部材は、この地に他のエジプト領域部では見られないヘレニズム化の進んだ聖域が存在したことを証言している。

ヘルモポリスのアーキトレイヴ碑文は、決してありふれた祭祀行為の静的な記録ではない。それは、中エジプトという特殊な環境のもとで前三世紀中頃に生じていたギリシア文化とエジプト文化のダイナミックな相互交渉の証に他ならないのである。

第12章　ヘルゲウスの子ハコリスの磨崖碑文
――甦る在地エリートの素顔――

はじめに

前二世紀の初め頃のこと、アコリス遺跡から南に向かって屏風のように続く岩石沙漠の断崖面の一部が、縦三メートル以上、横約六メートルにわたって、あたかも巨大なパネルを嵌め込んだように平坦に削り出され、そこに大きく端正なギリシア語アルファベットによる三行の碑文が刻まれた。現在では中央部分から崩落してしまっているが、碑文の下にはこの時代の神殿装飾でよく見られるエジプトの神々（おそらくオシリスとイシス）が左右に向かい合って配されているだけでなく、パネルを囲む太い枠の上部両端には緩やかに外反する線が刻まれており、全体としてはエジプトの神殿の玄関部分を想起させるデザインが、この磨崖碑文のハイブリッドな性格を際立たせている。今日、ナイル東岸の村々を結ぶ街道からは、平野に広がる畑の向こうにこの碑文をはっきりと認めることができるが、それは古代においても同様であったであろう。とりわけ、岩石沙漠の断崖面を夕陽が赤々と照らし出すとき、この碑文はナイルを往来する人々の目を引きつけずにはおかなかったに違いない。

本章は、ＯＧＩＳ九四番として知られるこのアコリス遺跡の磨崖碑文について、考古学的な調査の成果に基づきながら、それが発信していたメッセージを同時代の史的背景に即して読み解くことにより、この碑文を刻ませたある在地エリートの姿を浮かび上がらせることを目的としている。この碑文は、アコリス遺跡におけるヘレニズム時代の状況を垣間見させる貴重な史料であるばかりではなく、少なくともそれが刻まれた段階では、ギリシア世界でもっとも規模の大きな碑文だった。碑文中に奉納者として現れるヘルゲウスの子ハコリスとは何者だったのか。なぜ、ギリシア世界の中心から遠く隔たったアコリスで、前二世紀初頭にかくもモニュメンタルなギリシア語碑文が作られたのか。上記の目的を果たすためには、まずこれらの問いに応えることが具体的な課題となる。

1　モニュメンタルな碑文の誕生

この碑文テクストの具体的な検討に入る前に、そもそも碑文とは何かという根本的な問題を振り返っておくことは有益であろう。というのも、古代史の研究にあたってもっとも重要な史料範疇と位置づけられてきた碑文については、それが同時代に果たしていた機能をめぐって、近年さまざまな視点から問い直しが行われているからである。一例をあげるならば、前章でも言及したように、古典期アテネの碑文の実物を初めて目にしたときに誰もが驚かされるのは、その文字の小ささであろう。もちろん碑文によって多少の違いはあるものの、古典期のアテネの場合、平均すればそれらは五ミリにも満たないものが大半を占めている。この事実は、それらの碑文が実際に読まれる（記録として随時参照される）ために建立されたという素朴な先入観に対して、次のような疑問を突きつけるであろう。このような碑文は、いつ、誰によって、どのように読まれることを期待して制作されたのだろうか、と。

しかしながら、アコリスの磨崖碑文のように、誰の目にも入る巨大な文字で、見上げるような位置に刻まれたモニュメンタルな碑文の場合には、それが現実に読まれる（より正確にはリテラシーが十分ではない人にも何らかのメッセージを半ば強制的に喚起する）ものであったことは明らかである。実際、この碑文について考察するにあたって、まず確認しておかなくてはならないことは、それが先にも述べたように、当時にあっては空前の規模を有していたという事実に他ならない。

凱旋門のようなモニュメントに皇帝の功績などが大きな文字で刻まれることが当たり前だったローマ帝政期とは異なって、古典期のギリシアでは、公的なものであれ私的なものであれ、碑文は何よりも石板（もしくは金属板）や彫像などの奉納物、もしくはその台座等に刻まれるものであって、その規模は概して控えめであり、抵当標や境界標を別とすれば、自然の岩壁などが碑文の媒体として利用されることもきわめて稀だった。このような状況に変化が生じるのは、ようやくヘレニズム時代に入ってからであり、それはまず、前章で瞥見したように、神殿や公共建築物のアーキトレイヴなどに奉納者としてのヘレニズム諸王、もしくは彼らに連なる有力者の名が刻まれるという形で始まる。[1] そのような碑文慣習の展開に照らしたとき、アコリス遺跡の磨崖碑文は、ヘルモポリスのアーキトレイヴ碑文と並んで、エジプトだけではなくギリシア世界全体を通じてもっとも早い時期のモニュメンタルな碑文であるばかりでなく、自然の岩壁が利用されているという点でも、そのギリシア語碑文としての特異性は刮目に値する。

伝統的に、碑文史料への関心は、何よりもそこに刻まれた文字情報そのものに向けられてきた。そのため、個々の碑文の外形や刻まれている字の大きさ、さらにそれらが置かれた空間的なコンテクストなどの碑文のマテリアルな属性の意義は、これまで十分に評価されてきたとは言いがたく、電子テクストの利用の普及は、この傾向に拍車をかけているようにさえ見える。[2] しかし、碑文のマテリアルな属性の重要性は、似通ったテクストが刻まれながらコンテクストを大きく異にする史料を比較することにより、一目瞭然となろう。

たとえば、アコリス遺跡の磨崖碑文と酷似した型式のテクストを伴う史料の一例に、OGIS八七番がある。これらはいずれも、(1)この時代の支配者崇拝に特有のヒュペル句（王のために当該の奉納を行うことを示す句）、(2)奉納を行う主体の名、(3)奉納の客体となる神の名の順で、テクストが構成されている。しかし、それぞれの碑文が設置されていた場所と規模の相違は、それらの機能が明確に異なっていたことを示している。というのも、前者が肥沃な平野に向かってそびえる崖面に巨大な字でテクストを誇示しているのとは対照的に、後者は列柱館の壁に据えられたブロックに前者の十分の一ほどの小さな字でテクストを刻んでいるからである。このような碑文の規模の相違は、プトレマイオス朝の碑文テクストの文献学的な研究にあたってはさほど顧慮に値しないかもしれないが、それらが発信していた社会的メッセージを歴史学的な立場から研究する際には、決定的に重要となってくる。

近年、碑文が「読まれる」というよりもむしろ「見られる」ものであって、テクストである以上にモニュメントであったのだという認識は、確実に学界に浸透しつつある。[3] このような認識は、古典期のアテネのように社会の構成員が相対的に高いギリシア語の識字率を誇っていた世界のそれとは対照的に、あくまでエジプト人がマジョリティであってギリシア語の識字率も限られていたプトレマイオス朝エジプト領域部の碑文の性格を考える上で、きわめて示唆的であろう。

2　アコリス磨崖碑文とそのテクスト

アコリス遺跡の磨崖碑文は、都市域の南西部に屹立する岩塊の麓近く、第三中間期の集落が広がる鞍部の西端に位置している（図63）。上述したように碑文の下部は崩落してしまっているが、流麗な字体で刻まれた三行にわた

図63　ハコリスの奉納磨崖碑文

るギリシア語テクストは完全に残っており、その読みに疑問の余地はない。(4)

ὑπὲρ βασιλέως Πτολεμαίου
θεοῦ Ἐπιφανοῦς, μεγάλου, Εὐχαρίστου
Ἀκῶρις Ἐργέως Ἴσιδι Μωχιάδι Σωτείρᾳ.

プトレマイオス王のために
偉大な恩恵者であり顕現神の
ヘルゲウスの子アコリスが救済女神イシス・モキアスに

碑文の最初の二行を占めるヒュペル句は、この碑文がエピファネス（顕現神）という添え名で知られるプトレマイオス五世に向けられたものであることを示している。(5)ロゼッタ・ストーン（メンフィス決議）が伝えるように、前一九六年の三月、当時まだ一三歳だったプトレマイオス五世は、その戴冠式を慶賀するためにメンフィスに参集したエジプト人の神官団から、この添え名を授与された。しかし、ここには彼が前一九四年から翌年にかけての冬に結婚した王妃クレオパトラへの言及がない。この時代の公的な碑文では、王が結婚している場合には王妃の名が併記されるのが通例であるため、アコリス磨崖碑文の年代は、前一九六年から前一九四／三年までの間と推定される。

図64　ファサード部分が破壊された神殿主体部と参道の階段

碑文の三行目には、まず奉納の主体であるヘルゲウス（エルゲウス）の子ハコリス（アコリス）という人名が主格で現れる。ヘルゲウスやハコリスといった名前は、いかにもギリシア風の響きをもっているが、実はギリシア人の名前のデータベースにこのような例はなく、後述するように、これはエジプト人の名前であることが確実である。[6] これに続いて、奉納の客体であるイシス・モキアスという救済女神の名が与格で示される。このモキアスという添え名については、アレクサンドリアのロキアス岬との関連を指摘する研究者もいるが、これには無理がある。むしろ、アコリスが属していた行政管区の名称であるモキテスに由来すると考えるべきであろう。[7] この時代の奉納碑文の常として、「奉納した《アネテーケ》」という動詞は省略されている。

このように、碑文テクストは、ヘルゲウスの子ハコリスなる者が、プトレマイオス五世のために在地の救済女神イシスに何かを奉納したことを告げているが、いったいそれは何だったのか。奉納の客体が女神である以上、それは神殿《ナオス》、神像《アガルマ》、神域《テメノス》などの宗教的な施設であったことが予想されるが、実際、この碑文の下からは、古代の石段の跡がつづら折りに崖面を上に向かって続き、それは大きな祠の前で終わっている（図64）。この祠は、後代に前面と天井部が大きく破壊されてしまっているが、もとは岩窟神殿であったと思われ、奥壁の中央部には典型的なヘレニズム様式の奉献台が設置されていた。おそらく、こ

図 65　カリグラ帝への奉納石碑

の岩窟神殿こそハコリスの奉納した神殿であり、磨崖碑文はそれをアピールする目的で刻まれたのであろう。現在では、破壊を受けた祠の前面が洞穴状になっているため、平野部から望んだときに磨崖碑文よりも神殿跡の方が目立つが、古代においては入り口部の閉じられた神殿よりはその下の磨崖碑文の方が人目を引いていたはずである。

しかし、アコリスの都市プランの通時的な変遷に照らしたときに不審に思われるのは、この神殿の立地である。というのも、遅くともローマ時代までには、アコリスの都市プランは西方神殿と中央神殿という二つの宗教的な核を中心とするようになっていた。このうち西方神殿の敷地内には、第6章の冒頭で述べたように前三世紀にプトレマイオス朝の王女ベレニケを祀る神殿が存在し、その後もローマ皇帝に対して敷地の一部が聖別されていた。中央神殿については、ローマ帝政後期よりも古い時代の状況は考古学的には不明であるが、その主神がサラピスであることは、その起源が何らかの形でヘレニズム時代に遡る可能性を示している。ところが、ハコリスの奉納した神殿は、これらのいずれからも遠く隔たっている。いったいなぜ、ハコリスは自らの奉納する新たな神殿をこれらの聖域ではなく、都市域全体から見ても周縁にあたる岩石沙漠の崖面に設けたのであろうか。(8)

このような疑問は、神殿とその磨崖碑文とが、ともにアコリスの住民のためのものというよりは、むしろ平野部からこれらのモニュメントを見上げる者たちに特殊なメッセージを発信する目的で築かれたのではないかという仮説を導くであろう。もし、これらが単なるプトレマイオス五世への奉納物であったのならば、神殿はアコリスの中心的な宗教空間に設置され、また碑文も異例の規模で刻まれる必要はなかったはずである。この点に関しては、一九八一年に西方神殿域で発見されたローマ帝政期のギリシア語碑文（図65）が、比較の上で参考となる。[9] この碑文は、ローマ皇帝ガイウス・カエサル・アウグストゥス・ゲルマニクス（カリグラ帝）のために、西方神殿域の一部の区画《ペリボロン》をスーコス神とアモン神に捧げる旨を刻している。ヒュペル句で始まるそのテクストのフォーミュラは磨崖碑文と同一であるが、ここでもその碑文としての規模は磨崖碑文よりもはるかに小さく、むしろ先に触れたOGIS八七番と似通っている。このローマ皇帝のためにアコリスの中心的な聖域に建立された碑文と対比することによっても、アコリスの磨崖碑文が通常の奉納碑文とは異なる機能を果たすべく刻まれたことは明らかである。それでは、その機能とは何だったのか。

この点を考察するにあたってまず参照すべき重要な研究が、W・クラリュスによるハコリスのプロソポグラフィの研究成果である。

3　ヘルゲウスの子ハコリスのプロソポグラフィ

一九九一年に、ベルギーを代表するパピルス学者であるクラリュスは、ギリシア・ローマ時代のエジプトにおけるハコリス及びこれと同一視される人名を集成した上で、レウヴェン・カトリック大学から刊行されている『古代社会』誌に「ハコリス、あるエジプト人名望家とその一族」と題する論文を発表した。[10] その要旨をまとめれば、以下の通りとなる。

まず、この人名は、ヘレニズム時代の初期の史料には、まったく現れない（たとえばゼノン文書やピートリー・パピルスには皆無である）。第二に、その空間的な分布を見ると、この名前は北はメンフィスとファイユームから南はパノポリスに至る地域、すなわち今日では中エジプトと呼び慣わされている空間に集中している。なお、これらの事例は一点、すなわちアコリス磨崖碑文に現れる例を除いて、すべてギリシア語もしくはデモティックのパピルスを情報源としている。都市名としてのアコリスについては、初出が前一四一年であり、常に属格で現れることから、後述するように磨崖碑文に登場するハコリスに由来すると考えて良い。(11)

このような所見を踏まえ、クラリュスはアコリスの磨崖碑文に登場するヘルゲウスの子ハコリスについて、次のように推測する。まず、この碑文の文言から、彼がギリシア人の世界にもエジプト人の世界にも基盤を持つ在地の有力者であったことは確かである。その傍証となるのが、第六次シリア戦争中（前一六九〜前一六八年）の事件に関わるケルン・パピルス四巻一八六番であり、その書き手によれば、敵のアンティオコス四世に内通した罪で多数のエジプト人の要人が捕らえられた中で、ハコリスの子エウフロンについては、「その父であるハコリスの功績に免じて」保釈が許されたとされる。そして、このエウフロンの父親であるハコリスについて、クラリュスは年代的な根拠、及びエウフロン（「悦ばしい」の意）という名がヘルゲウス（＝エリエウス）と音声的に転写されるエジプト人名 *Hrj. w*（同じく「悦ばしい」の意）のギリシア語への「意訳」と推測されることから、アコリス磨崖碑文のハコリスこそ、プトレマイオス朝に格段の功績のあったエウフロンの父ハコリスその人ではなかったかと論じたのである。

それでは、エウフロンの父ハコリスの「功績」とは何だったのか。この点に関してクラリュスが注目したのが、「王の第一の友人」コマノスに言及する、SB五巻八二五七番である。この史料には、コマノス指揮下の船をアコリスまで護送するよう指示していると解される一節があり、これがしばしばアコリスにプトレマイオス朝の軍事拠点が存在したことの根拠とされてきた。(12) ところが、この通説に対してクラリュスは、そこで使われている前置詞の語法を根拠に、この史料に現れるアコリスが地名ではなく人名であると主張した。すなわち、クラリュスによれば、この史料は何よりもコマノスとハコリスとの人的な結びつきを証言するものとされる。

問題になるのは「治世一八年」とだけ表記されたこのパピルスの年代であるが、これをプトレマイオス五世の治世一八年とすると、この史料は前一八七年、すなわち、後述する前二〇六年から始まったテーバイスを中心とする南部大反乱の最終局面にあたる時期のものとなる。当時、プトレマイオス朝の軍を率いていたコマノスは、反乱勢力が奉じるエジプト人の王カオンノフリスと交戦中だった。このような状況を念頭においた上で、クラリュスはハコリスが当時ヘルモポリス州（もしくはキュノポリス州）を管掌するプトレマイオス朝の将軍だったのではないかと推測している。

以上のクラリュスの議論はきわめて説得的であり、とりわけ他の史料にも言及のあるエウフロンの名が祖父の名ヘリエウスのギリシア語への「意訳」であるとの指摘は、在地エジプト人のギリシア化の過程を考える上で、大変に刺激的である。しかし、ハコリスが前一八〇年代にヘルモポリス州（あるいはキュノポリス州）担当の将軍であったとするクラリュスの結論については、にわかに受け入れることはできない。そもそも、「将軍」の語は当該パピルスの現存部分には現れず、L・モーレンの指摘を受けてクラリュス自身も認めているように、このような特定の州を管掌する将軍の存在は、実は南部大反乱後のテーバイスでしか確認されていない[13]。この家系がこれらの州における有力者を輩出していたことは確かだとしても、ハコリスが将軍としてプトレマイオス朝による統治の一端を担っていたことを証拠立てる史料は存在しない。アコリス磨崖碑文のテクスト中で、ハコリスが公的な称号を一切帯びていないこと、またケルン・パピルス四巻一八六番にもハコリスの公的な職務が言及されていないことは、あくまでハコリスがプトレマイオス朝の統治構造に組み込まれることのなかったエジプト人在地エリートであったことを暗示している。

図66　太陽神を崇拝するハコリス王のレリーフ

ハコリスという名は、ギリシア系の支配勢力とエジプト人の在地社会との界面でこの家系がアピールしていた自己イメージについても、推察の手がかりを与えてくれる。というのも、ギリシア語の古典史料には、前三九三年から前三八〇年までエジプトを統治した第二九王朝のファラオとして、同名の王が現れるからである。この王と、磨崖碑文のハコリスとの間には、何らかの関係があったのであろうか。

　この前四世紀のハコリス王のプロソポグラフィについては、彼がキプロスのサラミス王エウアゴラスと結んでいた同盟関係などの外交的な事柄を除くと、知られていることは少ない。しかし、カルナックの近くから出土したハコリス王のレリーフ断片（図66）には、この王の勢力背景を推測する上で見逃すことのできない情報が含まれている[14]。というのも、そこで太陽神の神官として昇りゆく太陽に崇拝を捧げているハコリス王の前には、一頭のヒヒが表現されているからである。ヒヒは、言うまでもなく文字と知恵の神トトの化身であり、その崇拝の中心は伝統的に中エジプトのクヌム、すなわちヘレニズム時代にヘルモポリスと呼ばれた都市にあった。したがって、この図像学的証拠は、ハコリス王が中エジプトと何らかの関係を持っていたことを推測させているのである。さらに、彼の後継者であるネクタネボ一世が、トト信仰のためにヘルモポリスで一連の建築プロジェクトを実施していることも、この推測を補強する証拠となるであろう。

　この前四世紀のハコリス王と前二世紀の在地エリートたるハコリスとの間に、実際に血縁上のつながりがあったかどうかは不明である。両者がともに *Hgr* という名だったのは単なる偶然かもしれないが、注目すべきは、前二世紀のハコリスが自分の名前をギリシア語で書くにあたって、前四世紀の同名のファラオに対してギリシア人たちが用いていたものとよく似た表記を採用していることである。おそらくこうすることで、彼は自分が前四世紀のファラオの末裔であることを（それが事実だったかどうかは別として）、ギリシア人に対してアピールしようとしていたとも考えられよう。

一方で、それまでテーニスと呼ばれていた集落が前一四〇年代までに「ハコリスの（村）」とも呼ばれるにいたった経緯については、定かなことは分からない。クラリュスは、南部大反乱の際にプトレマイオス王朝側に与した功績への見返りとして、テーニスがハコリスに贈与地《ドレア》として下賜された可能性を指摘しているが[15]、これはあまりありそうもない。というのも、プトレマイオス朝期のもっとも有名で規模の大きな贈与地、すなわちプトレマイオス二世が宰相アポロニオスに下賜したフィラデルフィアの一万アルーラの贈与地でさえ、その地にアポロニオスにちなんだ名を残すには至らなかったからである。実際には、おそらくハコリスの在地社会における影響力が強大であると同時に、彼がギリシア人に対してきわめて好意的であったために、この地に定住した駐屯騎兵隊などのギリシア人たちは、この集落を「ハコリスの（村）」と呼ぶようになったのであろう。それでは、プトレマイオス朝の統治機構とは独立した在地エリートであるハコリスは、なぜこのようにギリシア人を意識した名を用いつつ、プトレマイオス朝と友好的な関係を維持していたのであろうか。

4　ハコリスとプトレマイオス朝

ハコリスによってプトレマイオス五世のためにイシス・モキアスの神殿が奉納されたのは、前二〇六年頃に始まった南部大反乱のさなかのことだった。第15章で詳しく検討するようにこのとき蜂起した上エジプトの在地民は、ハロンノフリスを独自のファラオとしてテーベで擁立し、その王位は一九九年頃にはカオンノフリスによって継承された。その後も、エジプト領域部ではこの反乱に伴う混乱が続いたが、いわゆるフィラエ第二決議によれば、前一八六年八月二七日にようやくコマノスの率いるプトレマイオス朝の軍は最終的にカオンノフリスの反乱軍を撃破することに成功し、その戦果は早くも同年九月六日にプトレマイオス五世のもとに報告された[16]。この間、上エジプトは基本的にプトレマイオス朝による支配を脱して独立国の観を呈し、うち続く内戦による疲弊から、領域部では土地の耕作を放棄して神殿に身を寄せる者が相次いでいた[17]。

この時期のアコリスに言及する史料は乏しいが、先に言及したパピルスSB五巻八二五七番からも、アコリスが上エジプトと下エジプトとを結ぶナイル河川交通の要衝として重要な役割を果たしていたことは確実である。この史料でハコリスのもとに何らかの物資を積んだ船を差し向けたコマノスは、反乱軍討伐の主役であったばかりでなく、その功績によって領域部の統治のために新たに設けられたエピストラテーゴス職に就任している[18]。その彼がハコリスとの同盟関係を重視したのは、上エジプトをプトレマイオス朝のもとに奪還するという彼の使命を果たす上で、この地がどうしても反乱軍に渡すことのできないものだったからであろう。しかし、ハコリスの側は、いったいこの同盟関係をどのようにとらえていたのか。

近年、文化的な斉一性を特徴とするナイル世界においても、中央による支配とそれに服する地域との間には、通時的に絶えざる緊張関係があったことが繰り返し指摘されている[19]。それは、この世界の最北端に位置するアレクサンドリアからエジプト人が圧倒的な多数を占める南の領域部を支配しようとしたプトレマイオス朝のもとではとりわけ顕著であり、それがもっとも先鋭な形で現れたのが南部大反乱だった。二〇年にも及んだこの反乱の時期を通じて、アレクサンドリアとテーベという二つの極によって引き裂かれた中エジプトを拠点とする在地エリートは、状況の変化を見極めつつ、プトレマイオス朝と反乱軍のどちらの側に与するべきかという困難な判断を下すことを求められていたのである。

このような時代状況に照らしたとき、アコリス磨崖碑文は二つの大きな問題を提起するであろう。第一に、南部大反乱の行方も定かでない前一九〇年代半ばという段階で、なぜハコリスは自らがプトレマイオス朝の同盟者であることを碑文という手段を通じてアピールしようとしたのか。この問に対しては、考古学的な証拠から、明快な答を引き出すことができる。アコリス周辺の採石場での調査の成果が示すように、この地域ではおそらくプトレマイオス朝期を通じて石灰岩が活発に採掘されていた。これらの石灰岩の一部は、アコリスの港の近くである程度整形された上で船によって搬出されていたが、その主たる目的地は、この時期に石灰岩を素材とするギリシア的な都市整備や神殿建築などが進んでいたアレクサンドリアやファイユームであったと考えられる。アコリス南採石場では、おそらくプトレマイオス三世の治世初期のものと考えられるグラフィティが発見されているため、採石場の操業が遅くとも前三世紀前半にまで遡ることは間違いないが、この事実は、磨崖碑文が刻まれた前二世紀初頭までには、アコリスとアレクサンドリアを筆頭とする下エジプトとの経済的な結びつきがしっかりと確立されていたこと、また在地エリートとしてのハコリスの経済的な基盤が、おそらくはアレクサンドリアやファイユームなどのプトレマイオス朝の勢力圏への石材の供給にあったことを示している。ハコリスが、反乱軍側に与する余地をあえて磨崖碑文によって封じたのは、このような背景があってのことだった。都市域北端部での発掘の成果は、ちょうど

図 67　岩石沙漠の崖面に刻まれたラメセス 3 世のカルトゥーシュ

南部大反乱が終結した頃からアコリスへの地中海系アンフォラの搬入が増加したことを示しているが、これは危機の時代にもプトレマイオス朝への忠誠を堅持したハコリスと首都アレクサンドリアとの紐帯が、ますます強化されたことの反映であろう。王朝側がこのハコリスの姿勢をその後も高く評価し続けたことは、上述したハコリスの子エウフロンのエピソードが雄弁に物語っている通りである。

　これに対して、第二に問われるべきは、なぜハコリスが磨崖碑文という伝統的なギリシアの碑文慣習にはない新奇な手段によって彼の政治的メッセージを発信しようとしたのかという問題である。これについては、にわかに答を提示することは難しいが、アコリス遺跡とその周辺に残された考古学的証拠からは、ある程度の推測をめぐらすことが可能である。というのも、この磨崖碑文の南方には、第二〇王朝のファラオであるラメセス三世の巨大なカルトゥーシュ（図67）とアメン神とソベク神に付き添われた同王のレリーフとが、岩石沙漠の壁面にパネル状に彫り込まれているからである。カルトゥーシュの方は、現在では一面しか残っていないものの、枠の一部の存在から、本来は複数のカルトゥーシュが上下左右に並ぶ体裁をとっていたと推測される。さらに視野を広げるならば、対岸南のトゥナ・エル・ジェベルに残るアメンヘテプ四世の境界標も、ハコリスによる碑文行為により直接的な影響を与えた可能性が高い。これは、岩石沙漠の崖面に彫り込まれた高さ七・六メートルのステラで、新都アマルナの北西端を示すために設けられたものである。崖面にパネルを設定し、そこに碑文と図像を彫り込んでいる点で、制作された時代こそ大きく隔たっているものの、この境界標とアコリス磨崖碑文とはきわめて似通っている。これらの証拠からは、岩石沙漠という地形上の特徴を巧みに利用した磨崖碑文という独特の形態は、王朝時代に遡る在地の文化伝統から立ち上がってきたと考えるのが妥当であろう。

以上の検討結果が示すように、アコリスの磨崖碑文は、建築資材としての石灰岩の搬出を通じたプトレマイオス朝との経済的な関係を勢力基盤とする在地のエジプト人エリートが、危機の時代のさなかに王権との同盟関係を強くアピールする目的で制作されたものだったのである。

おわりに

本章では、前二世紀初頭に刻まれたアコリスの磨崖碑文を手がかりとして、後の時代にまでこの集落にその名を伝えることになったハコリスという在地エリートの姿を追求してきた。アコリスの生業面での特殊性を考慮するならば、この個別事例をどこまで同時代のエジプト領域部に敷衍して考えることができるかは確かに問題となるが、彼がプトレマイオス朝を支持するメッセージの発信のために採用した磨崖碑文のテクストと形態は、この時代の文化変容のあり方を考える上で、きわめて興味深いものであるといえよう。

上述したように、この碑文のテクストは典型的なギリシア語の奉納碑文のフォーマットを忠実に踏襲しており、端正なアルファベットの字体ともども、その制作にあたってギリシアの碑文慣習に通暁したギリシア人が関与していたことを窺わせている。その限りにおいて、この碑文が何よりもギリシア系の支配層（具体的には反乱軍と戦うプトレマイオス朝の軍隊）に向けられたものだったことは疑いがない。しかし、その一方でテクストの下に配されたエジプトの神々の像、そしてテクストを囲む枠とその上部の神殿風の装飾などの図像学的エレメントは、ギリシア語のリテラシーを欠く者に対しても、この碑文行為が必ずしもエジプトの伝統から逸脱するものではないことを伝えていたと思われる。そして何よりも、磨崖碑文という形態そのものも、ギリシアの碑文文化とエジプトの碑文文化との接触によって生じた文化変容の産物だった。

アコリス磨崖碑文にその一端を覗かせるこの時期のダイナミックな文化変容は、この碑文を刻ませた在地エリートのハコリスとその一族をとりまく社会環境を特徴づけるものでもあったであろう。彼らと在地エジプト人との関わり（とりわけ有力神殿との関係）についてはまったく手がかりがないが、その拠点が後にギリシア人たちから「ハコリスの（村）」と呼ばれるようになったことは、ギリシア系の入植者や駐屯軍の兵士たちの間における彼の存在感が、並々ならぬものであったことを物語っている。その点で、ハコリスは、プトレマイオス朝の領域支配構造を再考する上で、貴重な事例を提供しているのである。

第13章　ロゼッタ・ストーン再考
――王権と在地神官団との相互交渉――

はじめに

ギリシア神殿を模した重厚なファサードが威容を誇る、ロンドンの大英博物館。そこには、かつて七つの海を支配した大英帝国がその威信をかけて収集した膨大な文化遺産が展示されているが、中でも常にひときわ大きな人だかりを集め、この博物館を代表する遺物となっているのが、ロゼッタ・ストーンである（図68・69）。ロゼッタ・ストーンへの関心は、何よりもそれがヒエログリフの解読、さらにはエジプト学という一つの学問分野の創造に道を拓いたことに由来している。一七九九年のロゼッタ・ストーンの発見からジャン・フランソワ・シャンポリオンによるヒエログリフの解読までには二〇年以上の歳月を要し、また、最終的にシャンポリオンに解読の成功を確信させたのもロゼッタ・ストーンではなくアブ・シンベル神殿の碑文だったことはよく知られているところである。しかし、この間、シャンポリオンだけではなく、彼のライバルだったトマス・ヤングを筆頭とする多くの研究者にヒエログリフ解読への闘志をかき立て続けたのがロゼッタ・ストーンだったことに、異論はないであろう。というのも、石碑の上で、異形の二種類の文字によるテクストとともに刻まれたギリシア語テクストの末尾には、この決

図68　大英博物館に展示されているロゼッタ・ストーン

図69　ロゼッタ・ストーンの碑面

議を硬い石に「神聖《ヒエロス》な文字」、「在地の《エンコリオス》文字」、そして「ギリシアの《ヘレニコス》文字」によって刻むべきことが明記されており、それは前者の二つのテクストもまたギリシア語のテクストと同じように「読む」ことが可能なのだと挑発していたからである。

ヒエログリフの解読は、当然ではあるが、ロゼッタ・ストーンに刻まれたヒエログリフのテクストを「読む」ことも可能にした。ヒエログリフの解読法について書かれた一般向けのある本の帯には、「この一冊であなたもロゼッタ・ストーンの碑文を読むことができる」と大書されている[1]。しかし、この本を通じて多少なりともヒエログリフが読めるようになった人がいたとしても、その人がまず目を向けるのは、まずは新王国時代の神殿や天を指すオベリスクの碑文であって、王朝時代が過ぎ去って久しいヘレニズム時代に刻まれた石碑上の細かな文字ではおそらくない。実際のところ、ヒエログリフの解読に果たした役割に由来するその知名度の高さとは裏腹に、ロゼッタ・ストーンに刻まれたテクストそのものに関する一般的関心は驚くほど低い。たとえば、ヒエログリフの解読競争について詳述したアドキンズ夫妻の本の中で、この碑文のテクストの内容が言及されているのは一箇所だけであり、そこにはこう書かれている。(2)「ロゼッタ・ストーンに記された碑文の内容そのものは、とくに重要なものでも興味を惹くものでもなく、前一九六年、マケドニアのギリシア人である王、プトレマイオス五世エピファネスを賛美する神官の言葉を記したものに過ぎない」。これは、華やかな王朝時代を専門とするエジプト学者のあまりにも率直な感想としては、大いに首肯できるものであろう。

もちろん、ヘレニズム史の研究領域においては、事情はまったく異なっている。ヘレニズム時代については、いくつかの基本的なギリシア語史料集（現代欧語訳）が刊行されているが、一つとしてロゼッタ・ストーンに刻まれたテクストのギリシア語版を収録していないものはない。(3)ロゼッタ・ストーンは、ヘレニズム時代のエジプトで刻まれた長文のギリシア語碑文として冠たる存在であるばかりではなく、プトレマイオス朝の土台を大きく揺るがせることになった南部大反乱中の状況を垣間見させる点においても、きわめて貴重な歴史史料なのである。

そこで、本章では、前章で検討したハコリスの磨崖碑文からの知見を相対化するために、ロゼッタ・ストーンのテクストを中心として、これを同じ史料類型に属する他のテクストと比較するとともに、それらを同時代の時代状況に再定位することによって、前三世紀後半から前二世紀前半にかけての王権と神官団との関係の推移を明らかにしていきたい。(4)

1　プトレマイオス朝と神官団決議

ロゼッタ・ストーンは、前一九六年三月二七日にメンフィスに参集したエジプト人の神官団による決議（以下、慣例に従ってメンフィス決議と呼ぶ）を、ヒエログリフ、デモティック、ギリシア語の二言語三文字種によって灰色花崗岩の表面に刻んだものである。(5) 何らかの機会にエジプト各地からある場所に集まった神官たちが会議を行い、その決議内容をエジプト語とギリシア語で石碑に刻んで公刊するという慣行は、前三世紀の中頃から一世紀ほどの間に限定的に見られ、後述するそのテクストの構成原理からも、これがエジプト土着の伝統に由来するものではなく、プトレマイオス朝期に、王権のイニシアティヴのもと、ギリシアの碑文文化の伝統を踏まえて成立したものであることは明らかである。(6) エジプト人の神官団が開催したこの種の集会とそこで採択された決議に関しては、確実ではないものも含めるならば、以下のような事例が知られている。(7)

(1)前二六六／五年にサイスで行われた集会。決議の有無については不明であるが、集会の開催の理由としては、クレモニデス戦争との関連が推測されている。(8) ただし、近年の研究は、これを神官決議とみなすことには懐疑的である。(9)

(2)おそらく前二五七年にメンデスで行われた集会。(10) 有名なメンデス石碑に神官の招集に関する言及があることから、この機会に集会が開催されたことが推測されているが、決議の有無については不明である。(11)

(3)前二四三年にアレクサンドリアで挙行されたテアデルフィア大祭に際して行われた神官たちの集会。そこで採択されたのが、いわゆるアレクサンドリア決議であるが、その内容については次節で検討する。(12)

(4)前二三八年にアレクサンドリア近郊のカノーポスで行われた集会。そこで採択されたのが、第3節で検討するカノーポス決議である。

(5)カイロ博物館所蔵の石碑から知られる、プトレマイオス四世の即位（前二二一年）から第4節で検討するラフィア決議までの間に位置づけられる集会[13]。

(6)前二一七年にメンフィスで行われた集会。そこで採択されたのが、ラフィア決議である。

(7)ルーヴル所蔵のヒエログリフの石碑断片から存在が示唆されている、プトレマイオス五世治下の前一九九／八年から前一九七／六年までの間に開催された集会[14]。詳細については不明な点が多い。

(8)ロゼッタ・ストーンで有名な前一九六年のメンフィスでの集会。そこで採択されたのが、第5節で扱うメンフィス決議である。

(9)いわゆる第二フィラエ決議から知られる、前一八六年のアレクサンドリアでの集会。内容については、第6節で検討する。

(10)その翌年（前一八五／四年）にメンフィスで行われた集会。そこで採択されたのが、第一フィラエ決議である[15]。

(11)ノバイレー決議からその存在が推測される、前一八二年におそらくメンフィスで開催された集会、及び同年にやはりメンフィスで開催された集会[16]。

しかし、これらの神官団による会議のうち、その決議のテクストが（ギリシア語であれエジプト語であれ）石碑の上に刻まれることによって相当程度まとまった形で残されているのは、(3)、(4)、(6)、(8)、(9)の五つに限られると言ってよい。そこで、次節以下では、神官決議の代表例として、これらの決議の構成と内容を個別にとりあげ、順次検討していくことにする。

2　アレクサンドリア決議

プトレマイオス朝に絶頂期をもたらしたプトレマイオス二世が前二四六年の初頭に逝去すると、ただちにエジプトの王位はプトレマイオス二世とアルシノエ一世との間の息子の一人であるプトレマイオス三世によって受け継がれた。彼は、プトレマイオス二世の晩年の政策によって、隣国キュレネで王位を僭称していたマガスの娘ベレニケと結婚していたので、[17]ここにエジプトとキュレネとを一円的に支配する広大な王国が誕生したのである。彼は即位にあたって、事実とは異なる「姉弟神夫妻《テオイ・アデルフォイ》であるプトレマイオス王とアルシノエ王妃（二世）の子」を名乗ることで、プトレマイオス二世によって創始された王朝祭祀の方向性に追随するとともに、[18]ベレニケとともに「善行神夫妻《テオイ・エウエルゲタイ》」を自らの公称と定めた。[19]

エジプトにおける新たな王の即位は、国際情勢にも大きな影響を及ぼさずにはおかなかった。第二次シリア戦争（前二六〇〜前二五三年）の終結に際して、セレウコス朝のアンティオコス二世のもとにはプトレマイオス二世の娘（すなわちプトレマイオス三世の姉妹）にあたるベレニケが嫁ぎ、その間には男子も生まれていた。しかし、プトレマイオス二世の没後まもなく、アンティオコス二世の前妻のラオディケはエフェソスで同王を暗殺し、自分と同王との間の息子の一人をセレウコス二世として擁立した。これに対して、後妻のベレニケもプトレマイオス朝を後ろ盾として自分と同王との間の子の王位継承権を主張し、彼女を救援するべく出征したプトレマイオス三世とセレウコス朝との間で、第三次シリア戦争（ラオディケ戦争）が勃発したのである。[20]

シリアからメソポタミアに攻め入ったプトレマイオス三世は、姉妹のベレニケとその子こそ救い出すことができなかったものの、セレウコス朝の軍に対して輝かしい戦果を収めたらしい。後六世紀にコスマス・インディコプレウステスが紅海沿岸のアドゥリスで採録した碑文によれば、このときプトレマイオス三世の軍は、ユーフラテス川を越えてバビロニアやスシアナ、さらにはメディアやペルシスに侵攻してバクトリアにまで迫り、かつてペルシアがエジプトを支配していた時代にこの地に持ち去られていた神像などの聖遺物をエジプトに持ち帰った[21]。ユスティヌスの表現を借りるならば、「もしエジプトでの国内反乱で呼び戻されていなかったなら、セレウコスの全王国を占領していたところ」だったのである[22]。このエジプト国内の反乱の性格や規模などについては不明であるが、第11章で論じたように、帰国後のプトレマイオス三世が前二四三年から翌年にかけて領域部を行幸したと見られることからも、この反乱が領域部を拠点とするものであった可能性は高い。

おそらくこの反乱が鎮圧された直後にあたる前二四三年一二月三日に、アレクサンドリアでプトレマイオス二世夫妻を讃えるテアデルフィア祭が開催された際、イシス女神と姉弟神の神殿に参集したエジプト人の神官団によって採択されたのが、いわゆるアレクサンドリア決議である。この決議を刻んだ石碑は、少なくとも五例が現存している。

A　エレファンティネ出土例

一九〇八年に、シャルル・クレルモン＝ガノーによるアスワンのエレファンティネの発掘に際して、メンフィス決議を刻んだ石碑断片とともに、ギリシア語、及びデモティックを刻んだ石碑の小断片が一〇〇点ほど出土した。これらはルーヴルに収蔵されたが、後にウプサラ博物館所蔵の石碑断片がこれと同一の石碑に由来していることが判明し[23]、近年その詳細な復元が試みられている[24]。

B　エル・カジンダリーヤ出土例

二〇〇〇年にソハーグ近郊のエル・カジンダリーヤの神殿から発見された、高さ二二〇センチ、幅一二〇センチの石碑[25]。大きく割れているものの、コム・エル・ヒシン出土のカノーポス決議碑文（後述）と酷似したレリーフの刻まれた上部も含め、ほぼ完形に近い。正面に、ヒエログリフで二一行、デモティックで一八行のテクストが刻まれているが、デモティックの下半分は行の配置が乱雑であり、その下の本来ギリシア語のテクストが刻まれるはずであった部分は、空白のまま残されている。

C　ダラム・オリエント博物館所蔵例

ヒエログリフ六行が残された石灰岩製の石碑の小断片[26]。フースはこれを独立した決議の証拠とみなしたが[27]、H・ティッセンはアレクサンドリア決議に同定している[28]。

D　ルーヴル所蔵例

アスワンで蒐集され現在はルーヴルに所蔵されている小断片で、六行のデモティックのテクストが残存している[29]。

E　トッド出土例

一九六〇年に公刊された石碑の断片で、一三行から成るギリシア語テクストのごく一部だけが読み取れる[30]。

ここでは、F・カイザーが史料Bを参照しながら校訂した史料Aのテクストに基づき、決議の内容を概観する（括弧内は復元されたテクストの行数）[31]。

第一部：導入部
(1)　治世年、王朝祭祀の神官名、マケドニア暦、エジプト暦による年月日の表記（一～三）
(2)　決議主体と会議の開催理由（王の何らかの記念日とテアデルフィア祭）（三～五）
第二部：善行神夫妻に対する顕彰の背景説明
(3)　エジプト諸神殿とエジプト住民への貢献（五～九）
(4)　囚人の解放（一〇）
(5)　治世初年からの対外遠征の勝利と、馬や象の獲得（一〇～一二）
(6)　ペルシアからの聖遺物の奪還（一三～一五）
(7)　諸神殿で崇拝されている聖獣の保護（一五～一九）
(8)　諸神殿への貢献に対する神々からの加護（二一）
第三部：善行神夫妻に対する顕彰の内容
(9)　歴代の王族の像の建立と大祭についての規定（二二～二七）
(10)　善行神夫妻の大祭の日程に関する規定（二七～三二）
(11)　王妃ベレニケの誕生祭の追加に関する規定（三二～三四）
(12)　私人も王のために大祭を祝い、祠を設けることができる旨の規定（三四～三六）
第四部：結尾部
(13)　この決議を三種の文字で石碑に刻んで諸神殿に建立する旨の規定（三六～三八）

アレクサンドリア碑文を一見して明らかなことは、そこにロゼッタ・ストーンに代表される一連の神官決議の基本的な構造と内容表現が、ほぼ完成された形で現れていることであろう。この基本構造については、次節でギリシア語テクストが完全な形で残っているカノーポス決議に即して述べることにするが、まずもって各構成要素の割合に目を向けるならば、王権側がエジプト人神官団（及びエジプトの住民）に対して行ったこと（顕彰の背景）と、神官団の側が王権に対して行うべきこと（顕彰の内容）とが、ほぼ同じ比重で言及されていることが特筆に値する。カイザーも指摘するように、顕彰の背景（実質的には、これが王権側からの神官団に対する恩恵の施与の表明となる）のテクスト全体に占める割合は、アレクサンドリア決議の場合が二分の一足らずであるのに対して、カノーポス決議の場合には三分の二近く、メンフィス決議では、三分の二以上に達している。[32] いずれにしても、アレクサンドリア決議は、その後の神官決議のフォーミュラを確定した点において、画期的な決議であったと考えて差し支えないであろう。

3　カノーポス決議

アレクサンドリア決議の採択から四年あまりを経た前二三八年三月七日にアレクサンドリア近郊のカノーポスで採択されたエジプト人神官団の決議が、いわゆるカノーポス決議である。カノーポス決議を刻んだ石碑は、これまでに少なくとも六例が知られている。[33]

A　タニス出土例

一八六一年にタニスで発見された、高さ二二〇センチ、幅七九センチ、厚さ三二センチの石灰岩製の完形石碑。[34] 正面には、上部に有翼の日輪から延びる上エジプトと下エジプトの冠をかぶった蛇が表現され、その下にヒエログリフで三七行、続いてギリシア語で七六行、石碑の左側面にデモティックで七四行の碑文が刻まれている。

図70 カイロ博物館のカノーポス決議碑文（B）

B コム・エル・ヒシン出土例（図70）

一八八一年にG・マスペロによってナウクラティスに近いデルタ西部のコム・エル・ヒシン（下エジプト第三ノモスの州都モメンフィス）で発見された、高さ二〇二センチ、幅九五センチ、厚さ七〇センチのほぼ完形の石灰岩製の石碑。[35] 正面上部にはやはり有翼の日輪から延びる蛇が刻まれているが、この石碑を有名にしているのは、その下に並ぶ神々と王の図像であり、向かって左にはプトレマイオス三世夫妻を先頭に、トト神とセシャト女神、プトレマイオス二世夫妻、プトレマイオス一世夫妻が、また向かって右には、このノモスの女神、ハトホル女神、セカト・ホル女神、アメン・ラー神、ホルス神と、もう一柱の神（石碑の損壊により欠落）が、中央を挟んで向かい合うように表現されている。[36] 文字テクストはいずれも石碑の正面に刻まれ、上から順にヒエログリフ二六行、デモティック二〇行、ギリシア語六四行から成っている。

C　ルーヴル所蔵例

ナポレオンの遠征軍によってカイロのモスクの石材として転用された状態で発見され、現在はルーヴルに展示されている、玄武岩製の石碑の右半分。[37] 表面は著しく摩滅しているが、上から順にヒエログリフ二八行、デモティック二七行、ギリシア語七六行のテクストが刻まれている。

D　カルナック出土例

テーベのカルナック神殿の大列柱室敷石（ローマ時代の改修）に転用されていた、高さ二二三センチ、幅一五九センチ、厚さ五五センチの赤色花崗岩製の石碑。[38] やはり摩滅が著しいが、表面には、二二行のヒエログリフの下に、冒頭五行分のデモティックが残されている。報告者は、ギリシア語のテクストは刻まれなかったのではないかと推測している。[39]

E　エル・カブ出土例

上エジプト第三ノモスのエル・カブ（エイレイテュイアスポリス）で発見された、石碑の正面右の一部にあたる砂岩製の小断片。[40] 正面にはヒエログリフ四行分、右側面にはギリシア語九行分のテクストが残存している。

F　テル・バスタ（ブバスティス）出土例

ヘロドトスの言及で名高い古代のブバスティスからは、一九二三年にカノーポス決議の小断片が出土していたが、[41] 二〇〇四年四月に、その残りの部分の大きな破片が発見されたことが報道された。[42] テクストは、上から順に、ヒエログリフ、デモティック、ギリシア語で刻まれている。

これらの史料を詳細に分析したS・プファイファーは、ギリシア語のテクストがほぼ同一であるのに対して、デモティックのテクストには史料間で若干の異同が観察されることなどから、刻字にあたって元になったテクストはギリシア語のそれであろうと推測している。[43] プファイファーに従ってカノーポス決議の内容を要約するならば、以下の通りとなる（括弧内は史料Aの行数）。

第一部：導入部
(1) 治世年、王朝祭祀の神官名、マケドニア暦、エジプト暦による年月日の表記（一～三）
(2) 決議主体と会議の開催理由（王の誕生日と王位継承記念日）（三～七）
第二部：善行神夫妻に対する顕彰の背景説明
(3) エジプト諸神殿への貢献（七～九）
(4) エジプト諸神殿で崇拝されている聖獣の保護と、聖遺物の奪還（九～一一）
(5) 対外戦争の遂行と優れた統治政策（一一～一三）
(6) 飢饉に際しての対応（一三～二〇）
第三部：善行神夫妻に対する顕彰の内容
(7) 「善行神の神官」呼称の創設と新たな神官団の部族の増設についての規定（二〇～二五）
(8) 部族の増設に伴う神官団の組織改革の内容（二五～三三）
(9) 善行神夫妻の大祭の日程に関する規定（三三～三八）
(10) 大祭の内容と、閏年の導入に関する規定（三八～四六）
第四部：王女ベレニケに対する顕彰の背景説明

(11) 王女ベレニケの死、神官団によるカノーポスのオシリス神殿への亡き王女の合祀請願と、王女の神格化に関する儀礼の挙行の経緯（四六～五四）

第五部：王女ベレニケに対する顕彰の内容

(12) 王女ベレニケへの祭儀の内容と、ベレニケの黄金像の制作とその聖域への建立に関する規定（五四～六四）

(13) ベレニケ像への崇拝と讃歌に関する規定（六四～七〇）

(14) ベレニケ祭祀を行う少女たちへの給付に関する規定（七〇～七三）

第六部：結尾部

(15) この決議を三種の文字で石碑に刻んで諸神殿に建立する旨の規定（七三～七六）

この構成が示すように、カノーポス決議は、プトレマイオス三世夫妻に対する顕彰決議（第二部と第三部）に幼くして亡くなった王女ベレニケへの顕彰決議（第四部と第五部）が追加され、全体が導入部（第一部分）と結句（第六部分）とによって枠構造で囲まれるという、典型的なギリシアの顕彰碑文のスタイルを踏襲している。第二部が ἐπειδή、第四部が καὶ ἐπειδή、それらに対応する第三部と第五部がともに δεδόχθαι という常套句で始まっていることも、この構造の緊密さを強調しているといえよう。テクストの配置については、現存するいずれの例においてもヒエログリフのテクストが石碑正面の上部に配されているが、AではデモティックのテクストがまたEではギリシア語のテクストが石碑の側面に刻まれており、少なくともデモティックとギリシア語との間に優先順位などが定められていたわけではなかったらしい。また、石碑の上部に刻まれたレリーフの意匠についても、特に統一する規定はなかったようである。

決議の内容に目を向けるならば、カノーポス決議の最大の特徴は、第二部がファラオとして王が当然なすべき責務の一般的かつ概括的な表現に終始している（飢饉への対応についてはやや具体的に述べられているが、そこでも治世年などは具体的に言及されていない）のに対して、第三部では神官団の組織改革の具体的な中身や手続きが詳述されており、きわめて実務的な印象を与えずにはおかないことであろう。そこからは、この決議の主眼が、神官団（さらにはエジプトの住民）のために王が行った事績に対する謝意の表明よりは、むしろ神官団の側からの王権に対する組織的な支持のアピールに重点が置かれていたことが窺われる。それは、特に追加決議に相当する第四部と第五部において顕著であろう。第6章でも述べたように、ここで王女ベレニケが神格化されたのは、生前の彼女の業績とは一切関係がなく、彼女が王夫妻の娘として生まれて亡くなったという、ただそれだけの理由によっている(44)。しかし、エジプト人神官団にとっては、このような「理由のない」王族の神格化は、王権からの好意を確かなものにする格好の機会だった。第五部でベレニケを祀る祭儀について、とりわけ彼女の神像の様式について事細かに規定されていることも、プトレマイオス朝の推進する王朝祭祀を自らの精神文化に位置づけようとしたエジプト人神官団の意思の表れと解釈することができよう。

カノーポス決議のテクストを通じて示された神官団による王権への支持に対して、王権の側も目に見える形で相応の感謝の意を表すことになる。こうして行われたのが、決議の翌年にあたる前二三七年八月

図71　エドフのホルス神殿塔門

二三日、テーベの南に位置する交通の要所エドフで始まった、エジプトの神ホルスを祀る壮大な神殿（図71）の建築である。ホルス神殿の外壁に刻まれた碑文は、プトレマイオス三世自らがセシャト女神の助けを借りながら神殿の縄張りを行ったことを誇らしげに語っているが、[45]はるかに時代を下った前七〇年にようやく完成を見ることになるこの神殿の建築活動は、王権とエジプト人神官団との協調関係の象徴でもあったのである。

4　ラフィア決議

プトレマイオス三世が前二二二年の冬に亡くなると、王位継承をめぐる兄弟間の争いの末に、有力な廷臣ソシビオスに推されたプトレマイオス四世（愛父神《フィロパトル》）が王位を継いだ。[46]これと前後して、セレウコス朝ではアンティオコス三世（大王）が、またマケドニア王国ではフィリポス五世が即位し、後にポリュビオスの慧眼が見抜いたように、[47]東地中海世界の国際情勢は急速に新たな展開を迎えようとしていた。その中で、即位したばかりのプトレマイオス四世がまず直面したのは、コイレ・シリアをめぐるセレウコス朝との紛争（第四次シリア戦争）だった。この戦争は、前二一七年の初夏に、プトレマイオス四世の率いる歩兵七万、騎兵五千、アフリカ象七三頭からなるプトレマイオス朝軍と、アンティオコス三世の率いる歩兵六万二千、騎兵六千、インド象一〇二頭からなるセレウコス朝軍が雌雄を決するべく戦ったラフィアの戦いで頂点を迎える。ポリュビオスによれば、この戦いにはプトレマイオス四世の実の妹であり妻でもあったアルシノエ三世も従軍していたが、プトレマイオス四世は戦闘のさなかに先陣に飛び出して敵の度肝を抜くとともに、味方の兵士たちの戦意を鼓舞した。[48]この戦争の勝利を記念して、前二一七年一一月一五日にメンフィスに参集した神官たちが採択した決議が、いわゆるラフィア決議である。[49]ラフィア決議を刻んでいることが確実な碑文としては、以下の三点がある。

A　ピトム（テル・エル・マスクータ）出土例

一九二三年に発見された、高さ六三センチ、幅六一・五センチ、厚さ一六センチの石灰岩製の石碑。[50]元の石碑の上部三分の一から二分の一ほどが残っており、正面には有翼の日輪の下に騎乗のプトレマイオス四世が表現され、その下にヒエログリフのテクストが、石碑の裏面にデモティックのテクストが、そして両側面にギリシア語のテクストが刻まれている。

B　コム・エル・カラーア（メンフィス）出土例（図72）

高さ三二センチ、幅四三センチ、厚さ三五センチの玄武岩製石碑。[51]現存しているのは、元の石碑の左上端にあたり、正面には騎乗のプトレマイオス四世の後ろにエジプトの女神の姿で従うアルシノエ三世と、ヒエログリフのテクストが、左側面にはデモティックのテクストの後半と、ギリシア語テクストの冒頭部分が僅かに残っている。[52]

C　トッド出土例

石碑そのものは一九三〇年代に発見された後に失われたが、テクストはヒエログリフ、デモティック、ギリシア語とも、正面に刻まれていた。[53]

以下は、オースティンによる史料Aのデモティックのテクストの英訳に基づいて整理した、ラフィア決議の内容である。[54]

第一部：導入部
(1) 治世年、マケドニア暦、エジプト暦、王朝祭祀の神官名による年月日の表記（一～五）
(2) 決議主体と会議の開催理由（五～七）
第二部：プトレマイオス四世に対する顕彰の背景説明
(3) エジプト諸神殿への貢献（七～八）
(4) 王のシリア・フェニキア遠征にあたっての神々の加護（八～一〇）
(5) ラフィアの戦いでのアンティオコス三世に対する勝利（一〇～一四）
(6) 戦象や黄金などの戦利品の獲得（一四～一五）
(7) 王による犠牲と住民たちの歓迎（一五～一七）
(8) 破壊された神像の修復（一七～一九）
(9) 海外に対するエジプトの神々の威光の顕示（一九～二〇）
(10) 戦没者の遺骸の回収と埋葬（二〇～二一）
(11) エジプトの神殿から略奪された聖遺物の奪還（二一～二三）
(12) 敵地での活動（？）（二三～二五）
(13) エジプトへの凱旋（二五～二七）
(14) 王の領域部への行幸と神官たちからの歓迎（二七～二八）
(15) 王による神殿への参詣（二八～二九）
(16) 王によるエジプトの神殿及びエジプト住民への施与（二九～三一）
第三部：愛父神夫妻に対する顕彰の内容

⒄　エジプト様式の王夫妻の像を諸神殿に建立する旨の規定（三一～三四）
⒅　王夫妻の像に対する儀礼の規定（三四～三五）
⒆　石碑に刻まれる王のイメージに関する規定（三五～三六）
⒇　プトレマイオス王のための祭典に関する規定（三六以下）

ラフィア決議の最大の特徴は、カノーポス決議とは対照的に、第二部の神官団による顕彰の背景説明の焦点が、はっきりとラフィアの戦いにおけるプトレマイオス四世の勝利という歴史的事件に絞られていることであろう。エジプトの神々からの加護が強調されているために宗教色が濃く感じられるものの、そこでは遠征軍の進発とアンティオコス三世との会戦の日付（前二一七年六月一三日と同二二日）などが明記されていることに加えて、⑽で特記されている戦没者の遺骸の回収などのトピックについても、細部の相違は別として、ポリュビオスによるこの戦いの叙述に対応箇所を見出すことがで

図72　カイロ博物館のラフィア決議碑文（B）

きる。[55]

この第二部の特徴が、第三部で述べられている顕彰の内容にも影響を与えていることは、見過ごされてはならない。たとえば、第二部では、プトレマイオス四世には常にエジプト人による公式の王名（「イシス女神に愛される永遠なるプトレマイオス」）が用いられているのに対して、第三部では、これと並んで王妃アルシノエと一体化されたプトレマイオス朝の王朝祭祀の称号（愛父神夫妻）が強調されている。また、AとBは、ともに石碑の上部に槍を手に騎乗で戦うプトレマイオス四世と、それをエジプトの女神の姿で背後から見守るアルシノエ三世を図像によって表現することで、エジプトの勝利に貢献した王夫妻の役割を明確にしている。これらの表現は、明らかにエジプト人の神官団がプトレマイオス四世の勝利をファラオにふさわしい業績と認めると同時に、ヘルブルによって指摘されているように[56]、それを単なる王に対する賛美に終わらせることなく、自らの神話体系の中でこの出来事を積極的に再解釈しようとした試みの現れとみなすことができる。というのも、⒄で規定されているように、この決議によってエジプト各地で建立されることになった王の像は「父を擁護するホルス神にして武功輝くプトレマイオス」と呼ばれることになったが、このことは王をホルス神（言うまでもなく、エジプトの神話ではセト神と戦って父であるオシリスの仇を討つ存在である）に同定することで、愛父神夫妻という公称にエジプト神話に基づく独自の「註釈」を加えることを可能にしたからである。

このように、ラフィア決議のテクストからは、ラフィアにおけるプトレマイオス四世の勝利という世俗の事件が、エジプト人神官団が王を自らの神話体系の中に位置づけることでファラオとして公認する格好の契機を提供したことが推察される。⒆において、王が武装して王冠を戴く姿で表現されるよう強調されていることも、神官団による王権の受容が、対外戦争での勝利を通じたエジプト世界の秩序の保持という王の責務と等価であったことを示すものと考えて良いであろう。

5　メンフィス決議

プトレマイオス四世は、おそらく前二〇四年の夏に四〇歳ほどで世を去ったが[57]、その跡を継いだのが、当時まだ六歳足らずの幼児だったプトレマイオス五世である。当時のエジプトは、国内ではプトレマイオス四世の治世末年に勃発した南部大反乱（第15章参照）による混乱が広がり、対外的にはアンティゴノス朝のフィリポス五世とセレウコス朝のアンティオコス三世（大王）からの脅威にさらされるなど、文字通り内憂外患に苦しめられていた。

まず、ポリュビオスに従って内政面の混乱に目を向けるならば[58]、廷臣のアガトクレスとソシビオスは、プトレマイオス四世の没後、その姉妹でありかつ妻であったアルシノエ三世（プトレマイオス五世の母）を殺害し、この幼児を帝位に就けることによって王権を牛耳ろうとした。プトレマイオス三世の時代から宮廷に仕えていた有能な政治家であったソシビオスが間もなく世を去ると、アガトクレスは他の有力な廷臣を次々に使節として国外に送り出して単独で実権を握ったが、やがてその驕慢と放逸がマケドニア兵の怒りを買い、アレクサンドリアの都市民を巻き込んだ争乱の中で最期を迎えることになる[59]。その後は、他の廷臣たちが幼い王の後見人として政権の安定に尽力したが、政権の弱体化は明らかだった。

さらに外政面では、おそらくフィリポス五世と密約を結んだアンティオコス三世が再びシリアを南下したことによって、前二〇二年にいわゆる第五次シリア戦争の火蓋が切られた。アイトリア人スコパスに率いられたプトレマイオス朝の軍は、前二〇一／〇年には一時パレスティア北部を制圧することに成功したが、やがてこの地方はアンティオコス三世の手に落ちることになる[60]。マケドニアとの緊張関係は、第二次マケドニア戦争（前二〇〇〜前一九七年）でフィリポス五世がローマに敗れたことにより一段落したが、かつての東地中海におけるプトレマイオス朝の権勢は、この頃には見る影もなくなっていた。

このような状況下で、アレクサンドリアの宮廷内では、プトレマイオス五世の成人をアピールする大規模な儀礼を挙行することで、王権を立て直そうとする動きが生じたらしい。ポリュビオスは、「年齢上はまだ急を要する式典ではなかったけれども、王が独力で権力をふるうようになったと認知されれば、それが情勢の安定のきっかけとなるだろうと期待したのである」と述べているが[61]、それはアレクサンドリアの宮廷ばかりではなく、これと協調するエジプト人神官団にとっても歓迎すべき展開だったに違いない。こうして、キプロス島の統治で実績をあげた高官ポリュクラテスの主導により[62]、アレクサンドリアでは前一九七年の冬にプトレマイオス五世の成人式が盛大に祝われた。これを受けて、前一九六年三月二七日にメンフィスに参集したエジプト人神官団がプトレマイオス五世の戴冠を祝して行った決議が、ロゼッタ・ストーンに刻まれたメンフィス決議である[63]。

メンフィス決議のテクストは、以下の四点の史料によって伝えられているが、もっとも情報豊富な史料はもちろんロゼッタ・ストーンそのものである。

A　ロゼッタ・ストーン

ナポレオンのエジプト遠征に際して、一七九九年七月、デルタ西部のラシード村で要塞の壁に転用された状態で発見された。その後、一八〇一年に戦利品としてイギリス軍の手に渡り、一八〇二年にイギリスに運ばれた経緯は、よく知られている通りである。石碑は上部を欠損しているが、残存部は高さ一一二・三センチ、幅七五・七センチ、厚さ二八・四センチを計り、重さは約七六二キロある[64]。残されたテクストは、ヒエログリフが一四行、デモティックが三二行、ギリシア語が五二行から成っている。

B　エレファンティネ出土例

ルーヴルには、一九〇七年から翌年にかけてエレファンティネで蒐集された、おそらく同一の石碑に由来する複数の砂岩製の石碑の断片が収蔵されており、そのうちの一点には一九行分のギリシア語テクストが刻まれている。(65)

C　ヌブ・タハ（テル・エル・ヤフディーヤ）出土例

高さ一二〇センチ、幅七七センチ、厚さ二二センチの玄武岩製の石碑で、正面部分は完全に摩滅しているが、両側面にギリシア語テクストの途中までが残されている。(66)

史料A（ロゼッタ・ストーン）のギリシア語テクストに従ってメンフィス決議の内容を示すと、以下の通りとなる。

第一部：導入部

(1)　プトレマイオス五世のファラオとしての「五重称号」、治世年、王朝祭祀の神官名、マケドニア暦、エジプト暦による年月日の表記（一〜六）

(2)　決議主体と会議の開催理由（六〜八）

第二部：プトレマイオス五世に対する顕彰の背景説明

(3)　王がエジプトの繁栄のために諸神殿に施した恩典（九〜一二）

(4)　租税の減免と王室に対する負債の帳消し（一二〜一三）

(5)　囚人の解放（一三〜一四）

(6)　諸神殿の収入の増加と安定確保（一四〜一六）

(7) 神官の首都参詣義務の免除（一六～一七）
(8) 海軍への徴兵義務の免除（一七）
(9) 亜麻布税の三分の二の減額（一七～一八）
(10) 秩序の回復と正義の徹底（一八～一九）
(11) 反乱に与して投降した兵士の安堵（一九～二〇）
(12) エジプトを防衛するための対外戦争への出資（二〇～二一）
(13) 反乱拠点リュコポリスの制圧（二一～二七）
(14) 反乱首謀者への処罰（二七～二八）
(15) 未納分の税の帳消しと神殿領への税の廃止（二八～三一）
(16) 聖獣の保護と諸神殿の再興への貢献（三一～三五）
(17) 神々に対する王の貢献への感謝（三五～三六）

第三部：プトレマイオス五世に対する顕彰の内容

(18) 「顕現慈愛神」の像を建立し、神殿の主神像がそれに武器を捧げる旨の規定（三六～四〇）
(19) 王の像に対する儀礼の規定（四〇）
(20) 王の像と黄金の祠を至聖所に置き、大祭で祠を運ぶことの規定（四一～四三）
(21) 祠の上に据える金冠の意匠についての規定（四三～四六）
(22) 王のための大祭についての規定（四六～五〇）
(23) 「顕現慈愛神」の神官の創設についての規定（五〇～五二）
(24) 私人も王のために大祭を祝い、祠を設けることができる旨の規定（五二～五三）

第四部：結尾部

(25)　この決議を三種の文字で石碑に刻んで諸神殿に建立する旨の規定（五三〜五四）

構成と内容の面ではアレクサンドリア決議やカノーポス決議と共通するところの多いメンフィス決議ではあるが、バランスの面ではむしろ対照的な性格が際立っていることは、一目瞭然であろう。カノーポス決議では、上述したように、第二部が概括的であるのに対して、第三部が細かく規定されていた。しかし、メンフィス決議はまったく逆であり、第二部、つまりプトレマイオス五世がエジプトの諸神殿のために行った事柄が、異様なほど事細かに列挙されている。そして、その中身は、反乱軍の鎮圧に関する(11)から(14)までを除くならば、神殿への奉納、負債の免除、税の軽減、神官の首都への参詣の免除など、ひたすらエジプト人の神官団の歓心を買うための政策に終始している。これに対する神官側の対応（第三部）は、テクストの量も少ないだけでなく、その内容も王の彫像への祭祀と、神官の名称追加にほぼ限られている。

また、カノーポス決議の場合とは異なり、メンフィス決議でのプトレマイオス五世は、ギリシア語テクストでは独立属格で叙述されているため目立たないものの、冒頭から王家の系譜によってではなく、エジプトのファラオとして与えられた公式の「五重称号」で言及されている。これは既にラフィア決議でも確認されるが、このような冒頭部分での王の呼称の相違は、明らかに王権と神官団との関係性の変化の表れであろう。

6　フィラエ第二決議

前一八〇年代に入ると、在地エジプト人によってファラオに擁立されたカオンノフリスに率いられた反乱軍は、プトレマイオス朝の軍によって徐々に南に追い詰められていった。[67] 前章で見たように、前一八七年には、中エジプトの在地エリートであるハコリスが、プトレマイオス軍を率いるコマノスのもとにアルシノイテス州から物資を届ける船の護送にあたっており、既に中エジプトがプトレマイオス朝の支配下にあったことを窺わせている。[68] 最終的に、前一八六年八月二七日に、コマノスの軍は現在のアスワンの近くでカオンノフリスの反乱軍を殲滅し、その報は九月六日にアレクサンドリアに届いて、王朝祭祀の筆頭神官であったアリストニコスによって王に奏上された。[69] 折しもアレクサンドリアでは神官団の会議が開催されていたが、そこで採択されたのが、フィラエ第二決議として知られる神官団決議である。この決議は、二点の史料によって伝えられている。

A　フィラエのイシス神殿碑文

フィラエ第二決議の通称は、この決議のテクストがフィラエにあるイシス神殿の誕生殿東壁に刻まれていることに由来する。[70] この壁面には、後にプトレマイオス一二世の時代に巨大なレリーフが彫り込まれてしまっているが、その背景には、上段にヒエログリフ、下段にデモティックのテクストがかなりの部分残されている。

B　カイロ博物館収蔵例

出土地等は不明であるが、カイロ博物館には、この決議のテクストをヒエログリフで刻した石碑の四つの断片が収蔵されており、近年、テクストの欠落部分をAから補う形で公刊されている。[71]

以下は、AとBのヒエログリフのテクストを比較検討したエルダマティの独訳と註釈に基づいて、決議の内容を示したものである。(72)

第一部：導入部

(1)　マケドニア暦、エジプト暦、プトレマイオス五世のファラオとしての「五重称号」、王朝祭祀の神官名による年月日の表記（一～二）

(2)　決議主体と会議の開催理由（二～三）

第二部：プトレマイオス五世に対する顕彰の背景説明

(3)　アリストニコスの子アリストニコスによる反乱軍に対する戦勝報告（三～四）

(4)　王夫妻によるエジプトとその住民への貢献（四～五）

(5)　王夫妻によるエジプトの神殿への金、銀、穀物の寄進（五～六）

(6)　破壊された神像の修復と聖獣の保護（六～七）

(7)　神々に対する崇拝の再興（七～八）・

(8)　反乱軍の神々に対する悪行（八～九）

(9)　王の軍による反乱軍への攻撃（九～一一）

(10)　戦勝の報告と勝利の賛美（一一～一二）

第三部：プトレマイオス五世夫妻への顕彰の内容

(11)　プトレマイオス五世と王妃クレオパトラの像の建立に関する規定（一二～一三）

(12)　王夫妻の彫像に対する儀礼に関する規定（一三～一四）

(13)　石碑に刻まれる王のイメージに関する規定（一四～一五）
(14)　毎年の戦勝記念祭に関する規定（一五～一六）

第四部：結尾部

(15)　この決議を三種の文字で石碑に刻んで諸神殿に建立する旨の規定（一六）

フィラエ第二決議は、反乱軍に対するプトレマイオス朝の勝利という単一の事件を記念して神官団が王を顕彰したものであり、構成と内容の両面において、とりわけラフィア決議との共通性が高いのは当然と言えよう。いずれの場合も、顕彰理由の中心を占めるのは実際の戦闘の経緯の叙述であり、ここでは王の軍にギリシア人兵士が加わっていたこと、最後の戦いではプトレマイオス朝の軍を率いるコマノスがカオンノフリスを捕らえ、その子を殺害したことなどが言及されている。

しかし、フィラエ第二決議は、これまで見てきた神官団決議と二つの点で大きく異なっている。一つは、決議のテクストが、通常の石碑だけではなく、フィラエのイシス神殿の壁面を使って公示されたことである。テクストとしての決議碑文の社会的機能を考える上で、この媒体の選択は見過ごされてはならない。というのも、プトレマイオス二世によって寄進されたこの神殿こそ、プトレマイオス三世によって建造が開始されたエドフのホルス神殿と並んで、プトレマイオス朝による在地の神々への貢献の証となるモニュメントだったからである。[73] 二〇年にわたって独立していたエジプト南部が再びプトレマイオス朝の支配下に置かれるようになったことを告げるテクストの空間として、これほど相応しい場所はなかったであろう。

もう一つの相違点は、結尾部においてこの決議をヒエログリフ、デモティック、ギリシア文字で公示する旨がはっきり規定されているにもかかわらず、イシス神殿の壁面にはヒエログリフとデモティックのテクストしか刻まれず、史料Bに至ってはヒエログリフのテクストしか刻まれていない（裏面にも刻字の痕跡がない）ことである。[74] 確かにアレクサンドリア決議の史料Bのように、ギリシア語テクストの刻字が省略された神官団決議の先行例は存在するが、イシス神殿の場合、奇妙なことに上段にヒエログリフ、中段にデモティックを配した壁面の下段は空白のまま残されており、なぜこの部分をギリシア語のテクストで充塡しなかったのかは不明である。フィラエでは、プロナオスの入り口上部にはプトレマイオス三世の奉納碑文が残されており、[75] ことさらにギリシア語の碑文が忌避された、もしくは読み手がいないという理由でそれが必要とされなかったとは考えられない。いずれにしても注目すべきことは、決議のテクストに規定されたことが必ずしも実行されたわけではなかったという事実を、この結尾部が立証している点であろう。

おわりに

第2節で概観したように、エジプト人の神官団による集会の開催とその決議の二言語三文字種による公刊という慣行は、前三世紀の後半に出現し、前二世紀の中頃までには姿を消していった。J・ビンゲンが指摘するように、[76] それは必ずしも王権と神官団とのゼロサムゲームの存在を示唆するものではないが、改めてアレクサンドリア決議からフィラエ第二決議までを通観するならば、これらのテクストが王権と神官団との政治的かつ流動的な拮抗関係の上に成立したことは明白であり、その構成と内容の変化からこの一世紀ほどの間に両者の力関係がどのように変化していったのかを読み取ることは、十分に可能であろう。その変化の動態をまとめるならば、以下の通りとなる。

サトラップ石碑やピトム石碑に見られるように[77]、おそらく王朝時代からの伝統に則って神官団が王の業績を顕彰するシステムは、何らかの形でヘレニズム時代初期にも存在していた。しかし、その定型化された構成と内容からも、この種のテクストの生成と発展の上でアレクサンドリア決議の採択が一つの重要な転機となったことは確実である。そこでは、王権が神官団（及びエジプトの住民）に対して行った事柄の記述に対して、神官団が王権に対して行った、あるいはこれから行うべき記述の比率が相対的に高いが、これは、亡き王女ベレニケの神格化という追加決議を伴うカノーポス決議ではいっそう顕著であり、プトレマイオス三世の治世初期のテクストを通じた相互交渉において、王権の側が神官団に対して優位に立っていたことを窺わせている。最終的なテクストが王権と神官団それぞれの責任者の入念な合議によって生まれたものであることは当然であるが、公布にあたっての「正本」がまずはギリシア語で書かれたと推測されることも、王権の側の優位性を裏付けている。その背景にあったのは、第三次シリア戦争におけるプトレマイオス三世の対外遠征の勝利と、在地エジプト人の反乱の速やかな制圧であったが、このテクストの成立を受けて王権の側がエドフ神殿の着工という形で神官団に十分な配慮を示したことにも見られるように、神官団との協調関係が領域部の安定した統治には不可欠であることは、王権側にも十分に認識されていたと考えられる。

ラフィア決議のテクストも、プトレマイオス四世の軍事的な成功を成立の契機としているが、カノーポス決議の場合とは異なって、ここではその勝利がエジプトの神々による加護の賜であると強調されている点が注目される。神々の加護が、神官団の協力を意味することは自明であろう。ポリュビオスは、ラフィアの戦いの後に、そこで軍功のあったエジプト人兵士たちが自らの力に対する自信を深め、王権からの自立を求めるようになった結果、南部大反乱が生じたのだ、という有名な言葉を残しているが[78]、ラフィア決議のテクストからも、神官団が王の勝利をただ受動的にとらえるのではなく、神々を通じて自らにもその功績の一端があるのだと独自の解釈を加えていたことが伝わってくる。その証拠に、ここで顕彰の内容として規定されている文言は、ほとんど王夫妻の像の建立とそれに対する祭儀に関する常套句に尽きており、これはそのままメンフィス決議とフィラエ第二決議に継承されていくことになる。

メンフィス決議にいたって、王権と神官団との力関係は、カノーポス決議の時点とほぼ逆転した。それは、この決議が南部大反乱の折り返し点で行われたことを考え合わせれば、当然と言えるであろう。デルタにおける反乱拠点の制圧は、プトレマイオス朝との協調関係の牙城であったメンフィスのプタハ神殿を中心とするエジプト人神官たちに、これからもその関係を維持・発展していく腹をくくらせた。ほぼ同じ頃、中エジプトの在地エリートも同じ決断を下し、磨崖碑文という斬新なメディアでそれを顕示するという挙に出たことは前章で論じた通りである。もちろん、これに対して王権の側は相応の犠牲を払うことを余儀なくされた。顕彰の背景説明に列挙された神殿に対する負債の帳消しや税の減免は、定型表現を差し引いても、神官団からの協力関係を確かなものとするために王権側が払った代償の大きさをよく物語っている。

フィラエ第二決議は、まとまったテクストが残された最後の神官団決議であるが、その構成と内容もまた、それがこの範疇の史料から窺うことのできる一連の変化の最終段階に位置するものであったことを示している。二年後に決議されたフィラエ第一決議同様、そこにはもはやギリシア語のテクストが付されることはなく、テクストのメッセージはヒエログリフとデモティックによって、在地の神官団のみに向けた形で発信された。それは、いささか逆説的ではあるが、南部大反乱の勃発とその王権による鎮圧というプロセスへの関与を通じて、テーベ管区のエジプト人神官たちが相対的に自立性を高めていったことを示唆している。王権と神官団との拮抗するバランスが生んだ二言語三文字種による神官決議の公布という慣行は、ここにその歴史的使命を終えることになったのである。

最後に、プトレマイオス朝の王権とエジプトの在地エリートたる神官団との関係を探るにあたっての、神官団決議の史料的限界についても一言しておく必要があろう。フースも指摘するように、この範疇の史料は、あくまで両者の協調関係を前提として成立したものであって、歴史的現実を客観的に伝えるものではない[79]。確かに、神官団決議だけに目を向けていると、この間に両者の力関係のバランスこそ変化したものの、その根底には基本的な協調関係が持続していたように見える。しかし、一方で、いわゆる「ネクタネボの呪い」を筆頭に、当時の文学作品などにはプトレマイオス朝の支配に対する不満が随所に噴出しているだけでなく、南部大反乱を頂点とする抵抗運動も、王権に敵対的な在地エリートの支持なくしては持続不可能だったであろう[80]。その点では、本章における検討作業も、特殊な史料類型から王権と在地エリートとの関係という複雑な問題の一断面を垣間見たものに過ぎない[81]。

しかし、それでもこれらの史料が、プトレマイオス朝による領域部の統治のあり方について、かけがえのない貴重な示唆を与えてくれることも確かである。とりわけ、これまでほとんど注目されてこなかった点として、これらの史料における神官団の位置づけの問題は重要である。というのも、これらの史料では、プトレマイオス朝の王家の構成員や王朝祭祀の神官が当然のように固有名詞で現れるのに対して、集会に参加したエジプト人の神官は、一貫して役職名でしか現れない（そもそも一人のエジプト人名すら言及されない）からである。当時のエジプト人の神官団を一枚岩の組織とみなす考え方には批判が強いが、これらの史料を特徴づける神官団の徹底した匿名性は、実態としてはともあれ、王権側から見たときのエジプト人神官団が、はっきりとは顔の見えない、しかしそれでも関係を維持せざるをえない存在だったことを示唆しているのである。

第Ⅴ部　東地中海とナイル世界

第14章　初期プトレマイオス朝とエーゲ海世界

――ギリシア諸都市との関係を中心として――

はじめに

アレクサンドリアの宮廷詩人テオクリトスは、「プトレマイオス王讃歌」として知られるその牧歌第一七番（前二七五年頃）の中で、プトレマイオス二世の支配領域を以下のように謳い上げている。(1)

ゼウスの慈雨のおかげで、あまたの種族が各地で穀物を栽培しているが、ナイルに潤された低地エジプトほど肥沃な土地はなく、技に優れた住民に満ちた都市のあるところもない。そこには、三百と、三千と、三万と、三の二倍と、三の九倍を数える都市があり、(2)それらすべてに君臨するのが雄々しきプトレマイオス王。彼は、フェニキア、アラビア、シリア、リビュア、それに黒い肌のエティオピアの地を支配する。彼はすべてのパンフィリア人、キリキアの戦士たち、勇猛なリュキア人とカリア人を率い、素晴らしい海軍によってキクラデス諸島を掌握する。すべての海と大地と流れる川はプトレマイオスのものであり、そのまわりにはたくさんの騎兵と、楯を手に輝く青銅の武器に身を固めた兵士たちが控えている……。

この一節は、プトレマイオス朝の絶頂期をもたらしたプトレマイオス二世の富と威信が、伝統的にエジプト固有の領土とみなされてきた肥沃なナイル流域の統治によってだけではなく、東地中海の諸地域からナイルの上流にまで拡がる広大な版図の支配によって獲得されたものであったことを、鮮やかに伝えている。[3] それ以前のエジプトにも、「古代エジプトのナポレオン」の異名をとる新王国時代のトトメス三世のように、積極的な対外戦争を展開した王がいなかったわけではないが、その進出先は概ねナイルデルタからは地続きのシリア・パレスティナ方面、あるいはメソポタミア方面に限定され、しかもその活動は一過性のものに過ぎなかった。第一八王朝のアメンヘテプ三世をおそらく唯一の例外として、ヘレニズム時代以前のエジプトの王たちがナイル世界から海によって隔てられた地域に主体的な関心を寄せた痕跡はきわめて乏しい。このような古代エジプト文明の閉鎖的性格は、前二千年紀におけるヒッタイトや前一千年紀におけるアッシリア、ペルシアなどとは対照的に、王朝時代のエジプトが決して「帝国」と呼ばれることがないという事実に、端的に示されている。

このような空間的な閉鎖性という点をめぐって、プトレマイオス朝は明らかにそれまでのエジプトの諸王朝と一線を画している。実際、プトレマイオス朝とそれまでのエジプトの王朝との最大の相違点は、王家のエスニシティそのものではなく、むしろそこに由来する外部世界、とりわけ地中海世界との関係の密接化に求めるのが妥当であろう。その何よりも有力な証拠となるのが、首都アレクサンドリアの立地である。広大な領域をバランスよく統治するために、西のオロンテス河畔のアンティオケイアと東のティグリス河畔のセレウケイアに統治拠点をおいたセレウコス朝の場合とは対照的に、プトレマイオス朝がその首都として選択したのは、下エジプトのメンフィスでも上エジプトのテーベでもなく、伝統的なエジプト世界の周縁にあたる地中海岸の新都市アレクサンドリアだった。[4] そして、そのアレクサンドリアを拠点にプトレマイオス朝が展開した積極的な対外政策が「帝国」のそれに相応しいものであったことは、プトレマイオス朝の通史がしばしば「プトレマイオス帝国の歴史」と銘打たれてきた事実からも窺うことができる。これと対応して、少なくとも前三世紀には、エーゲ海を中心とする地中海岸の各地にプトレマイオス朝の拠点が置かれていた[5]。

ところが、近年C・マルカイユも指摘しているように、従来のプトレマイオス朝エジプト史研究においては、エジプト内部の政策や統治の問題と対外政策や海外領統治の問題とは、しばしば別個のものとして扱われてきた。その背景にあって見逃すことができないのは、それぞれの研究対象をめぐる史料状況の相違である。というのも、エジプト内部については、膨大なパピルス文書から個別的かつ詳細な情報が得られるのに対して、海外領やエジプトの影響が及んだ地域については、各地から出土する碑文や古典史料などの断片的な情報から考察を進めるしかなく、この対照的な史料状況が、それぞれ異なる方向へと研究者の関心を導いてきたからである。しかし、「帝国」としてのプトレマイオス朝の特性を再評価するならば、両者を統合的に理解する枠組の構築が不可欠であることは明らかであろう。

かつてプトレマイオス朝は、膨大な官僚群を擁する中央集権的専制国家の典型と目され、整備された官僚制機構に基づく徹底した経済統制と徴税制度がその繁栄を支えてきたのだと考えられていた。しかし、第1章で論じたように、近年では、むしろ王権と在地エリートとの緊密な相互交渉こそが、エジプト在地社会の統治を成功に導く鍵であったことが主張されている。それでは、プトレマイオス朝の対外政策に関しては、どのような状況が「海上帝国」の成立を可能にしたのであろうか。

本章では、このような問題関心のもとで、初期プトレマイオス朝の対外政策の展開、とりわけエーゲ海のギリシア都市に対するそれについて、いくつかの事例に則して検討していくことにする[6]。

1　「海上帝国」としてのプトレマイオス朝

プトレマイオス朝がもっともその「帝国」としての性格を発揮していた前三世紀は、ギリシア史の中でもまとまった歴史叙述が欠如する世紀として知られており、個々の事件の正確な年代やその歴史的な経緯について把握することは容易ではない。そのため、ここでは個別のケースを論じるに先立って、プトレマイオス朝の対外政策に関わると考えられる主要な出来事をひとまず概観しておく。

プトレマイオスの対外政策が、アレクサンドロス没後まもない前三二二／一年に行われたキュレネ介入に始まることに、研究者の間で異論はないであろう。パロス大理石年代記碑文が、この年の事件として、アンティパトロスがアテネを降伏させたこと（ラミア戦争の終結）とプトレマイオスがオフェラスをキュレネに派遣したことをあげ、さらに翌年の諸事件の中でプトレマイオス自らによるキュレネ遠征に言及していることは、この出来事が同時代人に少なからぬインパクトを与えたことを物語っている。[7] キュレネにおける内戦に端を発したこの事件は、この伝統あるギリシア都市とリビュアの土地が事実上プトレマイオス朝の一部に組み入れられるという結果をもたらした。[8] キュレネは、最終的に前九六年にプトレマイオス・アピオンによってローマに遺贈されるまで、ときにエジプト本国との間に緊張を保ちながらも、事実上プトレマイオス朝の支配圏に属することになる。その直後、ペルディッカスのエジプト侵攻（第5章参照）を退けたプトレマイオスは、アンティパトロスの死後にシリア・パレスティナ方面を併合したが、[9] この地域をめぐってはただちにアンティゴノスとの間で奪い合いが演じられ、後にはセレウコス朝との間で幾度となく紛争（シリア戦争）が繰り返された。また、前三一三年には、プトレマイオスは兄弟のメネラオスとともに東地中海の要衝であるキプロス島を制圧し、かねてから彼に対して友好的だったサラミス王ニコクレオンをストラテゴスに任じ、その死後（前三一一年）には自らが実質的な支配者となっている。[10]

さらにプトレマイオスは、前三〇九年になると、小アジアからエーゲ海方面に自ら軍を率いて遠征を試みることで、ギリシア情勢に積極的に介入していく姿勢を明らかにした。この年の春アレクサンドリアを進発した彼は、パンフュリアのファセリス、リュキアのクサントス、カリアのカウノスなどを次々に征服し、エーゲ海のコス島に前進拠点を置いた。[11] このコスでは、前三〇八年、後に彼の後継者となるプトレマイオス二世が出生している。[12] さらに彼は、アンドロス島を経由してギリシア本土に到達し、コリントス、シキュオン、メガラなどのギリシア諸都市も、一時的にではあれプトレマイオスによって「解放」されたことが伝えられている。[13]

このようなプトレマイオスの積極的な地中海進出政策は、前三〇六年のデメトリオスに対するサラミス沖の海戦における敗北によっていったんは挫折したが、彼がなおエーゲ海の覇権に関心を寄せ続けたことは、デメトリオスによるロドス攻城戦に際し、プトレマイオスが兵士や糧食を送り込むことによってロドスを支援し続け、最終的には講和条約をまとめることでロドスの自治を守り抜いたことによく示されている。[14] 当時のロドスは、「ロドスの歳入はエジプトへ航海する商人たちに多くを負っており、いわばロドスはエジプトに養われているようなものだった」というディオドロスの有名な言葉からも窺われるように、エジプトとは経済的に密接に結ばれていたため、プトレマイオスとしても、ロドスが他の後継者の掌中に落ちることで穀物交易が滞る事態は、何としても避けたかったのであろう。なお、このような交易を通じた東地中海世界の一体化の促進については、第16章で具体的な考古学的史料に基づきながら、別途検討することとする。

前三世紀に入ると、次節で立ち入って考察するように、プトレマイオスはデメトリオス及びその子アンティゴノス・ゴナタスと敵対して、アテネのマケドニアからの独立を支援した。前二九五年にラカレスの僭主政下にあったアテネがデメトリオスに侵攻されたときには、プトレマイオスがアイギナに派遣した一五〇隻の軍船はなすすべもなく退却した[15]。しかし、前二八七年にアテネが蜂起すると、プトレマイオスはアンドロス島に駐留していた軍の一部をアテネに差し向けてこれを支援し、デメトリオスの勢力を退けたアテネは、その後二〇年あまりにわたって独立を享受することができた。また同じ頃、プトレマイオスは島嶼連邦の覇権を握ることで、エーゲ海における存在感を高めることに成功している。

こうして形成されたプトレマイオス朝の「海上帝国」は、前二八二年のプトレマイオスの没後も、プトレマイオス二世によって継承された。しかし、アテネとスパルタがプトレマイオス朝とともにアンティゴノス朝と戦った前二六〇年代のクレモニデス戦争が、最終的にアンティゴノス朝の側の勝利に終わったことは、プトレマイオス朝のエーゲ海政策にも少なからぬ影響を及ぼさずにはおかなかったと考えられる。コスの海戦（前二六一年？）やエフェソスの海戦（前二五五年？）での相次ぐ敗北は、確かにクレモニデス戦争後のエーゲ海におけるプトレマイオス朝のプレゼンスを弱体化させたであろう[16]。しかし、これらの事件によってプトレマイオス朝の「海上帝国」がにわかに崩壊したわけではない。プロパガンダとしての性格を考慮するとしても、いわゆる「アドゥーリス碑文」においてプトレマイオス三世が依然としてキクラデス諸島を父王から受け継いだ支配圏の一部に数え上げていることは注目に値する[17]。

このようなプトレマイオス朝の政策の基本線は、この時期に恒常的にマケドニアの脅威にさらされていたギリシア諸都市にとっては、きわめて好都合なものだった。たとえば、シキュオンのアラトスは、かねてからプトレマイオス二世にシキュオン派の画家たちの筆になる名作を贈ることによって王の好意をとりつけていたが、シキュオンの都市が混乱に陥ると、自ら海路アレクサンドリアに渡って、王から一五〇タラントンもの資金援助を受けることに成功したと伝えられる[18]。後にプトレマイオス三世は海陸におけるアカイア同盟の盟主《ヘゲモン》に任じられているが[19]、このことは前二四〇年代のアカイア連邦の興隆にあたってプトレマイオス朝の後ろ盾がいかに大きなものであったかを如実に物語っている。

プトレマイオス朝の「海上帝国」が急速に衰退していったのは、プトレマイオス五世エピファネスの治下においてのことだった。[20] キプロス、キュレネ、さらにはクレタ島東部のイタノス、エーゲ海のテラ、ペロポネソス半島のメタナというエーゲ海の三拠点はかろうじて維持されたものの、前二世紀に入ると、もはやプトレマイオス朝がエーゲ海の政治情勢に大きな影響力を発揮する機会は少なくなったと考えられる。

2　アテネのカリアス

ヘレニズム諸王国とギリシア諸都市とが政治的な交渉を行う過程では、様々な人々がそれぞれの立場で関与していたはずであるが、そのような人々について史料から具体的に知りうることはきわめて乏しい。たとえば、前節で触れたアラトスの場合にしても、アラトスがどのような手段でシキュオン派の絵画をプトレマイオス二世に送り届けていたのか、また、苦難の末にアレクサンドリアにたどり着いた彼が誰の仲介によって王と直々に面会して資金を受け取ることができたのか、といった細部について、史料は何も語っていない。[21] そのような状況にあって、例外的にヘレニズム王権とギリシア都市との関係をとりもった人物に関する情報を詳しく伝える同時代史料が、一九七一年にアテネのアゴラで発見されたスフェットス区のカリアスを顕彰する民会決議碑文（以下、カリアス碑文）である。[22]

前二七〇／六九年にエウカレスがアテネの民会で提案した決議を刻したこの碑文には、前半で七六行にわたってカリアスに対する顕彰理由が詳述されているが、その概要をトピックごとにまとめれば以下の通りとなる。

(1)前二八七年の初夏に、アテネ市民はデメトリオス・ポリオルケテスの支配に対して蜂起し、アッティカ領内はアテネ市民軍とマケドニア駐留軍との間で戦闘状態となった。デメトリオスが反乱鎮圧のためにペロポネソスから進軍しつつあったとき、プトレマイオス朝の海軍を率いてアンドロス島に駐屯していたカリアスは、プトレマイオス一世の意を受けて精鋭一千人の兵士を選抜してアテネ救援に駆けつけた。彼はまた領域部に進軍し、穀物が無事に収穫されて都市域に運び込まれるよう手を尽くした（一一〜二七行）。

(2)やがてデメトリオスが到着してアテネを攻囲すると、カリアスは手傷を負いながらも自ら勇敢にアテネのために戦った（二七〜三二行）。

(3)プトレマイオス一世が事態の収拾に乗り出し、ソストラトスを派遣してペイライエウスで講和会議を開催した際、カリアスはアテネ側の代表使節となり、和約が成立するまで援軍とともにアテネに留まった（三二〜四〇行）。

(4)その後エジプトに帰国してからも、プトレマイオス一世のもとにアテネから使節が訪れると、これに協力してアテネのために尽力した（四〇〜四三行）。

(5)プトレマイオス二世が即位したときにカリアスはアテネに滞在していたが、アテネの窮状に直面した将軍団から懇願された彼は、キプロスに滞在中のプトレマイオス二世のもとに急ぎ、王から銀五〇タラントンと小麦二万メディムノスの支援を得た（四三〜五五行）。

(6)プトレマイオス二世が亡き父王のために初めてプトレマイエイア祭を開催したとき、アテネからアレクサンドリアに派遣される神聖使節団の団長に任じられたカリアスは、公費から支出されるはずだった旅費を固辞し、私費を投じて見事にこの大役を務め上げることに成功した（五五〜六四行）。

(7)このとき、アテネではアテナ・アルケゲティスのためのパンアテナイア祭が開催されようとしていたが、カリアスはプトレマイオス二世からこの祭りで用いる綱を贈り物として受け取り、カリアスと同行していた使節がこれをアテネに持ち帰った（六四〜七〇行）。

(8)現在は、プトレマイオス二世の命でハリカルナッソスに赴任しているが、なおアテネからプトレマイオス二世のもとを訪れる使節のために便宜を図り、アテネのために貢献している（七〇〜七八行）。

(9)民主政が転覆され寡頭政のもとにあったときには、アテネ民主政の大義に殉じて、当時の政権によって資産が没収されるのに甘んじた（七八〜八三行）。

以上の理由により、カリアスはマケドニアからの独立を遂げた民主政権によって、金冠、プロエドリア、青銅像の建立という栄誉を授与されるに至ったわけであるが、この史料にはヘレニズム王権とギリシア都市とがどのような人物によって、またいかなる方法によって媒介されていたのかを知るための手がかりが豊富に含まれている。

カリアス、及びその兄弟でやはり前三世紀前半のアテネ政治史において重要な役割を果たすことになるファイドロスは、前四世紀におそらくラウレイオンの鉱山経営で財を成した新興富裕市民の家系の一員として生まれた[23]。前五世紀にも、「四百人」の寡頭政権下で将軍を務めたテュモカレスのように、この家系に属する可能性のある人物は散見されるが、明確にカリアスの祖先とみなしうる最初の人物は、前三六七／六年にラウレイオンで二箇所の鉱区を賃借したカリアス一世である[24]。カリアス一世の子ファイドロス一世については、前三四七／六年、前三三四／三年、前三二三／二年と三回にわたって将軍職を務めたことなどが知られているが[25]、既に最初の将軍職にあった頃にアイスキネスの弁論中で言及されていることからも[26]、政治的に著名な市民であったことは確実である。

このファイドロス一世の子であるテュモカレス一世は、三二九／八年にリュクルゴスやデマデスとともにオロポスのアンフィアライオンの犠牲委員に任じられており[27]、ファレロンのデメトリオスの寡頭政下でしばしば将軍として活躍したことが、その子ファイドロスへの顕彰碑文の前段で述べられている。[28] 前二五五／四年頃に決議されたこの碑文は、当然のことながらファイドロス本人の経歴についても詳しく述べているが、カリアス碑文にファイドロスが言及されていないのと同様、この碑文もカリアスについては完全に沈黙を守っており、この兄弟相互の関係、とりわけ一見したところ対照的にも映る彼らのマケドニアに対する政治的立場をめぐっては、研究者の間で複雑な議論があるが、[29] ここでは立ち入らない。なお、ファイドロスの子（すなわちカリアスの甥）のテュモカレス二世は、前二六〇年代末のクレモニデス戦争の敗戦によってアテネがアンティゴノス朝の支配下に入って間もなく、[30] おそらくはアンティゴノス・ゴナタスの指名によってアルコンを務め、その後、父ファイドロスの顕彰にあたっては、ファイドロスの青銅像をアゴラに建立する三人の世話役の一人となっている。[31]

このようなアテネの新興富裕市民の家系に生まれながら、なぜカリアスがプトレマイオス一世のもとに亡命することになったのか、その理由は謎に包まれている。カリアス碑文では、彼の亡命の原因については(9)で簡単に触れられているのみであるが、そこで「民主政の転覆」と表現されているのは、一般に前二九五年のデメトリオスによるアテネ占領であったと考えられている。[32] J・K・デイヴィスが想定するように、ファイドロスとカリアスの兄弟の生年を前三三〇年頃とするならば、[33] このときカリアスは三十代半ばになっており、家系的な背景から推測すれば、アテネの政界でもそれなりに頭角を現していたであろう。これに先立つ前二九七年には、カッサンドロスの死に伴ってファレロンのデメトリオスがプトレマイオス一世の宮廷に迎えられているが、もしカリアスが若い頃にペリパトス派の哲学者たちの影響下にあったとすれば（そのようなことを明示する史料は伝存しないが）、亡命後のカリアスがまずはファレロンのデメトリオスを介してプトレマイオス一世の知遇を得た結果、エジプトでも速やかにキャリアを築くことができたと考えることも可能であり、後述するように、二世の即位をめぐる状況にも整合的である。

いずれにしても、エジプト亡命後のカリアスは、プトレマイオス一世（後には二世）からの信頼を後ろ盾として、あるときはプトレマイオス朝の軍人として、またあるときは祖国アテネの市民として、それぞれの立場を巧みに利用することにより、越境的な活動を行っていくことになる。まず、(1)と(2)におけるカリアスの活動は、碑文ではカリアスの自発性が強調されているとはいえ、実際には彼がプトレマイオス朝によってエーゲ海に配置された傭兵軍の指揮官という任務の延長上で行われたものであろう。しかし、(3)でのカリアスは、明らかにアテネ市民の代表であり、アテネの将軍団と評議会からの付託を受けた使節として講和会議に臨んでいる。一方で、彼が「和平の締結まで兵力とともに都市にとどまった」という表現は、(4)で述べられている彼の活動内容とともに、カリアスの拠点がアテネではなくあくまでアレクサンドリアであったことを明示している。

このようなカリアスの特殊な立ち位置が、プトレマイオス朝とアテネにとってだけではなく、カリアス本人にとっても重要なメリットであったことは間違いない。それを示唆するのが、(5)のエピソードである。それによれば、プトレマイオス二世が即位したときにカリアスはアテネに滞在していたが、これはおそらく偶然ではなかった。プトレマイオス一世から二世への王位継承は、ヘレニズム時代には珍しく円滑に行われたが、それでも宮廷内では継承権をめぐって何らかの内紛があったらしく、その過程で二世の代わりにプトレマイオス・ケラウノスを後継者として推していたファレロンのデメトリオスは自殺を余儀なくされている。[34] カリアスがアレクサンドリアを後にしたのも、おそらくこの事件と関係があったのであろう。[35] しかし、ここで注目に値するのは、プトレマイオス朝の宮廷で復権を果たすためにカリアスがとった方法である。彼は当時のアテネが食糧難などの窮状にあったことを奇貨として、アテネ市民を代表してキプロス島のプトレマイオス二世のもとに向かい、アテネに救援物資を送る約束をとりつけることに成功した。アテネに対してはプトレマイオス朝の威光を体現していたカリアスは、プトレマイオス朝に対しては自らがアテネの代表であることをアピールすることでその存在価値を認めさせようとしたのである。カリアスが、プトレマイエイア祭の神聖使節団長に任命された際に私費をはたいてこれを遂行したという⑹の逸話も、このような文脈に位置づけることで初めてその意義が理解されるであろう。その際、⑺が伝えるように、彼は祖国に向けても、自らがプトレマイオス朝の意思を伝えることのできる立場にあるのだという事実を、しっかり主張していたのである。

プトレマイエイア祭とパンアテナイア祭という二つのシンボリックな祝祭空間で外交的な面目を施すことのできたカリアスが、その後もエジプトとアテネとの架け橋として活躍し続けたことは、⑻が伝えている通りである。その彼が、アテネにおける政治的なキャリアでは彼よりもはるかに優っていた兄ファイドロスに先駆けて、なぜ前二七〇／六九年という時点でアテネ市民団から顕彰されるに至ったのかという問題は、この時代のアテネの政治史を考える上できわめて重要ではあるが、その検討は別の機会に譲り、ここではこの碑文に現れるもう一人の重要な人物である、クニドスのソストラトスに話を移したい。

3　クニドスのソストラトス

カリアス碑文の公刊は、アテネがいかにデメトリオスによる支配を脱して独立を取り戻したのかという事情に関して、それまでの古典史料の断片的な言及からの復元に代わる、まったく新しい歴史像を提示することになった。というのも、プルタルコスの『デメトリオス伝』第四六章によれば、デメトリオスから離反したアテネは、ピュッロスに救援を求めた。同『ピュッロス伝』第一二章は、援軍を率いてアテネに来たピュッロスが、アクロポリスで女神に犠牲を捧げた後、諸王に対して城門を開かないようアテネ人に進言したというエピソードを伝えている。

『デメトリオス伝』に戻ると、デメトリオスの軍に攻囲されたアテネは、哲学者のクラテスを使者としてデメトリオスと和平交渉を行った結果、攻囲を解いてもらうことができた。しかし、カリアス碑文では、それらの史料には言及されていないソストラトスなる者がプトレマイオス一世から派遣されて、デメトリオスとアテネとの講和会議を開催したと述べられている。

カリアス碑文中で、ただソストラトスと名指されている人物については、校訂者によって、ただちにこれがプトレマイオス朝の「王の友人」の一人であり、アレクサンドリアの大灯台の建設に関わったクニドス人デクシファネスの子ソストラトスに他ならないことが説得的に主張された[36]。その根拠は以下の通りである。まず、彼はプトレマイオス一世によって直々にアテネに派遣されていることから、プトレマイオス朝の高官であることが確実である。次に、彼がデメトリオスのアテネ支配の拠点であるペイライエウスに乗り込んで、そこで講和会議を開催することができたということは、彼が他の後継者たちからも一目置かれる存在であったことを示している。最後に、彼の名に父名もエスニコンも付されていないことは、彼が一般のアテネ人にもよく知られた人物であったことを示唆している。

このソストラトスに言及する史料については、アレクサンドリアの大灯台と関連して第5章でも瞥見したところであるが、ここでもう一度、それらから確認できる彼の活動を振り返っておこう[37]。まず、デルフィの「クニドス人の宝庫」の周辺からは、クニドス人デクシファネスの子ソストラトスの名前が刻まれた、もしくは刻まれていたと想定される三点の碑文が出土している。*FD* III 1.299 は、オルニキダスがデルフィの紀年アルコンを務めていた年のもので、デルフィ人がクニドス人デクシファネスの子ソストラトスとその子孫に、他のプロクセノス及びエウエルゲテスの場合と同様、プロクセニア、テアロドキア、(プロマンテイア)、プロディキア、プロエドリア、アシュリア、あらゆるアテレイアを授与する旨を刻んでいる。欠損部は少なく、人名についても碑文の読みに疑問の余地はない。この石碑には、さらにアルキアダスがデルフィの紀年アルコンを務めていた年（前二七三／二年）に、クニドス人ピュトクレス（父名は欠損）（*FD* III 1.300）とクニドス人アルキダモス（やはり父名は欠損）（*FD* III 1.301）に対するほぼ同様の規定も刻まれている。[38]

従来、*FD* III 1.299のソストラトスは、父名とエスニコンの一致から、大灯台の建設者とされカリアス碑文にも登場するソストラトスと同一人物とみなされてきている。[39] そして、デルフィでオルニキダスがアルコンを務めていた年についても、この仮説に基づいて、前二八五年から前二八〇年頃に置かれるのが一般的だった。しかし、フレイザーは早くからオルニキダスの年代がさらに古く遡るものである可能性を示しており、近年の研究はオルニキダスが前三三〇年代（おそらくは三三五／四年）にアルコンであった可能性が高いという点で一致を見ている。[40] この年代観が正しいとすれば、*FD* III 1.299のソストラトスは大灯台の建設者とは同名異人であり、かなりの蓋然性をもって前者を後者の祖父と断定することができる。[41]

このような推論が正しければ、大灯台の建設者ソストラトスがプトレマイオス朝の宮廷で重んじられるようになった背景には、彼が祖国のクニドスの名門家系の出身であったことが大きく関係していたと考えられる。デロス島から出土しているソストラトスに関する一連の碑文は、いずれも前二八七年のアテネ蜂起の際と同様、彼がプトレマイオス朝と島嶼連邦をはじめとするエーゲ海諸都市との仲介者として活躍していたことを証言しているが、[42] 一方で彼がクニドスで空中列柱館（*pensilis ambulatio*）を建設したという伝承は、[43] 彼がカリアスと同様に祖国とも何らかの関係を保ち続けていたことを示唆している。そして、おそらくこの関係こそ、これまでのソストラトスに関する研究の中で、もっとも看過されてきた点であろう。

ドーリス系ヘクサポリスの一つであるクニドスは、小アジア南西端から西に延びる細長い半島の南岸にポリスを形成し、エジプト第二六王朝のアマシス王の治下では他のギリシア都市とともにナウクラティスにヘレニオンを建設するなど、早くから東地中海の海上交易にも関与していた。[44] しかし、クニドスがさらに海上交易に積極的に乗り出すようになったのは、おそらく前四世紀になってからのことだった。第4章で述べたように、この時期にクニドス人は古くからの都市（古クニドス）を離れ、半島の先端部にまったく新しい都市（新クニドス）を建設して、政治的中心をこちらに定めている。[45] この中心市の移動については古典史料にもまったく言及がなく、出土碑文を含めた考古学的証拠から推測されているだけであり、その時期についても諸説あるが、[46] ここで注目したいのは、この新クニドスの都市プランである。というのも、小島と本土とを突堤によって結び、その東西に港を設けるという都市の基本構造、そして本土側の都市域を東西に貫通する大通りの存在は、南北を逆転させればアレクサンドリアのそれと瓜二つだからである。もちろん、ここで重要なのは、クニドスとアレクサンドリアの都市プランのどちらが先に計画されたのかではない。注目すべきは、両者が漸進的な発展の結果としてほぼ同一の構造を特徴とする都市に成長し、緊密な交易関係によって結ばれるようになったという歴史的事実そのものである。なぜならば、そこからは、前三世紀初頭の都市アレクサンドリアの発展に果たしたソストラトスの役割が、単に大灯台へのゼウス像の奉納にとどまるものではなく、より包括的なものであった可能性が浮上してくるからである。

ソストラトスを顕彰する碑文がデロス島のアポロン聖域に集中して建立されていること、そしてその一つにおいて彼が島嶼連邦の全構成国の市民権を授与されていることは、アテネ蜂起に際して彼が果たした役割ともども、エーゲ海におけるプトレマイオス朝の意思体現者としての彼の権勢が比類のないものだったことを示している。しかし、デルフィ出土碑文に関する上述の推測が正鵠を射ているとすれば、プトレマイオス朝の宮廷において彼がそのような役割を発揮できたのも、彼がコスやハリカルナッソスと並ぶエーゲ海南東部の有力国の名門家系の市民であったという事情によるところが少なくなかったと考えられよう。

4　サモスのカリクラテス
ソストラトスがアレクサンドリアの大灯台に救済神ゼウスの像を奉納したことを謳ったポセイディッポスのエピグラム（八八頁）は、前一六一年以前にメンフィスのサラペイオンで写されたパピルスを通じて後世に伝えられたものだが、そこには、これに続けてもう一つのエピグラムが採録されている。それが、カリクラテスによるアルシノエ・キュプリス神殿の寄進を謳った次の詩である。[47]

ファロス島の岸辺とカノーポス河口とのあいだ、
目にも鮮やかな波間に、私の座所がある。
羊の豊かなリビュアの風にさらされた防波堤と、
イタリアのゼフュロスに面して。
ここにカリクラテスが私を創建し、王妃
アルシノエ・キュプリスの神殿と名付けた。
ゼフュリティス・アフロディテ女神のもとに、
来たれ、ギリシア人の清らかな娘たちよ。

これらの二つの詩は、ともにアレクサンドリアの重要なモニュメントの創建に言及しており、そのメッセージがプトレマイオス朝や個々のギリシア人のポリスではなく「ギリシア人《ヘレネス》」に向けられていることからも、それぞれのモニュメントに碑文として刻まれていたものが一対にまとめられて伝世したことは確実である。[48] アフロディテ女神と同一視されている王妃アルシノエ二世の神殿の寄進者は、この詩ではカリクラテスと名指されているだけであるが、アテナイオスが引用する別の詩では「提督《ナウアルコス》のカリクラテス」[49]、二〇〇一年に公刊されたミラノ・パピルスに収められた詩（一二三頁）では「ボイスコスの子でサモス人の提督カリクラテス」と明言されており、これが前二七〇年代から前二五〇年代にかけて活躍したプトレマイオス朝の著名な提督であることに疑いの余地はない[50]。

カリクラテスという人名は当時にあっては珍しいものではなく、同時代の諸史料に言及される数多くのカリクラテスのうち誰をこのサモス人ボイスコスの子カリクラテスと同定するかは、きわめて難しい問題である[51]。しかし、たとえば前二六二／一年にプトレマイオス二世がミレトスに宛てた次の書簡（が刻された碑文、ＲＣ14）に言及されるカリクラテスについては、カリアス碑文におけるソストラトスの場合と同様の根拠により、これがボイスコスの子カリクラテスその人である蓋然性はきわめて高い。

プトレマイオス王がミレトスの評議会と民会に挨拶する。

既に以前から私は諸君の都市に対して熱意を示し、領土を与え、その他の機会にも、諸君のためにふさわしく力を尽くしてきたのであるが、それは、私の父もまた、諸君の都市と友好的な関係にあり、諸君に善行を施し、厳しく重い貢納義務や、ある王たちが課した港湾税から諸君を解放したからである。現在もなお、諸君が都市と我々との間の友好関係と同盟関係を忠実に守っているので、というのも、諸君らのもとに滞在している息子[52]とカリクラテスと他の「友人」たちが、諸君がどのような好意の証を我々に示しているのか書き送ってきたのだが、我々もまた彼らに同意して、諸君に最高の賛辞を送るものである。我々は諸君に善行をもって報いるが、諸君もまた、将来にわたって同じ信念を保持するよう要望する。そうすれば、諸君の態度を受けて、我々はさらに諸君の都市に対して尽力するであろう。これらの件に関してはヘゲストラトスに委任することにして、諸君に挨拶を送る。さようなら。

プトレマイオス朝は、二八〇年代後半から小アジア各地を支配下に収めるようになっていたが[53]、二六〇年代になるとセレウコス朝のアンティオコス二世によって次第にその支配圏を突き崩されていく。この書簡は、そのような時期に小アジアの最有力ギリシア都市の一つであるミレトスに宛てられたものであり[54]、プトレマイオス朝の代表使節である王の息子と他の「王の友人」の中にあって特にカリクラテスの名があげられていることは、彼が提督のカリクラテス（以下、カリクラテス）であった有力な証拠であろう。

カリクラテスの活動内容については、大きく三つに分類することが可能である。第一に、彼はプトレマイオス朝の宮廷人として、何よりもプトレマイオス二世が推進しようとしていた王朝祭祀の確立に尽力した。王の治世第一四年に、アレクサンドリアで「アレクサンドロス大王と姉弟神の神官」が設置された際、最初にこの要職を任されたのは、他ならぬカリクラテスだった[55]。アルシノエ・キュプリス神殿の寄進も、彼のこのような活動の一環として行われたことは明白であり、その祭神がポセイディッポスの別の詩で「良き航海《エウプロイア》のアルシノエ」と呼ばれているのも、それがプトレマイオス朝の海軍の指揮という彼の本務とも関係するためだったと推測されている[56]。アレクサンドリアにおいてばかりではなく、彼はカノーポスでもプトレマイオス二世夫妻のためにイシスとアヌービスの聖域を奉納している[57]。

第二に、彼はギリシアの国際聖域への奉納行為を通じて、多くのギリシア人にプトレマイオス朝の王朝祭祀のイメージを印象づけようとした。その代表的な例が、彼がオリュンピアに建立したプトレマイオス二世夫妻のモニュメントである。これは、オリュンピアのアルティスの東端を画する反響列柱館の正面に据えられた長さ約二〇メートルの基壇（図73）の上に、それぞれプトレマイオス二世とアルシノエ二世の青銅像を戴く高さ約九メートルのイ

図73　オリュンピアのプトレマイオス2世夫妻像の基壇

オニア式の円柱を建てたものであり、この国際聖域に奉納された様々な建造物の中でも、とりわけ異彩を放っていたと思われる。[58]その基壇には、それぞれ四行にわたり「プトレマイオス王とベレニケ王妃の子プトレマイオス王（の像）を、サモス人ボイスコスの子カリクラテスが、オリュンピアのゼウスに（捧げる）」、「プトレマイオス王とベレニケ王妃の子アルシノエ王妃（の像）を、サモス人ボイスコスの子カリクラテスが、オリュンピアのゼウスに（捧げる）」と刻まれていた。その奉納にあたってゼウス神殿とヘラ神殿それぞれの正面と向かい合う位置が選ばれたのは、おそらくプトレマイオス二世とアルシノエとの近親婚をゼウス神とヘラ女神との聖婚に喩えるためだった。[59]同時に、奉納者としてカリクラテスの名が明記されていることは、オリュンピアの聖域を訪れる人々に、彼こそがギリシア世界におけるプトレマイオス朝の権威の体現者であることを訴えかけてやまなかったと考えられる。[60]また、ポセイディッポスの詩の一つは、オリュンピアと並ぶギリシアの国際聖域であるデルフィにおいても、カリクラテスがピュティア競技会で優勝した際に姉弟神のための青銅製の戦車像を建立したと謳っている。[61]

第三に、先に引用した碑文に見られるように、カリクラテスは「王の友人」としてエーゲ海世界の国際政治の様々な局面に介入していたらしい。歴史的な文脈への言及はないが、島嶼連邦がデルフィに提督としての彼の彫像を建立したのは、何らかの形で彼がプトレマイオス二世の意を受けて島嶼連邦のために貢献したからであろう。[62]彼はクレタ島のオルウスで他の者たちとともに名誉領事《プロクセノス》及び恩恵者《エウエルゲテス》に任命され、キプロス島のパライ・パフォス（とおそらくはクリオン）でもその彫像が建立されていた。[63] それでは、彼はどのような経緯でこのような要職を務めるにいたったのだろうか。この点を考えるためには、ソストラトスの場合と同様、同時代における彼の祖国サモスの状況に目を向ける必要がある。

　プトレマイオス朝とサモスとの関係は、前二八一年にコルペディオンの戦いでそれまで小アジア沿岸部を掌握していたリュシマコスが戦死し、その後まもなくセレウコス一世もプトレマイオス・ケラウノス（プトレマイオス二世の異母兄）によって殺害されたことにより、大きな転換点を迎えた。[64] セレウコス朝との関係の推移については判然としないものの、前二八〇年頃のプトレマイエイア祭に関する島嶼連邦の決議（一一二頁参照）において、プトレマイオス二世の意向を伝達するシドン王フィロクレスと島嶼長官のバッコンが連邦構成国からの代表使節をサモスに招集して会議を行っている事実は、このときまでにはサモスが小アジア沿岸部におけるプトレマイオス朝の重要な拠点となっていた状況を示している。しかし、その過程は必ずしも円滑なものではなかったらしい。サモス出土の一碑文は、サモス市民団内部の紛争を調停したミレトス、ミュンドス、ハリカルナッソスからの外国人判事団を顕彰しているが、[65] その仲介にあたったのがやはりシドン王フィロクレスであったことは、この紛争に対するプトレマイオス朝の関心の高さを示しており、それが具体的にはプトレマイオス朝に対するサモスの政治的去就をめぐるものであったことを暗示している。カリクラテスがプトレマイオス朝の宮廷に迎えられ、その後その提督として活躍するようになった契機についても、この内紛におけるプトレマイオス朝への貢献を想定して良いであろう。カリクラテスの家系的な背景については不明であるが、彼がオルウスで他の二人の兄弟とともに顕彰されていることは、彼もまたカリアスやソストラトスと同様、サモスの有力家系の出身であったことを示唆している。

　前二八〇年頃から前二六〇年頃にかけての時期に、カリクラテスはプトレマイオス朝の提督として精力的に活動する一方で、その立場から祖国サモスのためにも様々に尽力したらしい。それは、あるときには恩恵者としての彼の像がサモス市民団によって建立され、また別の機会にはプトレマイオス二世夫妻と彼のためにサモス人が奉納を行ったことからも史料的に確認できる。(66) しかし、カリアスやソストラトスの場合とは異なって、カリクラテスは王朝祭祀の確立への貢献を通じてより深くプトレマイオス朝と関わっていった。この点に関して興味深いのは、ファイユームのアルシノイテス州に「カリクラテスの」と呼ばれる村《コーメー》（もしくは地区《メリス》）が存在し、それがカリクラテスへの贈与地《ドレア》に由来するものであった可能性が指摘されていることである。(67) 前二五〇年代に小アジア沿岸部におけるプトレマイオス朝の影響力が弱まると、おそらくカリクラテスと祖国との関係も希薄になっていき、彼はその晩年をもっぱらエジプトに定住して過ごすことになったのであろう。

5　マケドニアのパトロクロス

カリクラテスに続いてプトレマイオス二世の治世第一五年に第二代の「アレクサンドロス大王と姉弟神の神官」に就任したのが、前二六〇年代のクレモニデス戦争期の活躍で著名な将軍《ストラテゴス》、マケドニア人パトロンの子パトロクロスである。

ソストラトスやカリクラテスとはやや異なり、後述するようにパトロクロスの場合は軍事面での活躍が際立っているが、彼もまたアレクサンドリアで王朝祭祀の神官を務めただけではなく、先頭に立ってこれを擁護したらしい。そのことをよく伝えるのが、マロネイア出身の詩人ソタデスをめぐるエピソードである。(68) それによると、ソタデスはプトレマイオス二世とアルシノエ二世との近親婚をあげつらったため、身の危険から逃れようとアレクサンドリアのドリアから亡命した。しかし、カウノス島（カリアのカウノス、あるいはクレタ島の南に浮かぶカウドス島）でパトロクロスによって捕らえられ、鉛を詰めた壺に入れられて海に沈められたという。

プトレマイオス朝によるギリシア世界への王朝祭祀のアピールに関しても、パトロクロスがソストラトスやカリクラテスほど大きくこれに貢献していたことを示す史料は乏しい。しかし、アッティカの南東に浮かぶケオス島の小ポリスであるコレッソスがアルシノエと改名されたのは、おそらくパトロクロスが同じケオス島のイウリスを活動拠点としていたことと関係があるものと考えられている。[69] なお、ペロポネソス半島のメタナを筆頭として、この時期のエーゲ海には改名もしくは新たな創建によってアルシノエと名付けられたいくつかの都市が誕生しているが、[70] これは単なるプトレマイオス朝の帝国主義的拡張の産物ではなく、むしろプトレマイオス朝による王朝祭祀（より具体的にはアルシノエ祭祀）の振興の賜と考えるべきである。アルシノエの場合とは対照的に、たとえばプトレマイスと名付けられた都市がエーゲ海にはまったく存在しないことも、この点に関して示唆的である。

エーゲ海各地から出土する碑文が示しているように、パトロクロスもまた当時のプトレマイオス朝による外交政策の最前線で縦横に活躍していたらしい。彼はプトレマイオス朝からの使節団の構成員を列挙した上述のオルウス出土の決議碑文の中では、カリクラテスとその兄弟よりも先にその名があげられている。そのカリクラテスの祖国サモスは、何らかの機会にパトロクロスの彫像をサモスのヘライオンに奉納した。[71] ケオス島カルタイア出土の碑文は、プトレマイオス二世によって派遣されたシュラクサイ人ティモクラテスの子ヒエロンを顕彰するものであるが、そこでは彼がパトロクロスとともにケオス島に派遣され、アルシノエに駐屯している旨が述べられている。[72] また、テラ出土の碑文によれば、彼が同市によって顕彰された理由は、それまでもテラのために貢献してきたことに加えて、同市で紛争が生じた際に、その調停にあたる裁判役をケオス島のイウリスから連れてきたことだった。[73] 前三世紀後半になると、クレタ島ではイタノスがプトレマイオス朝の重要な拠点となるが、そのイタノスから出土した二枚の碑文は、ともにプトレマイオス二世によって派遣された将軍であるパトロクロスとその子孫を名誉領事《プロクセノス》及び恩恵者《エウエルゲテス》に任命する決議を刻している。[74] 彼がアンティゴノス（・ゴナタス）に「魚とイチジク」を贈ったという謎めいたエピソードも、[75] このような文脈で理解するべきであろう。

しかし、上述したように、パトロクロスの名を飛躍的に高めることになったのは、その軍事的な活動、とりわけクレモニデス戦争への関与である。この戦争については、断片的ながらも比較的豊富な史料が伝えられており、細部をめぐっては議論が尽きないものの、その概要については、以下のように要約することができる。

前二七〇年代の末から二六〇年代の初めにかけて、海港ペイライエウスの奪還に向けて戦意が高揚していたアテネは、プトレマイオス二世からの支援のもと、アンティゴノス・ゴナタスの勢力拡大によって脅かされたスパルタを筆頭とするペロポネソス半島諸国、及びクレタ人と同盟して、アンティゴノス朝マケドニアとの開戦に踏み切った。この同盟を批准するアテネの民会決議（クレモニデスの決議）において、提案者であるアテネ市民アイタリダイ区のエテオクレスの子クレモニデスは、かつてアテネとスパルタとの同盟によりギリシアに自由がもたらされたペルシア戦争の記憶を喚起し、ギリシアの自由を尊重するプトレマイオス二世が祖先と姉（もちろんアルシノエ二世である）の政策を強調することで、この同盟の正統性を主張している。[76] なお、この決議はペイティデモスが筆頭アルコンを務めた年のものであるが、その暦年については、現在では前二六九／八年とする説が有力である。[77]

このとき、アテネにプトレマイオス朝の援軍を率いて来たのが、パトロクロスだった。パウサニアスの『ギリシア案内記』第一巻冒頭部分では、スニオン近郊のパトロクロス島（現在のガイズロニシ）について「（この島がそう呼ばれるのは）パトロクロスがこの島に城壁を築き、堀を巡らしたからである。彼はエジプト軍三段櫂船隊の提督《ナウアルコス》として来航したが、その船隊はアテネ支援のためにラゴスの子である（プトレマイオスの子の）プトレマイオスが派遣したものであった。デメトリオスの子のアンティゴノスが自ら陸軍を率いてアテネ領に侵入してその国土を荒廃させ、同時に軍船によって海上封鎖したときの話である」と述べられている[78]。同様に、スパルタからはアレウス王が軍を率いてアテネ救援に駆けつけたが、その経緯についても、パウサニアスは『ギリシア案内記』第三巻で、以下のように述べている[79]。

アクロタトスの子アレウスがスパルタの王位にあったとき、デメトリオスの子アンティゴノスが海陸からアテネに攻め入った。アテネ人を救援するために、ただちにエジプトからはパトロクロスの率いる海軍が派遣されたが、ラケダイモン人もアレウス王の指揮のもと全軍をあげて駆けつけた。アンティゴノスがアテネを攻め囲み、アテネの同盟軍が市内に入城するのを阻んだとき、パトロクロスは使者を送ってラケダイモン人とアレウス王に戦いを始めるよう促し、そうすれば彼は南からマケドニア軍に襲いかかるつもりであると告げた。エジプト軍は海軍主体だったので、先にマケドニア軍に対して陸上で戦うのは得策ではなかったからである。ラケダイモン人は、アテネ人に対する好意に加えて、名声を高める戦果を挙げようと逸っていたので、危険を冒すつもりになっていた。ところが、アレウスは物資が尽きると兵を引き揚げてしまった。というのも、彼はラケダイモン人の無鉄砲な行動を、他国の人のために使うのではなく、自国のためにとっておく方がふさわしいと考えたからである。その後も抗戦を続けたアテネ人に対して、アンティゴノスは和約を締結したが、それにはムセイオンに駐留軍を置くという条件がついていた。やがてアンティゴノスは、その駐留軍も自らの意思で撤退させた。

このようなパウサニアスの叙述がどの程度史実を反映しているのかは不明であるが、そこからは援軍相互の連携が必ずしも十分には取れず、共同の軍事作戦が思うようには進捗しなかった状況を窺うことができるかもしれない。しかも、前二六五／四年には、アレウス王はコリントスで戦死してしまう[80]。おそらくそれを記念するために、

図74　コロニのクレモニデス戦争期の城壁

プトレマイオス二世は自らの名でオリュンピアにアレウス王の彫像を奉納したが、[81] この行為は彼がアレウス王の死後もなおクレモニデス戦争を継続する意思を持っていたことを示している。

実際、プトレマイオス朝がクレモニデス戦争の支援にきわめて積極的であったことは、考古学的証拠からも疑いのないところである。パウサニアスの言及するパトロクロス島は、アッティカ先端のスニオン近くに浮かぶ東西二・五キロメートル、南北一・五キロメートルほどの小島であるが、その北東端には小高い峰から海に向かって延びる二本の城壁によって囲まれた要塞の遺構が現存している。[82] また、アッティカ東岸のポルト・ラフティ湾に突出するコロニ半島では、さらに規模の大きな要塞が調査されており、そこからクレモニデス戦争に先行もしくは並行する時期のプトレマイオス朝のコインが出土していることから、この要塞がパトロクロスの率いるエジプトからの援軍の拠点だったことは確実である[83]（図74）。この援軍がアッティカ各地に散開していたらしいことは、ラムヌース出土のエピカレス顕彰碑文からも窺われるが、[84] これらの証拠を総合すれば、プトレマイオス朝によるアテネの救援は決して一過性のものではなく、実質的かつ持続的なものであったと考えられる。

それにもかかわらず、なぜクレモニデス戦争がアテネの降伏（前二六三／二年）という結果に終わらざるをえなかったのか、また、そもそもプトレマイオス二世がクレモニデス戦争を推進した理由は何だったのか、といった点をめぐっては複雑な議論があり、ここではそれらの細部に立ち入る余裕はない。[85] さしあたり注目しておきたいのは、この戦争でプトレマイオス朝の軍を率いて戦ったパトロクロスが、これと前後する時期に、局地的な軍事活動の枠を越えてエーゲ海各地でも活発な外交政策を展開していたことである。ソストラトスやカリクラテスとは異なって、パトロクロスの場合には、彼がプトレマイオス朝の宮廷で頭角を現すようになった背景に関するプロソポグラフィカルな情報はきわめて乏しい。しかし、彼がアレクサンドリアで「アレクサンドロス大王と姉弟神の神官」を務めたことと、クレモニデス決議の中で、プトレマイオス二世がギリシア人の自由のために尽力していることの理由としてことさらにアルシノエ二世が言及されていることとの間の符合は、見逃されてはならないであろう。パトロクロスは、プトレマイオス朝における自らの責務が王朝祭祀の擁護であることをよく認識し、おそらくクレモニデスもまたそれを熟知していたのである。

おわりに

ポリュビオスは、プトレマイオス四世の即位について述べる中で、いかに彼の祖先たちが海外領の支配を重視することで、本拠地であるエジプトを安定的に統治することができたかを強調している。[86] このようなポリュビオスによる評価の当否はさておき、初期ヘレニズム時代、とりわけ最初の二代の王のもとで、プトレマイオス朝がエーゲ海世界を初めとする外部世界との交渉に精力を傾けていたことは疑いようのない事実である。本章では、そのような対外交渉が、現実にどのような人物によって担われていたのかという問題を、史料から具体的に跡づけることの可能ないくつかの事例を通して検討してきた。その結論を一言で述べるならば、プトレマイオス朝の海外領支配は、とりわけエーゲ海世界に関しては、何よりも王朝とギリシア諸都市のエリートとの互恵的な協調関係によって実現されていた。制度による支配ではなく、人を介した相互交渉こそが、初期ヘレニズム時代のプトレマイオス朝という「海上帝国」の繁栄の基盤だったのである。

このような結論は、もちろん当時のプトレマイオス朝に海外領を統治するための制度が欠如していたと主張するものではない。たとえば、比較的史料の豊富な島嶼連邦に対しては、プトレマイオス朝の側から島嶼長官《ネシアルコス》と呼ばれる役人が派遣され、キュジコスのアポロニオスの子アポロドロス、ボイオティア人ニケタスの子バッコン、そしてハリカルナッソスのヘルミアスが、おそらくこの順で就任していた[87]。これらのうち、もっとも有名なバッコンには、公式の役職名は不明ながらゼノンという部下がいたことも知られており[88]、このゼノンは前二八六年にプトレマイオス一世からの穀物をアテネに運び込んだことでアテネ市民団から顕彰されている[89]。

一方で、バッコンが活動していた時期に、彼と並んで、おそらくは彼の上司として外交活動にあたっていたのが、「シドンの王」フィロクレスである。かつてターンは、島嶼長官と提督に関する先駆的研究において、碑文史料では常に「シドンの王」としか呼ばれていない彼が、実はプトレマイオス朝の初代の提督だったのだと論じたことがある[90]。しかし、これはあまりにも制度にとらわれた発想であろう。むしろ、ここで注目すべきは、フィロクレスの場合には、プトレマイオス朝による制度の枠組を必要とすることなく、「シドンの王」という本来の立場によって、後にカリクラテスが提督として、あるいはパトロクロスが将軍として果たすことになる外交上の機能を担うことができたという事実ではないだろうか。

ソストラトスやカリクラテスの場合、そのもって生まれた地位はフィロクレスに及ぶべくもなかったが、エーゲ海への展開を通じてヘレニズム世界における覇権の確立をもくろむプトレマイオス朝の目には、彼らがそのエーゲ海の有力都市の政治的エリートであったことは、かけがえのない価値として映ったと考えられる。そのために、プトレマイオス朝は、彼らを「王の友人」として処遇し、必要に応じて提督や将軍という称号を与えて活用したばかりでなく、カリアス、あるいはクレモニデスとその兄弟のグラウコンのように、プトレマイオス朝のために尽力することで祖国にとどまることができなくなった者には、エジプトで相応の処遇を与えたのである。[91]

また、プトレマイオス朝に与しようとしたギリシア諸都市のエリートたちも、その王権の寵愛を確保するために、様々な手を尽くすことを厭わなかった。この点で、多くのギリシア人にとってはおそらく奇異な行為でしかなかったプトレマイオス二世とアルシノエ二世との姉弟婚、そして彼らの生前神格化は、彼らにプトレマイオス朝に接近するための格好の機会を提供した。彼らは、これを奇貨として積極的にプトレマイオス朝の王朝祭祀を推進することで、アレクサンドリアの宮廷における地歩を固めていったのである。

第15章　地中海の構造変動とナイル世界
――南部エジプト大反乱をめぐって――

はじめに

前章で見たように、前三世紀中頃のプトレマイオス朝は、エーゲ海各地の拠点を足がかりにギリシア世界の国際政治に積極的に介入し、ナイル世界からの富の蓄積を背景として「海上帝国」を謳歌していた。しかし、その後のプトレマイオス朝については、前三世紀の末に向かって次第に衰退の色を濃くしていったと述べられるのが一般的である。[1] なかでも、しばしばプトレマイオス朝の衰退を象徴する事件とみなされてきたのが、本書においてもこれまで幾度か言及している、南部エジプト大反乱である。プトレマイオス朝の支配下においては、プトレマイオス三世の即位直後の前二四六年にもエジプト人の反乱が起きていたが、これは時を経ずして終息したらしい。[2] しかし、前二〇六年に始まった南部大反乱に際しては、アレクサンドリアの王権に反旗を翻したテーベ管区を中心とする上エジプトの在地住民の一部は、独自のエジプト人ファラオを推戴することで半ばプトレマイオス朝の支配からの独立を達成するにまで至っていた。この反乱は前一八六年になってようやく鎮圧されたが、約二〇年にわたって上エジプト（さらには下エジプトの一部）を混乱に陥らせたこの反乱が、プトレマイオス朝による領域部の支配に深い爪痕を残したであろうことは想像に難くない。

その一方で、この南部大反乱のさなかにおいても、プトレマイオス朝はコイレ・シリアの領有権をめぐってセレウコス朝と第五次シリア戦争を戦うなど、依然として積極的な対外政策を遂行するだけではなく、内政面では、第13章でも検討したように、メンフィス決議を通じてエジプト人神官団との結束の強化をはかるなど、様々な困難への対抗措置を怠っていない。また、第12章で見たように、エジプト人の在地エリートの中には、反乱のさなかにあって、積極的に王権側に対する支持をアピールする者もいた。何よりも、最終的には王権の側がこの困難を克服し、その後もプトレマイオス朝が一世紀半ほども命脈を保ち続けることができたという事実は、この事件を単純にエジプトの「衰退」という文脈でのみ理解することに警告を発している(3)。

そこで、本章では、これまでエジプト国内における「支配層であるギリシア系の王権」と「被支配層であるエジプト在地住民」とのエスニックな対立の産物とみなされるのが一般的だった南部大反乱について、これを同時代の地中海世界情勢という大きなコンテクストに位置づけ直すことにより、新たな解釈を提示してみたい。

1　南部大反乱への歴史的な評価

ヘレニズム時代の歴史を考察する上でもっとも基本となる史料は、言うまでもなくメガロポリス出身の歴史家ポリュビオスによる『歴史』全四〇巻である。完全な形で伝えられているのは、第四〇オリュンピア期（前二二〇〜前二一七年）とその前史を扱う一巻から五巻までであるが、それ以降の巻についても抜粋などから相当程度が復元されており、その叙述内容は、常に前三世紀から前二世紀の地中海世界の歴史を再構成する際の参照軸とされてきた。しかし、このことは、ヘレニズム史に対する理解の枠組みが、様々な点においてポリュビオスの歴史認識に拘束されていることをも意味している。実は、プトレマイオス朝の最初の三代の王のもとでの「隆盛」とプトレマイオス四世以降の時代の「衰退」という広く受け入れられている二分法も、もとを辿るならば、ポリュビオスの次のような叙述に由来している。

フィロパトルと呼ばれるプトレマイオス（四世）は、父王の死後、弟のマガスとその一味を殺害して、エジプトの支配権を掌握した。こうして自らの努力で政敵を一掃することによって国内の脅威を取り除いた彼は、国外の危険からも運命のめぐり合わせにより解放されることになった。というのも、このときアンティゴノス（ドソン）とセレウコス（三世）が相次いで世を去り、その跡を継いで王となったアンティオコス（三世）とフィリポス（五世）は、まだ子どもと言ってよいほど若かったからである。このような情勢を見てすっかり安堵してしまったプトレマイオスは、即位直後からまるで毎日がお祭り騒ぎのような統治ぶりを見せ始めた。彼は宮廷内の人やエジプトの内政にあたる人に対しては気難しく近づきがたい印象を与える一方で、国外での活動に関わる人に対しては不熱心で無気力だった。しかし、この国外での活動こそは、歴代の諸王がエジプトそのものの統治に優るとも劣らぬほどの熱意をもって遂行してきた領域なのである……。このようにはるか遠くにまで手を伸ばし、はるか先の方にまで自身の勢威を拡大していたからこそ、エジプト自体の支配に何の不安も持たずにいられたのだ。それゆえ、過去のエジプト王が国外での活動に多大な努力を傾けてきたのも当然だった。ところが、このプトレマイオスは、恥ずべき色恋と節度のない飲酒に明け暮れ、そういった活動にはまったく関心を払わなかったので、当然のことながら、王の周辺には、王の生命と権力を狙って陰謀を企む者が時をおかずに現れ、しかもその数は一人だけではなかった[4]。

また、ポリュビオスは、彼がプトレマイオス朝の王権と在地エジプト人との関係を大きく変えることになったとみなす前二一七年のラフィアの戦いの後の時代のエジプト情勢について述べる中で、南部大反乱について次のように言及している。

プトレマイオス（四世）のところでは、（ラフィアの）戦いの直後に、エジプト人との戦争が勃発した。この王はアンティオコスとの戦争に備えてエジプト人に武器を供与していたが、これはその限りにおいては首肯できる方法であっても、将来のためには誤算だった。というのも、ラフィアでの勝利に意気盛んとなったエジプト人は、もはや命令に甘んじることなく、彼らを指導することのできる人物を自分たちで見出そうとしたからである。それは、間もなく実現されることになった。(5)

残念ながら、エジプトの南部大反乱そのものに関するポリュビオスの記述については、抜粋しか伝わっていないが、そこにはこのような記述が見られる。

プトレマイオス・フィロパトルは、コイレ・シリアをめぐる戦争（第四次シリア戦争）の終結後、正道からすっかり外れて、いま書き記したような自堕落な生活に足を踏み入れてしまった。そして晩年になってから、状況に抗しえず先述の（エジプト人との）戦争に引き込まれたが、この戦争は、双方が犯した残忍と非道の行いを別とすれば、陣列を対した合戦もなければ海戦も都市攻囲もなく、およそ記録に値するいかなる事件もない戦争だった。(6)

これらの叙述に見られるポリュビオスの見解をまとめれば、この時期のエジプトの「衰退」の最大の原因はプトレマイオス四世の性格の問題であって、ラフィアの戦いでエジプト人に軍事的な自信を持たせたことが南部大反乱を招いたが、この反乱そのものについては特段に詳述する価値はない、ということになろう。ここで注目されるのは、この最後の判断である。というのも、周知のように、ポリュビオスの『歴史』は、どのようにして前二二〇年（ポリュビオスによれば、それまでばらばらに進行していた地中海の歴史が一つのまとまり《シュンプロケ》を持つようになった起点）から前一六八年（第三次マケドニア戦争によるアンティゴノス朝マケドニア王国の滅亡）までの短い期間にローマが東地中海世界を征服することができたのかを説き明かすことを目的に書かれたものである。その彼が、南部大反乱について「記録に値するいかなる事件もない戦争」と評している事実は、明らかに彼がこの事件をローマによる東地中海征服とは直接関係のないものであって、単に放埒なプトレマイオス四世の晩年を苦しめることになった内政上の出来事の一つとしてしか考えていなかったことを暗示している。

もちろん、現代の研究者は、このようなポリュビオスの歴史観を無批判に受容しているわけではない。たとえば、近著でローマの東方進出をめぐる国際関係について論じたA・M・エクシュタインは、前二〇七年以降のプトレマイオス朝の「崩壊」がもたらした東地中海情勢の変化こそ前二〇〇年にローマがギリシア世界への介入を決断する決定的な契機だったと主張し、当時のプトレマイオス朝が直面していた危機として、この南部大反乱、宮廷内の混乱、そしてプトレマイオス四世の死という三つの要素を列挙している。[7] しかし、このエクシュタインの議論に典型的に見られるように、多くのギリシア史の研究者にとって、エジプトの南部大反乱とはプトレマイオス朝の弱体化に寄与した深刻ではあるがローカルな事件に過ぎない。この時期に対する関心の的となってきたのは、あくまでローマの東地中海への進出と、それに対する東地中海の諸勢力の複雑な対応である。

その一方で、エジプト史（プトレマイオス朝史）の研究者は、パピルスやグラフィティなどの同時代史料から出発しつつも、やはりポリュビオスの提示する枠組に依拠することで、南部大反乱をあくまでエジプト内部に限定された問題として、すなわち、少数のギリシア系の支配層が多数の在地エジプト人を支配していたことに起因する社会的な、もしくは民族的な緊張関係の産物として位置づけてきている。[8] しかし、前二〇〇年というヘレニズム史の転換点を挟んで続いたこれほどの大事件が、同時代の地中海世界の国際政治と無関係に進行するということがあり得たのであろうか。また、仮にそうであったとしたら、その理由は何だったのか。この問題を考察するために、次節ではまず同時代の地中海世界の国際関係の変遷に目を向けてみたい。

2　南部大反乱時代の地中海世界

上エジプトの在地エジプト人がプトレマイオス朝に抗し続けた二〇年間は、地中海の歴史の中でも特に大きな事件が引き続いて起こった時代だった。この頃、セレウコス朝では、プトレマイオス四世の同世代にあたるアンティオコス三世が、開祖であるセレウコス一世勝利王《ニカトル》の広大な版図を回復するべく精力的な軍事活動を展開していた。とりわけ、前二一二年から前二〇五年にかけてアンティオコス三世がバクトリアとインドに向けて遂行した大規模な東方遠征は、彼にアレクサンドロス大王に比肩する「大王《メガス》」という尊称を名乗る根拠を与えることになった。[9]

アンティオコス三世がアレクサンドロス大王の再来をめざしていたとすれば、やはりプトレマイオス四世の同世代にあたるアンティゴノス朝マケドニアの王フィリポス五世は、アレクサンドロス大王の父フィリポス二世の姿を追っていた。彼は、ギリシアの覇権を握るべくアイトリア連邦やアカイア連邦などのギリシア諸勢力と抗争を繰り返した結果、それらを支援する西方のローマと対立するようになった。彼がカルタゴのハンニバルと結んでローマと戦った第一次マケドニア戦争は、前二〇五年のフォイニケの和によって一応の終結を見たが、その後、一転してエーゲ海に侵略の矛先を向けた彼の勢いに脅威を感じたロドスやペルガモンがローマの元老院に訴え出たことにより、前二〇〇年には再びマケドニアとローマとの戦争（第二次マケドニア戦争）が始まる。この戦争は、前一九七年の初夏にテッサリアのキュノスケファライで行われた会戦において、フィリポス五世がローマ軍に敗れることによって決着した。このときフィリポス五世は、外交関係の文書がローマの手に渡らないよう、それらをラリサで部下に焼却させている。[10]

一方、第一次マケドニア戦争と第二次マケドニア戦争との間には、ローマ側の情勢に大きな変化が生じていた。前二〇二年の春、ザマの戦いで、ハンニバルの率いるカルタゴ軍がスキピオの率いるローマ軍に敗北を喫したのである。こうして、カルタゴという大きな障壁が取り除かれたことが、ローマに東方情勢への介入を積極的に促すことになったことは、衆目の一致するところである。なお、ハンニバルはザマの戦いの後もなおカルタゴの政界にとどまっていたが、前一九五年にはアンティオコス三世のもとに亡命した。そのアンティオコス三世は、第二次マケドニア戦争でアンティゴノス朝がローマの膝下に屈すると、トラキアの領有権などをめぐってローマとの対決姿勢を鮮明にしたが、前一九一年にはギリシアのテルモピュレで、また前一八九年には小アジアのマグネシアでローマ軍に敗れ、前一八八年のアパメイアの和で地中海世界における権益を大幅に喪失することになる。

このような一連の動向の中で、古典史料に伝えられるプトレマイオス朝の果たした役割は、奇妙なほど影が薄く主体性を欠いている。この時期のプトレマイオス朝の受動的な位置づけを示すもっとも象徴的なエピソードが、前二〇三／二年にアンティオコス三世とフィリポス五世の間で、プトレマイオス朝の領土を分割する協定が結ばれたという逸話である。[11]ポリュビオスは、『歴史』第三巻において自らの叙述の構想を示しながら、次のように述べている。

（シュラクサイのヒエロンの支配の崩壊）の後に続くのは、エジプト国内の混乱であり、プトレマイオス王

（四世）の死後、後に残された息子の治める王国を分割しようと、アンティオコス（三世）とフィリポス（五世）が共謀して悪辣な行為に走り、フィリポスはエーゲ海域とカリアとサモス島、アンティオコスはコイレ・シリアとフェニキアに手を伸ばすにいたった。[12]

この協定の史実性については研究者の間で議論があるが、[13]このような記述は、実際にそのような協定が交わされたか否かにかかわらず、少なくともポリュビオスが当時のプトレマイオス朝を国内の混乱に疲弊し強国の侵略を甘んじて受けるだけの存在として理解していたことを示唆している。そして、この時代に関する現代の研究が、このポリュビオスの理解に大きく拘束されていることは言うまでもない。

それでは、当時のエジプトの混乱、具体的には南部大反乱とは、いったいどのような事件だったのであろうか。そこで次に、主としてP・W・ペストマンとA・E・ヴェイスらによる研究に依拠しつつ、[14]この争乱《タラケー》の概要を再構成してみよう。

3　南部大反乱の経緯

南部大反乱の勃発に言及するもっとも古い史料は、エドフのホルス神殿の外壁に刻まれた、神殿の建築過程に関する年代記碑文である。そこには、このように述べられている。

……神殿の内壁が、王（プトレマイオス四世）の名や神々の姿を表現する素晴らしいレリーフなどで飾られた。その主門と部屋の二重の扉は、治世一六年（前二〇七／六年）までに完成された。このとき、争乱が生じた。上エジプトで起きた反乱のために、エドフの神々の玉座（ホルス神殿）の建築工事は中断された。この反乱が鎮圧されたのは、上エジプトと下エジプトを統べる愛父神（プトレマイオス四世）夫妻の後継者でラー神の子でありプタハ神に愛された力強いプトレマイオス（五世）、彼は没後に顕現神となったのであるが、その治世一九年（前一八七／六年）のことで、この王の名も神殿に刻まれた……。[15]

まもなく反乱軍はテーベに侵入し、前二〇五年一〇月から一一月には、指揮官のハロンノフリスをファラオに推戴した。アビュドスのオシレイオンでは、ギリシア語アルファベットで「治世五年、ファラオ、ヒュルゴナフォル」と刻んだグラフィトが発見されており、[16]このヒュルゴナフォルがハロンノフリスを指していると考えられることから、前二〇一／〇年までには反乱軍がアビュドスまで北上していたと推測されている。なお、このアビュドスから僅かに三五キロを隔てた地点には、プトレマイオス朝の上エジプトにおける重要な統治拠点プトレマイスがあるが、そこでは前二〇六／五年から前二〇〇／一九九年まで王朝祭祀の神官の名が知られていない。[17]この事実もまた、この地域が反乱軍によって占拠されていたことを暗示している。[18]一方、反乱軍の支配圏がテーベからパテュリスを越えてどの程度南にまで達していたのかは不明である。

このような状況下で、前二〇〇年頃になると、プトレマイオス朝の側も反撃に出た。先に反乱軍のグラフィトが刻まれていたアビュドスのオシレイオンには、トロイゼン人ヒエロクレスの子フィロクレスによる治世六年パウニ月のギリシア語奉納碑文も残されているが、この治世年はプトレマイオス五世のもの（前一九九年）であろうと考えられている。[19]プトレマイスにおいても、前一九九年には、ディカイアルコスの子クレイトマコスが王朝祭祀の神官に任命されている。[20]

ちょうど同じ頃、反乱軍の側にも変化が生じた。前一九九年の夏から秋にかけて、ハロンノフリスに代わって

（息子の？）カオンノフリスが王位についたのである。カオンノフリスは、その治世年をハロンノフリスのそれから通算して数えているが、このことは、両者の名の類似とともに、反乱軍内部の権力継承が順調に進んだことを示唆している。ただし、事情は不明ながら、即位して間もなく、カオンノフリスはテーベを失うことになったらしい。というのも、前一九八年から翌年にかけてのテーベに由来する文書には、再びプトレマイオス五世の治世年が採用されており、前一九七年四月にテーベで亡くなった聖牛アピスも、無事にメンフィスまで搬送されているからである。[21] その一方で、おそらくカオンノフリスは北のリュコポリス州（後述するデルタのリュコポリスではなく、上エジプトの現在のアシュート付近）に進出することでアレクサンドリアとテーベとの分断を図り、さらに前一九〇年代の後半になると、再びテーベを占拠した。

これに対して、プトレマイオス朝側は、前一九〇年頃に新たな軍団を上エジプトに送り込むことによって、ようやくテーベの奪還に成功する。今やテーベ管区はプトレマイオス朝の統治するところとなり、下エジプトと上エジプトとの物流も旧に復した。カオンノフリスは南に退いて、ヌビアからの援軍とともにプトレマイオス朝の軍に対する抗戦を続けたが、ついに前一八六年八月二八日、おそらくアスワンの近くで行われた戦闘において、「王の第一の友人」コマノスが率いるプトレマイオス朝軍に決定的な敗北を喫する。プトレマイオス朝軍の勝利の報は、同年九月六日にアレクサンドリアの宮廷に報告され、「神々の敵」カオンノフリスは捕虜としてアレクサンドリアに連行された後、処刑された。

以上が、南部大反乱の展開の概略であるが、この間、プトレマイオス朝の膝元であるデルタでも反乱が勃発していた。ポリュビオスは、『歴史』第二二巻で以下のように述べている。

プトレマイオス王（五世）がリュコポリスを攻囲したとき、恐れをなしたその地のエジプト人の領袖たちは、王の信義に身を委ねた。しかし、王はこの者たちに残虐な仕打ちを加え、結局それがその後の数々の危機を招き寄せてしまったのである。ポリュクラテスが叛徒たちを鎮圧したときも、王の振る舞いは同様だった。そのとき、領袖たちのうちでも、アティニス、パウシラス、ケスフォス、イロバストスはなお生きながらえていたのだが、抵抗を諦めてサイスに出向き、そこで王の信義に身を委ねた。ところが、プトレマイオスは信義を破り、この者たちを裸にして戦車に縛り付け、引きずった後で、拷問を加えて殺したのである……。[22]

この記述のうち、ブシリス州の反乱鎮圧をめぐる経緯は、ロゼッタ・ストーンに詳述されており、そこからプトレマイオス五世によるリュコポリス攻城戦については、前一九七年のナイルの増水期に行われたことが判明している。碑文中で、王権に対する敵対行為が父王、すなわちプトレマイオス四世の時代から生じていたと述べられていることからも、具体的な相互の関係は不明ながら、デルタの反乱が南部大反乱と並行して進んでいたことは間違いないであろう。なお、上記の引用部分の後段からは、上エジプトの反乱鎮圧後も、デルタではなお散発的に反乱が繰り返されていた状況が窺われる。ここに名指されているエジプト人の有力者たちが何者であったのかは不明であるが、G・ヴェーバーは彼らがかつての州知事などの末裔であった可能性を認めつつも、やはり神官家系と関係があった可能性を否定していない。[23]

4　南部大反乱とプトレマイオス朝の対外政策

前三世紀末から前二世紀初頭にかけてナイル世界を揺るがせたエジプト人の反乱をめぐる最大の謎は、なぜプトレマイオス朝が反乱の鎮圧に二〇年もの年月を要したのか、あるいは終着点から遡って見るならば、長期にわたる深刻な国内の混乱にもかかわらず、なぜプトレマイオス朝が最終的にこの危機を克服することができたのか、という点に集約される。この時期のアレクサンドリアの宮廷の動向、とりわけ対外政策については、第13章でメンフィス決議の背景について述べる際にも瞥見したところであるが、ここでもう一度その要点を振り返っておこう。

上述したように、上エジプトで反乱軍の指導者ハロンノフリスがファラオとして即位したのは前二〇五年の秋のことだったが、それから一年もたたない前二〇四年の夏、プトレマイオス四世が亡くなった。当時、宮廷で実権を握っていた廷臣ソシビオスとアガトクレスは、四世の死を伏しておき、四世の妹であり妻であったアルシノエ三世を暗殺した上で、前二〇三年夏、軍の指揮官たちの前で王夫妻の崩御を告知するとともに、当時六歳の遺児（プトレマイオス五世）を玉座につけた[24]。

プトレマイオス四世のもとで活躍したソシビオスは、この後まもなく亡くなったようであるが、アガトクレスは幼いプトレマイオス五世の摂政として、ただちに活発な外交政策を展開する[25]。彼はまず、ペロプスの子ペロプスをアンティオコス三世のもとへ派遣し、ラフィアの戦いの後にプトレマイオス朝とセレウコス朝のもとで結ばれた条約の遵守を要求した。同時に彼は、ソシビオスの息子プトレマイオスをフィリポス五世のもとへ遣わし、政略結婚を申し入れるとともに、アンティオコス三世が条約を破棄した場合には救援してくれるよう要請した。さらにアガトクレスは、歴史家としても知られるメガロポリス人アゲサルコスの子プトレマイオスをローマ元老院への使節として送り出した。ポリュビオスは、これらの各方面への外交使節の派遣について、アガトクレスの真の狙いは宮廷内の有力者を遠方に排除することにあったと述べているが[26]、必ずしも彼の評価を文字通りに認める必要はないであろう。明らかに、アレクサンドリアの宮廷は、幼いプトレマイオス五世の王位継承が招くと予想された国際的な危機の芽を、外交的に摘んでおこうとしていたのである。

しかし、この試みが逆効果となったことは、上述したアンティオコス三世とフィリポス五世との間で結ばれたプトレマイオス朝の領土分割協定が示す通りである。前二〇三年末に、アガトクレスはアレクサンドリアにおけるマケドニア兵のクーデタによって惨殺され、翌年にはアンティオコス三世が軍を率いてコイレ・シリアに侵攻した。いわゆる第五次シリア戦争の開始である。しかし、プトレマイオス朝の側も、アンティオコス三世がパレスティナを勢力下に収めようとするのを座視していたわけではなかった。というのも、アガトクレスによって傭兵募集のためにギリシアに派遣されていたアイトリア人のスコパスが、雇い入れた新たな兵力を率いて反撃に出たからである。しかし、スコパスは前二〇〇年にパニオンでセレウコス朝の軍と戦って敗れ、シドンに立て籠もって抵抗したものの、前一九九年の夏には降伏を余儀なくされた。(27)

プトレマイオス朝にとって幸いだったのは、この間、ロドスとペルガモンによるローマ元老院への直訴を契機として第二次マケドニア戦争が始まり、もう一人の敵であるフィリポス五世の直接の関心（さらに、間接的にはアンティオコス三世の関心）がエジプトから逸らされたことであろう。開戦の直前、前二〇〇年にアビュドスを攻囲中のフィリポス五世のもとを訪れたローマからの使節は、彼にプトレマイオス朝の領土を蚕食しないよう警告した。(28)また、前一九八年秋に行われたニカイアの会談でも、ローマ軍を率いるティトゥス・クインクティウス・フラミニヌスは、フィリポス五世に対して、プトレマイオス四世の死後にプトレマイオス朝から奪った領土をエジプトに返還するよう要求している。(29)前一九七年初夏のキュノスケファライの戦いにおけるフィリポス五世の敗北は、明らかにプトレマイオス朝にとっては朗報だった。

この前一九七年には、アレクサンドリアの宮廷でも様々な動きがあった。まず、この年の夏から秋にかけて、傭兵軍司令官としてプトレマイオス朝に尽くしてきたスコパスが謀反の嫌疑をかけられて失脚し、宮廷からアイトリア人勢力が一掃された。スコパスに代わって実権を握ったアカルナニア人のアリストメネスは、アルゴス人のポリュクラテスがキプロスからもたらした潤沢な資金を用いて、一一月二六日に盛大にプトレマイオス五世の宣布式《アナクレテリア》を挙行した。(30) それを受けて、翌年（前一九六年）の三月二七日にエジプト人の神官団がメンフィス決議（ロゼッタ・ストーン）を採択したことは、第13章で述べた通りである。

この頃、第二次マケドニア戦争でフィリポス五世を降したローマの関心は、当然のことながらセレウコス朝に向かっていた。折しも、アンティオコス三世は軍を率いてトラキアに進出していたが、リュシマケイアで行われたローマ側の使節との会談の席で、プトレマイオス朝から奪い取った領土を返還するようローマ側に求められたアンティオコス三世は、いささか唐突に、政略結婚によって自らプトレマイオス朝と講和を結ぶつもりであると宣言した。(31) この件が、あらかじめプトレマイオス朝と事前に協議されていたかどうかは不明であるが、実際に、前一九五年には両者の間で講和が結ばれ、翌年の冬には、アンティオコス三世の娘クレオパトラとプトレマイオス五世との結婚式が、他ならぬラフィアで催されている。なお、リュシマケイアの会談が行われているさなかに、プトレマイオス五世が急死したとの噂が伝わり、アンティオコス三世はこの機に乗じてキプロス島を占領しようと試みたが、嵐のために果たせなかった。(32)

その後のローマとアンティオコス三世との間の戦争（前一九二〜前一八八年）に際しては、プトレマイオス朝は完全に蚊帳の外に置かれることを余儀なくされ、アパメイアの和においても、プトレマイオス朝の権益は何ら顧みられることがなかった。(33) しかし、プトレマイオス朝が依然として地中海の国際情勢に関心を抱き続けていたことは、前一八八／七年に中部ギリシアの国際聖域デルフィに向けてエジプトから使節団が派遣されている事実からも確かである。(34) この使節団のメンバーには、翌年の南部大反乱の鎮圧に際して軍の指揮をとったプトレマイオスの子コマノスが、その兄弟とともに加わっていた。(35) その翌年、前一八七／六年には、プトレマイオス五世はアテネ人デメトリオスをアカイア連邦の定例議会《シュノドス》に派遣して同盟の更新を申し入れているが、(36) このことも、ギリシア世界に対するプトレマイオス朝の関心の高さをよく表している。これを受けて、アカイア連邦からは、同盟更新を誓約するために、ポリュビオスの父親であるリュコルタスらがアレクサンドリアに派遣されたが、彼らは前一八五年に、プトレマイオス五世からの贈与品として、軽楯兵用の青銅製武具一式を六千着、それに青銅貨二〇〇タラントンを受け取って帰国している。[37]

5　南部大反乱の展開と地中海世界の動向

これまでの検討を踏まえるならば、南部大反乱の時代のエジプトの国内情勢と同時代の地中海世界の国際情勢それぞれの推移の間には、果たしてどのような影響関係があったと考えるべきであろうか。

まずは、エジプトの南部大反乱が当時の国際情勢に何らかの影響を及ぼすような事態があったか否かを検討しよう。上述したように、上エジプトにおける反乱が始まったのは前二〇七／六年、ハロンノフリスがエジプト人のファラオに推戴されたのは前二〇五年のことだったが、これらの事件がただちに地中海世界に何らかの影響を与えたことを示唆する証拠はない。アンティオコス三世とフィリポス五世がプトレマイオス朝の領土分割協定を結んだのは、ようやく前二〇三年になってからのことであり、その契機は明らかにこの年に明らかにされたプトレマイオス四世の死とまだ幼い五世による王位の継承だった。また、エジプトの反乱軍は前二〇〇年頃までは順調に勢力を拡大していた様子であるが、それにもかかわらず、前二〇二年にセレウコス朝との間に第五次シリア戦争の火蓋が切られると、アレクサンドリアの宮廷は、躊躇することなくスコパスの率いる傭兵軍をシリア戦線に投入している。その後についても、エジプト国内の事件が地中海の国際情勢に作用したのは、前一九六年のリュシマケイアの会談中にプトレマイオス五世の死の報がもたらされたときのことくらいであろう。この虚報が根も葉もないものではなく、リュコポリスの叛徒の領袖に残虐な仕打ちを加えたことによってプトレマイオス五世に降りかかったとポリュビオスが述べる「数々の危機」に対応しているとするフースの指摘は、[38] おそらく正鵠を射ている。しかし、この事件を別とすれば、南部大反乱の期間を通じて、エジプト国内の争乱が直接的に地中海の国際関係の動向に関与した痕跡はきわめて乏しい。

それでは、逆のケース、すなわち地中海世界の動向が南部大反乱の帰趨に影響を与えた可能性についてはどうであろうか。前二〇〇年代の末に向けて反乱軍が勢力を拡大することができた一因は、アレクサンドリアの宮廷内での混乱に加えて、明らかにフィリポス五世のエーゲ海への進出と第五次シリア戦争の開始によって王権側の関心が地中海・シリア方面に引き付けられていたことにあった。そうであれば、前二〇〇年頃の王権側の一時的な巻き返しも、ローマの介入が地中海世界におけるプトレマイオス朝の立場を相対的に有利なものとしたことと無関係ではなかったのかもしれない。

しかし、地中海世界の動向と南部大反乱の帰趨とがもっとも接近したのは、前一九七年のことだったと考えられる。この年の初夏にローマがキュノスケファライの戦いでフィリポス五世を破ったことは、たちまちナイル世界にも知れ渡ったはずである。アレクサンドリアの宮廷が主導したデルタにおける反乱勢力の鎮圧、プトレマイオス五世の宣布式の成功、そして何よりも翌年に行われたメンフィス決議による王権とエジプト人神官団との間の一定の合意の形成は、おそらく第二次マケドニア戦争の終結に伴う外交的な追い風なくしては実現しなかった。とりわけ、この期に及んでエジプト人神官団がプトレマイオス朝を支持する姿勢を明らかにしたことの背景には、王権の存立に関わる外交的な危機が去ったとする判断があったと考えて良いであろう。さらにこの直後、プトレマイオス朝は政略結婚によってセレウコス朝と講和を結び、これによって再び勢力を拡大しつつあった南部大反乱への対応に全力を傾けることが可能になった。確かに、ローマ側はプトレマイオス朝との関係強化にはきわめて慎重であり、前一八八年のアパメイアの和は領土的な面では決してプトレマイオス朝にとって有利な内容とはならなかったが、望むと望まないとにかかわらず、この間に地中海の国際情勢と距離を置いたことが、おそらく前一八〇年代の初めから王権が南部大反乱の鎮圧に全力を傾注することができるようになった原因だったと考えられるのである。

おわりに

これまで、前三世紀末から前二世紀初頭にかけて続いた南部エジプト大反乱は、プトレマイオス朝の王権の衰退を象徴するドメスティックな出来事として、すなわち本質的には地中海の国際政治のメインストリームの外で展開した周縁的な事件として捉えられがちだった。そのような理解が、この時代の中心的な史料であるポリュビオスの歴史観に由来していることは言うまでもない。しかし、本章における検討作業は、南部大反乱の展開が同時代の地中海世界の情勢と密接に連動していたこと、そしてこの関係を把握することが南部大反乱の性格を理解するにあたって不可欠であることを示している。

南部大反乱の勃発の背景に、王権に対する一部の上エジプトの在地民の経済的な苦境に根ざした反発があったであろうことはもちろんである。しかし、それに対する王権の対応は、必ずしもこの反乱の鎮圧を至上命題とするものではなかったように見える。リュコポリスを中心とするデルタの反乱に対する対応が峻烈を極めたのとは対照的に、二〇年にわたって続いた反乱の期間中に王権が本格的に兵力を上エジプトに動員したのは、ローマの東方への介入がプトレマイオス朝の直面していた危機を緩和する展望のあった前二〇〇年頃の一時期を除くと、第五次シリア戦争が終結し、さらにテルモピュレの戦いとマグネシアの戦いによってアンティオコス三世の敗色が濃くなっていった前一九一年以降に限定されている。この最終段階に至るまで、明らかに王権は南部大反乱の鎮圧にさほど積極的ではなかった。それは、なぜだったのか。

ここで考慮しなくてはならないのが、上エジプトの在地エリート、具体的にはテーベのアモン神官団の動向である。反乱軍が推挙したハロンノフリスとカオンノフリスが、ともにテーベのアモン神官団によってファラオと認められていることは、しばしばこの反乱の黒幕がテーベのアモン神官団だったのではないかという憶測を呼んできた。すなわち、プトレマイオス朝を支持するメンフィスのプタハ神官団と、これに反発するテーベのアモン神官団とのイデオロギー的な対立がこの反乱の背景にあったのではないか、というのである。[39] しかし、上エジプトの反乱軍とテーベのアモン神官団との関係は、それほど単純に説明できるものではない。というのも、これらのエジプト人ファラオがアモン神官団からファラオとしての王名を与えられたことは確かだとしても、テーベでは彼らを讃えるレリーフなどのモニュメントがまったく知られていないからである。何よりも、反乱鎮圧後のプトレマイオス朝が、テーベのアモン神官団に対して何ら報復措置をとっていないことも、少なくとも王権の公式見解に従えば、反乱軍と神官団との間には一定の距離があったことを示唆している。[40] おそらく、神官団には、一世紀以上にわたって上下エジプトの統一的な支配に基づく秩序（マート）を堅持してきたプトレマイオス朝の王権を見捨て、どこまで支配圏を確立することができるか定かではない反乱軍に公然と与することは、あまりにも危険な賭として映ったのであろう。あるいは、王権側にとっては、北の地中海世界の流動的な状況に集中的に対応するためにも、上エジプトについてはテーベのアモン神官団と反乱軍それぞれの勢力が相互に牽制し合う状況が続いた方が望ましかったという事情があったのかもしれない。いずれにしても、前一八六年に南部大反乱を鎮圧したプトレマイオス朝軍が、その前年にギリシア世界への外交使節として活躍したコマノスに率いられていたことは、この反乱の性格を考えるにあたって、いかにも示唆的である。

最後に、プトレマイオス朝に対するローマの対応についても、一言しておくべきであろう。前二〇〇年以降に東方世界に進出してきたローマは、他のヘレニズム諸王国に対するのとは異なり、プトレマイオス朝にはかなり中立的な対応をとっており、それが結果としてエジプトにおける南部大反乱の鎮圧に寄与したであろうことは、上述した通りである。それでは、このようなローマの姿勢は、いったい何に由来していたのだろうか。ポリュビオスは、南部大反乱の勃発に先立つ前二一一／〇年に、ローマが極度の穀物不足に苦しんでいたことを伝えている。[41] その理由は、カルタゴ軍の遠征によってイタリアの農地が破壊されたことだったが、このときローマが行ったのは、プトレマイオス四世に使節を派遣することだった。その目的が、エジプトからの穀物の輸入にあったことは明らかである。この逸話は、戦時における穀物の安定的な確保が、いかに当時の国際関係にとって重要であったかを示唆している。そこで、次章では、当時の地中海の海上交易の様相と、そのエジプト在地社会との関わりを、アンフォラという考古学的遺物から検討していくことにする。

第16章　地中海の海上交易とナイル世界
――アコリス遺跡出土アンフォラからの考察――

はじめに

二〇世紀における古代地中海世界の経済史研究の金字塔が、一九七三年にカリフォルニア大学出版会から公刊されたM・フィンリーの『古典古代の経済』であることは論を俟たないであろう。[1] 初版の公刊後も、一九八五年には初版に対する批判を踏まえてフィンリー自身が補筆した第二版が、さらには一九九九年にはI・モリスによる解題を添えた新版が公刊されていること、さらには初版の刊行から四半世紀を経て、これを契機とする古代経済史をめぐる重要な国際コロキアムが相次いで開催されたことからは、本書が学界に及ぼした影響の大きさを如実に見てとることができる。[2] その結果、ギリシアとローマを統一的な視野のもとに見通した上で、その経済基盤が自給自足的な農業生産にあったことを強調するフィンリーの説を奉じるにせよ（いわゆる「プリミティヴィスト」）、これに反対の立場をとるにせよ（同じく「モダニスト」）、古代地中海世界の経済活動について何事かを論じようとする際には、今日なお本書を基本的な参照軸とすることが求められているのである。[3]

しかし、この間の古代社会経済史の進展は、『古典古代の経済』に内在する二つの問題点をも浮き彫りにしてきた。その一つは、エジプトのパピルス文書やデロス島の神殿会計碑文のような関連史料が豊富に残されているヘレニズム時代の状況が等閑視されていること、もう一つは、数量データの欠如を補うために不可欠となる考古学的証拠がほとんど利用されていないことである。[4] とりわけ、前者の問題は深刻である。というのも、フィンリーが批判の対象としたロストフツェフをはじめとする「モダニスト」の多くは、ヘレニズム時代の史料に発想の枠組みの多くを依拠していたからである。[5] それでは、なぜフィンリーは『古典古代の経済』において、ヘレニズム時代を正面から扱わなかったのだろうか。この点については、フィンリー自身が改訂版の補筆部分で、興味深い弁明を行っている。それによれば、ヘレニズム時代には、西のギリシア（後にはローマ）世界と東のオリエント世界が並立していたのであり、社会経済構造の面においても、それぞれが固有の伝統（「古典古代的な経済」と「オリエント的な経済」）を堅持していた以上、「ヘレニズム経済」などはそもそも存在しなかったというのである。[6] このような主張の背景には、ギリシア・ローマ世界とオリエント世界とを一貫して排他的な構造を伴った実体とみなすフィンリーの本質論的な歴史観が透けて見えるであろう。[7]

一方の古代経済史における考古学的証拠の意義については、今日ではあらためて指摘するまでもないであろう。確かにフィンリーが重視する経済的合理性のように考古学からはアプローチしにくい領域もあるとはいえ、古代の経済活動にかかわる考古学的証拠は増加の一途をたどり、それはもはや経済史の基本史料ともいうべき地位を獲得している。なかでも、過去における交換や交易のプロセスの復元が、かつての「新しい考古学」のパラダイムのもとでは考古学の中心的なアジェンダであったことは、記憶に新しい。[8] というのも、外部から搬入されたことが明らかな遺物は、調査対象となる社会（遺跡）とそれをとりまく世界（マクロなシステム）との関係を探る鍵となるからである。

このような古代経済史の研究動向を踏まえながら、本章ではアコリス遺跡から出土したロドス産のアンフォラのスタンプを手がかりとして、ナイル中流域の一村落がヘレニズム時代に外部世界とどのような経済的関係をとり結んでいたのかを考察する。

1　ロドス産アンフォラの特徴

アコリス遺跡都市域北端部から出土したアンフォラのスタンプについては、既に一九九七年度から二〇〇一年度までのレポートで概要を紹介し、さらに二〇〇五年には出土した三五三点のすべてについて実測図と写真を添えた本報告を英文で公刊している。(9) その大部分を占めるロドス産アンフォラのスタンプの分析に入る前に、ここではまず遺物としてのロドス産アンフォラの特徴と、その編年をめぐる問題点を確認しておきたい。

アンフォラとは、二つの把手をそなえた尖底の大型土器の総称である。このような器形は、中身が詰まった重い状態でも、片手で一方の把手を、残りの手で底部を摑むことによって、担ぎ上げたり中身を注ぎだしたりすることを可能にするばかりではなく、肩部相互の隙間に底部を差し込むことによって、船倉などの限られた空間に安定した状態で大量に積載することができるために、早くからオリーヴ油やワインなどの液体産物の海上交易に用いられていた。

ギリシアでは、後期青銅器時代に胴部に把手がつくカナン型アンフォラがレヴァント方面から搬入されているが、前七世紀頃になると、把手の上端が頸部につく独自の形態のアンフォラが大量に生産され、主として特産のワインを詰めたそれらの壺は、盛んに地中海の各地に運ばれるようになる（樽型の胴部と小さな把手を特徴とするフェニキア系のアンフォラと区別するために、これらは地中海系アンフォラとも呼ばれる）。これらのアンフォラは、形状や胎土の違いから、しばしば容易に産地や年代を推定できるばかりか、前四世紀以降になると、アンフォラの把手にスタンプを刻印する習慣が広がったために、遺物としてのアンフォラの情報量は飛躍的に増大することになる。

なかでも、ヘレニズム時代の諸遺跡における遺構の年代決定にあたって大きな役割を果たしてきたのが、ロドス産のアンフォラの編年である。エーゲ海の南東部に浮かぶロドス島には、古くからリンドス、カミロス、イアリュソスという三ポリスが鼎立していたが、これらの諸市はペロポネソス戦争中にデロス同盟から離脱したのを契機として、前四一一年から前四〇八年に島の北端部に新たな計画都市ロドスを築いて集住を遂げた。そして、このときから急速に国力を高めたロドスは、前四世紀の末までには、エジプトとの間の交易ルートを軸に、東地中海の商業ネットワークの一大拠点となるまでに発展を遂げることになる。[10] さらに、デメトリオスの攻城戦（前三〇五～前三〇四年）を退けてからは、卓抜した海軍力と巧みな海上交易の展開によって、ロドスは小国ながら「海上の第一人者」とみなされるまでに至った。[11] 西はスペイン沿岸から東はユーフラテス河畔にいたるまで、広範囲にわたる遺跡から出土するロドス産のアンフォラは、このようなヘレニズム時代におけるロドスの経済活動の展開を立証する貴重な史料である。

前四世紀末から普及するロドス産のアンフォラは、表面が明るい黄褐色を呈するクリーミーな胎土を特徴としている。[12] ヘレニズム時代を通じて、初期のものは肩から胴部が張り出しているが、時代が下がるにつれて張り出しは控えめになり、胴部は流線型に近くなる。器高はおよそ七五～八五センチメートル、容積は二六リットル前後のものが多い。しかし、ロドス産アンフォラのもっとも重要な特徴は、鋭角に折れ曲がって怒り肩を呈する独特の形態の二つの把手に押されたスタンプである。

前三世紀の初めに、おそらくタソス産アンフォラなどの影響を受けて押されるようになったロドス産アンフォラのスタンプは、「工房銘」（fabricant）と「紀年銘」（eponym）の二種類からなっている（図75）。一方の把手上面に押されている「工房銘」とは、長方形もしくは稀に円形や菱形の枠に、単一の固有名詞を属格形で示したものであり、しばしばヘルメス神の杖（希κηρύκειον、羅 caduceus）をはじめとする多様な意匠のマークを伴っている。「工房銘」という呼称はあくまで便宜的なものであり、ここに名指されている人物（あるいは一族）がアンフォラの生産に関与していたことは確かだとしても、その一連のプロセスのなかで、この人物が具体的にいかなる役割を果たしていたのかは必ずしも明確ではない。「工房銘」には、女性や非ギリシア人の名前がしばしば現れることも注目に値する。

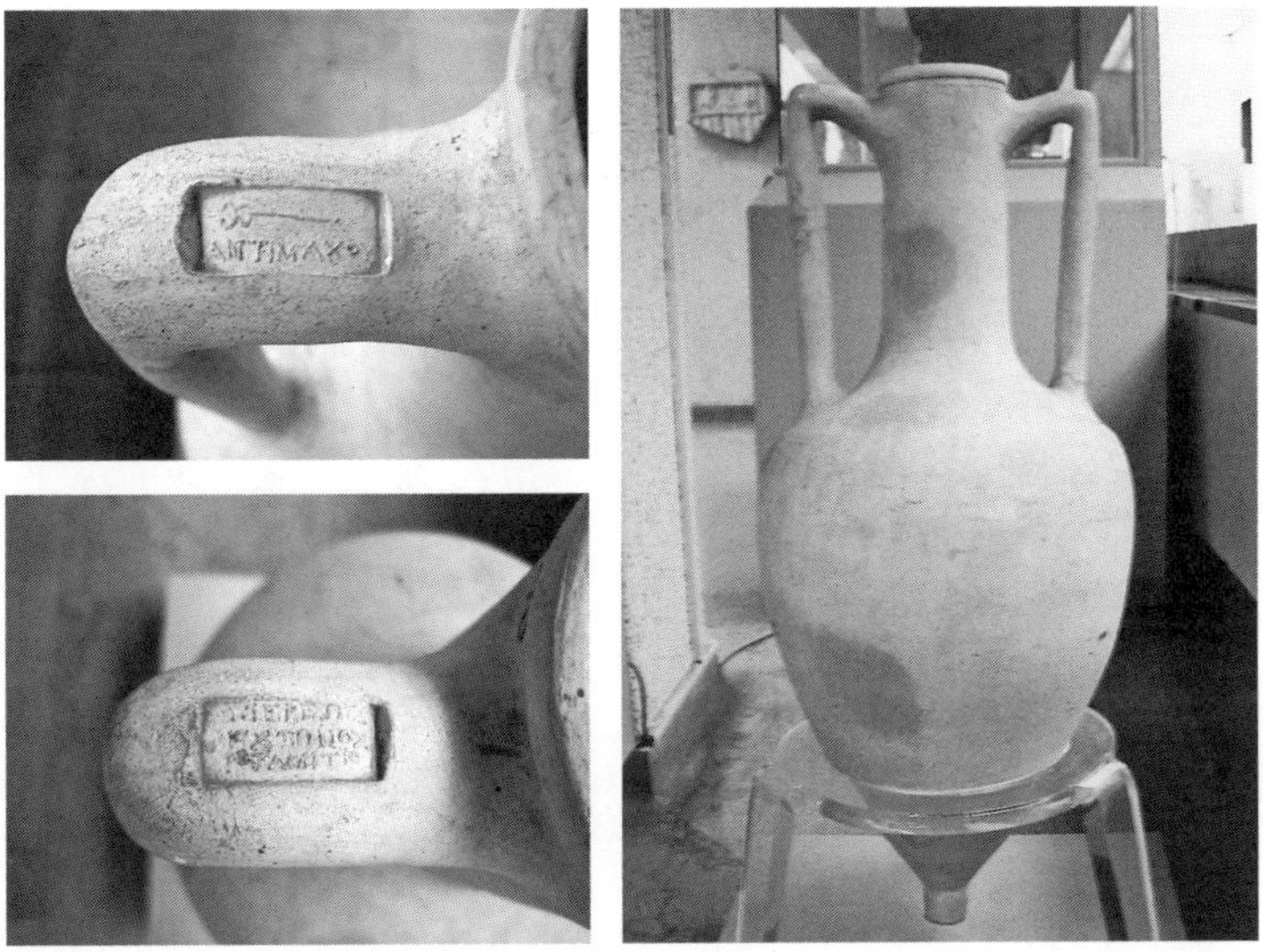

図 75　イスタンブル博物館に展示されているロドス産アンフォラ（右）。片方の把手にはアンティマコスという人名とヘルメスの杖の刻まれた「工房銘」のスタンプ（左上）が，もう片方の把手には「神官アリストン（がハリオス神官だった年）のアルタミティオス（月）」という年月を示す「紀年銘」のスタンプ（左下）が押されている。

もう一方の把手上面に押されている「紀年銘」のスタンプでは、エピ（ἐπί）という前置詞の後に属格の人名が置かれ、その後に月名がやはり属格で続いている。枠の形状は「工房銘」と同様であるが、中央部に「バラの花」ないし「ハリオス神の頭部」の意匠をあしらった円形のものが多い。しばしば前置詞と人名との間に「神官の」（ἱερέως）という語が挿入されていることから、「紀年銘」に現れる人名は、ロドスの最高神官である太陽神ハリオスの神官の名前であることがほぼ確実視されている。この神官職は一年任期であったため、「紀年銘」が年月を表示するためのラベルであったことは間違いないが、それがアンフォラの製造もしくは管理に関わるデータだったのか、それとも中身のワインに関わるデータだったのかは、判然としない。しかし、用途はともあれ、「紀年銘」の存在は、ロドス産アンフォラに比類のない考古学的な価値を与えることになった。というのも、Ｖ・グレイスを筆頭とする研究者の長年にわたる研究によって、ロドス産アンフォラがもっとも盛んに流通していた時期の「紀年銘」の編年（ハリオス神官の順序）が明らかにされてきた結果、これを利用してこの時期の地中海各地の遺跡や遺構の年代を突き止めることが可能になったからである。

2　ロドス産アンフォラの編年をめぐる問題

ロドス産アンフォラの「紀年銘」の編年作業は、主として次の三つの手がかりを相互に検討することによって推進されてきた。一つは、「工房銘」と「紀年銘」との組み合わせ関係（マトリックス）である。完形、あるいは少なくとも両方の把手がセットで現存している資料を調べると、複数の「紀年銘」が同一の「工房銘」と組み合わされている事例を多数見いだすことができる。この場合、これらの「紀年銘」に現れる神官たちは、互いに近接する年代に神官職を務めていた可能性が高い。あるいは逆に、同一の「紀年銘」を伴う複数の「工房銘」が確認されれば、それらの「工房」は同時期に並行して操業していたことになる。

もう一つの手がかりは、言うまでもなく考古学的なコンテクストである。都市の全面的な破壊などに関する記述史料から年代（多くの場合は下限）を同定することの可能な層位から出土したスタンプのセット関係を、ほかの同様のセット関係と突き合わせることによって、それらのおおよその年代を推定することが可能となる。たとえば、カルタゴもしくはコリントスから出土するアンフォラの年代は、理論上は前一四六年よりも前になる。さらに第三の手がかりとして、本来のスタンプとは別に把手の下部に付される副次的スタンプがある。このような手がかりを吟味することにより、現在ではスタンプの押されたロドス産アンフォラを、次の七期に編年することが通例となっている。[13]

Ⅰ期は、スタンプが押され始める前四世紀の第4四半期から、「紀年銘」に月名が伴うようになる前二四〇年頃までに相当する。これには、クレモニデス戦争に際してアッティカのコロニにおかれたプトレマイオス朝の城塞からの出土品が含まれる。[14] Ⅱ期は、月名の導入以後、ペルガモン・コンプレックス（後述）の開始以前にあたる。Ⅲ期は、このペルガモン・コンプレックスに含まれる「紀年銘」によって識別される。これに対して、Ⅳ期はペルガモン・コンプレックスよりも新しく、カルタゴとコリントスの崩壊（前一四六年）に先行する段階である。次の画期はサマリアの破壊（前一〇八年）であり、これとデロス島（前八八年）もしくはアテネ（前八六年）の破壊が、それぞれⅤ期とⅥ期を区分する指標とされている。なお、Ⅶ期はデロスとアテネの破壊からスタンプが廃止される前三〇年頃までに想定されている。

この概観からも明らかなように、ロドス産アンフォラの伝統的な編年は、ペルガモン・コンプレックスの内容に大きく依拠する形で進められてきた。ペルガモン・コンプレックスとは、一八八六年にペルガモンのアクロポリス西方テラスから発見され、一八九五年にC・シュフハルトによって公刊された一群のアンフォラ把手であり、そこには大量のロドス産のアンフォラ把手が含まれている。[15] 周知のように、ペルガモンはロドスと合従連衡しながらヘレニズム時代中期の東地中海の政局を左右していた有力国である。そのため、ペルガモン・コンプレックスは、ロドスとペルガモンとが友好的な外交関係にあった前三世紀末から前二世紀初めに年代づけられることになった。

ペルガモン・コンプレックスには四〇弱（C・ベルカーによれば三七）の「紀年銘」が現れるが、初めてロドス産アンフォラの体系的な編年に取り組んだF・ブレックマンは、これが前二二〇年から前一八〇年頃までの約四〇年に相当していることを示唆した。[16] この仮説は、その後グレイスによって前二一〇年から前一七五年という年代幅に修正されたが、[17] そのグレイスの編年でも、ペルガモン・コンプレックスこそがロドス産アンフォラの編年にあたって鍵となる一括遺物であることは、立論の大前提となっていた。

ところが、一九九〇年代になると、状況に変化が生じてくる。かねてから、グレイスの提唱する編年観に対しては、Ⅳ期に分類されるべき「紀年銘」が少なすぎる（二九年間という年代幅に対して、不確実なものを含めても一八の「紀年銘」しか確認されない）ことが指摘されていたが、テル・アナファ出土のスタンプを検討したG・フィンケルシュテインは、サマリアの崩壊層（前一〇八年）から「紀年銘」を古い年代へと逆算していくことで、「ペルガモン・コンプレックス」（すなわちⅢ期）の下限を前一六〇年代にまで下げる新説を提示した。[18] この編年観（低編年）に従うならば、グレイスのⅣa期がこれまでよりも一〇年ほど短くなる結果、Ⅰ期からⅢ期までに想定されてきた年代も約一〇年新しくなる。

さらに、M・L・ラウォールはペルガモン・コンプレックスの考古学的なコンテクストを再検討することによって、これが厳密に考古学的な意味での一括遺物とはみなし得ないことを立証した。[19] その際、彼はフィンケルシュテインとは異なる方法によりながら、ペルガモン・コンプレックスに現れる「紀年銘」の下限が前一六〇年代の末から前一五〇年代の初頭に引き下げられるという、フィンケルシュテインとほぼ同一の結論に達している。

このような編年をめぐる議論は、アコリス出土遺物の年代決定にも、大きな影響を及ぼさずにはおかない。というのも、後述するように、アコリスでは編年問題の焦点となるⅣ期こそがロドス産アンフォラの搬入のピークであったと考えられるからである。そのため、ここでは基本的にはフィンケルシュテインの新説に従いながらも、随時旧説による年代観も考慮しながら、解釈を進めていくことにしたい。

3　アコリス出土のロドス産アンフォラ

一九九七年度から二〇〇一年度にかけて行われたアコリス遺跡の都市域北端部の発掘に際しては、その埋土から三五三点のスタンプが付されたヘレニズム時代のアンフォラの把手が出土した（二つのスタンプを伴う個体があるため、遺物の総数は三五一点となる）。この資料数は、アテネのアゴラ中央列柱館（一四九八点）やペルガモン・コンプレックス（八八二点）には及ばないものの、デロス島の「喜劇役者の館」（二八四点）、マケドニア王国の都ペラ（二一七点）、キプロス（この時期には、ほぼプトレマイオス朝の版図に含まれる）のサラミス（一六八点）、同じくキプロスのキティオン・バンブーラ地区（一四一点）からのそれを凌いでいる。[20] エジプトにおいても、アトリビス（二七一点）やタニス（一一二点）、アルシノエ（九五点）から出土したアンフォラのスタンプがこれまでに公刊されてきているが、出土点数の多さや、それが組織的な発掘に由来することを勘案するならば、アコリス出土資料のコーパスとしての史料的な価値の高さは疑いを容れない。[21] もちろん、一説には十万点にも及ぶと推測されているアレクサンドリアからの未公刊資料の存在を考慮するならば、三五三点という出土点数は地域をエジプトに限ってもまさに氷山の一角に過ぎないが、コンテクストが明確であるという点において、アコリス都市域北端部の調査から得られた資料は、ヘレニズム時代の中エジプトの在地社会とそれをとりまく世界との関係を考える上で、きわめて重要なものと考えられる。

三五三点のスタンプの内訳について見ると、ロドス産が二七五点、コス産とクニドス産が各四点、キオス産が一

図 76　アコリス都市域北端部から出土したロドス産アンフォラの上部破片

点、いわゆるニカンドロス・グループが六点、その他の同定不能のギリシア系アンフォラのスタンプが四五点、イタリア産が一九点となる。ロドス産のアンフォラ・スタンプは、アテネの中央列柱館で六〇%、デロス島で二三%、キプロスのサラミスで五三%、キティオンで七三%を占めており、その割合ではエジプトではさらに高くなる傾向にある（アレクサンドリアでは「約九割」、アルシノエでは九六%、ただし、アトリビスでは四八%）。このような状況に照らすならば、アコリス出土資料に占めるロドス産のアンフォラの割合は、エジプトの遺跡のそれとしては、ほぼ標準的なものと言えるであろう。

さらに、ロドス産のアンフォラについて詳しく見ていくと、「紀年銘」が一二三点、「工房銘」が一三六点、判別不能のものが一六点となる。「紀年銘」と「工房銘」の数に大きな差がないことは、コーパスの有意性を裏付けるものである。すなわち、少なくともロドス産のアンフォラ・スタンプから判断する限り、これらの資料は完形の状態で搬入されたアンフォラが、破損・廃棄され、他の遺物とともに一括して廃棄されたものと考えられる。したがって、「紀年銘」の年代分布を明らかにすることができれば、それからロドス産アンフォラの、ひいてはこのコーパスそのものの年代幅を推定することが可能となる。その一二三点の「紀年銘」を、フィンケルシュテインの編年に従ってそれぞれ五年でグラフ化したのが、図77である。このグラフからは、アコリス出土の「紀年銘」スタンプの年代が、ほぼ前一五〇年頃（グレイ

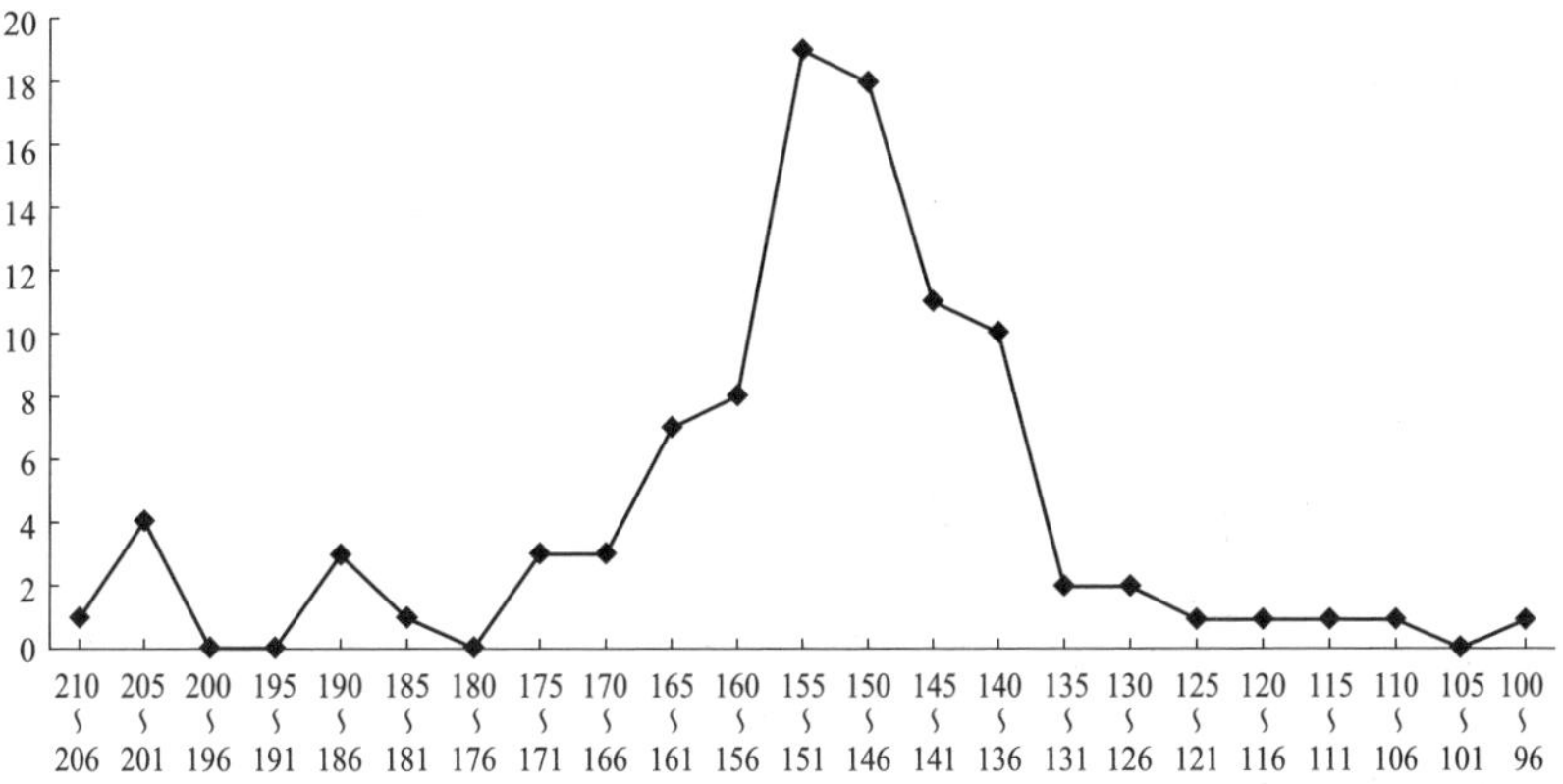

図77　アコリス出土の「紀年銘」スタンプの年代分布

スらの伝統的な編年では前一六〇年頃）を頂点とする正規分布に従っていることが判明する。これは、地中海系アンフォラのアコリスへの搬入が、何らかの特殊な歴史的事件を契機として短期的に行われたのではなく、この時期を頂点として増減する漸進的なプロセスによるものだったことを示唆している。[22]

アコリスから出土している最古の「紀年銘」は、II期のミュティオンのスタンプである。[23] アッコからは、ミュティオンの「紀年銘」がヘラニコスの「工房銘」とペアになったアンフォラが知られているが、アコリスでもヘラニコスは最古の「工房銘」の一つとして現れている。[24] したがって、アコリスにロドス産アンフォラが搬入されるようになったのは、前二一〇年から前二〇五年頃（旧説に従えば、前二二二年から前二一七年）と想定される。しかし、前二〇〇年以前のスタンプは、エウクラティダスの「紀年銘」が三点集中している他は、きわめて散発的である。しかも、これに続くIII a期（前一九〇年代）と、III b期を挟んだIII c期の「紀年銘」がアコリスからはまったく出土していない点は、注目に値する。

アコリスへのロドス産のアンフォラの搬入が急速に増大するようになったのは、III d期になってからのことらしい。これはフィンケルシュテインの年代観に従えば、前一七五年以降ということになる。

フィンケルシュテインによって前一五二年という年代が与えられているパウサニアス三世の「工房銘」スタンプは、アコリスでは最大の一三点を数えている。その後も、前一五〇年代末から前一四〇年代の前半に比定されているピュトゲネスの「紀年銘」が六点、アレクシマコスのスタンプが五点、前一四〇年代後半になると、テイサゴラスとアリストゲイトスのスタンプが各四点と、減少傾向をたどりながらも高い水準を維持しているが、前一三〇年代末のVａ期になると、その数は急激に減ってしまう。V期の後半になると、「紀年銘」はますます散発的になり、IV期（前一〇八〜前八八年）になると、ダモクラテスの二点を最後に、ロドス産アンフォラの「紀年銘」スタンプは皆無となる。

「工房銘」の出土状況も、「紀年銘」の年代分布の正確さをほぼ裏付けるものとなっている。アコリスでもっとも多い「工房名」は、それぞれ八点ずつが確認されているヒッポクラテスとイマス（いずれもIII期の末からIV期）であり、ブロミオス（IV期からV期）の六点がこれに続いている。

以上の考察からは、石材加工場の埋土に含まれるロドス産アンフォラは、前二一〇年頃から約一〇〇年間にわたって搬入され、そのピークは前一五〇年頃にあったものと推定される。

4　前二世紀のエジプトと東地中海世界

歴史的な展開に目を向けるならば、アコリスにロドス産アンフォラが搬入され続けた約一世紀間は、エジプトでは前三世紀にプトレマイオス朝の最初の四代の王によって拡大・確立された安定した社会構造が、さまざまな要因によって混乱していく時代にあたっている。とりわけ、前章で見たように、前二〇六年から前一八六年までの南部における在地勢力の独立は、エジプトを事実上二分することになる大事件だった。在地勢力の拠点である上エジプトとプトレマイオス朝の勢力基盤であるデルタとの中間に位置するアコリスでは、プトレマイオス五世への奉納磨崖碑文が両者の狭間に立たされた在地のエリートの苦境を伝えていることは、第12章で論じた通りである。

上述したように、II期の末から始まったロドス産アンフォラの搬入は、III a期とIII c期に一時的な後退を示している。フィンケルシュテインの新説に従えば、これは前一九〇年代と前一八〇年代に、旧説に従えば、これは前二〇〇年代と前一九〇年代に相当する。したがって、どちらの年代観に立った場合でも、上エジプトの反乱をアコリスへのロドス産アンフォラの搬入の途絶と結びつけることは可能ではあるが、なぜ途絶が一度ではなく二度存在したのかは、解釈の難しい問題である。

前一八六年に内乱が終結したのも束の間、前一六九年から翌年にかけて、エジプトはセレウコス朝のアンティオコス四世の侵攻を受けることになる（第六次シリア戦争）。前一六九年にペルシオン近郊でエジプト軍を破ったアンティオコス四世は、下エジプトを占領下におき、プトレマイオス六世と講和を結んだが、アレクサンドリアはその弟のプトレマイオス八世を王に戴いて、アンティオコス四世に対して徹底抗戦する道を選んだ。一連の混乱は前一六八年にローマの介入によって終結するが（「エレウシスの日」）、この間にロドスとアレクサンドリアとの交易が一時的に断絶したことは、前一六八年にローマ元老院を訪れたロドスの使節が、ペルガモンを讒言するとともに、シチリアからの穀物輸出の許可を求めていることからも、間接的に知ることができる。(25)

このような歴史的背景を考慮するならば、この時期のエジプトでは、少なくとも一年から二年にわたってロドス産アンフォラの搬入が激減したはずである。ところが、アコリスからの出土例に照らすと、旧説がこの年代に想定しているIV a期は、上述したようにロドス産アンフォラの搬入のピークにあたっている。これに対して、フィンケルシュテインの新説に従うと、この年代はIII d期からIII e期への移行期にあたることになり、この間の「紀年銘」

は依然として少ない（アラトファネスが二世ではなくⅤc期の三世だとすると、アコリスではⅢe期の初めに三年分の「紀年銘」が欠落することになる）。そのため、第六次シリア戦争の経緯との関連では、アコリスからの資料はフィンケルシュテインの低編年にやや有利な証拠となる。

ロドス産アンフォラの減少は、アコリスでは前一四〇年代から顕著になるが、これは主としてアレクサンドリアと中エジプトとの関係の変化によるものであろう。というのも、少なくともアレクサンドリアでは、ロドス産アンフォラの搬入はこの時期依然として盛んであり、前一〇〇年にいたってようやく急激な減少傾向に転じるからである。前一三二年から前一二四年までのプトレマイオス八世とクレオパトラ二世の内戦が、アコリスにおけるロドス産アンフォラの減少とどのように関わっていたのかは定かではない。

おわりに

アコリス都市域北端区から出土したギリシア系のアンフォラ・スタンプは、この地域がアンフォラを介してアレクサンドリア及び東地中海と密接に結びついていたことを示す貴重な資料である。しかし、それが同時にいくつかの重要な問題をも提起している。そのうち、ここでは前三世紀の状況をめぐる問題についてだけ、簡単に触れておきたい。

フィンケルシュテインの新説によってロドス産アンフォラの「紀年銘」及び「工房銘」の年代分布を検討した結果、アコリス出土のロドス産アンフォラは、これまで概報で述べてきた以上にごく限られた期間に搬入されたものであることが判明した。なかでも注目されるのは、搬入の開始時期が、前三世紀の末よりも大きくは遡らないという知見である。というのも、第10章で論じたように、トゥナ・エル・ジェベルの「ペトシリスの墓」のレリーフは、前三〇〇年前後に、明らかに地中海に由来するギリシア系アンフォラが搬入され、在地のフェニキア系アンフォラと共存していたことを物語っている。さらに、第11章で述べたように、前二四〇年代後半に位置づけられるヘルモポリスのアーキトレイヴ碑文は、プトレマイオス朝側のエジプト様式への固執とは裏腹に、在地のエジプト人神官団がむしろギリシア様式の神殿の建築に積極的だったことを示している。

しかし、それならば、なぜアコリスには前二〇〇年頃になるまでロドス産のアンフォラが搬入されることがなかったのだろうか。確かに、ロドスにおけるアンフォラの生産量も、アレクサンドリアにおけるロドス産アンフォラの搬入量も、増加するのはともに前三世紀の後半（前二四〇年頃以降）である。しかし、それでもアコリスにおけるロドス産アンフォラの増加との間には、三〇年ほどのギャップ（アンフォラの編年ではII a期とII b期）があったと考えざるをえない。タニスでは、I a期からVII a期までのアンフォラが出土し、そのピークがII c期にあること、アトリビスではII期だけで三〇点、I期にも八点のスタンプが確認されていることなどを考慮すれば、このようなギャップは明らかにアコリスの側のローカルな事情に起因するものであろう。

第12章で提示したプトレマイオス五世の奉納磨崖碑文に対する解釈が正鵠を射ているとすれば、おそらく上エジプトの反乱に際して一貫してプトレマイオス朝の側に立ったことが、この時代のアコリスの歴史を大きく変えたものと考えられる。この地域は、それ以前から石材の搬出を通じてアレクサンドリアと密接な関係にあったが、上エジプトの反乱はこの関係をさらに強化することになったのであろう。このようにロドス産アンフォラのスタンプは、東地中海世界とプトレマイオス朝エジプト、そしてエジプト内部でのアレクサンドリアとアコリスという二重の関係を解明する上で、きわめて貴重な知見を提供しているのである。

第17章　東地中海コイネー文化の成立
――物質文化のヘレニズムをめぐって――

はじめに

前章で検討したアンフォラに代表される東地中海に由来する物質文化の流入は、エジプトの在地の人々の暮らしをどのように変えたのであろうか。第2章で述べたように、アコリス遺跡では、中央神殿の参道ラインに沿って、南から順に、東トレンチ、北トレンチ、及び都市域北端部で、ヘレニズム時代の文化層が確認されている。(1) このうち、一九八〇年代に調査された東トレンチと北トレンチの限られた発掘区からの土器については既に報告されているものの、一九九七年以降の都市域北端部の発掘によって出土した膨大な土器については、いまだ本報告の刊行に至っていない。(2) しかし、ここでは既刊の報告書、各調査年度の概報、及びアコリス考古学プロジェクト公開研究会における高橋徹らによる出土土器の型式学研究の成果の報告などに依拠しつつ、アンフォラ以外の人々の食生活に関わる土器に焦点をしぼって、物質文化のヘレニズムについての暫定的な見通しを示すことにしたい。

図 78　アコリス都市域北端部から出土した土器と土製品の例

1　アコリス遺跡出土の飲食用土器

図78は、都市域北端部から出土した代表的な土器と土製品の形態を示したものである。

まず飲食用の土器から見ていくと、もっとも一般的なのは、口縁部が内湾するボウル（2）である。大きさには、径が一五センチを越えるもの、一一センチから一四センチ程度のもの、一一センチ以下のものと、大中小のヴァリエーションがあったらしく、赤褐色を呈する器壁は丁寧に整形され、底部はしっかりしたリング状に作られている。

同様に頻出する器形としては、器壁が口縁部に向かって逆に外反するボウル（3）があり、やはり脚部はリング状に作り出されている。この器形の特徴は、器壁が脚部の上を境に二段に屈曲し、口縁部が折り返されていることである。これに対し、ソーサーと呼ばれる浅鉢（4）は、直線的な器壁と肥厚した口縁部を特徴としている。これらのうち、ソーサーはしばしば還元状態で焼成され、外観が黒っぽい灰色を呈しているが、テッラ・ニグラと呼ばれるこのような土器は、ギリシアの黒釉陶器をエジプトで模倣したものと考えられている。

次に調理用の土器に目を向けると、まず口縁部が外反し、向かい合う位置に縦型の小さな把手が付くクッキング・ポット（1）がある。このタイプの土器は胎土の粒子が細かく、器壁がかなり薄手で固いのが特徴である。内部には、口縁部の下に小さな段があるが、これは蓋を支えるためと考えられる。いわゆる「シチュー鍋」（6）では、やはり向かい合う位置に縦型の帯状把手がついているが、クッキング・ポットと較べると大型で開口部も大きくなっている。他には、ディノスと呼ばれる広口の貯蔵用土器（7）、キャセロールと呼び慣わされている大型の鍋（8）、土器を置くための台（9）、何かを焼くための粗製の皿（10）などもある。

なお、都市域北端部では、焼成されていない穿孔された円形の土製品（11）も大量に出土している。形態的には明らかに紡績用の錘であるが、なぜ焼成されていないのかは不明である。

2　ナイル世界の他遺跡の状況

アコリスからの出土遺物と比較することのできる土器の組成が報告されている重要な遺跡が、デルタ地帯のナウクラティスである。近年、このナウクラティスにあるコム・ハディドで出土した土器を分析したM・バーリンによれば、ヘレニズム時代初期のナウクラティスで確認される飲食用の土器のレパートリーは、口縁部が内湾するボウル、外反するボウル、口縁部の肥厚するソーサーから成っており、アコリスで知られる組成と基本的に同一である[3]。バーリンは、このうち口縁部が内湾するボウルについて、これが初期ヘレニズム時代にもっとも流行した器形だったことを指摘している。またバーリンは、これらがいずれもギリシア製のオリジナルを忠実に模倣したものであるとした上で、同時代の東地中海の他地域の場合と異なって、ギリシア製の黒釉陶器がナウクラティスからごく僅かしか出土しないのは、ギリシア製の食器の輸入に税が課されていたためではないかとも示唆している。ちなみに、アコリスの場合も、純然たる輸入品のギリシア系黒釉陶器の破片は出土するものの、その数量はきわめて少ない。

また、近年プトレマイオス朝の版図の南限にあたるナイル上流のエレファンティネでは、D・A・アストンによって新王国時代からプトレマイオス朝前半期までの土器の変遷が詳細に跡づけられている[4]。それによれば、前三世紀とされるフェイズVIbで、これらの器形が、アコリスからも出土している植物文を描いた彩文土器とともに、レパートリーに登場する。ただし、アコリスやナウクラティスの場合と異なるのは、エレファンティネでは、それよりも前の時代のエジプトの伝統を継ぐ器形が、依然としてかなりの割合で使われ続けることであるが、これは地中海からの距離の隔たりによるものかもしれない。

調理用土器の場合も、まったく同一のパターンが観察される。ナウクラティスでは、細部に若干の相違はあるものの、やはりアコリスと同様に向かい合う位置に把手がつくクッキング・ポット、広口の「シチュー鍋」、キャセロールが三つの代表的な器形となっている。もちろん、調理用の土器そのものはエジプトでもずっと製作されつづけていたが、バーリンによれば、このようなタイプのクッキング・ポットはエジプトでは前六世紀を遡ることはなく、キャセロールが出現するのはようやく前三世紀になってからのことに過ぎない。エレファンティネでこれらがあまり明確に現れていないのは、やはり先ほど述べたような地理的な条件が原因であろう。

3　東地中海世界における生活文化の画一化

いずれにしても注目すべきことは、飲食用の食器と調理用の土器のいずれもが、ナイル・シルトのように在地の原料によって製作されながら、その器形の系譜をエジプトではなく、ギリシアを中心とする東地中海にたどることができるという事実である。そこからは、ヘレニズム時代には、アコリスのようなエジプトの内陸部でも人々の食生活にはかなり大きな変化が生じていたこと、それが少なくとも食文化における地中海の共通文化への融合過程であったことが窺われる。実際、アコリスとナウクラティスで共通して観察される特徴的な土器の器形は、アテネ、ロドス、デロスといった同じ頃のギリシアの中心的な遺跡で観察されるそれと、質（とりわけ施釉）の点を別にすれば、ほとんど変わるところがないのである。

図 79　デロス島から出土した調理用火鉢

これらの中心的な遺跡の中で、ヘレニズム時代の飲食用の土器がもっとも体系的に報告されているのは、もちろんアテネのアゴラである。[5] ここでも、ヘレニズム時代の飲食用土器でもっとも一般的に見られるのは、やはり器壁が外反し口縁部の折り返されたボウルと口縁の内湾するボウルである。ここでは、前三世紀を通じて後者が優勢であったのに対して、前二二五年頃から前者が急速に普及していったことが指摘されている。[6] 後者に大・中・小の三種類のヴァリエーションが認められることも、アコリスの場合とまったく同様である。

東地中海規模での生活文化の画一化を端的に示す遺物の一つが、調理にかかわると考えられる三つの支えがついた可動式の火鉢である（図79）。粗製土器は発掘現場でも注意してとりあげられることが少ないが、この特殊な火鉢の場合には、上に乗せる容器を支えるため突起部の内側にしばしば人や動物の顔が表現されているために、その部分だけが蒐集の対象となってきた。O・ディドロは、一九九八年の論文で、このタイプの火鉢がアレクサンドリアで大量に生産されていたことを明らかにしているが、[7] アテネ、コリントス、デロス、ロドスなどにおける出土例は、この道具がヘレニズム世界で広く用いられていたことを示しており、当時の東地中海に共通した調理法と食文化が普及していたことを裏付けている。そして、アコリスでもこのような火鉢の破片が数多く出土していることは、この地域もまた同一の食文化圏にあったことを示している。[8]

4　東地中海コイネー文化の普及とそのメカニズム

このような食生活に関する土器を中心とする物質文化の特徴に着目するならば、ヘレニズム時代のエジプト在地社会が、大きな文化変化の渦中にあったことが分かる。それが単に物質文化の面にとどまらず、おそらく精神文化にも及んでいたことは、出土遺物のなかに含まれている祭祀にかかわるテラコッタ像や、岩窟神殿の装飾などからも推察される通りである。それは、この時代のエジプトの文化が、ギリシア文化と地中海各地の在地文化との相互作用から生まれたヘレニズム時代の地中海に共通する文化（東地中海コイネー文化）へと変容しつつあったことを意味している。問題は、このような文化変容がどのようなプロセスによって進展したのか、という点である。

しかし、この点について明らかにしようとする際、どうしても考慮に入れておかなくてはならない問題がある。それは、このようにコイネー化した文化はあくまでプトレマイオス朝の政策のもとでクレールーコイなどとしてナイル世界に定住したギリシア人によって担われていたものであって、この現象そのものが必ずしも在地のエジプト人の生活の変化を反映しているとは言えないのではないか、という問題である。しかし、アコリスをはじめとするエジプト各地の遺跡からの考古学的証拠は、この時代にはデルタから上エジプトまでの物質文化が、程度の差はあれ一貫して東地中海の文化と一体化しつつあり、個々の集落ごとに（あるいは集落内部において）ギリシア人の生活空間とエジプト人のそれとが分離並存していたわけではなかった可能性を強く示唆している。ヘレニズム時代のエジプトで領域部に入植したギリシア人の数がどれほどであったのか、あるいは個々の在地集落におけるギリシア人の居住パターンがどのようなものであったのかを正確に知る手がかりは乏しいが、第7章で述べたように、ナイル世界の人口全体に照らすならば、ギリシア人がきわめて低い割合しか占めていなかったであろうことは明らかである。たしかに、ナウクラティスのようなところであれば、ギリシア文化は早くから浸透していたため、ギリシア人の往来を通じた東地中海化のプロセスはよりスムーズだったであろう。しかし、アコリスのような中エジプトの在地集落までもが少なくとも物質文化の面で東地中海コイネー文化を共有するにいたるには、何らかの大きなメカニズムが作用していたはずである。それでは、在地エジプト人が東地中海コイネー文化を受容する契機は、いったい何だったのか。そこには、おそらく在地住民と彼らをとりまく世界との、二つのレヴェルの変化が関与していたと考えられる。

第一のレヴェルは、地中海とエジプトとの関係である。プトレマイオス朝のエジプトで高額の関税の存在にもかかわらず活発な海外製品の輸入が行われていたことは、アポロニオスのための輸入品をその税額とともに記したゼノン文書中の有名な一パピルスからも窺われる通りである。[9] そこでは、国内生産が奨励されていたワインや植物油には五〇%もの税が課されているが、それにもかかわらず、前章で見たように、前二世紀には膨大な量のロドス産アンフォラがアレクサンドリア及びアコリスのようなエジプト領域部にもたらされている。これは、いったいなぜなのであろうか。

この点を考えるためには、エジプトに輸入された容器としてのアンフォラ、もしくはその中に詰められていた産物より、それらと引換にエジプトから輸出されていたはずの船荷に目を向ける必要がある。というのも、アテナイオスなどの古典史料を見ても、古代においてロドス産のワインが他地域のワインと較べてとりたてて高く評価されていた形跡はない。つまり、ロドス産のアンフォラは、何らかの物品を運んだ際の単なる帰り荷の一部であり、ロドス産アンフォラという考古学的に残りやすい遺物の背後には、考古学的には見えなくてもそのロドスへ向けてエジプトから輸出されていた物品があり、むしろそちらこそが同時代の海上交易の主要な対象品であった蓋然性が高いのである。そして、それこそが、前四世紀の末から前二世紀にかけてロドス人によって東地中海の各地に運搬されていたエジプト産の小麦であったことに、疑いはないであろう。

ディオドロスは、おそらくカルディアのヒエロニュモスによる同時代史料を引きながら、「ロドスの歳入はエジプトへ航海する商人たちに多くを負っており、いわばロドスはエジプトに養われているようなものだ」という有名な言葉を残しているが、[10] これはヘレニズム時代のとりわけ前半に富強を誇ったロドスの経済が、いかにエジプト産の穀物の交易に大きく依存していたかを物語っている。前三〇〇年頃には、アガトクレスというロドス商人が、市場に大量の穀物を安価で供給した功績によってエフェソスから顕彰されているが、[11] この穀物はほぼ確実にエジプトに由来するものだったと考えられる。エジプトにおけるロドス産アンフォラの飛躍的な増加は、エジプト産の穀物がロドスの商船によって東地中海の各地に供給されるシステムが確立される過程と、軌を一にしていたのである。

このことは、エジプトの農村社会にも影響を及ぼさずにはおかなかったであろう。第7章で検討した耕作地の拡大と穀物の増産は、あくまでロドスを媒介とするエジプトと東地中海諸地域との交易関係の強化を前提としていたのであり、それがロドスとアレクサンドリアそれぞれの経済的繁栄だけではなく、ナイル世界が文化的にも、地中海とより密接に結びつけられていく結果をもたらしたと考えられる。

ヘレニズム時代のエジプトがそれ以前と大きく変わっていたのは、そこにプトレマイオス朝の政治的な中心であるのみでなく、東地中海コイネー文化の頂点に位置する大都市、アレクサンドリアが存在していたことだった。そして、この新たに形成されたアレクサンドリアという強力な磁場には、エジプトの領域部から、複雑な官僚制のもとで租税や穀物だけではなくさまざまな物資が組織的に引き寄せられていた。ただし、ここでも物資や情報の流れを、領域から首都へという一方向的なものと理解してはならないであろう。アレクサンドリアへ穀物や石材を運んだ船は、アレクサンドリアから戻る際に領域部では入手できない物資を積んで戻ったはずである。アコリスから出土するロドス産アンフォラもまた、おそらくはそのような船で運ばれてきたものだったのである。

おわりに

アレクサンドロス大王の東征とそれに続く後継者戦争の時期を通じて、東地中海にはギリシア文明が在地社会との文化変容を重ねながら急速に拡大していった。エジプト領域部の農村社会の住民も、ロドスを中継地としてエジプトと東地中海諸地域との間に確立された新たな国際交易関係、そして首都アレクサンドリアと領域部との間で結ばれた新たな都市＝農村関係という二重の関係の変化への対応を余儀なくされた。その過程で、彼らは急速に東地中海コイネー文化として装いを新たにしたギリシア文明へと同化していったのである。そして、そのギリシア文明そのものが、精神文化においても物質文化においても、ナイル世界などの周縁からの文化的影響を強く受けていたことは言うまでもない。

もちろん、このような文化変化の速度には、地域によって多少のばらつきがあったに違いない。ナイル世界でも中エジプトがかなり早い段階で東地中海コイネー文化を受容したように見えるのは、上述したように、前四世紀末から進んでいたアレクサンドリアの都市整備にあたって、この地から切り出された石材が大量に使われたためだったと考えられる。しかし、調査されているこの時代の遺跡の多くで、ヘレニズム時代に驚くほど斉一的な文化内容が見て取れるようになることは、このような二重の関係の変化が、地域ごとに程度の差はあっても、いかに着実に進展していったかを証言している。

ナイル世界を含む東地中海世界は、前一世紀の末までには、政治的にローマの支配下に服することになる。しかし、紀元前の最後の三〇〇年間を通じて形成されたヘレニズム文明は、東地中海コイネー文化を介して、ローマ世界に着実に継承されていったのである。

終章

「すべての歴史は現代史である」。かつて、大学に入ったばかりの学生は、歴史学の方法論（いわゆる「史学概論」）の最初の講義で、必ずと言ってよいほどイタリアの歴史哲学者クローチェのこの有名な言葉を聞かされ、蒙を啓かれたものである。[1]言語論的転回以降の「史学概論」は、歴史的事実や客観性の擁護に追われるあまり、もはや歴史学のこのような性格をことさらに強調する暇がなくなっているが、プトレマイオス朝エジプトに対するイメージの変遷を振り返るならば、それがまさにそのときどきの「現代史」であったことは否定すべくもないであろう。プトレマイオス朝エジプト史研究の近年の動向については第1章で述べた通りであるが、本書が到達した認識の地平を明らかにするためにも、ここでもう一度、プトレマイオス朝エジプト王国がこれまでどのように理解されてきたのか、その歴史を辿り直してみたい。

ヘレニズムという概念の確立と普及に貢献したドロイゼンの学位論文がプトレマイオス六世治下のプトレマイオス朝に関するものだったことはよく知られている通りであるが、[2]ドロイゼンがオリエントの在地文化に対するギリシア文化の圧倒的な優位性を前提とした上で、ヘレニズム時代をギリシア文化が普遍性を獲得していく過程として位置づけたことは、プトレマイオス朝に対するコロニアルな理解に先鞭をつけることになった。というのも、彼に続く世代の研究者は、急速に増大しつつあったギリシア語パピルス史料からの知見をもとに、意識するとしないとにかかわらず、プトレマイオス朝を同時代の植民地帝国と重ね合わせて見るようになったからである[3]。この傾向は、二〇世紀に入ると、ますます顕著になったが、一九二七年にプトレマイオス朝の通史を公刊したE・ベヴァンによる次のような言葉は、プトレマイオス朝に対するコロニアルな理解の典型的な例とみなすことができる。

この時代のエジプト史全般に目を向けるとき、その最大の特徴は、かつてはファラオの支配下にあって比較的均質な住民から構成されていたエジプト社会が、今やヨーロッパからの支配民族である上層民と彼らに支配された膨大なエジプト人である下層民との二つの社会層から構成されるようになったことである。これは、現代のいくつかの国で見られる状況と似ていなくもない。というのも、プトレマイオス朝エジプトにおける支配民族の文明は、まさに現代のヨーロッパ文明の祖であるギリシア文明だったからであり、また、彼らのエジプト人に対する優越感が、今日「白人」が「原住民」に対して抱く感情と、似ていなくはなかったからである。実際、彼らにとって「原住民《エンコリオイ》」というのは、エジプト人のことを指す一般的な用語だった[4]。

このような歴史観のもと、プトレマイオス朝エジプトに見られる様々な現象（文化的繁栄、経済の組織化、技術の改良等）がコロニアルな文脈で、すなわち支配する側から植民地に与えられた恩恵という形で理解されたことは想像に難くない。そして、このようなコロニアルな視点から構築されたプトレマイオス朝エジプト王国像の頂点を飾ることになったのが、プレオーとロストフツェフの著作だったのである。

ところが、第二次大戦後、このようなコロニアルな言説が必然的に影を潜めるようになると、それに代わる新たな参照枠が求められるようになった。こうして新たなメタナラティヴの地位を獲得したのが、分離主義の言説である。分離主義の立場をとる研究者は、プトレマイオス朝の支配下においては、ギリシア人はギリシア人の、エジプト人はエジプト人の文化伝統を保持しつつ並存していたのであって、両者の間の相互交渉を通じた文化変容は最小限にとどまったと声高に主張する。確かに、アレクサンドリアは基本的にはギリシア人の都市であり、そこでは独自のヘレニズム文化が謳歌されていたかもしれない。しかし、ひとたび領域部に足を踏み入れると、そこでは神殿と農村共同体を基盤としたエジプト人の伝統文化が強固に維持されており、外来のヘレニズムが浸透する余地は乏しかったのである、と。このモデルの先導的な提唱者が晩年のプレオーであったことは研究史的に見てきわめて興味深いが[5]、N・ルイス、J・ビンゲン、A・サミュエルなど、二〇世紀後半におけるプトレマイオス朝研究の刷新に貢献した研究者の多くが、程度の差はあれ、分離主義に近い立場をとっていることは注目に値する[6]。たとえば、ルイスはこのように述べている。

二つの異なる言語を用いる二つの文化に属する人々が隣接して居住しているところでは、何らかの交流が生まれるものである。しかし、現在、新たな研究によって明らかになりつつあることは、ヘレニズム時代のエジプトでは、そのような相互の影響関係はミニマルだったという事実である。これから見ていくように、社会の頂点から底辺に至るまで、この国家の社会政治的特徴は、それらの融合ではなく、二つの明確に区別される集団、すなわち「我々」と「彼ら」、征服者と被征服者の並存にあった[7]。

プトレマイオス朝エジプトが、かつてドロイゼンが唱えたような「ギリシア化」によって一体化された世界などではなく、そこでは二つの古代文明が混じり合うことなく存続し続けたことを強調する分離主義の言説に、二〇世紀後半の人文学を席捲したポストモダニズムの認識論的な通奏低音を聴き取ることは容易であろう。しかし、問題は、それがどれほど関連するデータを整合的に説明できるかである。結論から言えば、分離主義のモデルは、コロニアルなモデルに反発するあまり、当時の領域部の社会の様々な局面で進行していた文化変容をあまりにも過小評価していると判断せざるをえない。たとえば、少なくともアコリスを中心とする中エジプトの場合、なぜ前四世紀からデモティックで行われていた採石場における作業の記録が、前三世紀半ばから後半にかけての短い期間に、デモティックとギリシア語との二言語併記を経てギリシア語で単独表記されるようになったのか、また、なぜ在地社会を構成する人々（そこには、もちろんギリシア系の人々もエジプト人も含まれる）の日常生活に関わる物質文化は、東地中海コイネー文化のそれに収斂していったのか、といった重要な問題を分離主義の立場から整合的に説明することは困難である。それでは、ナイル世界のヘレニズムを牽引したのは、どのような社会的メカニズムだったのだろうか。

第一に指摘されるべきは、この時代のナイル世界のモビリティの高さである。第4章で見たように、プトレマイオス朝の首都アレクサンドリアは、ナイル世界と地中海とを結ぶその立地の卓越性、規模の大きさ、そこに王権が注ぎ込んだ財によって、ヘレニズム文明の強烈な磁場となった。しかし、この磁場そのものの輝きと魅力に目を奪われるあまり、アレクサンドリアと地中海の向こう岸に位置するギリシア諸都市との、あるいはアレクサンドリアとナイル流域との人やモノの移動のメカニズムとその歴史的意義については、十分に注目されてこなかったのが実情であろう。そもそも、プトレマイオス朝を地中海の「海上帝国」として捉え直そうとするアプローチが緒に就いたのも、ごく最近のことに過ぎない(8)。これに対して、アコリス遺跡の調査の成果は、石材やアンフォラの交易を通じて、在地社会とアレクサンドリア、さらにはその彼方に広がる地中海世界とが連動していたことを立証しているのである。

第二に注目されるのが、この時期のナイル世界におけるギリシア系の入植者と在地エジプト人との物理的な近接性である。パピルス史料からも考古学的史料からも、ヘレニズム時代のナイル世界において、ギリシア系の入植者と在地エジプト人がそれぞれに排他的な居住空間を形成していたことは想定できない。この点は古くから指摘されてきたことではあるが、採石場における考古学的な調査の成果は、彼らが生業面でもしばしば協同的な関係にあったことをさらに強く印象づけている。

しかし、おそらくナイル世界へのヘレニズムの浸透にもっとも力があったのは、ヘルゲウスの子ハコリスを筆頭とするエジプト人の在地エリートが取り結んでいた社会的諸関係だったであろう。とりわけ本書第IV部で見てきたように、彼らはエスニックな関係よりも、そのときどきの政治状況への対応を優先していたが、その結果としてときに強化されることのあったアレクサンドリアの王権との関係は、在地社会のヘレニズムの進展に大きく貢献したと考えられる。

このように、本書では在地社会のヘレニズム現象の諸側面を様々な角度から検討してきたわけであるが、ギリシアからの影響を強調することは、もちろん当時のナイル世界の人々がギリシア文明の卓越性を無条件に受容していたということを意味するものではない。この点に関して、ごく例外的であったにせよ、ギリシア系の出自であったにもかかわらず、積極的にエジプト文化を受容していった人々もいたことは、忘れられてはならない。

パリのルーヴル美術館に展示されている黒色玄武岩の人型石棺（D40、図80）は、この美術館が誇る膨大な古代エジプト文化のコレクションの中にあって、おそらく特に人目を引くものではない

図 80　ルーヴル美術館に展示されているディオスクリデスの人型石棺

かもしれない。しかし、その表面に刻まれたヒエログリフの碑文は、このエジプト風の石棺の被葬者が、前二世紀の中頃に宰相《ディオイケテス》並びに近衛軍長官《アルキソマトフュラクス》を務めたプトレマイオス朝の高官、ディオスクリデスのものであることを述べている。[9] 彼の母親タイムホテプは明らかにエジプト人だったが、彼の父親については一切が不明である。しかし、彼の名前とその社会的地位から、彼の父方がギリシア系であったことを疑う余地はない。しかも、この石棺の頭部には、あたかも彼がギリシア系の出自であることを密かに誇示するかのように、ギリシア風の頭環が表現されているのである。彼が、死にあたってこのような棺に葬られることを望んだ理由は謎に包まれている。しかし、彼が選択した石棺の意匠は、ナイル世界のヘレニズムが、最古のグローバル化の世界に生きた人々の様々に錯綜する想いの上に展開されたものであったことを、まざまざと見せつけているのである。

あとがき

埃色の日干煉瓦の家が互いに寄り添うように立ち並ぶ村のあちこちから、幾筋もの細い煙が穏やかな冬の青空に向かって立ち昇っていた。そして、その彼方には、荒涼たる岩石沙漠の崖が白茶けた山肌をさらしている。一九八四年度のアコリス遺跡調査の最終日。発掘機材を満載して現場を後にするトラックの荷台にしがみつきながら、目の前に広がるのどかな景色にふと後ろ髪を引かれる思いがしたのを、今でも忘れることができない。水道も電気もないエジプトの村での長期の共同生活は、初めての海外体験としては、なかなか苛酷なものだった。しかし、その頃は舗装されていなかったナイル沿いの道を重いブタンガスのボンベを転がしながら運んだり、市場の屋台で山積みのトマトを売っていた少女と片言のアラビア語で話しているうちに結婚させられそうになったり、あげくの果てには四〇度の高熱を発して何日も意識を失ったりという日々を過ごしているうちに、まだ大学院修士課程の一年生と若かったこともあって、気がつけば村の生活にすっかり溶け込んでしまっていた。それだけに、これでもうエジプトの風景も見納めなのかと、にわかに名残惜しい気分になったのであろう。そう、それが見納めになるはずだったのである。

その後、二十代の後半に四年間にわたってギリシアで留学生活を送るうちに考古学から西洋古代史へと徐々に研究の軸足を移し、名古屋大学の西洋史学講座に着任してからはもっぱら古代ギリシア史の教育研究に専念していた身に大きな転機が訪れたのは、一九九七年のことだった。第2章で述べたように、この年から再開されることになったアコリス遺跡の調査に、メンバーとして参加することになったのである。ナイルの水を飲んだ者は必ずナイルに帰るというよく知られた格言は、正しかった。もちろん、いったいエジプトに行って自分に何ができるのだろうという不安がなかったわけではない。しかし、そのような不安は、遺跡そのものが鮮やかに吹き飛ばしてくれた。この年に始まった都市域北端部の調査では、思いがけなくも、ヘレニズム時代のロドス産アンフォラをはじめとするギリシア系の遺物が大量に出土したからである。何を隠そう、それまではヘレニズム時代に関しては何ら知識を持ち合わせていないも同然だったのだが、これを契機として、にわかにプトレマイオス朝について勉強を始めることになった。さらに、その調査が一段落すると、今度は近くの採石場の壁面にギリシア語がたくさん書かれているという、ちょっと耳を疑うような情報が入ってきた。さっそくそこへ行って見ると、確かに石灰岩の掘削面のあちこちに、何やらさっぱり意味の分からないギリシア語らしき文字が書かれている。はじめは、あまりにもきれいに残っているので、最近の村の子どもの落書きなのではないかと疑い、暫くしてから、村の子どもにギリシア語が書けるわけはないという事実に思いあたって、愕然としたものだった。それが、現在まで調査を続けている、ニュー・メニア古代採石場との衝撃的な出会いだった。そして、幸いにも、科学研究費の研究代表者として、二〇〇〇年から二〇〇二年までは基盤研究C「ロドス産アンフォラとヘレニズム時代の東地中海」、二〇〇四年から二〇〇六年までは同「ミケーネ社会からポリス社会への構造転換に関する統合的研究」、二〇〇七年から二〇一〇年までは基盤研究B「ヘレニズム時代エジプト領域部における文化交流と二言語併用社会の研究」、さらに二〇一一年からは同「プトレマイオス朝エジプトにおける文化変容の統合的研究」の助成を受け、順調に関連する研究を実施することができた。

本書は、こうしてこの一五年あまりエジプトで行ってきた現地調査を踏まえて、これまでの研究成果をまとめたものである。全体としては書き下ろしに近いが、いくつかの章については、別の機会に英語もしくは日本語で発表した論文の内容に依拠しているので、ここで初出を示しておく。ただし、とりわけ英語で発表した論文については、日本語に訳するにあたってかなりの改稿を行っている。

第5章　「都市アレクサンドリアと初期ヘレニズム時代の東地中海世界」『名古屋大学文学部研究論集』史学篇五八（二〇一二）四九—六五頁。

第8章　「採石場のヘレニズム」『名古屋大学文学部研究論集』史学篇五七（二〇一一）一—一七頁。

補　論　"Text and Quarry in Greco-Roman Egypt : Reading a Dedicatory Inscription Rediscovered at Akoris（*IGRR* I, 1138)," *SITES : Journal of Studies for Integrated Text Science*, 3-1, 2005, 1-14.

第10章　"Archaeology and Cultural Change in Early Hellenistic Middle Egypt : Reconsidering the Wine-making Scene in the Tomb of Petosiris", *Journal of School of Letters* 1, 2005, 43-51.

第11章　"Social Contexts of an Architraval Inscription at Hermopolis : Further Thoughts on the Text and Politics in the *chora* of Ptolemaic Egypt", *SITES : Journal of Studies for Integrated Text Science*, 2-1, 2004. 1-10.

第12章　"Texts and Local Politics in the *chora* of Ptolemaic Egypt : The Case of *OGIS 94*", *SITES : Journal of Studies for Integrated Text Science*, 1-1, 2003, 1-12.

第15章　「南部エジプト大反乱と地中海世界」『名古屋大学文学部研究論集』史学篇六〇（二〇一四）一—一五頁。

第16章　『古代ギリシア　地中海への展開』京都大学学術出版会（二〇〇六）第一〇章。

第17章　同上、及び「初期ヘレニズム時代エジプトにおける在地社会の変容と農民」『歴史学研究』七八一（二〇〇三）一四七—一五二頁。

擱筆にあたり、本書の完成までにお世話になった方々に御礼を申し上げたい。アコリス考古学プロジェクトを長年にわたって率いる川西宏幸先生からは、エジプトの現地調査に際して格別のご支援を賜ってきた。とりわけ、一日の調査の後、岩石沙漠を燃え立たせていた夕陽が沈み、やがてあたりが満天の星空の下へと移ろうとき、冷えたジンライムを片手に先生と語り合うテヘネ村の宿舎の屋上は、筆者にとってかけがえのない考古学の教室となった。辻村純代、内田杉彦、高橋徹、堀賀貴、花坂哲ほかの調査団のメンバー、そしてこれまで現地での調査をともにしてくれた筑波大学、名古屋大学、九州大学などの大学院生を中心とする発掘関係者、様々な機会に知遇を得たエジプト学研究者の方々に、心より感謝したい。また、第8章で述べたグラフィティの研究は、気鋭のローマ史研究者である高橋亮介君による文献学的な立場からの教示に多くを負っている。

研究者であれば誰しも、国際的な水準に照らしたときに自分の取り組んでいる研究にどのような意義があるのか、しばしば不安に駆られることがあるに違いない。筆者のように、半ば偶然によって新たな研究領域に参入することになった場合は、なおさらである。にもかかわらず、筆者がある種の自信をもって研究に取り組むことができたのは、プトレマイオス朝エジプト史研究の最先端で活躍しているジョー・マニングとの交友によるところが大きい。二〇〇六年にはスタンフォード大学で、二〇一〇年には第二六回国際パピルス学会で、さらに二〇一一年にはイェール大学で関連の講演会と研究報告を行ったことは、本研究を進める上で大きな心の支えとなった。また、本書の完成間際には、同じ中エジプトのアシュートで調査を指揮しているベルリン自由大学のヨヘム・カールと親交を結ぶ機会があり、それを通じてエジプト学の視座からいくつかの論点を見直すことができた。

考古学と歴史学、さらにはギリシア史研究とエジプト史研究という二重のディシプリンの狭間にあって、これまで筆者が曲がりなりにも独自の研究の道を拓いてくることができたのは、言うまでもなく、多くの師や友人たちからの学恩の賜である。伊藤貞夫先生には、学部生のときに古代ギリシア史研究の門を叩いて以来、今日にいたるまで変わることなくご指導をいただいている。また、桜井万里子先生は、西洋古代史研究の国際化の試みを通じて、研究者としての範を示してくださった。我が国におけるプトレマイオス朝研究の泰斗である金澤良樹先生からは、学会などでお目にかかるたびに、暖かい励ましをいただいた。本書のいくつかの章は、もともと名古屋大学のCOEプログラムが刊行する欧文雑誌のために英語で執筆したものであるが、このプログラムの拠点リーダーとして活躍された佐藤彰一先生にも、心から感謝申し上げたい。唯一の心残りは、大学院時代の恩師である故藤本強先生に、本書をお見せすることがかなわなかったことである。初めてエジプト調査に参加することになったときに藤本先生からいただいたナーゲルのドイツ語版のエジプト旅行案内書は、今も筆者の机上に置かれている。

最後になるが、本書を完成させることができたのは、ひとえに名古屋大学出版会の橘宗吾氏の督励のおかげである。編集の実務にあたってくださった同出版会の三原大地氏、原稿に目を通して貴重な助言をくださった澤田典子さんと高橋亮介君にも、篤く御礼申し上げたい。

この間、平日は大学の教育や管理運営業務に追われ、週末は子どもたちの少年野球チームのコーチとして声を涸らす日々が続いたため、ときとして疲労困憊のあまり筆が進まないこともあった。それでも、グラウンドで瞳を輝かせて精一杯にプレーする子どもたちの姿は、何にも代えがたい感動と前に進む勇気を与えてくれた。一希と春希、そして妻の典子には、心から感謝している。

なお、本書の刊行にあたっては、日本学術振興会の平成二六年度科学研究費補助金（研究成果公開促進費「学術図書」）の助成を受けた。

二〇一四年九月

周藤芳幸

《著者略歴》

周《す》藤《とう》芳《よし》幸《ゆき》

1962 年　神奈川県に生まれる
1984 年　東京大学文学部卒業
1987 年　ギリシア政府給費留学生としてアテネに留学（1991 年まで）
1992 年　東京大学大学院人文科学研究科博士後期課程単位取得満期退学
　　　　日本学術振興会特別研究員，名古屋大学文学部助教授を経て
現　在　名古屋大学大学院文学研究科教授，博士（文学）
主　著　『図説ギリシア　エーゲ海文明の歴史を訪ねて』（河出書房新社，1997 年）
　　　　『ギリシアの考古学』（同成社，1997 年）
　　　　『物語　古代ギリシア人の歴史』（光文社，2004 年）
　　　　『古代ギリシア　地中海への展開』（京都大学学術出版会，2006 年）
　　　　『ギリシアを知る事典』（共著，東京堂出版，2000 年）
　　　　『古代ギリシア遺跡事典』（共著，東京堂出版，2004 年）他

ナイル世界のヘレニズム

2014 年 11 月 10 日　初版第 1 刷発行

定価はカバーに
表示しています

著　者　周　藤　芳　幸

発行者　石　井　三　記

発行所　一般財団法人　名古屋大学出版会

〒 464-0814　名古屋市千種区不老町 1 名古屋大学構内
電話(052)781-5027 / FAX(052)781-0697

Printed in Japan

印刷・製本 ㈱クイックス

ISBN978-4-8158-0785-6

乱丁・落丁はお取替えいたします。

索　引

ア　行

カ　行

サ　行

タ　行

ナ　行

ハ　行

マ　行

ヤ・ラ・ワ行

図版一覧

図 23 新クニドスの都市プラン（E. Akurgal, *Ancient Civilizations and Ruins of Turkey*, Istanbul, 1993, Fig. 96）…… 67
図 24 マハムード・エル＝ファラキによる古代アレクサンドリアの都市プラン（J. McKenzie, *The Architecture of Alexandria and Egypt 300 BC–AD 700*, New Haven & London, 2007, Fig. 20）…… 70
図 25 ラテン墓地の「アラバスターの墓」…… 85
図 26 アレクサンドリアの大灯台の想定復元図（J.-Y. アンプルール（周藤芳幸監訳）『甦るアレクサンドリア』河出書房新社，1999 年，83 頁）…… 87
図 27 アレクサンドリア図書館の想定復元図（周藤芳幸「永遠なる叡智の結集　古代アレクサンドリア図書館」『季刊大林』50，2007 年，61 頁）…… 99
図 28 アコリス西方神殿域から出土したベレニケのカルトゥーシュの刻まれた建築部材（H. Kawanishi (ed.), *Akoris : Report of the Excavations at Akoris in Middle Egypt 1981–1992*, Kyoto, 1995, Pl. 118–1）…… 104
図 29 部分的に復元されたオリュンピアのフィリペイオン …… 108
図 30 アレクサンドリアのサラピス神殿跡地 …… 117
図 31 アレクサンドリアのサラピス神殿から出土した黄金定礎プラークと，その書き起こし図（G. Grimm, *Alexandria : Die erste Königsstadt der hellenistischen Welt*, Mainz, 1998, Abb. 84a, d）…… 118
図 32 アレクサンドリア博物館所蔵のサラピス神像 …… 119
図 33 アレクサンドリア博物館所蔵のプトレマイオス 2 世とアルシノエ 2 世を表現した金貨（G. L. Steen (ed.), *Alexandria : The Site and the History*, New York & London, 1993, 63）…… 122
図 34 メンデス石碑のレリーフ（G. Hölbl, *A History of the Ptolemaic Empire*, London & New York, 2001, Fig. 3.3）…… 124
図 35 イシス女神とアルシノエ 2 世に奉納を行うプトレマイオス 2 世を表現したフィラエ神殿のレリーフ（M. Nilsson, *The Crown of Arsinoë II*, Oxford, 2012, Pl. 30）…… 125
図 36 1925 年に撮影されたフィラデルフィアの航空写真（R. S. Bagnall and D. W. Rathbone (eds.), *Egypt from Alexander to the Copts*, London, 2004, Fig. 5.2.4）…… 135
図 37 ファイユーム（R. S. Bagnall and D. W. Rathbone (eds.), *Egypt from Alexander to the Copts*, London, 2004, Fig. 5.1.1）…… 136
図 38 カラニス遺跡から望むファイユームの平野（高橋亮介氏撮影）…… 137
図 39 アポロニオスへの贈与地の耕作地プラン（*P. Lille* 1）（Paris Musées, *La gloire d'Alexandrie*, Paris, 1998, Pl. 78）…… 138
図 40 アコリス遺跡に残されているオリーヴ搾油台 …… 140
図 41 南から望むニュー・メニア古代採石場 …… 150
図 42 ニュー・メニア古代採石場の全体図（*Preliminary Report Akoris 2007*, Fig. 13）… 151
図 43 採石場の谷の東側 …… 152
図 44 L 区のグラフィティの例 …… 153
図 45 F 区のグラフィティの例（F36，画像処理後の写真）…… 155
図 46 ギリシア語のグラフィティ Q29 と Q30（画像処理後の写真）…… 159
図 47 F18（画像処理後，時計回りに 90 度回転した写真）…… 162

参考文献

日本語文献

アドキンズ，L & R（木原武一訳）（2002）『ロゼッタストーン解読』新潮社。

阿部拓児（2005）「前四世紀小アジアのヘカトムノス朝とカリアの文化——ラブラウンダとハリカルナッソスの事例から」『史林』88-5，42-76.

アンプルール，J＝Y（周藤芳幸監訳）（1999）『甦るアレクサンドリア——地中海文明の中心都市』河出書房新社。

石田真衣（2007）「プトレマイオス朝エジプトにおける在地社会の変容——エドフの事例を中心に」『奈良史学』25，83-103.

伊藤貞夫（1977）「古典期アテナイの鉱山経営者」弓削達・伊藤貞夫（編）『古典古代の社会と国家』東京大学出版会，147-182.

———（2010）「史料研究と学説史——古代経済史の場合」『日本學士院紀要』64-2，109-140.

井上一（1953）「ヘレニズム時代の君主礼拝の誕生」『西洋史学』19，21-39.

井上吉之（2001）「碑文史料に見る諸島同盟と神域デーロスの関係について」『クリオ』15，1-15.

エル＝アバディ，M（松本慎二訳）（1991）『古代アレクサンドリア図書館——よみがえる知の宝庫』中公新書。

遠藤孝治（2009）「未完成巨像の地下で発見された文字と赤線に関する建築学的考察」『サイバー大学紀要』1，33-52.

———（2013）「新王国時代とプトレマイオス王朝時代の石切り場に見られる赤線と文字の比較研究」吉村作治先生古稀記念論文集編集委員会『永遠に生きる』中央公論美術出版，7-21.

大戸千之（1993）『ヘレニズムとオリエント——歴史のなかの文化変容』ミネルヴァ書房。

———（2000）「ヘレニズム時代における文化の伝播と受容——地中海東部諸地域におけるエジプト神信仰について」歴史学研究会（編）『古代地中海世界の統一と変容』青木書店，89-116.

大牟田章（1962）「書評 Habicht, Ch.: *Gottmenschentum und griechische Städte*（Zetemata, Heft 14）pp. xvi ＋255, C. H. Beck, München, 1956」『西洋古典学研究』10，128-133.

———（1996）『フラウィオス・アッリアノス　アレクサンドロス東征記およびインド誌』（本文篇，注釈篇）東海大学出版会。

カックレイン，A & C・ペイン（2000）「グローバル化する社会」D・ヘルド（編）（中谷義和監訳）『グローバル化とは何か——文化・経済・政治』法律文化社，7-50.

金澤良樹（1981）「後期プトレマイオス朝治下の所謂《大赦》令」『西洋古典学研究』XXIX，85-96.

———（1983）「ラゴス朝下における被支配民エジプト人の抵抗運動」『歴史評論』403，

15-28.
————（1984）「ラゴス朝後期のギリシァ人とエジプト人」岡本敬二先生退官記念論集刊行会（編）『アジア諸民族における社会と文化』国書刊行会，571-592.
————（1996a）「ヘレニズム期エジプトのethnic諸関係における法的側面」『西洋古典学研究』XLIV，84-95.
————（1996b）「ヘレニズム下のエジプトにおける外来支配文化と在来伝統文化」『歴史学研究』690，158-167.
栗野頼之祐（1962）「アレクサンドロス大王と西欧的君主礼拝制の確立」『オリエント』5-2，1-14.
コリア，M & B・マンリー（近藤二郎監修，坂本真理訳）（2000）『ヒエログリフ解読法』Newton Press。
近藤二郎（1997）『エジプトの考古学』同成社。
桜井万里子（1996）『古代ギリシア社会史研究——宗教・女性・他者』岩波書店。
————・本村凌二（1997）『世界の歴史5　ギリシアとローマ』中央公論社。
————・橋場弦（編）（2004）『古代オリンピック』岩波新書。
澤田典子（2006）「古代マケドニア王国の建国伝説をめぐって」『古代文化』58-3，23-40.
————（2008）『アテネ　最期の輝き』岩波書店。
鈴木まどか他（2003）『クレオパトラ　謎の海底宮殿』講談社＋α文庫。
周藤芳幸（1997）『ギリシアの考古学』同成社。
————（2002a）「ワイン色の海を越えて——紀元前2千年紀の東地中海世界と東西文化交流への一考察」『西アジア考古学』3, 33-44.
————（2002b）「ミケーネ社会の経済構造——宮殿の内と外」『西洋史研究』31，159-169.
————（2006）『古代ギリシア　地中海への展開』京都大学学術出版会。
————・澤田典子（2004）『古代ギリシア遺跡事典』東京堂出版。
高橋亮介（2004）「プトレマイオス朝エジプト研究の新動向—— J. Manning, *Land and Power in Ptolemaic Egypt* の到達点」『オリエント』47-1，148-159.
————（2010）「ある家族の衰退——クロニオン家の借財からみるローマ期エジプト農民の生活史」桜井万里子・師尾晶子（編）『古代地中海世界のダイナミズム——空間・ネットワーク・文化の交錯』山川出版社，322-346.
柘植一雄（1961）「ヘレニズム時代のエジプト」『世界の歴史4　地中海世界』筑摩書房，125-140.
長沢栄治（2013）『エジプトの自画像——ナイルの思想と地域研究』平凡社。
中村るい（1997）「テラ島の壁画：青銅器時代の美術（前1600～1050年）」友部直・水田徹（編）『エーゲ海とギリシア・アルカイック』（世界美術大全集第3巻）小学館。
野町啓（2000）『謎の古代都市　アレクサンドリア』講談社現代新書。
長谷川奏・北村歳治（2011）『エジプトにおける文化遺産の保存問題——史跡整備の動向とその背景』早稲田大学アジア太平洋研究センター，リサーチ・シリーズ No. 4。
長谷川岳男（1994）「アカイア連邦の政治組織—— synodos と synkletos」『西洋古典学研究』XLII，79-89.
バナール，M（金井和子訳）（2005）『黒いアテナ——古典文明のアフロ・アジア的ルーツ II　考古学と文書による証拠』藤原書店

花坂哲（2003）「古代エジプトの石工技術――石灰岩採石方法への一試案」『筑波大学先史学・考古学研究』14，1-22.

波部雄一郎（2003）「プトレマイオス2世による祭典行列の年代について――エジプトにおけるディオニュソスの技芸人を中心に」『関学西洋史論集』26，29-42.

――――（2014）『プトレマイオス王国と東地中海世界――ヘレニズム王権とディオニュシズム』関西学院大学出版会。

藤森誠（2003）『プトレマイオス朝エジプトの官僚制の研究』（博士学位論文）東北大学。

ブローデル，F（松本雅弘訳）（1995）『文明の技法1　世界史講義』みすず書房。

森谷公俊（1997）「ヘレニズム諸王国」伊藤貞夫・本村凌二（編）『西洋古代史研究入門』東京大学出版会，120-124.

――――（2007）『アレクサンドロスの征服と神話』講談社。

――――（2010）「ディオドロス・シクルス『歴史叢書』第17巻「アレクサンドロス大王の歴史」訳および註（その二）」『帝京史学』25，235-306.

師尾晶子（2000）「ギリシア世界の展開と東方世界」歴史学研究会（編）『古代地中海世界の統一と変容』青木書店，24-55.

弓削達（1984）『明日への歴史学――歴史とはどういう学問か』河出書房新社。

米森裕二（2007）『アブダクション　仮説と発見の論理』勁草書房。

渡辺金一（1951）「ヘレニズム埃及社会経済史の二大業績」『一橋論叢』26-5，598-626.

外国語文献

Adams, J. N., M. Janse and S. Swain (2002) *Bilingualism in Ancient Society: Language Contact and the Written Word*, Oxford.

Adams, W. L. (2006) The Hellenistic Kingdoms, in G. R. Bugh (ed.) *Hellenistic World*, Cambridge, 28-51.

Akamatis, I. M. (2000) *Ensphragistes Labes Amphoreon apo tin Agora tis Pellas: Anaskaphi 1980-1987, Oi Omades Parmeniskou kai Rodou*, Athina.

Amandry, P. (1940) Dédicaces delphiques, *BCH* 64-5, 60-75.

Archibald, Z. H. et al. (eds.) (2000) *Hellenistic Economies*, London & New York.

Ariel, D. T. & G. Finkielsztejn (1994) Stamped Amphora Handles, in S. C. Herbert (ed.) *Tel Anafa I, i: Final Report on Ten Years of Excavations at a Hellenistic and Roman Settlement in Northern Israel*, Ann Arbor, 183-240.

Arlt, C. (2011) Scribal Offices and Scribal Families in Ptolemaic Thebes, in P. F. Dorman and B. M. Bryan (eds.) *Perspectives on Ptolemaic Thebes*, Chicago, 17-34.

Arnold, D. (1999) *Temples of the Last Pharaohs*, Oxford.

Arnush, M. (1995) The Archonship of Sarpadon at Delphi, *ZPE* 105, 95-104.

Assman, J. (2003) *The Mind of Egypt: History and Meaning in the Time of the Pharaohs*, Princeton.

Aston, D. A. (1999) *Elephantine XIX: Pottery from the Late New Kingdom to the Early Ptolemaic Period*, Mainz.

Austin, M. M. (1970) *Greece and Egypt in the Archaic Age*, PCPS Suppl. 2, Cambridge.

―――― (2006) *The Hellenistic World: From Alexander to the Roman Conquest, A Selection of Ancient Sources in Translation*, Second Augmented Edition, Cambridge.

Badian, E. (1981) The Deification of Alexander the Great, in H. J. Dell (ed.) *Ancient Macedonian Studies in Honour of C. F. Edson*, Thessaloniki.

——— (2003) Alexander the Great Between Two Thrones and Heaven : Variations on an Old Theme, in I. Worthington (ed.) *Alexander the Great : A Reader*, London, 245-262.

Bagnall, R. S. (1995) *Reading Papyri, Writing Ancient History*, London.

——— (2001) Archaeological Work on Hellenistic and Roman Egypt, 1995-2000, *AJA* 105, 227-243.

——— (ed.) (2009) *The Oxford Handbook of Papyrology*, Oxford.

——— and D. W. Rathbone (eds.) (2004) *Egypt from Alexander to the Copts : An Archaeological and Historical Guide*, London.

Baines, J. (2004) Egyptian Elite Self-Representation in the Context of Ptolemaic Rule, in W. V. Harris and G. Ruffini (eds.) *Ancient Alexandria between Egypt and Greece*, Leiden, 33-61.

Barnes, R. (2000) Cloistered Bookworms in the Chicken-Coop of the Muses : The Ancient Library of Alexandria, in R. MacLeod (ed.) *The Library of Alexandria*, Cairo, 61-77.

Barta, W. (1975) *Untersuchungen zur Göttlichkeit des regierenden Königs : Ritus und Sakralkönigtum in Altägypten nach Zeugnissen der Frühzeit und des Alten Reiches*, München und Berlin.

Bayliss, A. (2011) *After Demosthenes : The Politics of Early Hellenistic Athens*, London.

Berges, D. (1994) Alt-Knidos und Neu-Knidos, *IstMitt* 44, 5-16.

Berlin, M. (2001) Naukratis/Kom Hadid : A Ceramic Typology for Hellenistic Lower Egypt, in A. Leonard, Jr. *Ancient Naukratis : Excavations at a Greek Emporium in Egypt*, Part II, 26-163.

Bernand, É. (1988) *Inscriptions grecques et latines d'Akoris*, Caire.

——— (1992) *Inscriptions grecques d'Égypte et de Nubie au Musée du Louvre*, Paris.

——— (1999) *Inscriptions grecques d'Hermoupolis Magna et de sa nécropole*, Caire.

Berthold, R. M. (1984) *Rhodes in the Hellenistic Age*, Ithaca.

Bevan, E. (1927) *The House of Ptolemy : A History of Egypt under the Ptolemaic Dynasty*, London.

Bietak, M. (1995) Connections Between Egypt and the Minoan World : New Results from Tell El-Dab'a / Avaris, in W. V. Davies and L. Schofield (eds.) *Egypt, the Aegean and the Levant : Interconnections in the Second Millennium BC*, London, 19-28.

Bing, P. (1998) Between Literature and the Monuments, in M. A. Harder et al. (eds.) *Genre in Hellenistic Poetry*, Groningen, 21-43.

——— (2002-3) Posidippus and the Admiral : Kallikrates of Samos in the Milan Epigrams, *GRBS* 43, 243-266.

——— (2005) The Politics and Poetics of Geography in the Milan Posidippus, Section One : On Stones (AB 1-20), in K. Gutzwiller (ed.) *The New Posidippus : A Hellenistic Poetry Book*, Oxford (2005) 119-140.

Bingen, J. (2007a) *Hellenistic Egypt : Monarchy, Society, Economy, Culture*, Edinburgh.

——— (2007b) P. S. A. Athen. 9+13 et le diœcète Dioskouridès, *CdE* 82, 207-217.

Bleckmann, F. (1912) Zu den rhodischen Eponymen Heliospriestern, *Klio* 12, 249-258.

Blümel, W. (1992) *Die Inschriften von Knidos*, Teil 1, Bonn.

Boardman, J. (1999) *The Greeks Overseas : Their Early Colonies and Trade*, 4th ed., London.

Bodel, J. (ed.) (2001) *Epigraphic Evidence : Ancient History from Inscriptions*, London.
Börker, Ch. and J. Burow (1998) *Die hellenistischen Amphorenstempel aus Pergamon*, Berlin and New York.
Boswinkel, E. and P. W. Pestman (1982) *Les archives privées de Dionysios, fils de Kephalas*, (*P. L. Bat.* 22) Leiden.
Bosworth, A. B. (2002) *The Legacy of Alexander : Politics, Warfare, and Propaganda under the Successors*, Oxford.
Bowman, A. K. (1986) *Egypt After the Pharaohs, 332 BC–AD 642 : From Alexander to the Arab Conquest*, London.
Bowman, A. and E. Rogan (eds.) (1999) *Agriculture in Egypt from Pharaonic to Modern Times*, Oxford.
Budge, E. A. Wallis (1989 (org. 1929)) *The Rosetta Stone*, London.
Bugh, G. R. (eds.) (2006) *The Cambridge Companion to the Hellenistic World*, Cambridge.
Buraselis, K. (1993) Ambivalent Roles of Centre and Periphery : Remarks on the Relation of Cities of Greece with the Ptolemies until the End of Philometor's Age, in P. Bilde et al. (eds.) *Centre and Periphery in the Hellenistic World*, Aarhus.
——— (2008) The Problem of the Ptolemaic Sibling Marriage : A Case of Dynastic Acculturation ?, in P. Mckechnie and Ph. Guillaume (eds.) Ptolemy Philadelphus and His World, Leiden, 291–302.
———, M. Stefanou and D. J. Thompson (eds.) (2013) *The Ptolemies, the Sea, and the Nile : Studies in Waterborne Power*, Cambridge.
Burstein, S. M. (1991) Pharaoh Alexander : A Scholarly Myth, *AncSoc* 22, 139–145.
Butzer, K. (1976) *Early Hydraulic Civilization in Egypt : A Study in Cultural Ecology*, Chicago.
Cadell, H. (1998) Á quelle date Arsinoé II Philadelphe est-elle décédée ?, in H. Melaerts (éd) *Le culte du souverain dans l'Égypte ptolémaïque au IIIe siècle avant notre ère*, Leuven, 1–3.
Calvet, Y. (1972) *Salamine de Chypre III. Les timbres amphoriques (1965–1970)*, Paris.
——— (1982) *Kition-Bamboula I. Les timbres amphoriques*, Paris.
Chaby, R. (2009) *Les timbres amphoriques trouvés à Tanis de 1976 à 2008*, Paris.
Chaniotis, A. (2011) The Ithyphallic Hymn for Demetrios Poliorketes and Hellenistic Religious Mentality, in P. P. Iossif et al. (eds.) *More Than Men, Less Than Gods : Studies on Royal Cult and Imperial Worship*, Leuven, 157–195.
——— (2003) The Divinities of Hellenistic Rulers, in A. Erskine (ed.) *A Companion to the Hellenistic World*, Oxford, 431–445.
Chauveau, M. (2000) *Egypt in the Age of Cleopatra : History and Society Under the Ptolemies*, Ithaca.
Cherpion, N., J.-P. Corteggiani, J.-Fr. Gout (2007) *Le tombeau de Pétosiris à Touna el-Gebel : Releve photographique*, Caire.
Clarysse, W. (1991) Hakoris, an Egyptian Nobleman and his family, *AncSoc* 22, 235–243.
——— (2000) The Ptolemies Visiting the Egyptian Chora, in L. Mooren (ed.) *Politics Administration and Society in the Hellenistic and Roman World*, Leuven, 29–53.
——— (2004) The Great Revolt of the Egyptians (205–186 BC), http://tebtunis.berkeley.edu/lecture/revolt

——— (2005) The Archive of Euphron, *AncSoc* 35, 2005, 129–134.

——— (2007) A Royal Journey in the Delta in 257 B.C. and the Date of the Mendes Stele, *CdE* 82, 201–206.

——— (2010) Bilingual Papyrological Archives, in A. Papaconstantinou (ed.) *The Multilingual Experience in Egypt, from the Ptolemies to the Abbasids*, Farnham, 47–72.

——— and G. Van der Veken (1983) *The Eponymous Priests of Ptolemaic Egypt* (*P. L. Bat. 24*), Leiden.

Clarysse, W. and K. Vandorpe (1998) The Ptolemaic Apomoira, in H. Melaerts (ed.) *Le culte du souverain dans l'Égypte ptolémaïque au IIIe siècle avant notre ère*, Studia Hellenistica 34, 5–42.

Cline, E. H. (1994) *Sailing the Wine-Dark Sea : International Trade and the Late Bronze Age Aegean*, BAR International Series 591, Oxford.

——— (1998) Amenhotep III, the Aegean, and Anatolia, in D. O'Connor and E. H. Cline (eds.) *Amenhotep III : Perspectives on His Reign*, Michigan 1998, 236–250.

——— and D. Harris-Cline (eds.) (1998) *The Aegean and Orient in the Second Millennium : Proceedings of the 50th Anniversary Symposium Cincinnati, 18–20 April 1997*, AEGAEUM 18, Eupen.

Clinkenbeard, B. G. (1986) Lesbian and Thasian Wine Amphoras : Questions Concerning Collaboration, in J.-Y. Empereur et Y. Garland (eds.) *Recherches sur les amphores grecques*, BCH Suppl. XIII, Paris, 13, 353–362.

Collins, N. L. (1997) The Various Fathers of Ptolemy I, *Mnemosyne* 50, 436–476.

Collombert, Ph. (2000) Religion égyptienne et culture grecque : l'exemple de Διοσκουρίδης, *CE* 75, 47–63.

Coulson, W. D. E. (1996) *Ancient Naukratis II : The Survey at Naukratis and Environs, Part I : The Survey at Naukratis*, Oxford.

Criscuolo, L. (2003) Agoni e politica alla corte di Alessandria : Riflessioni su alcuni epigrammi di Posidippo, *Chiron* 33, 311–333.

Cuvigny, H. (2009) The Finds of Papyri : The Archaeology of Papyrology, in R. S. Bagnall (ed.) *The Oxford Handbook of Papyrology*, Oxford, 30–58.

Davies, J. K. (1971) *Athenian Propertied Families, 600–300 B.C.*, Oxford.

——— (2001) Hellenistic Economies in the Post-Finley Era, in Z. H. Archibald et al. (eds.) *Hellenistic Economies*, London & New York, 11–62.

Davies, W. V. and L. Schofield (eds.) (1995) *Egypt, the Aegean and the Levant : Interconnections in the Second Millennium BC*, London.

Delange, E. (ed.) (2012) *Les fouilles françaises d'Élephantine (Assouan) 1906–1911*, Paris.

Depauw, M. (2011) Physical Descriptions, Registration, and εικονιζειν ; With New Interpretations for P. Par. 65 and P. Oxy. I 34, *ZPE* 176, 189–199.

Derchain, P. (2000) *Les impondérables de l'hellénisation : Littérature d'hiérogrammates*, Turnhout.

Devauchelle, D. (1986) Fragments de décrets ptolémaïques en langue égyptienne conserves au Musée du Louvre, *RdE* 37, 45–51.

——— (1990) *La pierre de Rosette : Présentation et traduction*, Paris.

Didelot, O. (1998) Réchauds hellénistiques du Musée gréco-romain d'Alexandrie : Importations et productions locales, in J.-Y. Empereur (ed.) *Commerce et artisanat dans l'Alexandrie hellénistique et Romaine*, BCH Suppl. 33, 275-306.

Dietze, G. (1994) Philae und die Dodekaschoinos in Ptolemäischer Zeit, *AncSoc* 25, 63-110.

——— (2000) Temple and Soldiers in Southern Ptolemaic Egypt : Some Epigraphic Evidence, in L. Mooren (ed.) *Politics, Administration and Society in the Hellenistic and Roman World*, Leuven, 77-89.

Drew-Bear, M. (1979) *Le Nome Hermopolite : Toponymes et sites*, Montana.

Dreyer, B. (1999) *Untersuchungen zur Geschichte des spätklassischen Athen (322- ca. 230 v. Chr.)*, Historia Einzelschriften 137, Stuttgart.

——— (2009) Heroes, Cults, and Divinity, in W. Heckel and L. A. Tritle (eds.) *Alexander the Great : A New History*, Chichester, 218-234.

Dueck, D. (2000) *Strabo of Amasia : A Greek Man of Letters in Augustan Rome*, London.

Eckstein, A. M. (2008) *Rome Enters the Greek East : From Anarchy to Hierarchy in the Hellenistic Mediterranean, 230-170 BC*, Oxford.

Eldamaty, M. (2005) *Ein ptolemäisches Priesterdekret aus dem Jahr 186 v. Chr.*, München und Leipzig.

El Masry, Y. (2009) Recent Excavations at El-Khazindariya in the 9th Nome of Upper Egypt, in El-Sharkawy (ed.) *The Horizon : Studies in Egyptology in Honour of M. A. Nur El-Din (10-12 April 2007)*, vol. 3, Cairo, 179-196.

El-Sharkawy, B. S. (ed.) (2009) *The Horizon : Studies in Egyptology in Honour of M. A. Nur El-Din (10-12 April 2007)*, vol. 3, Cairo.

Empereur, J.-Y. (1977) Timbres amphoriques de Crocodilopolis - Arsinoé, *BIFAO* 77, 197-233.

——— (1997) Timbres amphoriques de Crocodilopolis-Arsinoe, *BIFAO* 77, 197-233.

——— et Y. Garland (1986) *Recherches sur les amphores grecques*, BCH Suppl. XIII, Paris.

Erskine, A. (1995) Culture and Power in Ptolemaic Egypt : The Museum and Library of Alexandria, *Greece and Rome* 42, no. 1, 38-48.

——— (2002) Life After Death : Alexandria and the Body of Alexander, *Greece and Rome* 49, no. 2, 163-179.

——— (ed.) (2003) *A Companion to the Hellenistic World*, Oxford.

Falivene, M. R. (2009) Geography and Administration in Egypt (332 BCE-642 CE), in R. Bagnall (ed.) *The Oxford Handbook of Papyrology*, Oxford, 521-540.

Finkielsztejn, G. (2001) *Chronologie détaillée et revise des éponymes amphoriques rhodiens, de 270 à 108 av. J.-C. environ*, BAR International Series 990, Oxford.

Finley, M (1973) *The Ancient Economy*, Berkeley, Los Angeles and London.

Fischer-Bovet, Ch. (2007) Counting the Greeks in Egypt : Immigration in the First Century of Ptolemaic Rule, Prinston/Stanford Working Papers in Classics.

——— (2014) *Army and Society in Ptolemaic Egypt*, Cambridge.

Fitzler, K. (1910) *Steinbrüche und Bergwerke im ptolemäischen und römischen Ägypten : Ein Beitrag zur antiken Wirtschaftsgeschichte*, Leipzig.

Fortenbaugh, W. W. and E. Schütrumpf (2000) *Demetrius of Phalerum : Text, Translation and Discussion*, New Brunswick.

Fraser, P. M. (1956) An Unpublished Fragment of the Memphian Decree of 196 BC, *BSAA* 41, 57-62.
——— (1964) Inscriptions from Greco-Roman Egypt, *Berytus* 15, 71-93.
——— (1972) *Ptolemaic Alexandria*, 3 vols., Oxford.
Gabbert, J. J. (1997) *Antigonus II Gonatas : A Political Biography*, London.
Gardiner, A. H. (1938) The House of Life, *JEA* 24, 157-179.
Georges, T. et al. (eds.) (2013) *Alexandria*, Tübingen.
Gow, A. S. F. and D. L. Page (eds.) (1965) *The Greek Anthology : Hellenistic Epigrams*, Cambridge.
Grace, V. (1961) *Amphoras and the Ancient Wine Trade*, Excavations of the Athenian Agora, Picture Book 6, Princeton.
——— (1985) The Middle Stoa Dated by Amphora Stamps, *Hesperia* 54, 1-54.
——— and M. Savvatianou-Pétropoulakou (1970) Les timbres amphoriques grecs, in *Délos* XXVII, 277-382.
Green, P. (1990) *Alexander to Actium : The Historical Evolution of the Hellenistic Age*, Berkeley & Los Angeles.
Gruen, E. S. (1984) *The Hellenistic World and the Coming of Rome*, Berkeley.
Guasch Jané, M. R. (2008) *Wine in Ancient Egypt : A Cultural and Analytical Study*, Oxford.
Gutzwiller, K. (ed.) (2005) *The New Posidippus : A Hellenistic Poetry Book*, Oxford.
Habicht, Ch. (1970) *Gottmenschentum und griechische Städte*, München.
——— (1994) *Athen in hellenistischer Zeit*, München.
——— (1997) *Athens from Alexander to Anthony*, Cambridge, Mass.
Haider, P. W. (1988) *Griechenland - Nordafrika : Ihre Beziehungen zwischen 1500 und 600 v. Chr.*, Darmstadt.
——— (1996) Griechen im Voderen Orient und in Ägypten bis ca. 590 v. Chr., in Ch. Ulf (Hrsg.) *Wege zur Genese griechischer Identität : Die Bedeutung der früharchaischen Zeit*, Berlin, 59-115.
——— (2001) Epigraphische Quellen zur Integration von Griechen in die ägyptische Gesellschaft der Saïtenzeit, in U. Höckmann and D. Kreikenbom (eds.) *Naukratis : Die Beziehungen zu Ostgriechenland, Ägypten und Zypern in archaischer Zeit*, Möhnesee 2001, 197-215.
Hankey, V. (1981) Aegean Interest in el Amarna, *JMAA* 1, 38-49.
Harris, W. V. and G. Ruffini (eds.) (2004) *Ancient Alexandria between Egypt and Greece*, Leiden.
Hauben, H. (1988) The Barges of the Komanos Family, *AncSoc* 19, 207-211.
——— (2013) Callicrates of Samos and Patroclus of Macedon, in K. Buraselis et al. (eds.) *The Ptolemies, the Sea, and the Nile : Studies in Waterborne Power*, Cambridge, 39-65.
Hazzard, R. A. (1992) Did Ptolemy I Get His Surname from the Rhodians in 304 ?, *ZPE* 93, 52-56.
——— (2000) *Imagination of a Monarchy : Studies in Ptolemaic Propaganda*, Toronto.
Heckel, W. and L. A. Tritle (eds.) (2009) *Alexander the Great : A New History*, Chichester.
Hedrick, C. W. Jr. (2006) *Ancient History : Monuments and Documents*, Oxford.
Heinen, H. (1972) *Untersuchungen zur hellenistischen Geschichte des 3. Jahrhunderts v. Chr. : Zur Geshichte der Zeit des Ptolemaios Keraunos und zum Chremonideischen Krieg*, Historia

Einzelschriften 20, Wiesbaden.

Higbie, C. (2003) *The Lindian Chronicle and the Greek Creation of the Past*, Oxford.

Hintzen-Bohlen, B. (1992) *Herrscher-repräsentation im Hellenismus : Untersuchungen zu Weihgeschenken, Stiftungen und Ehrenmonumenten in den mutterländischen Heiligtümern Depphi, Olympia, Delos und Dodona*, Köln.

Höckmann, U. und D. Kreikenbom (hrsg.) (2001) *Naukratis : Die Beziehungen zu Ostgriechen-land, Ägypten und Zypern in archaischer Zeit*, Möhnesee.

Hölbl, G. (2001) *A History of the Ptolemaic Empire*, London.

Hunter, R. (2003) *Theocritus : Encomium of Ptolemy Philadelphus*, Berkeley.

Huß, W. (1991) Die ptolemaiischer Zeit verfaßten Synodal-Dekrete der ägyptischen Priester, *ZPE* 88, 189–208.

——— (1994) *Die makedonische König und die ägyptischen Priester : Studien zur Geschichte des ptolemaiischen Ägypten*, Historia. Einzelschriften 85, Stuttgart.

——— (1998) Ptolemaios der Sohn, *ZPE* 121, 229–250.

——— (2001) *Ägypten in hellenistischer Zeit 332–30 v. Chr.*, München.

James, P. (2003) Naukratis Revisited, *Hyperboreus* 9 : 2, 235–264.

Johnson, J. H. (ed.) (1992) *Life in a Multi-Cultural Society : Egypt from Cambyses to Constantine and Beyond*, Chicago.

Jones, B. W. (1973) The Dating of the Domitian's War against the Chatti, *Historia* 22, 1973, 79–90.

——— (1992) *The Emperor Domitian*, London.

Kantor, H. (1947) *The Aegean and the Orient in the Second Millennium B.C.*, Bloomington.

Karetsou, A. (2000) *Kriti – Aigyptos : Politismikoi Desmoi Trion Chilietion*, Irakleio.

Kawanishi, H. (ed.) (1995) *Akoris, Report of the Excavations at Akoris in Middle Egypt 1981–1992*, Kyoto.

——— and Y. Suto (2005) *Akoris I : Amphora Stamps*, Kyoto.

Kayser, F. (2012) Étude épigraphique et historique des fragments grecs conserves au Louvre (doc. 329), in É. Delange (ed.) *Les fouilles françaises d'Élephantine (Assouan) 1906–1911*, Paris, 411–440.

Keppie, L. (1998) *The Making of the Roman Army from Republic to Empire*, Norman.

Kerschner, M. (2001) Perspektiven der Keramikforschungen in Naukratis 75 Jahre nach Elinor Price, in U. Höckmann und D. Kreikenbom (Hrsg.) *Naukratis : Die Beziehungen zu Ostgriechenland, Ägypten und Zypern in archaischer Zeit*, Möhnesee 2001, 69–94.

Kessler, D. (2009) The Personality of Petosiris and his Cult, in B. El-Sharkaway (ed.) *The Horizon : Studies in Egyptology in Honour of M. A. Nur el-Din (10–12 April 2007)*, vol. III, Cairo, 321–338.

Kitchen, K. A. (1965) Theban Topographical Lists, Old and New, *Orientalia* 34, 1–9.

——— (2000) Regnal and Genealogical Data of Ancient Egypt (Absolute Chronology I) : The Historical Chronology of Ancient Egypt, A Current Assessment, in M. Bietak (ed.) *The Synchronisation of Civilisations in the Eastern Mediterranean in the Second Millennium B.C.*, Wien, 39–52.

Klemm, R. und D. D. Klemm (1992) *Stein und Steinbrüche im Alten Ägypten*, Berlin.

Knapp, A. B. (1998) Mediterranean Bronze Age Trade : Distance, Power and Place, in Cline, E. H. and D. Harris-Cline (eds.) *The Aegean and Orient in the Second Millennium : Proceedings of the 50th Anniversary Symposium Cincinnati, 18-20 April 1997*, AEGAEUM 18, Eupen, 193-207.

Kousoulis, P. and K. Magliveras (eds.) (2007) *Moving Across Borders : Foreign Relations, Religion and Cultural Interactions in the Ancient Mediterranean*, OLA 159, Leuven.

Krumeich, R. (2007) Human Achievement and Divine Favor : The Religious Context of Early Hellenistic Portraiture, in P. Schultz and R. von den Hoff (eds.) *Early Hellenistic Portraiture : Image, Style, Context*, Cambridge, 161-180.

Kurth, D. (2004) *The Temple of Edfu : A Guide by an Egyptian Priest*, Cairo.

Lauffray, J., S. Sauneron, R. Sa'ad, and P. Anus (1970) Rapport sur les travaux de Karnak : Activités du Centre Franco-Égyptien en 1968-1969, *Kêmi* 20, 57-99.

Lawall, M. L. (2002) Early Excavations at Pergamon and the Chronology of Rhodian Amphora Stamps, *Hesperia* 71, 295-324.

Lefebvre, G. (1923-4) *Le tombeau de Petosiris*, 3 vols., Cairo.

Leonard, A. (1997) *Ancient Naukratis : Excavations at a Greek Emporium in Egypt, Part I : The Excavations at Kom Ge'if*, Atlanta.

——— (2001) *Ancient Naukratis : Excavations at a Greek Emporium in Egypt, Part II : The Excavations at Kom Hadid*, Boston.

Lewis N. (1986) *Greeks in Ptolemaic Egypt : Case Studies in the Social History of the Hellenistic World*, Oxford.

Lichtheim, M. (1980) *Ancient Egyptian Literature Vol. III : The Late Period*, Berkeley.

Lloyd, A. B. (1983) The Late Period, 664-323 BC, in B. G. Trigger et al. *Ancient Egypt : A Social History*, Cambridge, 279-364.

——— (2002) The Egyptian Elite in the Early Ptolemaic Period : Some Hieroglyphic Evidence, in D. Ogden (ed.) *The Hellenistic World : New Perspectives*, London, 117-136.

Ma, J. (1999) *Antiochos III and the Cities of Western Asia Minor*, Oxford.

Mahaffy, J. P. (1895) *The Empire of the Ptolemies*, London.

Manning, J. G. (2003) *Land and Power in Ptolemaic Egypt : The Structure of Land Tenure*, Cambridge.

——— (2010) *The Last Pharaohs : Egypt Under the Ptolemies, 305-30 BC*, Princeton.

Marquaille, C. (2008) The Foreign Policy of Ptolemy II, in P. McKechnie and P. Guillaume (eds.) *Ptolemy II Philadelphus and His World*, Leiden and Boston, 39-64.

Martin, A. (1987) Domitien Germanicus et les documents grecs d'Égypte, *Historia* 36, 73-82.

Mattingly D. J. and J. Salmon (2001) *Economies Beyond Agriculture in the Classical World*, London & New York.

McCredie, J. R. (1966) *Fortified Military Camps in Attica*, Hesperia Suppl. XI, Princeton.

McKechnie, P. and Ph. Guillaume (eds.) (2008) *Ptolemy II Philadelphus and His World*, Leiden.

McKenzie, J. (2007) *The Architecture of Alexandria and Egypt c. 300 BC to AD 700*, New Haven and London.

McLean, B. H. (2002) *An Introduction to Greek Epigraphy of the Hellenistic and Roman Periods from Alexander the Great down to the Reign of Constantine (323 B.C.-A.D. 337)*, Ann Arbor.

Mee, Ch. (2008) Mycenaean Greece, the Aegean, and Beyond, in C. W. Shelmerdine (ed.) *The Cambridge Companion to the Aegean Bronze Age*, Cambridge, 362–386.

Menu, B. (1994) Le tombeau de Pétosiris : Nouvel examen, *BIFAO* 94, 311–327.

Merker, I. L. (1970) The Ptolemaic Officials and the League of the Islanders, *Historia* 19, 141–160.

Merrillees, R. S. (1998) Egypt and the Aegean, in E. H. Cline and D. Harris-Cline (eds.) *The Aegean and Orient in the Second Millennium : Proceedings of the 50th Anniversary Symposium Cincinnati, 18–20 April 1997*, AEGAEUM 18, Eupen, 149–155.

Mertens, B. (1985) A Letter to the Architecton Kleon : P. Petrie II 4, 1+4, 9, *ZPE* 59, 61–66.

Möller, A. (2000) *Naukratis : Trade in Archaic Greece*, Oxford.

Mooren, L. (1975) *The Aulic Titulature in Ptolemaic Egypt : Introduction and Prosopography*, Brussel.

——— (ed.) (2000) Politics Administration and Society in the Hellenistic and Roman World, Proceedings of the International Colloquium, Bertinoro 19–24 July 1997, Leuven.

Morgan, L. (1995) Minoan Painting and Egypt : The Case of Tell el-Dab'a, in W. V. Davies and L. Schofield (eds.) *Egypt, the Aegean and the Levant, Interconnections in the Second Millennium BC*, London, 29–53.

Morris, S. (1997) Homer and the Near East, in I. Morris and B. Powell (eds.) *A New Companion to Homer*, Leiden, 599–623.

Moyer, I. S. (2011) *Egypt and the Limits of Hellenism*, Cambridge.

Müller, W. M. (1920) *Egyptological Researches III : The Bilingual Decree of Philae*, Washington.

Mueller, K. (2006) *Settlements of the Ptolemies : City Foundations and New Settlement in the Hellenistic World*, Studia Hellenistica 43, Leuven.

Murray, O. and A. Moreno (eds.) (2007) *A Commentary on Herodotus : Books I–IV*, Oxford.

Myśliwiec, K. (2000) *The Twilight of Ancient Egypt : First Millennium B.C.E.*, Ithaca and London.

Nesselrath, H.-G. (2013) Das Museion und die Große Bibliothek von Alexandria, in T. Georges et al. (eds.) *Alexandria*, Tübingen, 65–88.

Niemeier, W.-D. and B. Niemeier (1998) Minoan Fescoes in the Eastern Mediterranean, in E. H. Cline and D. Harris-Cline (eds.) *The Aegean and Orient in the Second Millennium : Proceedings of the 50th Anniversary Symposium Cincinnati, 18–20 April 1997*, AEGAEUM 18, Eupen, 69–98.

Oates, J. F. (1963) The Status Designation : ΠΕΡΣΗΣ, ΤΗΣ ΕΠΙΓΟΝΗΣ, *Yale Classical Studies* 18.

Obbink, D. (2005) New Old Posidippus, Old New Posidippus, in K. Gutzwiller (ed.) *The New Posidippus : A Hellenistic Poetry Book*, Oxford, 97–115.

Oliver, G. J. (2007) *War, Food, and Politics in Early Hellenistic Athens*, Oxford.

Osborne, M. J. (1979) Kallias, Phaidros and the Revolt of Athens in 287 B.C., *ZPE* 35, 181–194.

——— (2009) The Archons of Athens 300/299–228/7, *ZPE* 171, 83–99.

Otto, E. (1954) *Die biographischen Inschriften der ägyptischen Spätzeit : Ihre geistgeschichtliche und literarische Bedeutung*, Leiden.

Palagia, O. (2010) Philip's Eurydice in the Philippeum at Olympia, in E. Carney and D. Ogden (eds.) *Philip II and Alexander the Great : Father and Son, Lives and Afterlives*, Oxford, 2010,

33-41.

———— (2013) Aspects of the Diffusion of Ptolemaic Portraiture Overseas, in K. Buraselis et al. (eds.) *The Ptolemies, the Sea, and the Nile*, Cambridge, 143-159.

Parkinson, R. (2005) *The Rosetta Stone*, London.

———— and L. Schofield (1995) Images of Mycenaeans : A Recently Acquired Painted Papyrus from el-Amarna, in W. V. Davies and L. Schofield (eds.) *Egypt, the Aegean and the Levant : Interconnections in the Second Millennium BC*, London, 125-126.

Peremans W. and E. van't Dack (1953) *Prosopographica*, Studia Hellenistica 9, Louvain.

Pestman, P. W. (1977) *Recueil de textes démotiques et bilingues*, Leiden.

———— (1981) *A Guide to the Zenon Archive* (*P. L. Bat. 21*), Leiden.

———— (1995) Haronnophris and Chaonnophris : Two Indigenous Pharaohs in Ptolemaic Egypt (205-186 B.C.), in S. P. Vleeming (ed.) *Hundred Gated Thebes* (*P. L. Bat. 27*), Leiden, 101-137.

Petrakos, B. (1999) *O Demos tou Ramnountos II, Epigraphes*, Athenai.

Pfeiffer, S. (2004) *Das Dekret von Kanopos* (*238 v. Chr.*) *: Kommentar und historische Auswertung*, München.

———— (2008) *Herrscher- und Dynastiekulte im Ptolemäerreich : Systematik und Einordnung der Kultformen*, München.

Picard, C. (1952) Sur quelques representations nouvelles du phare d'Alexandrie et sur l'origine alexandrine des paysages portuaires, *BCH* 76, 61-95.

Picard, M. (1931) Les influences étrangères au tombeau de Petosiris : Gréce ou Perse ?, *BIFAO* 30, 201-227.

Potter, D. (2003) Hellenistic Religion, in A. Erskine (ed.) A *Companion to the Hellenistic World*, Oxford, 407-430.

Préaux, (1939) *L'Économie royale des Lagides*, Brussels.

———— (1978) *Le monde hellénistique : la Gréce et l'Orient de la mort d'Alexandre à la conquête romaine de la Gréce* (*323-146 av. J.-C.*), Paris.

Pretzler, M. (2005) Comparing Strabo with Pausanias : Greece in Context vs. Greece in Depth, in D. Dueck et al. (eds.) *Strabo's Cultural Geography : The Making of a Kolossourgia*, Cambridge, 144-160.

Quaegebeur, J. (1989) Egyptian Clergy and the Ptolemaic Cult, *AncSoc* 20, 93-116.

———— (1998) Documents égyptiens anciens et nouveaux relatifs à Arsinoé Philadelphe, in H. Melaerts (éd) *Le culte du souverain dans l'Égypte ptolémaïque au IIIe siècle avant notre ère*, Leuven, 73-108.

Radt, S. (2005) *Strabons Geographika, Band 4, Buch XIV-XVII : Text und Übersetzung*, Göttingen.

———— (2009) *Strabons Geographika, Band 8, Buch XIV-XVII : Kommentar*, Göttingen.

Rathbone, D. W. (2000) Villages, Land and Population in Graeco-Roman Egypt, *Proceedings of the Cambridge Philological Society*, n. s. 36, 103-142.

Reger, G. (1985) The Date of the Battle of Kos, *American Journal of Ancient History*, 10-2, 155-177.

———— (1994) *Regionalism and Change in the Economy of Independent Delos*, Berkeley.

Regev, D. (2004) The Phoenician Transport Amphora, in J. Eiring and J. Rund (eds.) *Transport Amphorae and Trade in the Eastern Mediterranean*, Aarhus, 337-352.

Rehak, P. (1998) Aegean Natives in the Theban Tomb Paintings : The Keftiu Revisited, in E. H. Cline and D. Harris-Cline (eds.) *The Aegean and the Orient in the Second Millennium*, Eupen, 39-50.

Renfrew, C. (ed.) (1973) *The Explanation of Culture Change : Models in Prehistory*, London.

Roeder, G. (1959) *Die Ägyptische Götterwelt*, Zürich.

Rostovtzeff, M. (1941) *The Social and Economic History of the Hellenistic World*, Oxford.

Rotroff, S. I. (1997) *Hellenistic Pottery : Athenian and Imported Wheelmade Tabel Ware and Related Material*, The Athenian Agora XXIX, Princeton.

Rowlandson, J. (1985) Freedom and Subordination in Ancient Agriculture : The Case of the *Basilikoi Georgoi* of Ptolemaic Egypt, *History of Political Thought*, 6, 327-347.

——— (2003) Town and Country in Ptolemaic Egypt, in A. Erskine (ed.) A *Companion to the Hellenistic World*, Oxford, 249-263.

Sabottka, M. (2008) *Das Serapeum in Alexandria : Untersuchungen zur Architektur und Baugeschichte des Heiligtumsvon der frühen ptolemäischen Zeit bis zur Zerstörung 391 n. Chr.*, Études alexandrines 15, Caire.

Sagona, A. G. (1982) Levantine Storage Jars of the 13th to 4th Century B.C., *OpAth* 14, 73-110.

Samuel, A. E. (1983) *From Athens to Alexandria : Hellenism and Social Goals in Ptolemaic Egypt*, Studia Hellenistica 26, Leuven.

——— (1989) *The Shifting Sands of History : Interpretations of Ptolemaic Egypt*, Lanham, MD.

Saunders, N. (2006) *Alexander's Tomb : The Two Thousand Year Obsession to Find the Lost Conqueror*, New York.

Sauneron, S. (1957) Un cinquième exemplaire du décret de Canope : La stele de Boubastis, *BIFAO* 56, 67-75.

Scheidel, W. and S. von Reden (eds.) (2002) *The Ancient Economy*, Edinburgh.

Schofield, L. and R. Parkinson (1994) Of Helmets and Heretics : A Possible Egyptian Representation of Mycenaean Warriors on a Papyrus from el-Amarna, *BSA* 89, 157-170.

Schuchhardt, C. (1895) Amphorenstempel, in *Die Inschriften von Pergamon* II, Berlin, 423-499.

Schwartz, J. (1992) Décrets de prêtres sous Ptolémée III Evergète, *ZPE* 91, 83-84.

Seibert, J. (1971) Ptolemaios I. und Milet, *Chiron* 1, 159-166.

——— (1972) Nochmals zu Kleomenes von Naukratis, *Chiron* 2, 99-102.

Shear, T. L. Jr. (1978) *Kallias of Sphettos and the Revolt of Athens in 286 B.C.*, Hesperia Suppl. XVII, Princeton.

Sherwin-White, S. M. (1978) *Ancient Cos : An Historical Study from the Dorian Settelement to the Imperial Period*, Göttingen.

Shipley, G. (1987) *A History of Samos 800-188 BC*, Oxford.

——— (2000) *The Greek World after Alexander 323-30 BC*, London.

Simpson, R. S. (1996) *Demotic Grammar in the Ptolemaic Sacerdotal Decrees*, Oxford.

Skorupa, H. (2008) *How Did Egyptian Techniques of Wine Production Change During the Course of the Pharaonic Period ? : Harvesting, Treading, Pressing, Fermentation and Storage of Wine*, München.

Smolárikоvá, K. (2002) *Greek Imports in Egypt: Graeco-Egyptian Relations during the First Millennium B.C.*, Abusir VII, Praha.

Sollenberger, M. G. (2000) Diogenes Laertius' Life of Demetrius of Phalerum, in W. W. Fortenbaugh and E. Schütrumpf (eds.) *Demetrius of Phalerum: Text, Translation and Discussion*, New Brunswick & London, 311-329.

Spencer, A. J. (1984) *Excavations at El-Ashmunein: Topography of the Site*, v. 1., London.

——— (1996) *Excavations at Tell El-Balamun, 1991-1994*, London.

Spiegelberg, W. (1922) *Der demotische Text der Priesterdekrete von Kanopus und Memphis (Rosettana) mit den hieroglyphischen und griechischen Fassungen und deutscher Uebersetzung nebst demotischem Glossar*, Heidelberg.

Stambaugh, J. E. (1972) *Sarapis under the Early Ptolemies*, Leiden.

Stephens, S. A. (2003) *Seeing Double: Intercultural Poetics in Ptolemaic Alexandria*, Berkeley and Los Angeles.

Stewart, A. (1993) *Faces of Power: Alexander's Image and Hellenistic Politics*, Berkeley & Los Angeles.

Strange, J. (1980) *Caphtor/Keftiu: A New Investigation*, Leiden.

Suto, Y. (2003) Text and Local Politics in the chora of Ptolemaic Egypt: The Case of OGIS 94, *SITES, Journal of Studies for the Integrated Text Science*, 1-1, 1-12.

——— (2005a) Local Epigraphic Habit and the Genesis of Monumental Inscriptions in Ptolemaic Egypt, in S. Sato (ed.) *Genesis of Historical Text: Text/Context*, Nagoya, 13-22.

——— (2005b) Text and Quarry in Greco-Roman Egypt: Reading a Dedicatory Inscription Rediscovered at Akoris (*IGRR* I, 1138), *SITES: Journal of Studies for the Integrated Text Science*, 3-1, 1-14.

——— and R. Takahashi (2012) Bilingual Graffiti from the Ptolemaic Quarries at Akoris and Zawiyat al-Sultan, in P. Schubert (ed.) *Actes du 26e congrès international de papyrologie, Genève, 16-21 août 2010*, Genève, 729-738.

Sztetyllo, Z. (2000) *Pottery Stamps: Tell Atrib 1985-1995*, Warsaw.

Tait, W. J. (1984) A New Fragment of a Ptolemaic Priestly Decree at Durham, *JEA* 70, 149-150.

Tarn, W. W. (1911) Nauarch and Nesiarch, *JHS* 31, 251-259.

——— (1933) Two Notes in Ptolemaic History, *JHS* 33, 57-68.

Thiers, Ch. (1999) Ptolémée Philadelphe et les Prêtres de Saïs: La stèle Codex Ursinianus, fol. 6 r°+Naples 1034+ Louvre C. 123, *BIFAO* 99, 423-445.

Thiersch, H. (1909) *Pharos: Antike Islam und Occident*, Leipzig.

Thissen, H.-J. (2012) Die demotischen Fragmente, in É. Delange (ed.) *Les fouilles françaises d'Élephantine (Assouan) 1906-1911*, Paris, 441-446.

Thompson, D. J. (1999a) Irrigation and Drainage in the Early Ptolemaic Egypt, in A. Bowman and E. Rogan (eds.) *Agriculture in Egypt from Pharaonic to Modern Times*, 107-122.

——— (1999b) New and Old in the Ptolemaic Fayyum, in Bowman and Rogan (eds.) (1999) *Agriculture in Egypt from Pharaonic to Modern Times*, 123-138.

——— (2003) The Ptolemies and Egypt, in A. Erskine (ed.) *A Companion to the Hellenistic World*, Oxford, 105-120.

——— (2012) *Memphis Under the Ptolemies*, 2nd ed., Princeton.

Tietze, Ch., E. R. Lange, and K. Halloff, Ein neues Exemplar des Kanopus-Dekrets aus Bubastis, *APF* 51, 1-30.

Tsujimura, S. (1995) Olive Oil Production in Akoris, in H. Kawanishi (ed.) *Akoris, Report of the Excavations at Akoris in Middle Egypt 1981-1992*, Kyoto, 464-472.

Tunny, J. A. (2000) Ptolemy "the Son" Reconsidered : Are There Too Many Ptolemies ?, *ZPE* 131, 83-92.

Umholtz, G. (2002) Architraval Arrogance ? Dedicatory Inscriptions in Greek Architecture of the Classical Period, *Hesperia* 71, 261-293.

Vanderpool, E. (1961) Excavations at Koroni (Porto Raphti), Attica, 1960, *Klio* 39, 271-275.

———, J. R. McCredie, and A. Steinberg (1962) Koroni, A Ptolemaic Camp on the East Coast of Attica, *Hesperia* 31, 26-61.

Vandorpe, K. (1995) City of Many a Gate, Harbour for Many a Rebel : Historical and Topographical Outline of Greco-Roman Thebes, in S. P. Vleeming (ed.) *Hundred Gated Thebes* (*P. L. Bat. 27*), Leiden, 203-239.

——— (2002) *The Bilingual Family Archive of Dryton, His Wife Apollonia, and Their Daughter Senmouthis*, Collectanea Hellenistica 4, Brussels.

Veïsse, A.-E. (2004) *Les "Révoltes égyptiennes" : recherches sur les troubles intérieurs en Égypte du règne de Ptolémée III à la conquête romaine*, Studia Hellenistica 41, Leuven.

Verhoogt, A. (2005) *Regaling Officials in Ptolemaic Egypt : A Dramatic Reading of Official Accounts from the Menches Papers*, Leiden.

Villing, A. and U. Schlotzhauer (eds.) (2006) *Naukratis : Greek Diversity in Egypt, Studies on East Greek Pottery and Exchange in the Eastern Mediterranean*, London.

Vittmann G. (2003) *Ägypten und die Fremden im ersten vorchristlichen Jahrtausend*, Mainz.

Vlassopoulos, K. (2007) *Unthinking the Greek Polis : Ancient Greek History beyond Eurocentrism*, Cambridge.

Vogt, J. (1971) Kleomenes von Naukratis - Herr von Ägypten, *Chiron* 1, 153-157.

Von Reden, S. (2007) *Money in Ptolemaic Egypt : From the Macedonian Conquest to the End of the Third Century BC*, Cambridge.

Wace, A. J. B. (1945) Recent Ptolemaic Finds in Egypt, *JHS* 65, 106-109.

Wachsmann, S. (1987) *Aegeans in the Theban Tombs*, Leuven.

Walbank, F. W. (1933) *Aratos of Sicyon*, Cambridge.

——— (1985) The Accession of Ptolemy Epiphanes : A Problem in Chronology, in F. W. Walbank, *Selected Papers : Studies in Greek and Roman History and Historiography*, Cambridge, 38-56.

Weber, G. (1998) The Hellenistic Rulers and Their Poets : Sirencing Dangerous Critics ? *AncSoc* 29, 147-174.

——— (2011) Der ptolemäische Herrscher- und Dynastiekult : Ein Experimentierfeld für Makedonen, Griechen und Ägypter, in L.-M. Günter und S. Plischke (eds.) *Studien zum vorhellenistischen und hellenistischen Herrrscherkult*, Berlin, 77-97.

——— (2012) Mächtige Könige und mächitige Priester ? Kommunikation und Legitimation im ptolemäischen Ägypten, in S. S. Tschopp und W. E. J. Weber (Hg.) *Macht und Kommunikation : Augsburger Studien zur europäischen Kulturgeschichte*, Berlin, 13-37.

Weber, S. (2007) Greek Painted Pottery in Egypt: Evidence of Contacts in the Seventh and Sixth Centuries BC, in P. Kousoulis and K. Magliveras (eds.) *Moving Across Borders*, Leuven, 299–316.

Webster, G. (1998) *The Roman Imperial Army of the First and Second Centuries A. D.*, 3rd edition, Norman.

Whitbread, I. K. (1995) *Greek Transport Amphorae: A Petrological and Archaeological Study*, Exeter.

Wiemer, H.-U. (2002) *Krieg, Handel und Piraterie: Untersuchungen zur Geschichte des hellenistischen Rhodos*, Berlin.

Willems, H. et al. (2006) Preliminary Report of the 2003 Campaign of the Belgian Mission to Deir al-Barsha, *MDAI Ab. Kairo* 62, 307–339.

Williams, D. (2006) The Chian Pottery from Naukratis, in A. Villing and U. Schlotzhauer (eds.) *Naukratis: Greek Diversity in Egypt*, London, 127–132.

Wilson, P. and G. Gilbert (2007) Saïs and Its Trading Relations with the Eastern Mediterranean, in P. Kousoulis and K. Magliveras (eds.) *Moving Across Borders*, Leuven, 251–265.

Winter, E. (1978) Der Herrscherkult in den ägyptischen Ptolemäertempeln, in H. Maehler und V. M. Strocka (eds.) *Das ptolemäische Ägypten*, Mainz, 147–160.

Wodzínska, A. (2010) *A Manual of Egyptian Pottery, Vol. 4: Ptolemaic Period – Modern*, Boston.

Worthington, I. (2008) *Philip II of Macedonia*, New Haven and London.

Zimmermann, K. (2002) Eratosthenes' Chlamys-shaped World: A Misunderstood Metaphor, in D. Ogden (ed.) *The Hellenistic World: New Perspectives*, London, 23–40.

注

第1章　プトレマイオス朝エジプト史研究の新展開

(1) ドロイゼンについては，大戸（1993）2-26を，またその後のヘレニズム研究における学説史の簡便な見取り図については，Bugh（2006）を参照。

(2) Erskine（2003）1.

(3) Suet. *Aug*. 18；Dio 51.16.45-47.

(4) 周藤（2006）17-33.

(5) カックレイン＆ペイン（2000）19-21.

(6) Polyb. 1.3.3-4. なお，以下，ポリュビオスの引用にあたっては，京都大学学術出版会の西洋古典叢書（城江良和訳）のものを基本として，一部語句を改変している。

(7) 周藤（2006）32-33. エジプトに関する歴史叙述とオリエンタリズムについては，Moyer（2011）1-41を参照。

(8) しかし，そのアテネの歴史をめぐっても，近年ヘレニズム時代の状況が関心を集めていることは注目に値する。Habicht（1994）；Id.（1997）；Dreyer（1999）；Oliver（2007）などを参照。ヘレニズム時代のアテネ民主政を積極的に評価する近年の研究としては，Bayliss（2011）がある。

(9) Manning（2010）64.

(10) Manning（2010）66, Fig. 2.

(11) Diog. Laer. 1.27.

(12) エジプトのテーベを訪れたヘカタイオスが，自分の16代前の祖先が神であると言ったときに，同地の神官が354代にわたる系譜を示して，人間の祖先は人間であって神ではないと反駁したというエピソード（Hdt. 2.143）は，その典型的な例である。

(13) 柘植（1961）128.

(14) ウォールバンク（1988）145.

(15) 森谷（1997）123.

(16) 日本では馴染みの薄いパピルス学の諸問題については，Bagnall（2009）に幅広く網羅されている。史料としてのパピルスの特性については，Bagnall（1995）も参照。

(17) Préaux（1939）；Rostovtzeff（1941）. これらの業績の梗概は，渡辺金一によって，戦後いち早く日本にも紹介されている。渡辺（1951）.

(18) 646頁からなる本書のうち，その過半にあたる374頁が「収入」の章に充てられていることも，著者の主たる関心の所在を窺わせている。

(19) Manning（2003）21-24；Manning（2010）11-18. 前者のマニングの著作については，高橋（2004）を参照。

(20) Bingen（2007a）157-188.

(21) Manning（2010）55-72.

(22) Bagnall（2001）.

(23) このことは，フルマークによって確立された土器の編年の枠組が半世紀以上にわたって考古学者によって共有されてきているミケーネ時代のギリシアの状況と比較するとき，とりわけ奇異な印象を与える。近年刊行された該期の土器の器形の集成（Wodzínska 2010）も，報告書の記述に際しての指針を提供する文字通りのマニュアルに過ぎず，土器から引き出すことのできる型式学的な知見などについては一顧だにされていない。

第2章　アコリス遺跡の考古学

(1) Kawanishi (1995) ; Bagnall and Rathbone (2004) 161–162.
(2) 長谷川・北村（2011）12.
(3) Drew-Bear (1979) 291–296.
(4) アコリス遺跡の初期の調査史については，Bernand (1988) xi–xx を参照。
(5) Boswinkel and Pestman (1982) v.
(6) Kawanishi (1995) 6.
(7) 北トレンチについては Kawanishi (1995) 174–179，東トレンチについては同 158–174 を参照。
(8) Kawanishi and Suto (2005). Cf. *REG* 120 (2007) 253–254.
(9) *Preliminary Report Akoris 2001*, 16–17.
(10) *Preliminary Report Akoris 2004*, 21–23 ; Suto (2005b). この碑文はその後，原位置で損壊を受けたために，日本隊の宿舎敷地内に移設されている。
(11) Klemm and Klemm (1992) 92–100.
(12) *Preliminary Report Akoris 2008*, 17–21 ; Suto and Takahashi (2012) 735–736.
(13) Samuel (1989) 40 ; Moyer (2011) 26–29.

第3章　ヘレニズムへの道

(1) Kantor (1947).
(2) Davies and Schofield (1995) ; Cline and Harris-Cline (1998) ; Karetsou (2000).
(3) Bietak (1995). 後述する「エーゲ海リスト」等も含め，これらの史料については，中村（1997）が概要を的確に紹介している。
(4) Bietak (1995) 26. 関係する研究については，Knapp (1998) 200–201 を参照。
(5) Morgan (1995) ; Niemeier (1998).
(6) Wachsmann (1987) ; 周藤（2002a）34–37.
(7) これらのファラオの在位年代に関しては，研究者の間で意見の相違もあるが，ここでは便宜的に Kitchen (2000) に従う。
(8) Strange (1980).
(9) Strange (1980) 116–117 ; Wachsmann (1987) 44–45.
(10) 主要な関係文献については，Rehak (1998) 41, n. 22 を参照。
(11) クレタ島からの使節の到来がミノア文明の滅亡とともに途絶したとするワクスマンの主張にも，再検討が必要である。Wachsmann (1987) 105.
(12) Kitchen (1965) 6.
(13) Cline (1994) 38–42.
(14) バナール（2005）793–796.

(15) Cline (1998) 244-245.
(16) Cline (1994) 38-42 ; Id. (1998) 246-249. 反対説として，Merrillees (1998) 150.
(17) 周藤 (2006) 72-73，図10.
(18) Cline (1994) A96-98（ミケーネのアクロポリス出土ファイアンス板），A123（アイオス・イリアスの岩室墓出土スカラベ），A132（イアリュソス9号墓出土スカラベ），A142（アイア・トリアダ5号岩室墓出土スカラベ），A125（ハニアのメガロン出土スカラベ），A128（クノッソスのセロプーロ4号墓出土スカラベ）.
(19) バナールはこの遺物からミケーネにエジプトの神殿が存在した可能性を論じる。バナール (2005) 862-864.
(20) Hankey (1981) 46.
(21) Schofield and Parkinson (1994) ; Parkinson and Schofield (1995).
(22) 周藤 (2006) 80-81.
(23) Mee (2008).
(24) Austin (1970) 11-13.
(25) *Il.* 9.381-4.
(26) 周藤 (1997) 167-171.
(27) *Od.* 4.351-592.
(28) *Od.* 14.199-359.
(29) たとえば，モリスはこのエピソードを新王国時代末のラメセス朝期の事件の反映と見る。Morris (1997) 614.
(30) Haider (1988) 153-184 ; Haider (1996) 95-97 ; Huß (2001) 15-19.
(31) Hdt. 2.151-154.
(32) 関係史料をめぐる議論の詳細については，Haider (1988) 153-184 に詳しい。
(33) Vittmann (2003) 200-202. サイス朝期のエジプトにおけるギリシア人の活動を伝える碑文史料については，Haider (2001) を参照。
(34) Smoláriková (2002) 85-101.
(35) Möller (2000) 34-35 ; ストラペダについては，Diod. 1.67.1 も参照。これらの遺跡のうちのどれをヘロドトスの言及するストラトペダと同定するかをめぐっては，様々な議論がある。関連する史料と先行研究については，Fischer-Bovet (2014) 32-33 を参照。
(36) Hdt. 4.152. これは，前638年頃のことと想定されている。Boardman (1999) 213.
(37) ナウクラティスの調査史については，Villing and Schlotzhauer (2006) 1-10 が簡潔な見取り図を与える。近年のサーヴェイを中心とする調査については，Coulson (1996) ; Leonard (1997) ; Id. (2001) を参照。
(38) Hdt. 2.177.
(39) ナウクラティスの暦年代をめぐる複雑な問題は，James (2003) にまとめられている。
(40) ナウクラティスから出土した東方ギリシア系土器については，理化学的な分析の成果を踏まえた研究が進められている。Kerschner (2001) ; Villing and Schlotzhauer (2006).
(41) Hdt. 4.152. Möller (2000) 56, n. 132. アイギナのソストラトス，及び彼に言及するグラヴィスカ出土碑文については，桜井・本村 (1997) 83-85 に言及がある。
(42) Möller (2000) 56-57. アフロディテ・ボウルについては，Boardman (1999) 122-123 ;

Williams (2006) 128, Fig. 5.

(43) Strab. 17.1.18. Smoláriková (2002) 18, n. 11.

(44) Plut. *Solon*, 26.

(45) Hdt. 3.26. このオアシスは，現在のハルガ・オアシスにあたる。Murray and Moreno (2007) 426-427.

(46) Wilson and Gilbert (2007) 261.

(47) Weber, S. (2007) 305-306.

(48) Hdt. 2.177.1. Cf. Diod. 1.95.1. Lloyd (1983) 285.

(49) *Preliminary Report Akoris 1999*, 4-8 ; *Preliminary Report Akoris 2000*, 4-10.

(50) Spencer (1996) 26f.

(51) Smoláriková (2002) 31.

(52) Smoláriková (2002) 96-97.

(53) ヘレノメンフィタイについては，Thompson (2012) 14, 89-90.

第4章　都市アレクサンドリアの成立

(1) Arr. *Anab.* 3.1.1-4. Cf. Diod. 17.49.1-2 ; Curt. 4.7.1-4.

(2) エジプトでは，神々への奉納はファラオの特権とされていた。Hölbl (2001) 9. 現存する史料（Ps. Call. 1.34.1 を除く）に，アレクサンドロスの戴冠式への言及はないものの（Badian (1981) 45)，近年では戴冠式が行われたことを認める立場が有力である。Huß (2001) 58, n. 14. 戴冠式をめぐる論争の詳細については，Burstein (1991) を参照。森谷は，戴冠式が行われなかったとする立場から，アレクサンドロスが意図的に戴冠式の挙行を避けた可能性を指摘するが，エジプトの神官団の側に新たな統治者をファラオとして受け入れる必要があったことは認めている。森谷（2007）154-156.

(3) アレクサンドリアの創建日については，Ps. Call. 1.32. ただし，このテュビ月25日が現在の暦ではいつに相当するのかをめぐっては，前331年1月20日とする説（Huß (2001) 63-64）と同年4月7日とする説（Hölbl (2001) 10）とが対立している。

(4) フィリポス2世の神格化については，本書107-109頁を参照。

(5) とりわけ，わが国では2009年に朝日新聞社他の主催により「海のエジプト展～海底からよみがえる，古代都市アレクサンドリアの至宝～」が開催され，広く一般の注目を集めたことは記憶に新しい。

(6) Arr. *Anab.* 5.2f.

(7) Arr. *Anab.* 7.23.6-8.

(8) Just. 13.4.

(9) Fraser (1972) I, 4 ; IIa, n. 12.

(10) Ps. Call. 1.31. ウィトルウィウスの『建築書』では，デイノクラテスはマケドニア出身であるかのように描かれているが，これは彼が「マケドニア人」の身分にあったことに由来する誤りであろう。

(11)「人々の記憶のなかでもっとも偉大なアレクサンドロス大王は，すべての都市の中でもひときわロドスを賞賛し，全領土に関する遺言をそこに委託し，その他の点でもロドスに感嘆して卓越した地位に導いた」。Diod. 20.81. ティマキダスの神殿年代記には，大王がアテナ・リンディアの聖域に奉納を行ったことが記録されている。Higbie (2003) 133-137. また，プルタルコスによれば，大王は戦闘に際して常にロドスから

贈られたエピポルポマを着用していた。Plut. *Alex*. 32.11.

(12) ハリカルナッソスについては，先行研究も含めて阿部（2005）を参照。

(13) Strab. 13.1.59.

(14) Vitr. 2.8.11.

(15) Diod. 15.76.2. Sherwin-White (1978) 43–45.

(16) クニドスと，ヘレニズム時代初期のその有力政治家ソストラトスについては，第 14 章を参照。

(17) アレクサンドリアが創建当初からこの名で呼ばれていたことを確証する史料はない。アレクサンドリア人という呼称が史料に現れるのは前 3 世紀になってからである。Fraser (1972) IIa, n. 23.

(18) [Arist.] *Oec*. 2.2.33.

(19) Paus. 1.6.2.

(20) 異なる解釈については，Collins（1997）を参照。

(21) Ath. 5. 197d.–203b. この祭典行列の年代については，波部（2003）が先行研究を紹介しつつ，前 271/0 年説を提唱している。

(22) McKenzie (2007) 8–18.

(23) Ibid. 10, Fig. 4.

(24) Ibid. 14, Figs. 13, 14.

(25) アンプルール（1999）111–123.

(26) Sabottka (2008).

(27) Dueck (2000) 11.

(28) このような現地経験の欠如こそが，とりわけパウサニアスと比較した場合に，ストラボンの弱点とみなされてきたことに鑑みれば，ストラボンによるアレクサンドリアの叙述には例外的な価値が認められよう。パウサニアスとストラボンの比較については，Pretzler（2005）を参照。

(29) このエピソードは各種の大王伝（ディオドロスを除く）に言及されている。Arr. *Anab*. 3.2.1–2 ; Curt. 4.8.4 ; Plut. *Alex*. 26.8–10 ; Ps. Call. 32.

(30) クラミュスに喩えられた形状がいかなるものであったかについては，ツィマーマンが詳しい考察を加えている。Zimmermann (2002).

(31) Diod. 52.3–5. 日本語訳は，森谷（2010）による。

(32) アキレウス・タティウスとその著作については，中谷彩一郎による『レウキッペとクレイトポン』への解説（京都大学学術出版会，2008）を参照。

(33) 日本語訳にあたっては，最新の校訂であるシュテファン・ラートのテクストを主に参照したが，異読を採っている場合もある。Radt (2005, 2009).

(34) ペルシオンは，デルタ東端に位置する海港都市。伝統的に，西アジア方面からナイル世界への玄関口となっていた。前 525 年には，この地でカンビュセス王の率いるペルシア軍とエジプト軍との戦いがあり，後にヘロドトスは現地に残された戦死者の頭蓋骨について報告している。Hdt. 3.12. Radt (2009) 10–12.

(35) 当時，ファロス島は後で言及されるヘプタスタディオンと呼ばれる突堤によって，本土と結ばれていた。現在では，この突堤の両側に土砂が堆積して旧市街を形成しているため，結果的にストラボンの記述そのままの景観となっている。

(36) 次章で論じる，いわゆるアレクサンドリアの大灯台。「白い石《レフコス・リトス》」は，一般に白大理

石を意味するが，エジプトでは大理石が産出しないため，上質の石灰岩を指している可能性が高い。現在，その跡地にはカイトベイ要塞が建てられている。

(37) クニドス出身のデクシファネスの子ソストラトスについては，次章，及び第14章を参照。ここで彼が帯びている「王の友人」という称号の王が複数形であることから，これを彼がプトレマイオス1世と2世とに仕えたことを示すとする説もある。Radt (2009) 414を参照。この碑文テクストは，後二世紀にこれを見たルキアノスによって採録されている。Lucian. *Hist. Conscr.* 62.

(38) エウノストスは，しばしば「良き帰還」を意味すると説かれているが，未詳。

(39) ヘプタスタディオン（7スタディオン）は，約1300メートル。

(40) 今日のマリュート湖。ロレンス・ダレルの『ジュスティーヌ』でも重要なエピソードの舞台となっている。

(41) この一節は，一般に海に面した港よりもマレイア湖に面した港が栄えているとの意に介されているが，ここではラートの解釈に従う。Radt (2009) 418.

(42) エテーシアと呼ばれる季節風のため，現在でもアレクサンドリアの夏は過ごしやすいことで知られる。

(43) この比喩は，他の著作家によっても用いられるため（Diod. 17.52.3 ; Plut. *Alex.* 26.8 ; Plin. *HN* 5.62)，当時の常套句であった可能性が高い。Radt (2009) 419.

(44) アレクサンドロス大王の墓については，第5章を参照。

(45) 原文では複数形になっているが，アレクサンドロス4世以外の子が想定されているのか否かは不明。そもそも，ペルディッカスの軍にマケドニアの王族が同行していたことも疑問視されている。Radt (2009) 421.

(46) この「ガラス製」という表現は，第5章で述べるようにアラバスター製と解するのが一般的であるが，ラートは文字通りガラス製と読むことを主張している。Radt (2009) 421. しかし，現実問題として，当時ガラス製の棺が存在したとは考えにくい。

(47) フレイザーは，プトレマイオス9世もしくは10世に比定している。Fraser (1972) II, 111, n. 280.

(48) シェイクスピアの戯曲で有名なアテネのティモンについては，プルタルコスもアントニウス伝の中で説明を加えている。Plut. *Ant.* 70.

(49) カイサレイオンは皇帝アウグストゥスを祀る聖域。エンポリオンは港の商業施設。

(50)「箱」と呼ばれたのは，港の形が四角形だったからであろう。

第5章　セーマ・大灯台・図書館

(1) ストラボンの写本ではソーマと表記されているが，ゼノビオス（Zenob. 3. 94）に従ってセーマと修正されるのが一般的である。ただし，偽カリステネスは，ソーマの表記を採っている（Ps.-Call. 3. 34. 6)。Fraser (1972) II, 32–33. 両者の含意についてはErskine (2002) 166–167を参照。

(2) 歴代のローマ皇帝によるセーマ参詣については，Saunders (2006) Chap. 6に詳しい。

(3) 近代におけるアレクサンドロス大王の墓探しをめぐる珍奇なエピソードの数々については，Saunders (2006)，及びアンプルール（1999）145–153を参照。

(4) Diod. 18.26.1–28.4.

(5) Diod. 18.4.5 ; Just. 13.4.6.

(6) Paus. 1.6.3.

(7) Stewart (1993) 222.
(8) *FGrH* 156 F9.25 ; F10.1. 遺骸の搬出の責任者だったアリダイオスとフィリポス4世アリダイオスとの混同は，ユスティヌスの誤記（Just. 13.4.6）に由来する。Bosworth (2002) 113, n. 60.
(9) Strab. 17.1.8 ; Curt. 10.10.13, 20 ; Paus. 1.6.3 ; Aelian. VH12.64.
(10) Diod. 18.33-36.
(11) *FGrH* 239 B 11. この史料から，ペルディッカスのエジプト侵攻は一般に前321年のこととされているが（Austin (2006) 71 ; Shipley (2000) 42 ; Bowman (1986) 22 ; Adams (2006) 31），前320年とする説も有力である（Green (1990) 14 ; Hölbl (2001) 15）。
(12) Ps.-Call. 3.34.
(13) Fraser (1972) IIa, n. 79.
(14) Curtius 10.10.20.
(15) 注1参照。
(16) Fraser (1972) I, 16.
(17) Lucan. 8.692-9. マウソレイオンとの類似については，Saunders (2006) 74-75 を参照。
(18)「アラバスターの墓」については，アンプルール（1999）145-153. なお，アレクサンドリア中心部のナビ・ダニエル・モスクこそ大王の墓の所在地であるという俗説は依然として健在であり，同モスク内部では地下の遺構が大王の墓として公開されている。
(19) Stewart (1993) 231-243.
(20) この点に関連して，プトレマイオス1世から3世までの墓に関してまったく史料が沈黙していることは注目に値する。
(21) アンプルール（1999）63-87.
(22) アンプルール（1999）85.
(23) アンプルール（1999）223-225.
(24) Thiersch (1909). 図像学的な証拠については Picard (1952) を参照。
(25) Joseph. *BJ*. 4.10.5.
(26) Fraser (1972) I, 20.
(27) Gow and Page (1965) Posidippus XI, XII ; Obbink (2005) 104-108.
(28) Bing (1998) 27-28. ヘレニズム時代のモニュメンタルな碑文の発生と展開については，Suto (2005a)を参照。
(29) Fraser (1972) I, 18 ; McKenzie (2007) 42.
(30) Plin. *HN* 36.83.
(31) *FD* III 1 : 299.
(32) Inv. 6717, Amandry (1940) 63-64. 報告者のアマンドリは，これをソストラトスが当初プトレマイオス2世への奉納像を建立し，後に王妃アルシノエと合祀したものと推測しているが，フレイザーは逆にアルシノエが奉納したソストラトス像のための銘文とみる。Fraser (1972) IIa, n. 121. アマンドリの説については，Palagia (2013) 148 を参照。
(33) *IG* XI 4, 1190（キュレネのエテアルコスによる奉納）; *IG* XI 4, 1130（カウノス市民団による奉納）.

(34) *IG* XI 4, 1038. なお，デロスの市民団も，単独でソストラトスとその子孫をプロクセノスに任命している。*IG* XI 4 563.
(35) Sext. Emp. *Adv. Gramm*. 1.276.
(36) Shear (1978).
(37) Ibid. 23.
(38) ムセイオンと大図書館に関する近年の研究動向については，Nesselrath (2013) を参照。
(39) Xen. *Mem*. 4.2.9
(40) Vitr. 7.4-7. エル＝アバディ (1991) 107-110.
(41) 森谷 (2007) 84-88.
(42) Huß (2001) 236f.
(43) エル＝アバディ (1991) 69.
(44) ファレロンのデメトリオスに関する史料については，Fortenbaugh and Schütrumpf (2000) を参照。
(45) これは，より同時代に近いヘロンダスの場合も同様である。Herod, *Mim*. 1, 26f.
(46) 関連史料については，野町 (2000) 79-81.
(47) エル＝アバディ (1991) 86-96.
(48) エル＝アバディ (1991) 89-90.
(49) Athen. 1 3a-b ; Fraser (1972) IIa, Ch. 6, n. 100.
(50) 少なくともロドスのカリクセイノスによる有名なパレードの記述には，インド産の犬や牛が登場する。アショカ王の王令については，Fraser (1972) II, 311, n. 389.
(51) Fraser (1972) I, 322.
(52) 野町 (2000) 第3章を参照。
(53) Plut. Caes. 49. Fraser (1972) I, 334-335. Aul. Gell. 7.17.3 ; Sen. Tranq. 9.5 ; Oros. 6.15. 31-2.
(54) ただし，この事件によってどの程度の蔵書が失われたかをめぐっては，さまざまな説がある。Barnes (2000) 70f.
(55) Fraser (1972) I, 324.
(56) Vitr. 6.4.1.
(57) 図書館に収蔵されていたパピルスの巻数に言及する諸史料については，Fraser (1972) I, 328-329. Nesselrath (2013) 77-78.
(58) 図書館がムセイオンの一部としての列柱館であった可能性は，Fraser (1972) I, 324以下にも指摘されている。
(59) 周藤・澤田 (2004) 176-177.
(60) Plut. Mor. 361f-362a. 引用は柳沼重剛訳『エジプト神イシスとオシリスの伝説について』(岩波文庫，1996) 第28章による。
(61) Stephens (2003) 249-250 ; Moyer (2011) 84-141.
(62) Gardiner (1938) ; Assman (2003) 73.
(63) Lichtheim (1980) 36-41.
(64)「生命の家」の意義については，2014年4月19日に名古屋大学で行われたコロキアム「前近代社会における知の伝達形態」におけるヨヘム・カール（ベルリン自由大学）の講演から大きな示唆を得た。

（65）周藤（2006）172.
（66）Plut. *Alex*. 26.4–7.

第 6 章　初期プトレマイオス朝の宗教政策

（1） Kawanishi（1995）94, 310–312, Pl. 118, 1.
（2） 西方神殿の列柱室入り口の柱にはネロ帝のレリーフとカルトゥーシュが刻まれている他，この周辺からはカリグラ帝のために神域をスーコス神とアモン神に捧げる旨を刻んだギリシア語碑文などが出土している。Kawanishi（1995）22–24, Fig. 17 ; Bernand（1988）.
（3） Kawanishi（1995）17, Fig. 9.
（4） Kawanishi（1995）42, Figs. 32, 33.
（5） Hdt. 2. 65.
（6） 初期ヘレニズム時代の支配者崇拝については膨大な研究があるが，関係する史料の網羅的な検討という点では，Habicht（1956, 2nd ed. 1970）が依然として金字塔の地位を失っていない。大牟田による書評（大牟田 1962）も参照。近年の研究動向全般については，Chaniotis（2003）を参照。アレクサンドロス大王の神格化の歴史的意義は，森谷（2007）298–308 に的確にまとめられている。なお，大牟田（1996）2112–2117（Arr. 7.23.2 への註釈）も参照。
（7） Badian（2003）246–247.
（8） Plut. *Lys*. ハビヒトは，この記述全体をサモス人に関わるものとみなしているが（Habicht（1970）3），前半部分の主語（ポリス）は複数形であり祭壇も複数形であることから，少なくともプルタルコスはギリシア諸都市でこのような行為が行われたと考えていたようである。リュサンドロスへの讃歌については，Ath. 15. 696e.
（9） Paus. 10.9.7–8.
（10）Habicht（1970）6.
（11）Hdt. 5.22, 8.137. 古代マケドニア王国の建国伝説については，澤田（2006）を参照。
（12）関連史料については，Habicht（1970）11–13 を参照。ベイディアンはこのいずれの信憑性についても否定的である（Badian（1981）39–40）。なお，フィリッピでのフィリポス 2 世への祭祀については，*SEG* 38, 658.
（13）Arr. 1.17.11（エフェソスの肖像彫刻）; *OGIS* 8＝Tod 191＝RO 83（エレソスの祭壇）. ただし，ベイディアンは，エフェソスの彫像については，これが公的顕彰による肖像彫刻であることを理由に（Cf. Habicht（1970）245），またエレソスの祭壇については，これが「フィリポスの」という修飾句を伴いながらも，基本的にはゼウス神のものであることを理由に，それぞれフィリポス 2 世の神格化の証拠とする立場には懐疑的であるが，その主張は必ずしも説得的ではない。Badian（1981）41 ; Id.（2003）246. なお，エフェソスのアルテミシオンには，アペレスの描いたアレクサンドロス大王の肖像画があったとも伝えられている。Plin. *HN* 35.92 ; Plut. *Alex*. 4.3 ; Ael. *VH* 2.3.
（14）Diod. 16.92.5.
（15）Paus. 5.20.9. パウサニアスが訪れたときには，エウリュディケの像とオリュンピアスの像は，隣接するヘラ神殿に収蔵されていた。Paus. 5.17.4. このエウリュディケについて，近年 O. パラギアは，これまでの説を検討した結果，フィリポスの 7 番目の妻であるクレオパトラに同定している。Palagia（2010）40.

（16）I. ウォーシントンは，フィリポス2世についてのモノグラフの中で，これらの証言の信憑性をことごとく否定して，フィリポスが神性をめざしたとする解釈は後代の産物であると主張するが，その議論は必ずしも説得的ではない。Worthington（2008）Appendix 5. 一例をあげれば，フィリペイオンの像に関して，仮に「黄金象牙製」とするパウサニアスの証言が誤りであって，実際には金箔を貼った大理石像であったとしても，それらが同時代の人の目に「黄金象牙製」として映ったのならば，やはりそれらは限りなく神像に近いモニュメントとして機能していたであろう。

（17）フィリポス2世による自己神格化への性向を否定するならば（Worthington（2008）232–233），父親に対してライヴァル心を抱いていたアレクサンドロス大王がなぜこれほどまでに自己神格化にこだわったのかが，説明されなくてはならない。

（18）アッリアノスが伝えるこの印象的な逸話が同時代史料に基づくものである可能性については，Badian（1981）28–31 を参照。

（19）アレクサンドロス大王の神格化に対する小アジア諸都市の対応については，Dreyer（2009）223–228 を参照。Strab. 17.1.43（ミレトス）; *FGrH* 124 F14（エリュトライ）.

（20）澤田（2008）175–179 ; Heckel and Tritle（2009）229–230.

（21）Diod. 19.105.1–4 ; RC 1 ; *OGIS* 5.

（22）*OGIS* 6.

（23）碑文によれば，スケプシスではこれ以前にアンティゴノスのために祭典や花冠の着用が行われていたようであるが，その経緯については不明である。ただし，この決議で規定された内容が，それまで以上にアンティゴノスの神格化を強調するものであることは確かであろう。

（24）Plut. *Dem*. 10. Cf. Diod. 20.46.1–4.

（25）デモカレス（*FGrH* 75, F2）及びドゥーリス（*FGrH* 76, F13）を典拠とするアテナイオスの記述による（Athen. 6. 253. b-f)。Chaniotis（2011）.

（26）Plut. *Dem*. 18.2 ; Just. 15.2.11. *Mar. Par. B*. 23.

（27）Diod. 20.81–100. Wiemer（2002）78–94.

（28）Paus. 1.8.6.

（29）Hazzard（1992）.

（30）Huß（2001）238–239.

（31）Hazzard（2000）15–16.

（32）*Syll*.^{3} 390. この碑文の年代については，前280年頃におくのが通説であるが，前260年代まで下げるハザードの説（Hazzard 2000）も含め，研究者の見解は様々である。この問題については，さしあたり波部（2003）30–33 を参照。

（33）フィロクレスはプトレマイオス朝の海軍を指揮しており，またバッコンが務めていたネシアルコスという役職は島嶼部を管掌するためのプトレマイオス朝の役職だったと考えられている。Austin (2006) 452, n. 2. 島嶼連邦に関与したプトレマイオス朝の公職者については，Merker（1970）を参照。

（34）Palagia（2013）146.

（35）Tac. *Hist*. IV. 83–84.

（36）Plut. *De. Is. et Os*. 28.

（37）Arr. *Anab*. 7.26.2 ; Plut. *Alex*. 73.9 ; 76.9.

（38）大牟田（1996）2121–2123 ; 2130–2131 ; 森谷（2007）134–135.

(39) Ps.-Call. 1.33. フースは，アレクサンドリアでサラピス信仰が確立されたのがプトレマイオス1世治下のことだったのは疑いがないとした上で，それは前3世紀に入ってからではなく前4世紀末のことだったのではないかと推定する。Huß (2001) 244–245.
(40) *UPZ* 1 ; *FGrH* 608 F9.
(41) エレウシスの秘儀の性格については，桜井 (1996) 51–100 を参照。
(42) Diog. Laert. 5.76.
(43) Sabottka (2008).
(44) このプラークについては，McKenzie (2007) 53, Figs. 62 (ヒエログリフとギリシア語が左右に配置された二言語表記), 63 (ヒエログリフ), アンプルール (1999) 97 (ギリシア語とヒエログリフが上下に配置された二言語表記). Fraser (1972) I, 27–28.
(45) Sabottka (2008) 176–177.
(46) Hölbl (2001). このような通説に対する批判は，大戸 (2000) 97–101 にまとめられている。
(47) Huß (2001) 246.
(48) Stambaugh (1972) 97 ; 大戸 (2000) 102.
(49) 王朝祭祀の定義，とりわけ支配者崇拝との区別については，Fraser (1972) I, 214 ; Shipley (2000) 157.
(50) Fraser (1972) I, 214.
(51) Hölbl (2001) 93–94. プトレマイオス朝の紀年神官については，Clarysse and Van der Veken (1983).
(52) Clarysse and Van der Veken (1983) 4.
(53) アルシノエをめぐるこの間の経緯については，Just. 24. 2–3.
(54) Ath. 621a. Buraselis (2008) 292.
(55) Theoc. *Id*. 17, 128ff. ホメロスの叙事詩では，ヘラはゼウスの「姉妹にして妻」とされている。
(56) Hazzard (2000) 81–100.
(57) *P. Hib*. 2. 199. Huß (2001) 325 ; Buraselis (2008) 298–299.
(58) Fraser (1972) IIa, 364–365, n. 208 ; Clarysse and Van der Veken (1983) 5.
(59) Buraselis (2008) 298–299.
(60) アルシノエ2世の没年は，後述するメンデス石碑から前270年とするのが通説であるが，前268年という異説を採った場合でも，少なくともプトレマイオス2世についてはこれが生前神格化となることに変わりはない。Buraselis (2008) 299. アルシノエの没年の再検討については，Cadell (1998) を参照。
(61) *P. Hib*. 2. 199.
(62) Fraser (1972) I, 197.
(63) GP 12, 19 (=Athen. 7. 318D), Fraser (1972) I, 239.
(64) AB 39.
(65) Bing (2002–3) 255–256 ; Id. (2005) 127–128 ; Pfeiffer (2008) 59. パウサニアスは，アフロディテ信仰が盛んだったクニドスに，エウプロイアの添え名で知られるアフロディテの神殿があったと述べている。Paus. 1.1.3. 言うまでもなく，クニドスは大灯台を奉納したソストラトスの祖国でもある。

（66）Hölbl（2001）104.
（67）Quaegebeur（1998）73.
（68）メンデス石碑のテクストについては，Seth（1904）II 28-54 を参照。
（69）財政改革の内容の詳細とその解釈をめぐる議論については，Clarysse and Vandorpe（1998）を参照。
（70）ギリシア語テクスト 49 行目の *kathidrusai* を「遺骸の埋葬」ではなく「神像の建立」とする解釈については，Pfeiffer（2004）153-154 を参照。
（71）*OGIS* 56, 12-15.

第7章　プトレマイオス朝とエジプト領域部の開発

（1）ノモスの分布については，近藤（1997）71-73. プトレマイオス朝期には，全部で 42 の州があった。Manning（2003）32.
（2）JICA のホームページによれば，エジプトの米の収穫量は 1 ヘクタールあたり平均 9.4 トンで，日本のそれ（1 ヘクタールあたり 6.4 トン）を大きく上回っている。
（3）Strab. 17.1.45 ; Plin. *HN* 6.33.168.
（4）Hdt. 2.97.1. 氾濫時の水位は，河床から通常は 9 メートル程度だったが，増水時には 10 メートルまで上昇し，渇水年には 7.5 メートルまで落ちたとされる。長沢（2013）256.
（5）古代エジプトの民衆暦については，近藤（1997）3-6 を参照。なお，Thompson（1999a）Appendix C には，前 3 世紀のパピルスから復元された増水期における各種の土木作業のカレンダーが提示されている。
（6）Rathbone（1990）107.
（7）Diod. 1.31. 6-9 ; Jos. *BJ* 2.385. なお，Butzer（1976）は，新王国時代には 2 万 2400 平方キロの耕作地に 290 万人，前 150 年頃には 2 万 7300 平方キロの耕作地に 490 万人という試算を提示している。
（8）該期の人口に関する様々な試算については，Manning（2003）47-49, n. 129 を参照。
（9）Rathbone（1990）112-113. この問題は，プトレマイオス朝が動員することのできたギリシア系兵士の数をどの程度に見積もるかという問題とも関わっている。なお，近年の研究を総括したフィッシャー＝ボヴェは，エジプトの総人口に対するギリシア人の割合を 5％弱とする試算結果を提示している。Fischer-Bovet（2007）.
（10）Lewis（1986）.
（11）Bagnall and Rathbone（2004）136, Fig. 5.2.4.
（12）以下，モエリス湖の干拓事業と関連史料の詳細については，Thompson（1999a）を参照。
（13）これらのパピルスの発見過程については，Cuvigny（2009）を参照。
（14）P. Lille 1.1. 一つのペリコーマは，長辺 100 スコイニア，短辺 25 スコイニアで，面積は 250 アルーラあった。なお，1 スコイニア（100 ペーキュス）は 52.5 メートル，1 アルーラ（1 平方スコイニア）は 0.27 ヘクタールに相当する。
（15）*P. Petrie* III 37（a）ii. 9 ;（b）iv. 15-16 ; *UPZ* II 157. 8.
（16）*P. Petrie* III 43（2）ii. 25.
（17）*P. Petrie* III 40 iii. 8.
（18）Thompson（1999a）112.

(19) Thompson (1999a) 113, n. 34.
(20) Strab. 17.1.35.
(21) 以下の農作物の変化については，Thompson (1999b) による。
(22) Hdt. 2.36.
(23) Thompson (1999b) 129, Table 6.1.
(24) Hdt. 2.77.4.
(25) Guasch Jané (2008).
(26) ヘルモポリスの在地神官家系に属するペトシリスの墓に表現されたワイン醸造風景については第 10 章を，また地中海からのワインの輸入に用いられたアンフォラについては第 16 章を参照。
(27) Ath. 1.33. d–e.
(28) アポモイラ税については，126 頁を参照。
(29) Ath. 9.369f. もっとも，Thompson (1999b) が指摘するように，この逸話は農作物についての記録というよりは，むしろモラリスティックな文脈で読まれるべきものかもしれない。
(30) Tsujimura (1995).
(31) Lewis (1986) 37–45.
(32) *P. Petrie* II 11 (1).
(33) *P. Petrie* II 42 H 8 ; *Select Papyri* 94.
(34) *P. Petrie* II 4, 1 (=III C. 3) ; *P. Petrie* II 4, 9 (=III C 2). Mertens (1985).
(35) Fitzler (1910) 28–29 ; Préaux (1939) 245.
(36) Cf. *P. Cair. Zen.* IV, 59782. Préaux (1939) 266.
(37) 計量官の派遣については，*P. Petrie* II 9, 3.6 (=III 43, 17).
(38) *P. Petrie* II 4, 8. 2.
(39) *P. Tebt.* 703.
(40) Manning (2003) ; Id. (2010) ; 石田 (2007).

第 8 章　採石場のヘレニズム

(1) Manning (2010) 18.
(2) Hdt. II. 152–154.
(3) Manning (2003) 15.
(4) 以下，採石場の壁や天井に朱筆で書かれた文字列を，単数複数にかかわらずグラフィティと呼ぶ。また，特に断りのない場合には，治世年はギリシア語のグラフィティに現れる財政暦のそれを指す。
(5) Klemm and Klemm (1992) ; 遠藤 (2009) ; Id. (2013).
(6) *Preliminary Report Akoris 2005*, 22–23.
(7) たとえば，ディオドロスというギリシア人名は，対応するデモティックのグラフィティでは *Tytrs* と転記されている。*Preliminary Report Akoris 2005*, 22.
(8) 遠藤 (2009) 33–49.
(9) *Preliminary Report Akoris 2009*, 21–23.
(10) Pestman (1981) 215–219.
(11) 周藤 (2006) 第 10 章 ; Kawanishi and Suto (2005).

（12） *Preliminary Report Akoris 2005*, 22.

（13） 治世 1 年のグラフィティが見当たらないのは，治世 1 年が実質 2ヶ月足らずだったことによるのであろう。

（14） プトレマイオス 3 世が即位したのは，カノーポス決議によればマケドニア暦のディオス月 25 日（前 246 年 1 月 27 日）とされており，これはプトレマイオス 2 世が逝去した日でもあると考えられている。Huß（2001）331.

（15） Huß（2001）380, n. 3.

（16） 問題は P 区に頻出する治世 4 年であるが，これはプトレマイオス 4 世時代の採石区の拡張と考えてよいであろう。

（17） Willems et al.（2006）. この採石場のグラフィティについては，調査を行ったマーク・ドゥポーから多くの教示を得た。

（18） Rostovtzeff（1941）298.

補　論　ローマ帝政期の軍団と採石場

（1） Bernand（1988）6-9, Pl. 14.

（2） Fraser（1964）87-90.

（3） 再発見の概要については，*Preliminary Report Akoris 2004*, 21-22 を参照。

（4） その後，この石碑は盗掘団による損傷を受けたため，現在はテヘネ村の日本隊宿舎内に移設されている。

（5） Suet. *Dom.* 23.

（6） ただし，セバストスという称号だけは意図的に残されているが，その理由は不明である。

（7） 第三軍団キュレナイカのエジプトでの活動については，Keppie（1998）157-159 を参照。アコリスからは，この軍団に属するマルクス・テレンティウス・ロングスなる者の墓碑も出土している。Bernand（1988）No. 172.

（8） Jones（1973）79-90 ; Id.（1992）128-131.

（9） Martin（1987）73-82.

第 9 章　ケファラスの子ディオニュシオスとその世界

（1） Manning（2003）20.

（2） Vandorpe（2002）.

（3） この言語選択の問題は，公的な勅令のようにギリシア語とデモティックとの両方で書かれることが義務づけられていた場合とは区別して考えられなくてはならない。

（4） 金澤（1981），*P. Tebt.* 5, 208-220.

（5） 金澤（1996b）166. ただし，エジプト人同士の契約がギリシア語で書かれた場合は例外で，この場合には使用言語にかかわらずラオクリタイで裁判が行われた。Chauveau（2000）96-97.

（6） Adams et al.（2002）2.

（7） 以下，算用数字は Boswinkel and Pestman（1982）の文書番号である。

（8） 以下の契約文書の概要については，Depauw（2011）189 が簡潔な見取り図を提示している。金澤（1996a）84-85 も参照。

（9） アゴラノモスについては，Manning（2003）187 ; Arlt（2011）24-25 を参照。

（10） von Reden（2007）156.

（11） Boswinkel and Pestman（1982）6.

（12） この複名制に関して，金澤は「それは必ずギリシア名の後ろにエジプト名を付けて名告るものであって，その逆はない。つまりエジプト人が自分の本来の名前の外にギリシア風の名前を持っているという事であって，元々のギリシア人がわざわざエジプト語の名を持つのではない」と述べている。金澤（1996b）160. この指摘は概ね正しいであろうが，ディオニュシオスの家族文書集積に限っても，兄のパエシスがエジプト名を先行させている（10）他，「アポロニオスとも呼ばれるホロス」（35），「ベレニケとも呼ばれるエムシゲシス」（35）のように，エジプト名の後ろにギリシア名を付けている例も存在することには注意が必要である。

（13） 不明な点の多い「エピゴネーのペルシア人」の解釈については，Oates（1963）が詳しい。その解釈をめぐる論争については Samuel（1989）44 を，また該期のエトノス表記をめぐる複雑な問題については，さしあたり金澤（1996a）を参照。

（14） Boswinkel and Pestman（1982）128.

（15） Boswinkel and Pestman（1982）5.

（16） このギリシア語文書は，ケファラスが王に宛てた請願書の体裁をとっているが，請願者であるケファラス以外の兄弟と母親がエジプト人名で言及されている（ll. 19-20）のは，そこに言及されたデモティックの文書の表記に従っているのであろう。

（17） テーニスについては，Drew-Bear（1979）291-296 を参照。

（18） キルカについては，同じく Drew-Bear（1979）140-141 を参照。

（19） Oates（1963）90. ただし，契約文書は基本的に債務が支払われた時点で借方に返却されたため，債権文書は債務文書よりも遺存しにくかったであろう。

（20） アブダクションの方法論については，米森（2007）第3章を参照。

（21） Boswinkel and Pestman（1982）150.

（22） Verhoogt（2005）53.

（23） Clarysse（2000）37.

（24） von Reden（2007）138.

（25） たとえば，先に例示した 17 の場合，ディオニュシオスが借り入れた量は 33 と 3 分の 1 アルタベ，利子分が 16 と 3 分の 2 アルタベで，合計（ディオニュシオスが貸し手に返済すべき額）が整数の 50 アルタベとなっている。

（26） 11, 12 ; Lewis（1986）130-131.

（27） Lewis（1986）130-131 ; Chauveau（2000）158. なお，ローマ時代についてではあるが，「借財」という行為の含意については，高橋（2010）がクロニオン家文書を分析する中で興味深い論点を提示している。

（28） Boswinkel and Pestman（1982）14.

（29） その意味では，ギリシア語の史料に現れるシュングラフェー・アイギュプティアという語の含意も，単なる「エジプト語で書かれた契約書」を越えて，「エジプト人としての契約書」，「エジプトの慣習法に基づく契約書」といった意味的な広がりを持っていた可能性が高い。

（30） ディオニュシオスは，ヒッポニコスから治世 12 年のハテュル月 7 日（前 106 年 11 月 24 日）に利子を含めて 60 アルタベを借りた後（24），さらに同コイアク月 23 日（前 105 年 1 月 9 日）に自分の名前で利子を含めて 24 アルタベ（19），また，同じ日に母

親と妻との連名で同額をヒッポニコスから借りている（20）。

第10章　トゥナ・エル・ジェベルの「ペトシリスの墓」

(1) Baines (2004) 33. 近年の研究動向における在地エリートの役割の再評価に関しては Manning (2003) 6を，また初期プトレマイオス朝期の在地エリートに関するヒエログリフ史料については Lloyd (2002) を参照。
(2) ギリシア人は，エジプトのトト神をギリシアのヘルメス神と同一視していた。
(3) GL 81.
(4) Lefebvre (1923-4).
(5) このような平面プランは，プトレマイオス朝時代の神殿でしばしば見られるものであるが，「ペトシリスの墓」はその先駆けとされている。
(6) テクストの現代語訳については，Otto (1954) 174-184; Lichtheim (1980) 44-54.
(7) たとえば至聖所の柱Cの北壁に刻まれたペトシリスの父親シシューの言葉（GL 127）は，「文字が読める者はこの墓に来て書かれていることを読みなさい」という呼びかけで始まっている。
(8) GL 81.
(9) Baines (2004) 46.
(10) Picard (1931).
(11) 師尾 (2000).
(12) Cherpion et al. (2007) 56 a-c.
(13) 子どもの姿は，至聖所西壁下段の奉納行列の情景などに，それとして明確に表現されている。
(14) 王朝時代のエジプトにおけるワイン生産については Guasch Jané (2008) を参照。王朝時代におけるワイン生産の変遷とその図像表現は，Skorupa (2008) に簡潔にまとめられている。
(15) アンプルール (1999) 218.
(16) レスボス産アンフォラは，前4世紀第四4半期には姿を消していったことが知られている。Clinkenbeard (1986) 353.
(17) ただし，ナウクラティスは領域部においても歴史的にはまったく例外的な集落であり，その土器研究の焦点も前7世紀から6世紀にかけての東ギリシア系の土器に向けられている。Höckmann und Kreikenbom (2001); Sagona (1982). フェニキア系アンフォラの概要については，Regev (2004) を参照。
(18) Aston (1999); Whitbread (1995) 26.
(19) *Preliminary Report Akoris* 2009 (2010) 8及び表紙写真を参照。
(20) Lewis (1986) 8-36.
(21) Huß (1997).

第11章　ヘルモポリスのアーキトレイヴ碑文

(1) Walbank (1992) 104.
(2) Manning (2003); Id. (2010).
(3) Hedrick (2006) 110-111.
(4) ヘレニズム時代からローマ時代にかけてのエジプトにおける碑文については，Bingen

(2007a) 256-278 を参照。

(5) ギリシア語碑文の概説書は多数あるが，ここでは Bodel (2001) をあげるにとどめる。

(6) これは，線文字 B が宮殿の経済活動の記録に特化した文字であったことによるが，より大きな背景としては，前一千年紀のオリエントとエーゲ海の間での王権の表象をめぐる文化的な差異を指摘することができる。周藤 (2006) 79-80.

(7) ラブラウンダのモニュメンタルな碑文については Umholz (2002) を参照。ただし，その起源がギリシア文化に内在するとするウムホルツの結論は，必ずしも説得的ではない。

(8) Spencer (1984).

(9) テクストについては，Bernand (1999) no. 1 の校訂を参照。

(10) ベレニケ (2 世) に対する「妹にして妻」という表現は，フィラエのイシス神殿の奉納碑文 (*OGIS* 61＝*I. Philae* I, 4) などでも見られる。Bingen (2007a) 31-43.

(11) 定住騎兵隊については，さしあたり Falivene (2009) を参照。

(12) ヘレニズム時代の碑文型式については，McLean (2002) 246-259 を参照。

(13) Wace (1945) 109.

(14) Rowlandson (2003).

(15) Bingen (2007a) 31-43.

(16) *OGIS* 28.

(17) *OGIS* 114.

(18) *I. Philae* I, 2.

(19) Fraser (1972) I, 234.

(20) Clarysse (2000).

(21) *P. Lond.* VII, 2056.

(22) *P. Tebt.* III, I, 748. 波部は，何らかの事情によりこの行幸が実際には行われなかったとし，その理由として第三次シリア戦争をあげている。波部 (2014) 258. しかし，第三次シリア戦争そのものは継続されていたものの，プトレマイオス 3 世自身は前 245 年には前線を離れて帰国しており，これによって前 243 年のエジプト領域部への行幸が妨げられたとは考えにくい。

(23) Dietze (2000) 80, n. 6.

(24) Huß (1994) 182.

(25) Just. XXVII, 1.9 ; Porph. *FGrH* 260 F. 43.

(26) Hölbl (2001) 88.

(27) Thompson (2003) 112.

(28) Dietze (2000) 78.

第 12 章　ヘルゲウスの子ハコリスの磨崖碑文

(1) 建築物のアーキトレイヴに奉納者としての王の個人名が刻まれるのは，ヘカトムノス朝の聖域ラブラウンダをもって嚆矢とするが (前 4 世紀中頃)，この点はヘカトムノス朝がヘレニズム諸王国の先駆的存在であったことを考え合わせるとき，きわめて興味深い。ラブラウンダの碑文については，Umholz (2002) を参照。

(2) たとえば，古典期アテネの決議碑文に添えられたレリーフと碑文テクストの関係が注

目を集めるようになったのも，比較的近年のことに属する。

(3) Hedrick (2000) 327.

(4) この碑文は崖面の高所に位置するため，これまで正確な実測が行われてこなかった。そこで，筆者は 2003 年 8 月 26 日に，九州大学の堀賀貴氏とその指導学生の協力を得て，トータルステーションによる実測を実施した。堀氏とその研究室のメンバーには，この場を借りて厚くお礼申し上げたい。なお，ここでは，人名の気息音は *OGIS* のテクストに従って訳出している。

(5) エジプトのギリシア語碑文に特徴的に現れるヒュペル区については，Bingen (2007a) 274-276 を参照。

(6) この人名の発音がハコリスであれば，後述する理由により，遺跡の名前もハコリスとすべきであるが，遺跡についてはアコリスという呼称が定着しているので，以下，この人物名はハコリス，遺跡名はアコリスと表記する。

(7) *IGLA*, 3.

(8) 磨崖碑文と神殿の東にあたる鞍部には，表土直下に第三中間期の集落跡が良好な状態で遺存していることから，おそらくこの区域はヘレニズム時代以降には利用されなくなっていたと考えられる。また，この鞍部の南北の斜面は，ローマ時代にはネクロポリスとして利用され，現在では断崖に沿って岩に掘り込まれた横穴墓が並んでいる。

(9) *Akoris*, 327-8 ; *IGLA*, no. 2.

(10) Clarysse (1991) ; cf. Clarysse (2005).

(11) この時代には，プトレマイオス朝の王族にちなんで都市が命名されることは稀ではなかった。Clarysse (1991) 239, n. 19.

(12) Hauben (1988) 207-208 ; Hölbl (2001) 156.

(13) Clarysse (1991) 242, n. 29.

(14) Mysliwiec (2000) 165-166, Fig. 46.

(15) Clarysse (1991) 243.

(16) Veïsse (2004) 13-14, n. 43 ; Eldamaty (2005) 83-84. フィラエ第二決議のテクストを刻んだカイロ石碑を公刊したエルダマティが指摘するように，この二つの日付からは，テーベからアレクサンドリアまでナイルを船で移動するのにほぼ十日を要したことが分かる。

(17) Hölbl (2001) 153-159.

(18) コマノスについては，藤森 (2003) 129-133, 144-145.

(19) Rowlandson (2003) 249.

第 13 章　ロゼッタ・ストーン再考

(1) コリア&マンリー (2000).

(2) アドキンズ (2002) 69. なお，本書の『ロゼッタストーン解読』というタイトルは，翻訳者によって与えられたものであり，原著のそれではない。

(3) しかし，ヘレニズム時代に関する入門的な史料集はしばしばギリシア語史料を中心に編まれているため，後述するフィラエ第二決議のようにギリシア語テクストが残っていない例は採録されていないのが通例である。たとえば，オースティンの史料集では，ラフィア決議のテクストは第二版で初めて収録されている。Austin (2006) no. 276.

(4) これらの史料から窺うことのできるギリシア人とエジプト人の立場の逆転現象については，金澤（1984）578-579 に簡単な言及がある。

(5) Parkinson (2005).

(6) もちろん，このことはそれらの決議が内包する世界観にエジプトの伝統文化が色濃く反映されている事実を否定するものではない。Foyer (2011) 141. なお，1990 年代までのプトレマイオス朝の神官決議に関する主要な研究文献については，Huß (1991) 189-208 を参照。その後の研究を踏まえた関連史料のリストとしては，Simpson (1996) 1-24 ; Kayser (2012) 411-413 などがある。

(7) 関連史料の一覧表は，Huß (1991) 201-203 ; Veïsse (2004) 205-206 を参照。しかし，石碑の個々の小断片の同定に関しては異論も多い。以下では 2014 年現在においてもっとも妥当と考えられる見解を提示したが，新史料の発見によって再考を余儀なくされる事態は十分に予想される。

(8) Huß (1991) 189.

(9) Thiers (1999) 437-438.

(10) Roeder (1959) 168-188 ; メンデス石碑の年代については，Clarysse (2007) を参照。

(11) Huß (1991) 189-190.

(12) Delange (2012) 405-440.

(13) Huß (1991) 194 ; Id. (2001) 449, n. 46.

(14) Devauchelle (1986) 49-51.

(15) Müller (1920).

(16) Huß (1991) 197-198.

(17) Just. 26.3. この政略結婚の計画に対しては，前 250 年頃のマガスの死後，その妻でアンティオコス 1 世の娘にあたるアパメが妨害を試みたが，彼女がベレニケの夫としてマケドニアから呼び寄せたデメトリオスが暗殺されたため，結局，当初の計画が実現された。Hölbl (2001) 45-46 ; Huß (2001) 333-334.

(18) 本書 121 頁参照。

(19) ただし，この公称が確認されるのは前 243 年以降になってからのことであり（Hölbl (2001) 49），フースは否定的であるが（Huß (2011), 337），これが聖遺物の奪還に感謝するエジプト人神官団の決議(3)に由来する可能性は排除できないであろう。

(20) グロブ・パピルスをはじめとする第三次シリア戦争の関連史料については，Hölbl (2001) 71, n. 73 を参照。

(21) *OGIS* 54 ; Austin (2006) no. 268. もちろん，この表現には誇張が含まれているとみなすのが通説ではあるが，たとえばポリュアイノスも「タウロスからインドまで」と表現しており，プトレマイオス 3 世がかなり東方まで進出したことは疑いがない。Polyaenus 8.50.

(22) Just. 27.1.

(23) Schwartz (1992) 83 ; *SEG* XVIII 628（ウプサラ所蔵例）.

(24) Delange (2012) 405-410 ; Kayser (2012) 414-415.

(25) El-Masry (2009) 185-186, Pls. 5-6 ; Thissen (2012) 441-446. 石碑について，エル＝マスリは石灰岩製としているが，ティッセンはエル・カジンダリーヤの採石場に由来する砂岩製としている。

(26) Tait (1984) 149-150.

(27) Huß (1991) 191-192.
(28) Thissen (2012) 441, no. 2.
(29) Louvre E 33065, Devauchelle (1986) 47-48 ; Thissen (2012) 444-446. 欠損部分の文字数から，元の石碑の幅は，史料 B と同様に 120 センチほどであったと想定されている。
(30) *SEG* XVIII, 629.
(31) 史料の性格上，他の決議のテクストを外挿することによって復元されている部分が多いが，ここでは特に註記しない。
(32) Kayser (2012) 418.
(33) *OGIS* 56（A と B に基づくギリシア語テクスト）; Sethe (1904) 124-154（A のヒエログリフ，及びギリシア語テクスト）; Spiegelberg (1922) 3-37（A と B それぞれのデモティック，及びヒエログリフのテクスト), 66-76（ギリシア語，ヒエログリフ，デモティックのテクストの独訳）; Austin (2006) no. 271（ギリシア語テクストの英訳).
(34) Pfeiffer (2004) 26-28.
(35) Ibid. 28-38.
(36) Hölbl (2001) 107.
(37) Bernand (1992).
(38) Pfeiffer (2004) 39.
(39) Lauffray et al. (1970) 73.
(40) *SEG* XVIII, 631a ; Pfeiffer (2004) 39-40.
(41) Sauneron (1957) 69.
(42) Tietze et al. (2005).
(43) Pfeifer (2004) 53. Cf. Simpson (1996) 23. ただし，これはあくまで言語選択の問題であって，どのような人物がこのテクストを起草したのかは別問題である。近年の研究は，エジプト人の神官がギリシア語で起草したという見方を示している。Manning (2010) 98.
(44) Hölbl (2001) 109-110.
(45) Kurth (2004) 49 ; Hölbl (2001) 87.
(46) Polyb. 5.34, 15.2.
(47) Polyb. 1.3.
(48) Polyb. 5.83-85.
(49) Huß (1991) no. 8, a-c.
(50) *SEG* VIII, 784.
(51) *SEG* VIII, 504a＝*SB* 4244.
(52) Hölbl (2001) 163, Fig. 6.1.
(53) *SEG* XVIII, 633.
(54) Austin (2006) no. 276. 各史料のテクストの異同については，Simpson (1996) 242-257 を参照。
(55) ⑽ で言及されている戦没者の遺骸の回収と埋葬については Polyb. 5.86.2 を参照。
(56) Hölbl (2001) 164-165.
(57) Walbank (1985) 55-56.
(58) Polyb. 15.25-33.

(59) この経緯に関するポリュビオスの叙述については，第 15 章で再検討する。

(60) 第五次シリア戦争は，結局アンティオコス 3 世の娘クレオパトラ（1 世）とプトレマイオス 5 世が前 194/3 年の冬にラフィアで政略結婚を行うことによって終結した。Liv. 35.13.4.

(61) Polyb. 18.55.3–4.

(62) 将軍《ストラテゴス》及び最高神官《アルキエレウス》としてキプロス島の統治を任され，プトレマイオス朝のために多額の税収をあげることに貢献したアルゴス人ムナシアダスの子ポリュクラテスについては，Bagnall（1976）253–255 を参照。

(63) *OGIS* 90（ギリシア語テクスト）; Sethe（1916）166–198（ヒエログリフ，デモティック，ギリシア語のテクスト）; Spiegelberg（1922）38–65（ヒエログリフ及びデモティックのテクスト), 77–86（ギリシア語，ヒエログリフ，デモティックそれぞれのテクストの独訳）; Austin (2006) no. 283（ギリシア語テクストの英訳）; Bagnall and Derow（1981）no. 137 (同) ; Budge（1929）51–66 (同), 104–123（ヒエログリフ部分の英訳), 78–93（デモティック部分の英訳）; Simpson（1996）258–271（同）; Devauchelle (1990) 21–30（デモティック部分の仏訳).

(64) Parkinson（2005）7.

(65) AF10006, Bernand（1992）17–21.

(66) Fraser（1956）57–60. フレイザーは，そもそも正面にはテクストが刻まれなかった（すなわち，これが石碑としては未完成品だった）のではないかと指摘している。Ibid. 62, n. 1.

(67) Huß (2001) 510–511.

(68) *SB* V, 8257.

(69) Walbank（2002）70 ; 藤森（2003）131–132. デモティックでその名が表記されたプトレマイオス朝の将軍は，一般にコマノスに同定されている。Peremans and van't Dack (1953) 27–28. ただし，エルダマティは，これをデモティックの表記により忠実なアミノスという人名に戻しているが，その根拠については特に述べられていない。Eldamaty (2005) 77–78.

(70) Sethe（1916）214–230（ヒエログリフとデモティックのテクスト）; PM VI, 228, 225–226. なお，フィラエ第一決議は，2 年後の前 184 年に決議されたものであるが，王妃クレオパトラ 1 世の彫像祭儀について規定する補足的なものであるため，ここでは独立しては扱わない。

(71) Eldamaty (2005).

(72) ただし，内容の整理にあたっては，エルダマティによる六部構成案は採らず，他の決議にならって三部に再構成してある。

(73) プトレマイオス 2 世とフィラエについては，Dietze（1994）を参照。

(74) Eldamaty (2005) 86.

(75) Bingen (2007) 31–43.

(76) Ibid. 262–270.

(77) サトラップ石碑については，Roeder（1959）97–106 ; Hölbl（2001）83，ピトム石碑については，Roeder（1959）108–128 ; Hölbl (2001) 81 を参照。

(78) Polyb. 5.107.1–3.

(79) Huß (1994) 129–180.

(80) 在地エジプト人の抵抗運動については，金澤（1983）を参照。
(81) 王権と神官団との関係を検討した最近の研究に，Weber, G. (2012) がある。

第14章 初期プトレマイオス朝とエーゲ海世界

(1) Theoc. *Id.* 17, 77-94. この作品のテクストと註釈については，Hunter（2003）を参照。
(2) 合計で3万3333になる。なお，ヘロドトスは，末期王朝時代のアマシス王の治下で，エジプトの都市（テオクリトスと同様，ヘロドトスもポリスの語を用いる）が2万に達したと述べている。Hdt. 2.177.
(3) プトレマイオス2世時代のエジプトについては，McKechnie and Guillaume (2008) を参照。
(4) 確かにプトレマイオス1世は領域部の統治の中心として南部にプトレマイスを建設しているが，ここにはアレクサンドリアと同格の首都（王権の座所）としての性格は認められない。その一方で，後述するカリアス顕彰決議などの史料からは，少なくとも前3世紀前半には王がしばしばキプロスに滞在し，同地にもう一つの宮廷が存在した可能性が示唆されている。Marquaille (2008).
(5) これらの拠点については，Bagnall (1976) の古典的研究を参照。
(6) 海上帝国としてのプトレマイオス朝については，Buraselis et al.（2013）所収の諸論文を参照。本章で扱ういくつかのトピック（カリアス顕彰決議碑文，クレモニデス戦争等）については，波部（2014）にも論及がある。
(7) *FGrH* 239 B 10-11. ただし，パロス大理石年代記碑文の成立事情に関する Hazzard (2000) 161-167 の議論も参照。
(8) Diod. 18.21.6-9 ; Arr. *FGrH* 156 F9. 17-18.
(9) *FGrH* 239 B 12 ; Diod. 18.43.
(10) Diod. 19.79.5 ; Bagnall (1976) 39-40. パロス大理石年代記碑文は，前311/0年の出来事として，ニコクレオンが亡くなりプトレマイオスがキプロスの支配者となったことだけを記している。*FGrH* 239 B 17.
(11) Huß (2001) 173-174.
(12) *FGrH* 239 B 19. Sherwin-White (1978) 97.
(13) Diod. 20.37.1-2. なお，ディオゲネス・ラエルティオスによれば，このときメガラの哲学者スティルポンはプトレマイオスから直接エジプト行きを勧誘されたという。Diog. Lae. 2.115.
(14) Diod. 20. 81-88, 91-100.
(15) Plut. *Demetr.* 33-34.
(16) Reger (1985) 168-169. コスの海戦の年代については諸説あるが，ここでは通説に従う。
(17) *OGIS* 43. この史料では，プトレマイオス3世が2世から継承した支配圏が，エジプト，リビュア，シリア，フェニキア，キプロス，リュキア，カリア，キクラデス諸島の順であげられている。テオクリトスの『牧歌』でもキクラデス諸島が支配圏の一部とされ，しかも最後に言及されていることは，エーゲ海の地政学的な位置づけを考える上で興味深い。
(18) Plut. *Arat.* 12-13. Walbank (1933) 39-40 ; Buraselis (1993) 251-252 ; Hölbl (2001) 45.
(19) Plut. *Arat.* 24.

（20）Hölbl（2001）142.
（21）周知のように，プルタルコスの『アラトス伝』はアラトス自身の『回想録』を主たる典拠としており，彼のアレクサンドリア訪問のエピソードも，文学的なトポスの性格が色濃い。
（22）Shear（1978）; Osborne（1979）. 以下，ただカリアスと表記するときは，カリアス碑文で顕彰されているカリアスを指すものとする。
（23）Davies（1971）524–528 ; 伊藤（1977）169, 註 2. ファイドロスについても，ただファイドロスと表記するときは，カリアス碑文のカリアスの兄弟にあたるファイドロスを指すものとする。
（24）*Hesperia* 10（1941）14.
（25）*IG* II^2 213 ; *IG* II^2 1623 ; Strab. 10.1.6.
（26）Ais. 1. 43, 50.
（27）*IG* VII 4254＝*Syll.*^{3} 298.
（28）*IG* II^2 682＝*Syll.*^{3} 409. この決議の年代をめぐる議論については，Dreyer（1999）103, n. 407.
（29）Shear（1978）11–12.
（30）前 257/6 年。
（31）*IG* II^2 682, 98–100.
（32）Shear（1978）53.
（33）Davies（1971）.
（34）Diog. Lae. 5.78. ディオゲネス・ラエルティオスは，当該箇所でデメトリオスが睡眠中に毒蛇に噛まれて亡くなったと述べているだけであるが，これについては，幽閉されていた彼が自殺を強いられたのだと解釈する説が有力である。Sollenberger（2000）325–326 ; Huß（2001）253.
（35）Huß（2001）253.
（36）Shear（1978）22–25.
（37）Mooren（1975）56–57（08）.
（38）デルフィからは，エウドコスが紀年アルコンを務めていた年に，競技場のヘルメス像建立に出資した者たちを顕彰する碑文が出土しており（*FD* III 1.298），校訂者によって被顕彰者の名がクニドス人のアルキダモス，ピュトクレス，そしてソストラトスと復元されている。しかし，アルキダモスとピュトクレスについては最初の一文字からの復元であり，ソストラトスにいたっては完全な補いであるため，ここでは考察の対象としない。それにともなって，アルキダモスとピュトクレスをソストラトスと同時代とする根拠が失われることは言うまでもない。
（39）Fraser（1972）IIa, 50–51, n. 111.
（40）Arnush（1995）100, n. 36.
（41）大灯台の建設者であるソストラトスの生年を仮に前 330 年頃とすれば，その父デクシファネスの生年は前 360 年頃，祖父ソストラトスの生年は前 390 年頃となり，前 335/4 年頃におけるデルフィからの顕彰とも整合的である。
（42）*IG* XI 4, 563, 1038, 1130, 1190.
（43）［Luc.］*Amor*. 11 ; Plin. *HN* 26.12.18.
（44）Hdt. 1.144, 2. 178.

(45) この時期には，クニドス以外にもテノス，キュトノスなどでポリス中心市が海岸部に移動しており，その背景には海上交易の活発化があったものと推測されている。Vlassopoulos (2007) 163–164.

(46) Blümel (1992) 1–2. Berges (1994) はクニドスの移転を前5世紀末から前4世紀末とするが，これはあくまで新クニドスの発展の出発点であり，都市景観の整備には相応の時間を要したであろう。

(47) AB 116＝GP 12.

(48) オビンクは，これらの詩がアンソロジーの形で流布しており，それをもとにメンフィスのセラペイオンでパピルスへの筆写が行われたとする。Obbink (2005) 106–107.

(49) Ath. 7. 318d. なお，この直前の部分では，やはりアフロディテ・アルシノエを讃えるカリマコスのエピグラムも引用されている。

(50) Mooren (1975) 58–60 (10).

(51) Tarn (1933) 61–68 ; Merker (1970) 154, n. 65.

(52) ここで唐突に言及されるプトレマイオス2世の「息子」のアイデンティティに関しては，複雑な議論がある。Huß (1998) ; Tunny (2000). いずれにしても，この「息子」は後に反乱を企てたために失脚したらしい。

(53) 本章冒頭で引用したテオクリトスの牧歌第17番の一節は，この時期のプトレマイオス朝の勢力圏の拡大を反映したものと考えられている。Ma (1999) 39–41.

(54) プトレマイオス朝とミレトスとの関係については，Seibert (1971) を参照。

(55) *P. Hib.* II, 199 (l. 12). 治世第14年は，前272/1年（共同統治の開始から数えた場合），もしくは前270/69年（単独統治の開始から数えた場合）にあたる。

(56) Bing (2002–3) 245.

(57) *SB* I 429. Weber, G. (2011) 88.

(58) 桜井・橋場 (2004) 44, 178 ; Krumeich (2007) 162 ; Palagia (2013) 147, fig. 9.2（碑文の写真).

(59) Hintzen-Bohlen (1992) 77–79.

(60) あるいは，この大胆な奉納行為こそ，カリクラテスが「王の友人」としてプトレマイオス朝の提督に就任する契機となったのかもしれない。

(61) この姉弟神の戦車像が建立された場所については，エジプトとする説 (Bing (2002–3) 248–249) とデルフィとする説 (Criscuolo (2003) 324) とが対立している。前者であれば，この行為はむしろ前段落で述べたエジプトでの王朝祭祀の確立に関するものとなろう。

(62) *IG* XI 4, 1127.

(63) オルウス出土碑文のカリクラテスの父名をボイスコスと「訂正」することには批判もあるが (Turn (1933) 63)，そこに後述するパトロンの子パトロクレスの名も現れることは，このカリクラテスを提督のカリクラテスに比定する有力な根拠となるであろう。また，パライ・パフォスの例 (*BSA* 56 (1961) 9, no. 18) については，父名（ボイスコス）と提督という称号の存在からほぼ間違いなく問題のカリクラテスと同定できるものの，クリオンの例 (*I. Kourion*, 40. 58) については，カリクラテスという名前が復元可能であるに過ぎない。

(64) Ma (1999) 39–41.

(65) *IG* XII 6, 1.95.

(66) *IG* XII 6, 1.282（サモス市民団が建立したカリクラテス像の台座碑文）; *IG* XII 6, 2.588（プトレマイオス 2 世，アルシノエ 2 世，カリクラテスのための奉納碑文）.
(67) Mooren（1975）60.
(68) Ath. 14. 620f–621a. Weber（1998）. なお，邦訳（アテナイオス，柳沼重剛訳『食卓の賢人たち』5，京都大学学術出版会，2004）の当該箇所は誤訳であり，正しくは，「ソタデスがプトレマイオス 2 世のもとではリュシマコスの悪口を言い，リュシマコスのもとではプトレマイオス 2 世を貶した」と解するべきである。
(69) Hauben（2013）57.
(70) Mueller（2006）35–39.
(71) *IG* XII 6, I. 343.
(72) *IG* XII 5, 1061.
(73) *IG* XII 3, 320.
(74) *IC* 3, iv, 2, 3.
(75) Athen. 8. 334b.
(76) *Syll.*[3] 434/435. 歴史学研究会（編）『世界史史料 1　古代のオリエントと地中海世界』（岩波書店，2012）228–229 頁に部分訳がある。
(77) Osborne（2009）89, n. 27.
(78) Paus. 1.1.1.
(79) Paus. 3.6.4–6.
(80) Plut. *Agis* 3.4 ; Diod. 20.29.1. O'Neil（2008）79.
(81) *Syll.*[3] 433. O'Neil（2008）67.
(82) McCredie（1966）18–25.
(83) Vanderpool（1961）; Vanderpool et al.（1962）; McCredie（1966）1–16.
(84) Petrakos（1999）6–9.
(85) 詳細については，さしあたり O'Neil（2008）を参照。
(86) Polyb. 5.34.2.
(87) Tarn（1911）251–252 ; Merker（1970）150–151 ; 井上（2001）; *SEG* 24.154 ; *SEG* 40. 135.
(88) *IG* XII 5, 1004 では，ゼノンはバッコンによってイオス島に残留させられている。バッコンに言及する碑文史料については，Merker（1970）150, n. 42.
(89) *IG* II[2] 650. Habicht（1997）127.
(90) Tarn（1911）257. 彼は確かにサモスを拠点にプトレマイオス朝の海軍を指揮していたが，同時代史料では提督という称号を確認することはできない。Merker（1970）149.
(91) クレモニデス戦争後にエジプトに亡命したクレモニデスとグラウコン兄弟のその後については，Habicht（1997）156. クレモニデスがエフェソスの海戦でプトレマイオス朝の海軍を率いてロドス海軍と戦ったエピソードについては，Polyaenus. *Strat*. 5.18. プトレマイオス朝に仕えたグラウコンは，後にプラタイアにおけるゼウス・エレウテリオスとホモノイアの祭典への貢献によってギリシア人のコイノンから顕彰されている。*BCH* 99（1975）51–53.

第 15 章　地中海の構造変動とナイル世界

(1) Austin (2006) 478–479. プトレマイオス朝の「繁栄」と「衰退」をめぐる近年の研究

動向については，波部（2014）18-21 を参照。
(2) この反乱については，第 11 章を参照。
(3) Shipley (2000) 203-205.
(4) Polyb. 5.34. これに続く部分では，エジプトに亡命していたスパルタ王クレオメネスの蜂起とアイトリア人テオドトスの謀反について述べられている。
(5) Polyb. 5.107.
(6) Polyb. 14.12.
(7) Eckstein (2008) 6-7, 124-168.
(8) Hölbl (2001) 153 ; Veïsse (2004).
(9) この「大王」という尊称の導入は，東方領の支配に正統性を与えるための王朝祭祀の創設と関係するものと推測されている。Ma (1999) 64.
(10) Polyb. 18.33.2.
(11) Hölbl (2001) 135.
(12) Polyb. 3.2.8 ; cf. Polyb. 15.20.1-2.
(13) 関連史料と研究史については，Eckstein (2008) 121-180 に詳しい。
(14) Pestman (1995) ; Veïsse (2004) ; Hölbl (2001) 153-159.
(15) Kurth (2004) 49-50.
(16) Pestman (1977) no. 11. このグラフィトは，エジプト語のテクストをギリシア語のアルファベットを用いて表記した珍しい例として知られている。
(17) Clarysse and Van der Veken (1983) 40-41.
(18) Pestman (1995) 105. ただし，ヴェイスは，プトレマイスはエレファンティネ同様，一貫してプトレマイオス朝のもとにあったと見る。Veïsse (2004) 25.
(19) フィロクレスは，おそらくアビュドスを占拠していた反乱軍に対する包囲軍に加わっていたのであろう。Veïsse (2004) 17.
(20) Clarysse and Van der Veken (1983) 40-41.
(21) Veïsse (2004) 19.
(22) Polyb. 22.17.1-5.
(23) Weber, G. (2012) 36-37.
(24) Polyb. 15.25.3f. プトレマイオス 5 世の即位年代をめぐる複雑な議論については，Walbank (1985) 2038-56（＝*JEA* 22 (1936) 20-34）を参照。
(25) Polyb. 15.25.13-14.
(26) Polyb. 15.25.15.
(27) Polyb. 16.19. Hölbl (2001) 139 ; Huß (2001) 490-491.
(28) Polyb. 16.34.3.
(29) Polyb. 18.1.14 ; Liv. 22.33.4.
(30) Polyb. 18.55.3-6.
(31) Polyb. 18.50-51 ; Liv. 33.40.3.
(32) Liv. 33.4.1.
(33) Huß (2001) 515. アパメイアの和では，フリュギアなどはペルガモン王国の支配下におかれ，リュキアやカリアはロドスの領土となった。Polyb. 21.43.
(34) *Syll.*[3] 585.
(35) Mooren (1975) 82-85.

（36）Polyb. 22.3.5–9. プトレマイオス朝とアカイア連邦との間にはそれまでに複数の条約が結ばれていたらしく，このとき更新されたのが具体的にどの条約であったのかが，後に連邦会議における紛糾の原因となった。Polyb. 22.9.5–12. アカイア連邦の議会組織については，長谷川（1994）を参照。
（37）Polyb. 22.9.3.
（38）Huß（2001）500, n. 54.
（39）Hölbl（2001）155.
（40）Vandorpe（1995）323–233.
（41）Polyb. 9.11a. 1–3.

第16章　地中海の海上交易とナイル世界

（1）Finley（1973）.
（2）これらのコロキアムの成果が，1990年代の末から2000年代の初めにかけて相次いで公刊されている。代表的なものをあげるならば，Rchibald et al.（2001）は，1998年にリヴァプールで開催されたコンファレンスに基づき，主催者の一人であるデイヴィスによるポスト・フィンリーの経済史研究への展望（Davies 2001）などの重要な論文が収められている。Mattingly and Salmon（2001）は，1995年から97年にかけて開催されたノッティンガム・レスター古代史セミナーの成果であり，フィンリーが重視した農業以外の産業に主たる関心を向けている。なお，Scheidel and von Reden（2002）は，過去に日本の *Kodai* などの各種専門誌に発表された関連論文を簡潔なコメントとともに再録したものであるが，近年の古代経済史をめぐる研究の趨勢をうかがう上で，きわめて有益である。
（3）フィンリーの古代経済史論とそれをめぐる近年の研究動向については，伊藤（2010）に詳細な紹介がある。
（4）デロス島の神殿会計碑文については，Reger（1994）を参照。
（5）Rostovtzeff（1941）.
（6）Finley（1985）183.
（7）歴史時代のギリシア・ローマ世界をそれだけで完結した閉じた系ととらえ，青銅器時代のエーゲ海や西アジアをそこから排除しようとするフィンリーの歴史観が，名著の誉れ高い『オデュッセウスの世界』（Finley 1954）等にも影を落としている点については，周藤（2002b）を参照。
（8）たとえば，奇しくも『古典古代の経済』と同年に公刊された Renfrew（ed.）（1973）所収の諸論文を参照。
（9）Kawanishi and Suto（2005）.
（10）[Dem.] 56.29.
（11）Polyb. 4.47.1.
（12）Grace（1979）; Diez（1980）.
（13）Börker and Burow（1998）13–1777–79.
（14）Grace（1963）.
（15）Schuchhardt（1895）; Börker and Burow（1998）1–69.
（16）Bleckmann（1912）.
（17）Grace and Savvatianou-Pétropoulakou（1970）.

（18）Finkielsztejn（2001）185–200.
（19）Lawall（2002）.
（20）Grace（1985）; Calvet（1972）; Id.（1982）.
（21）Sztetyllo（2000）; Chaby（2009）; Empereur（1977）.
（22）「特殊な歴史的事件」とは，前220年にミトリダテス2世と対立したシノペに対して，ロドスが1万個のアンフォラを送ったと伝えられるような事件（Polyb. 4.56.3）を指す。
（23）*Akoris* I, No. 52.
（24）*Akoris* I, No. 160. アッコ博物館収蔵の完形アンフォラについては，Ariel and Finkielsztejn（1994）204を参照。
（25）東地中海の穀物交易に繁栄の基盤をおいていたロドスは，エジプトに代わる新たな穀物供給地をシチリアに求めたのであろう。Polyb. 28.2.

第17章　東地中海コイネー文化の成立

（1）*Akoris* 159, Fig. 117.
（2）高橋徹によれば，1998年のシーズンだけでも，1万3700点以上の土器片（土製品を含む）がカウントされている。
（3）Berlin（2001）.
（4）Aston（1999）.
（5）Rotroff（1997）.
（6）Ibid. 156.
（7）Didelot（1998）.
（8）*Preliminary Report Akoris 1998*, 21–22, Fig. 12–10, 13.
（9）*P. Cairo Zen*. 59.012. Préaux（1939）371–379.
（10）Diod. 20.81.
（11）*Syll*³. 354.

終　章

（1）弓削（1984）10–11.
（2）大戸（1993）11.
（3）Moyer（2011）14.
（4）Bevan（1927）38; Moyer（2011）19.
（5）Préaux（1978）.
（6）Lewis（1986）4; Bingen（2007a）229; Samuel（1983）63; Id.（1989）35–49. 一般向けの書物においてではあるが，フェルナン・ブローデルが次のように断言したことは，分離主義の普及に少なからず貢献したと思われる。「ギリシア人たちは，都市や大きな都（アンティオキア，アレクサンドリア），大きな国家（セレウコス朝，プトレマイオス朝）を建設した。彼らは従属民と交わってもとけこまず，田舎にはけっして住まなかった。田舎は彼らには異境でありつづけた」。ブローデル（1995）73.
（7）Lewis（1986）4.
（8）Buraselis et al.（2013）; 波部（2014）.
（9）Collombert（2000）; Bingen（2007b）.